大学教学中的生师互动

基于学习范式的研究

Student-teacher Interaction in University Teaching
——Research Based on Learning Paradigm

陈 琳 / 著

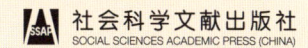

社会科学文献出版社
SOCIAL SCIENCES ACADEMIC PRESS (CHINA)

序

我国高等教育入学率长期维持在10%以下，直到20世纪末启动高等学校扩招，高等教育才进入快速发展通道。到2003年，高等教育毛入学率即达17%，跨进了大众化门槛。从2003年到2019年，仅仅16年时间，我国高等教育再次实现跨越，进入普及化时代。现在，我国高等教育毛入学率接近55%，各类高等教育在学学生数超过4000万人，接近世界的1/5，普通本专科学校数2738所，其中本科院校1270所，高职高专院校1468所。我国已经成为名副其实的高等教育超级大国。但是，如所周知，我国与高等教育强国还有很远的距离。

从超大体量到超强实力，中国高等教育需要跨越两大鸿沟：一是体系结构的优化，二是质量的提升。从体系结构而言，如果没有一个合理的体系结构支持普及化时代的高等教育，规模越大，隐含的问题就越多。客观而言，上世纪末我国在匆匆启动高等教育大众化进程之际，并未做出制度与体系结构优化方面的相应安排，以至于进入普及化时代后，我国高等教育体系结构还多少带有精英高等教育时代的色彩。在高等教育质量方面，早在大众化初期，随着就业问题的日益凸显，就不断有人呼吁质量问题，但质量问题却没有得到有效解决。这两大问题其实存在高度关联性。

主要依靠扩招来实现高等教育大众化和普及化遵循的毫无疑问是一种外延式发展模式，它强调的是数量增长、规模扩大和空间拓展。正是这种外延式发展带来了日益严重的质量问题。在这一背景下，高等教育内涵式发展成为一个热点话题。毫无疑问，高等教育内涵式发展的关键在于课程与教学过程形态的变革。治理变革也好，条件建设也好，如果没有落实到教学层面，一切都是空谈。但我国的教学改革却面临困境。上世纪末以来，我国高等教育领域部署实施了一系列重大发展和改革工程，包括高校扩招、重点建设、适应以市场经济为取向的高等教育体制改革和高校教学改革工程。前三项都取得了很大的成效，而教学改革工程却极难推进，效果更是不尽如人意。原因是多方面的，行政化管理自然是重要原因，但大学教学及其改革的复杂性或许才是主因。

大学教学改革的根本方向当然是推动教学范式的变革，实现从传授范式向学习范式的转变。在传授范式下，教的过程就是学生学习的过程，学的过程是教的自然产出，教学过程就是学的过程，教育管理就是对教的管理，提升教学质量就是提高教的质量。传授范式更多是精英高等教育的产物。随着学生数量的大幅度增加，以提供者导向为本质特点的传授范式越来越不合时宜。

实现从传授范式向学习范式转变的关键，在于促成高质量的生师互动。有关调查显示，在主动合作学习水平、学业挑战度、生师互动水平、教育经历丰富度和校园环境支持度等5个教育活动指标上，中国大学生仅在校园环境支持度得分方面超过理论均值，教育经历丰富度得分接近理论均值，主动合作学习水平和学业挑战度得分都离理论均值有一定距离，生师互动水平得分则远离均值，显得严重不足。

陈琳副教授在其博士论文基础上出版的专著《大学教学中的生师互动——基于学习范式的研究》，选题切合当前大学教学改革的实际，具有重要的理论价值。该书论述了学习范式下大学生师互动的相关理论，考察了大学生师互动的现实样态，剖析了其中存在的问题及其成因，探讨了促进大学生师互动的策略。其中不乏真知灼见。这一研究无疑具有学术上的开拓性，也为普及化时代的大学教学改革提供了有益启示。

是为序。

贾永堂

2021 年 7 月 22 日

于华中科技大学教育科学研究院

目 录
CONTENTS

第一章　导论 ·· 001
 第一节　研究缘起 ·· 001
 第二节　研究问题 ·· 007
 第三节　研究意义 ·· 008
 第四节　概念界定 ·· 009
 第五节　文献综述 ·· 014
 第六节　研究设计 ·· 043

第二章　大学教学中生师互动之历史考察 ······························ 048
 第一节　中国高等学校教学中的生师互动历史考察 ············· 048
 第二节　西方高等学校教学中的生师互动历史考察 ············· 059

第三章　学习范式下大学教学中的生师互动之理论框架 ·········· 094
 第一节　学习范式溯源 ··· 094
 第二节　学习范式解谜 ··· 104
 第三节　学习范式转型先驱 ··· 128
 第四节　学习范式下大学教学中的生师互动理论基础 ·········· 138
 第五节　学习范式下大学教学中的生师互动理论框架构建 ····· 163

第四章　大学教学中生师互动之样态呈现 ······························ 183
 第一节　高等院校支持生师互动情况 ······························· 184
 第二节　师生的教学及生师互动观念 ······························· 192
 第三节　大学教学中教师与学生角色 ······························· 207
 第四节　学生参与大学教学关键环节 ······························· 213

第五节　大学教学中的生师互动体验……………………………… 217

第五章　大学教学中生师互动之问题揭示……………………… 241
　　第一节　生师互动观念未升至生命交往层次……………………… 241
　　第二节　师生对教学互动内涵价值缺乏理解……………………… 246
　　第三节　师生的角色意识和角色扮演不准确……………………… 250
　　第四节　师生围绕学生学习发展的互动不足……………………… 257
　　第五节　教师对生师互动情感氛围营造不够……………………… 269

第六章　大学教学中生师互动问题之成因探讨…………………… 274
　　第一节　传授文化限制教学场域…………………………………… 274
　　第二节　教学环境制约师生行为…………………………………… 277
　　第三节　制度供给难以满足需求…………………………………… 281

第七章　学习范式下大学教学中的生师互动之路径选择………… 284
　　第一节　创建大学学习文化………………………………………… 285
　　第二节　构建互动支持系统………………………………………… 289
　　第三节　重构大学教学场域………………………………………… 302
　　第四节　推进建构主义教学………………………………………… 305
　　第五节　重塑师生教学角色………………………………………… 308
　　第六节　达成交往理性行为………………………………………… 312

参考文献……………………………………………………………… 318

附录 1　大学教学中的生师互动调查（学生问卷）………………… 334

附录 2　大学教学中的生师互动调查（教师问卷）………………… 345

后　记………………………………………………………………… 356

第一章 导论

第一节 研究缘起

随着高等教育质量报告和大学章程的陆续发布,加上办学成本不断高涨和高等教育资金分配不均衡,我国高校办学质量逐渐进入公众监督的视野。国家教育主管部门、家长和雇主等高等教育利益相关者更加关注大学教育和毕业生质量,他们迫切地想知道学生在大学学习的机会有多少,以及大学是如何影响学生发展的。[1] 也正是在这种需求的驱动下,高等教育决策者、研究者、实践者等普遍意识到:高等教育质量是高校生存和发展的关键,而要想提升高等教育质量,必须首先改进教学质量。换言之,改进教学质量是提升高等教育质量的落脚点和着力点。

如何改进教学质量,从而提升高等教育质量?笔者认为,教学质量体现在具体的教学过程中,包含"教"的质量和"学"的质量,应从教学过程进行分析。苏联著名教育家巴班斯基认为,教学过程是教师与学生的共同活动,反映了教师对学生的教学影响、学生对教学的反应,以及学生对教师教学的影响,为了全面提高教学效果和教学质量,必须实施教学过程最优化策略。[2] 从巴班斯基的论述中可以看出,一方面,教学过程是教师与学生相互影响的活动;另一方面,教学过程能够对教学效果和教学质量产

---

[1] Commission on Civil Rights, "Teachers and Students: Differences in Teacher Interaction with Mexican American and Anglo Students. Report V: Mexican American Education Study, A Report of the U. S. Commission on Civil Rights," *Journal of Comparative Cultures*, 1973 (3): 3–68.

[2] 〔苏〕尤·克·巴班斯基:《教学过程最优化——一般教学论方面》,张定璋等译,人民教育出版社,2007,第59页。

生重要影响。由此推之,教学质量就是大学教学中生师互动质量的反映。学生和教师作为高等教育教学中的两个重要群体,学生反映"学"的质量,教师则反映"教"的质量,通常情况下,为了促使学生提升"学"的质量,教师总会尽力提升"教"的质量。在以"教"促"学"的过程中,教师与学生之间肯定会相互作用和相互影响。也就是说,高等教育质量如何应取决于学生和教师在教育教学中的努力程度。因此,要想全面理解高等教育质量问题,我们就必须认真考察高等教育中的教师与学生两大群体,尝试从微观层面来探究高等教育教学中的生师互动过程。已有研究表明,教育过程的核心是学生与教师之间的互动,而学校系统正是通过这种互动对学生产生重大影响。[1] 如今,生师互动被普遍认为是与学生成长和发展呈正相关的重要指标,是所有促进学生学习和发展的大学经验中的关键内容之一。鉴于生师互动对高等教育,特别是本科教育的重要性,我们需要给予其更多关注。具体而言,本研究选题缘于以下认识和理解。

一 学习范式下大学教学中的生师互动实践对促进学生学习和发展具有重要意义

在过去的传授范式(Instruction Paradigm)影响下,大学教学主要以教师、教室、教材为中心,表现为教师在固定时间和固定教室向学生教授教材中的固定内容。教师完成教学任务即表明学生的学习完成,而较少去探究学生的学习兴趣、学习需求、学习方式、学习动机、学习效果等问题。因此,传授范式是一种典型的以教师为中心的教学范式,教师掌控着教学内容、教学方法和教学进度等。然而,随着信息化时代的到来,学生可以在无教师传授的情况下获取大量信息和资源,这就使教师的知识传授者的角色日渐式微。而为了满足学生的学习成长需要,教师必须积极转变角色,成为学生学习与发展的引导者、支持者、促进者……也就是说,知识获取方式的改变、现代信息技术的支持以及学生学习需求的不断变化等共同叩响了学习范式(Learning Paradigm)的大门。学习范式是教师与学生在以学生为中心的教育理念的指导下,共同探究知识的一种教学模式。学习范式

---

[1] Commission on Civil Rights, "Teachers and Students: Differences in Teacher Interaction with Mexican American and Anglo Students. Report V: Mexican American Education Study, A Report of the U.S. Commission on Civil Rights," *Journal of Comparative Cultures*, 1973 (3): 3–68.

特别关注学生的个体差异,强调教师必须针对学生的不同学习风格和学习方法,考虑以学生首选的学习方式进行教学,促使学生取得更大的学术成功。[1]

在学习范式的影响下,大学教学中的生师互动也颠覆了传统的以教师为中心的样态,表现为:学生从教师控制的状态中解放出来,教师围绕学生的发展、学生的学习和学习的效果等内容,与学生展开交流互动,并逐渐进入"学生希望的互动系统",引导学生主动学习,不断发展自我。"学习范式"的落脚点在满足学生的学习需求、促进学生的成长与发展上,因此,为了跟上学生的变化,满足学生的学习要求,教师必须重新审视自己的教学方法和教学策略,注重引导和促进学生自主学习,并通过具有吸引力的生师互动教学活动,激发学生在教育过程中的积极性。[2] 也就是说,学习范式对教师教学提出了更高的要求:教师要注重学生的个体差异;熟练鉴别和灵活运用各类促进学生学习的信息技术;激发学生对学习意义的探寻激情;引导学生参与教学关键环节等。学习范式的所有指标都要求教师在平等、民主、和谐的教学氛围中与学生展开互动,通过与学生沟通交流,了解学生的学习与成长需求,不断提升教育教学水平,真正引导、激励、支持学生的学习与成长发展。因此,从这一角度而言,学习范式为以学生为中心的教育理念提供了丰厚的土壤。与此同时,以教师为中心的教育理念终将无处扎根,大学教学也更不可能开展以教师为中心的生师互动。进而言之,在学习范式下,大学教学必须开展以学生为中心的生师互动,以促进学生的学习与发展,这也是学习范式的价值旨归。

二 以学生为中心的生师互动实践是发达国家本科教育改革的共同趋势

基于上述情况,高等教育有关部门必须开展有效的教育教学改革,以应对当今社会的变化,及学生不断发展的学习与成长需求。如果高等教育

---

[1] J. Liu, P. L. P. Rau, B. Schulz, "Culture and Student-Faculty Communication in Higher Education: Implications for the Design of Educational Communication Tools," in International Conference on Cross-Cultural Design (Berlin: Springer, 2014).

[2] A. Hsu, F. Malkin, "Shifting the Focus from Teaching to Learning: Rethinking the Role of the Teacher Educator," Contemporary Issues in Education Research, 2011 (4): 43-49.

机构仍然在传授范式的框架中进行碎片化的、浅层次的、局部性的教育改革，如缩小班级教学规模、采用最新教学方法、拓展教师教育项目等，就不可能使高等教育教学发生根本性的、结构性的变化。而要成功实现彻底的高等教育教学改革，我们就必须从范式的角度去考虑问题。世界高等教育发展的经验和实践告诉我们，我国高等教育教学必须由"传授范式"转向"学习范式"。只有当我国高等教育教学范式成功向"学习范式"转型时，我国的高等教育教学才有可能发生根本性的、彻底性的、结构性的变革。

"以学生为中心"（Student-Centeredness，SC）是"学习范式"的核心理念，是卡尔·罗杰斯（Carl R. Rogers）在杜威"儿童中心论"的基础上发展起来的一种学习理论。自1980年起，作为世界高等教育强国的美国就开启了"以学生为中心"的本科教学改革运动。如今，美国的这场改革运动仍在持续。在这场改革运动中，教育者运用新的教学范式，提高了学生的学习能力，促进了学生的发展。同时，这场改革运动改善了美国的本科教育，进而促进了美国社会发展，并使美国本科教育成为很多国家竞相学习的模板。[1]

美国高等教育研究者认为，如果教师投入更多的时间与学生进行互动，本科教育质量就可以大幅提高。2002年，阿斯汀（A. W. Astin）等根据美国本科生调查资料，对五类高校的1985~1989届学生与1994~1998届学生做了比较，从这些学生在大学四年间的社会活动、人际技巧、认知技巧、对学校的满意程度、智力自信、独立性等六个方面36个指标判断美国本科生教育的变化情况。他们得出的结论是，在这十年里，美国大学最大的改善是生师互动。[2] 也就是说，美国以学生为中心的本科教学改革运动对生师互动的影响最大，生师互动已成为美国以学生为中心的本科教育改革实践的核心内容。此外，自2000年起，美国多数高校采用了"全国大学生学习性投入调查"（NSSE），美国的第一份国家报告（NSSE 2000年报）确定了

---

[1] 赵炬明：《论新三中心：概念与历史——美国SC本科教学改革研究之一》，《高等工程教育研究》2016年第3期，第35~56页。

[2] A. W. Astin, J. R. Keup, J. A. Lindholm, "A Decade of Changes in Undergraduate Education: A National Study of System 'Transformation'," *Review of Higher Education*, 2002 (2): 141-162.

高校有效教育实践的五项国家基准，其中之一便是生师互动。2005 年，乔治·库（George D. Kuh）等研究者调查了 20 个在五项 NSSE 全国基准上得高分的机构，进一步验证了有意义的生师互动对学生"高质量学习体验"的重要性。[1]

面对社会的挑战、高等教育目标的改变、课堂研究的进步，以及高等教育现代化的努力等，欧洲高等教育机构（European Higher Education Institutions，HEIs）推动了从以教师为中心向以学生为中心的学习和教学范式的转变。[2] 21 世纪初期，欧洲高等教育界出台了一系列政策、制度和措施，推动向"学习范式"转型的实践。欧洲高等教育质量保障协会（ENQA）制定了《欧洲高等教育区质量保障标准与指导纲要》（European Standards and Guidelines for Quality Assurance，ESG），并于 2015 年进行了重新修订，对生师互动情况等提出了更加明确的导向和质量要求。[3] 在推进以学生为中心的生师互动实践的欧洲大学中，英国大学最具代表性。英国大学始终坚持"以学生为中心"，同时要求大学教师转变为高等教育中的"服务者"，而他们的服务对象就是学生。教师注重为学生营造宽松、自由、愉快的学习氛围，尊重学生对多元化学习环境的需求，并为学生的学习提供有力支持。教师在与学生进行互动时，并非依靠居高临下的权威师长身份，而是作为同伴、倾听者和引导者，在对学生的情感和态度进行充分理解的基础上，引导并激励学生自愿、自主地进行思考、探究和质疑。这种互动方式不仅培养了学生的沟通能力、理解能力、判断能力和创新能力，而且有利于启蒙学生的心智，使学生的心智得到发展。[4] 总之，世界高等教育都在进行"以学生为中心"的教育改革，而生师互动是其中的一项重要内容。

---

[1] Y. K. Kim, L. J. Sax, "The Impact of College Students' Interactions with Faculty: A Review of General and Conditional Effects," in Higher Education: Handbook of Theory and Research (Switzerland: Springer International Publishing, 2017): 86.

[2] S. Hoidn, Student-Centered Learning Environments in Higher Education Classrooms (New York: Springer Nature, 2017): 1.

[3] 刘海燕：《向"学习范式"转型：本科教育的整体性变革》，《高等教育研究》2017 年第 1 期，第 48~54 页。

[4] 卫建国：《英国大学以学生为中心的优质教学探析》，《高等教育研究》2016 年第 10 期，第 104~109 页。

三 我国大学教学要实现传授范式向学习范式转变须突破生师互动困境

高等教育教学范式主要有两种,即以教授为主导的"传授范式"和以学习为主导的"学习范式",传授范式下的大学是"提供教学"的机构,而"学习范式"下的大学则是"生产学习"的机构。① 教材、教师、教室是传授范式的三个典型特征,与之相对应,学生学习、学生发展、学习效果是学习范式的三个典型特征。② 简而言之,传授范式以教师为中心,学习范式以学生为中心。在我国高等教育教学中,以教材、教师、教室为中心的"老三中心"教学模式占有相当大的比重,由此可知,传授范式对我国高等教育教学产生了根深蒂固的影响。毫不例外,我国大学教学中的生师互动也受传授范式影响较深,并陷入"教师中心"困境。

在传授范式的影响下,我国大学教学中的生师互动通常会以教师为中心,由此造成我国大学教学中的生师互动水平与世界高水平大学的差距明显;形式上的"本科生导师制"未能发挥应有作用;滞后的生师互动实践模式无法满足我国新一代本科生的需求;教学方法在技术层面的探索难有根本成效;大学教学改革推进尤为艰难和缓慢。面对如此困境,我国大学应尝试在学习范式的理念指导下改变传统的教学模式,并在"以学生为中心"的教育理念下做出整体性、系统性、彻底性的变革,以应对不断变化的高等教育环境,满足不同学生的学习发展需求,不断提升高等教育教学的质量。学习范式下的大学教学尤以互动性为突出特征。学习范式下大学教学中的生师互动目标就是促使学生处于积极的发展轨道。③ 因此,我国大学教学改革应将生师互动作为切入点,通过开展"学生中心"的生师互动,彻底改变我国大学目前的教学方法、教学组织形式等,这样才更有利于摆脱我国大学生师互动的"教师中心"困境,促进我国大学教学向学习范式

---

① R. B. Barr, J. Tagg, "From Teaching to Learning: A New Paradigm for Undergraduate Education," *Change*, 1995 (6): 12-25.
② 赵炬明:《论新三中心:概念与历史——美国 SC 本科教学改革研究之一》,《高等工程教育研究》2016 年第 3 期,第 35~56 页。
③ S. R. Johnson, K. J. Finlon, R. Kobak, et al., "Promoting Student-Teacher Interactions: Exploring a Peer Coaching Model for Teachers in a Preschool Setting," *Early Childhood Education Journal*, 2017 (4): 461-470.

全面转型。

第二节　研究问题

过去，研究者多从宏观层面对高等教育改革进行探索，而较少从微观层面关注高等教育改革，特别是极少从大学教学中生师互动的微观视角对高等教育教学改革进行深入研究。实质上，大学教学中的生师互动内容、方式等是学生感知高等教育质量的决定因素。笔者认为，与传授范式下的以教师为中心的教育理念相比，学习范式下的以学生为中心的教育理念更强调师生之间的有效沟通，此时，教师与学生之间的等级关系会更少，生师互动和学生参与会更多，学生的学习效果也更佳。因此，在范式转换视角下研究大学教学中的生师互动，或许能成为撬动这场高等教育革命的杠杆。大学教学范式从传授范式向学习范式转型是世界高等教育发展的大趋势，而大学教学中的生师互动只有实现以学生的学习与发展为中心，才能真正促进大学教学质量整体提升，进一步推进这场范式革命。

近年来，政策制定者、研究人员和教育工作者越来越强调和要求把以学生为中心的学习（Student-centered Learning）作为一种有前途的教学方法来促进优质的高等教育。[1]"以学生为中心"是高等教育从传授范式转向学习范式的焦点，在某种意义上，以学生为中心的学习环境能否成功营造取决于师生有效沟通的能力。因此，本项研究旨在构建新型学习范式下大学教学中的生师互动理论框架，调查和分析大学教学中生师互动的动态过程，找出我国高校生师互动陷入困境的原因，尝试从微观层面来理解或解释高等教育质量问题，提出引导我国高校开展基于学习范式的大学教学中生师互动变革的路径，从而突破大学教学中"教师中心"的生师互动困境。基于上述思考，笔者拟从以下六个问题开展研究。

问题一：大学教学为何要向学习范式转型？如果要实现大学教学向学习范式转型，大学教学中的生师互动能否作为实现转型的切入点？

问题二：假设存在一个学习范式下大学教学中的生师互动理论框架，

---

[1] S. Hoidn, *Student-Centered Learning Environments in Higher Education Classrooms* (New York: Springer Nature, 2017): 1.

那么，学习范式下大学教学中生师互动理论框架该如何构建？

问题三：我国大学教学中的生师互动呈现何种样态？

问题四：我国大学教学中的生师互动存在哪些问题？

问题五：造成我国大学教学中生师互动问题的深层原因有哪些？

问题六：如何根据学习范式下大学教学中生师互动的理论框架改进大学教学中的生师互动，以推动我国大学教学范式向学习范式转型？

第三节 研究意义

一 理论意义

第一，在我国学术界对学习范式下的高等教育改革进行初步探索的阶段，本研究将对国外（特别是美国）学习范式下大学教学中的生师互动研究进行广泛关注和探索，试图在吸取国外高等教育改革经验和教训的基础上，深入挖掘学习范式下大学教学中的生师互动的内涵，并据此构建学习范式下大学教学中的生师互动理论框架，丰富我国高等教育研究者对学习范式下大学教学中生师互动的理论认识，为学习范式下我国大学教学中的生师互动实践奠定良好的基础。

第二，大学教学中师生角色的转变是推进教学范式向学习范式转型的关键，然而，国内外研究者对此关注较少。本研究将尝试从我国大学教学的实情出发，同时考察教师和学生两个群体的观点，对学习范式下的教师与学生这两个最重要的角色开展实证研究，进一步发展和丰富大学教学理论。

第三，在建构主义理论（Constructivism Theory）不足以有效支持高校的教育工作者和学生在教学过程中真正实现以学生为中心的情况下，本研究尝试运用学生投入理论、学生验证理论等学生发展理论，对我国大学教学中的生师互动现状，特别是教师对学生的学习与发展支持情况进行调查研究，进一步丰富和发展大学生发展理论。

二 实践意义

第一，在我国很多大学都希望开展"以学生为中心"教学改革的背景下,本研究可以帮助我国大学管理者深入理解"以学生为中心"的教学改革,做好大学教学范式向学习范式转型的发展规划与改进工作,为制定服务学生学习和成长的政策,评估所提供服务的有效性等提供参考。

第二,本研究在构建学习范式下大学教学中的生师互动理论框架的基础之上,设计大学教学中的生师互动调查问卷,调查教师和学生对以学生为中心的生师互动的看法,以及学生和教师在具体教学过程中的互动实践,帮助教师及相关人员查找我国大学教学中生师互动不足的原因,为增进有效的生师互动,促进学生个体全面发展提供支持。

第三,本研究探讨我国大学教学中的师生角色问题,有利于对我国大学教学中两种特定角色的经验积累做出系统的理论总结,并在此基础上提出一套能够结合中国大学实际,便于指导我国大学教学的有效角色实践,同时帮助教师与学生树立学习范式下的正确角色意识,使师生为将来更好地扮演学习范式下的新角色做准备。

第四节 概念界定

一 学习范式

托马斯·库恩(Thomas S. Kuhn)最早提出"范式"的概念,他将"范式"理解为公认的模式或模型,是代表特定共同体成员所共有的信念、价值、技术等构成的整体。[1] 我国学者冯向东认为,"范式"不同于"视角",两者有着明确的概念区分,"范式"是一种方法论体系,表明人们对世界的根本看法。[2] 然而,也有研究者认为,范式既是"概念体系",又是"分析方法",能够使处于同一学科的人们共同接受和使用。[3]

虽然"学习范式"的创始人巴尔(R. B. Barr)和塔戈(J. Tagg)没有给出准确的"学习范式"定义,但从他们的理解中可以得出:学习范式是

---

[1] 〔美〕托马斯·库恩:《科学革命的结构》(第四版),金吾伦、胡新和译,北京大学出版社,2012,第147页。

[2] 冯向东:《高等教育研究中的"范式"与"视角"辨析》,《北京大学教育评论》2006年第3期,第100~108页。

[3] 张勤、马费成:《国外知识管理研究范式——以共词分析为方法》,《管理科学学报》2007年第6期,第65~75页。

替代传授范式的一种新范式,学习范式旨在促使大学从提供教学的机构转变成生产学习的机构,同时促使教师从知识传授者的角色走出来,并引导学生成为自己学习责任的承担者和知识体系的建构者,以提高学生的学习质量和个人素质。[1] 杰克·梅茨罗(Jack Mezirow)认为,学习范式是基于一定认知、信念、情境、话语、文化等而形成的典型模式。学习范式有两种类型,即客观主义学习范式和解释主义学习范式,前者基于西方理性传统而形成,后者是认知革命的结果。在客观主义学习范式下,教育过程就是为了准确表现真实世界,或传达客观知识,这一过程甚至可以通过科学测试来实现;而解释主义学习范式则强调学习是个人与世界在互动中进行的一种社会建构过程,其实质是一种社会行为。[2] 于文浩认为,学习范式是群体在特定时间应对学习活动的"共同心智模式"。[3] 虽然学界至今未对学习范式形成统一定义,但综合已有研究,有四点是可以明确的。其一,学习范式的核心教育理念是以学生为中心。其二,学习范式聚焦于学生的学习。学习范式是相对传授范式而言的,是一场从关注"教"至关注"学"的范式变革,学习范式以提升学生的学习效果、促进学生发展为目标。其三,学习范式下的高等教育改革具有"整体性"特点。学习范式下的高等教育改革涉及教育理念、管理理念、服务理念、教学方法、资源配置、评价手段、学校文化等方面的整体性和系统性转变,不是高等教育中的某个方面孤立或零碎的改变。其四,教师与学生的角色转变是学习范式变革的关键。在学习范式下,教师是学生学习的设计者、引导者、合作者,通过学习和应用最好的方法来生产学习并助力学生成功;学生是知识的构建者、发现者和创造者。

综上,笔者认为,学习范式是相对传授范式而言的一种教学范式,是指学生、教师及教育相关人员基于共有的信念、价值、理论、方法等形成的,旨在促进学生学习与发展,提升学生学习效果的整体行动指南。学习范式体现了以学生为中心的教育理念,强调学习本位思想和学生在教学中

---

[1] R. B. Barr, J. Tagg, "From Teaching to Learning: A New Paradigm for Undergraduate Education," *Change*, 1995 (6): 12–25.

[2] J. Mezirow, "Contemporary Paradigms of Learning," *Adult Education Quarterly*, 1996 (3): 158–172.

[3] 于文浩:《学习范式的嬗变:工作方式演化的视角》,《开放教育研究》2018年第3期,第38~49页。

的主体地位。

二 以学生为中心

以学生为中心作为一种教育教学理念，得到国内研究者的普遍关注及深入研究。刘献君认为，以学生为中心就是要注重学生的学习，使学生在学习中健康发展；以学生为中心是从传授模式的注重"教"转向"学习模式"的注重"学"；以学生为中心需要全面、整体、协调推进，才能提高学生的学习质量，提升学生的知识水平、能力和素质。[1] 王洪才认为，以学生为中心的目标是满足学生的发展需要，因此，学校的教学活动、办学水平状况都应该以此作为中心和评价标准。[2] 邹琴认为，以学生为中心是指学校在尊重学生个体差异的前提下，关注学生的学习活动，以满足学生的需求，促进学生的成长和发展。[3] 赵炬明认为，"以学生为中心"是一种由老范式到新范式的转变，但不管怎么变，学生仍然处于中心地位；以学生为中心涉及教学理念、教学管理、信息技术、资源环境、高校管理、学校文化等方面的内容；以学生为中心就是要以学生的学习与发展及学生的学习效果为中心；以学生为中心的关键在于促进学生的学习与发展。[4]

综合以上研究者对以学生为中心的论述，笔者认为，以学生为中心是学习范式下的核心教育理念，旨在引导学校和教育工作者以学生发展、学生学习、学习效果为中心，满足学生成长的期待与需求，促进学生的学习与发展。

三 生师互动

"互动"一词源自社会学的互动理论，是社会学研究中的一个重要概念。互动理论研究的是人们面对面的相互交往活动，以及能够对交往活动产生影响的主观反应。[5] 在通常情况下，"互动"也称为"社会互动"，既

---

[1] 刘献君：《论"以学生为中心"》，《高等教育研究》2012年第8期，第1~6页。
[2] 王洪才：《何谓"学生中心主义"？》，《大学教育科学》2014年第6期，第62~66页。
[3] 邹琴：《20世纪80年代以来美国"以学生为中心"本科教学改革研究》，硕士学位论文，湖南师范大学，2014。
[4] 赵炬明：《论新三中心：概念与历史——美国SC本科教学改革研究之一》，《高等工程教育研究》2016年第3期，第35~56页。
[5] 黎民、张小山主编《西方社会学理论》，华中科技大学出版社，2005，第195页。

包括人的心理交感过程，又包括人的行为交往过程。[①]

德国的 G. 齐美尔（G. Simmel）是最早使用"社会互动"概念的社会学家。之后，美国学者乔治·赫伯特·米德（George Herbert Mead）的符号互动论奠定了社会学研究互动的基础。社会学家赫伯特·G. 布鲁默（Herbert George Blumer）最先在著作中提出"符号互动论"（Symbolic Interactionism），并建立了符号互动论的理论框架。戈夫曼（E. Goffman）运用戏剧分析模式来分析日常生活中的人际互动，他将社会比作人生舞台，人与人之间的互动就如同舞台上的演员一样，不断地根据情境需要，调整自己的角色行为，以符合情境规范和满足观众需要。关于互动的动力机制，西奥多·肯珀（Theodore Kemper）进行了深入研究，他将"权力-地位"模型用于解释个体之间的互动行为，认为个体之间的互动，源于其在社会情境中获得的地位及权力。个体在互动中获得权力或地位时就会增强自信、满意等积极情感，也会促进个体之间产生更多的"交互性顺从"，进而增强社会团结的意义。[②] 肯珀的"权力-地位"模型为之后兰德尔·柯林斯（Randall Collins）的"互动仪式链"（Interaction Ritual Chains）奠定了理论基础。"互动仪式链"理论认为，互动仪式的核心机制是相互关注和情感连带。在柯林斯看来，文化资本与情感能量是对理解交换和仪式至关重要的两个基本资源。互动就是人们利用这两种基本资源进行交谈而形成的。柯林斯认为，互动的真正驱动力是"情感能量"。

常见的互动分类主要有以下几种：语言互动与非语言互动；正式互动与非正式互动；有组织的互动与无组织的互动；传统（面对面）直接互动与现代（以传输媒介）间接互动等。[③] 在众多互动分类法中，最引人注目的是将互动方式分为"过程"和"结构"的分类方法。早期的互动论者将互动视为一个"过程"，强调"自我"的概念，是一种"主客互动"。现代互动理论正逐步从"过程理论"转向"结构理论"，结构理论强调"角色"的概念，是一种"角色互动"。结构互动理论的倡导者 R. E. 帕克和布鲁默

---

① 中国大百科全书总编辑委员会《社会学》编辑委员会、中国大百科全书出版社编辑部编《中国大百科全书·社会学》，中国大百科全书出版社，1991，第303页。
② 〔美〕乔纳森·特纳、简·斯戴兹：《情感社会学》，孙俊才、文军译，上海人民出版社，2007，第178~179页。
③ 中国大百科全书总编辑委员会《社会学》编辑委员会、中国大百科全书出版社编辑部编《中国大百科全书·社会学》，中国大百科全书出版社，1991，第303页。

认为，复杂的社会地位决定了角色之间和角色之内的互动。角色互动是一种更固定化、更社会化的互动。①

我们所说的生师互动，其实质是一种特殊的社会互动。国内研究者多将生师互动定义为学生与教师之间在教育教学过程中所发生的不同形式、性质、程度的相互作用与相互影响。从已有文献对"教师与学生之间相互作用"的研究中，笔者发现"生师互动""师生互动""师生交往"三者经常被交替使用。通常情况下，在哲学研究的视野中，研究者将教师与学生之间的相互作用、相互影响用"师生交往"来表达；在社会学、心理学、教育学研究中，研究者将教师与学生之间的相互作用与影响用"师生互动"或"生师互动"来表达，偶尔也会使用"师生交往"的概念。对于交往和互动的理解，肖川认为，交往是人的基本存在方式，交往是指具有独立人格的自由主体之间的相互作用、交流、沟通和理解，它是实际的人际交往，不包括间接交往或文本交往。② 刘黎明认为，交往的基本特征是"互动"。③ 刘晶波认为，互动与交往两个概念紧密相连，互动比交往的涵盖范围更广，互动包括交往过程及交往结果。④ 从学者们对"互动"与"交往"的理解中，我们可以看出，互动与交往都是指人与人之间的"相互往来"、"相互作用"和"相互影响"，并且，不管是互动还是交往，都是个人促进自我发展和自我完善的途径。因此，笔者认为，互动即交往，交往即互动。虽然"师生互动"和"生师互动"两者都是指教师与学生之间的相互作用、相互影响，但是，这两种不同的表述体现了"以谁为中心"的教育理念。"生师互动"不同于传统意义上的"师生互动"，二者体现了不同的教育理念，"师生互动"突出以教师为中心，而"生师互动"则更突出以学生为中心。"生师互动"是将学生放在第一位，具有质量导向和质量评价的价值。⑤

---

① 中国大百科全书总编辑委员会《社会学》编辑委员会、中国大百科全书出版社编辑部编《中国大百科全书·社会学》，中国大百科全书出版社，1991，第303页。
② 肖川：《论教学与交往》，《教育研究》1999年第2期，第58~62页。
③ 刘黎明：《在交往中建构个体——教育交往审思》，《华东师范大学学报》（教育科学版）2002年第6期，第22~27页。
④ 刘晶波：《社会学视野下的师幼互动行为研究——我在幼儿园里看到了什么》，南京师范大学出版社，2006，第19页。
⑤ 蒋华林、张玮玮：《生师互动：提高本科教育质量的有效途径》，《清华大学教育研究》2012年第5期，第21~26页。

本研究旨在探讨学习范式下的学生与教师互动行为，真正体现以学生为中心的教育理念，因此，笔者认为"生师互动"更符合"以学生为中心"的教育理念，强调了学生的主体地位，更加符合学习范式的话语体系。在学习范式下，"生师互动"实际上是学生的"学习"与教师的"教学"之间的相互作用与相互影响。综上，生师互动是指学生与教师之间在教学与学习过程中发生的一切相互作用、相互沟通、相互理解的活动，包括语言互动、心理互动和行为互动等形式。

第五节 文献综述

本项研究旨在通过调查大学教学中的生师互动现状，提出其向学习范式下大学教学中的生师互动进行转变的行动路径。从国内外已有研究来看，学界较少对此做专门研究，而从相关研究可知，研究者多以"学生投入""教学模式""以学生为中心""生师互动"为主题展开研究。由此推之，"学生投入""教学模式""以学生为中心""生师互动"这四个主题既彼此联系又相互影响。从已有文献可知，"以学生为中心"可以作为一种教学模式，这种模式体现了以学生为中心的教育理念，注重学生在与教师互动的过程中获得知识，并且，学生投入生师互动的精力与时间越多，这种互动越能促进学生的学习与发展。因此，笔者尝试以"学生投入""教学模式""以学生为中心""生师互动"为关键词进行文献搜索及综述。

一 关于"教学模式"的研究

1972年，美国学者布鲁斯·乔伊斯（Bruce Joyce）和玛莎·韦尔（Marsha Weil）等合著出版了《教学模式》一书，标志着教学模式研究的正式开启。他们认为，教学模式即学习模式，旨在帮助学生获取知识技能，学会思考表达，提升学习能力。随着时代的发展，教学模式逐渐从强调知识的记忆与强化，转向注重师生角色的转变以及学生的学习与探究。从文献来看，教学模式研究主要有以下六种取向。

（一）教学模式的概念理解

目前，研究者对教学模式给出了不同定义，但综合来看，主要存在以下四种认识，即范型说、结构说、混合说、形式说或型式说。

第一，教学模式范型说。研究者认为，教学模式是在教学理论或思想的指导下，指导教师组织教学活动的"教学范型"。[①]

第二，教学模式结构说。教学模式结构说的支持者认为，教学模式是在一定教学思想或教学理论指导下建立起来的较稳定的一种"教学结构"[②]"结构体系"。[③]

第三，教学模式混合说。教学模式混合说又包括程序结构说、程序策略说等。程序结构说认为，教学模式是在一定的教学思想影响下，为实现教学目标而建立的"教学程序及其结构"。[④] 也就是说，教学模式既是"结构框架"，也是"活动程序"。[⑤] 程序策略说则认为，教学模式是由教学程序和教学实施方法等构成的一种策略体系。[⑥]

第四，教学模式的形式说或型式说。苏联著名教育家巴班斯基所理解的"教学模式"，实际上就是"教学型式"，在他看来，"教学型式"是教学形式和教学方法在教学实践过程中，通过综合并系统化之后形成的教学活动形式。[⑦]

（二）教学模式的理论基础

布鲁斯·乔伊斯等认为，明确的理论是教学模式的基础，用于解释实现教学设计目标的理由。[⑧] 美国当代心理学家加涅（R. M. Gagne）将学习理论与教学理论有机结合，形成了以实验心理学为基础的教学模式。信息加工学习理论是加涅教学模式的重要理论来源，其目的在于表明教学在学生的学习过程中如何提供支持，以帮助学生提升智慧技能、语言信息、认知

[①] 张忠华：《论影响我国大学教学模式变革的因素及对策》，《河北师范大学学报》（教育科学版）2011年第8期，第5~11页。

[②] 吴华：《传统教学模式与现代教学模式的比较》，《辽宁师范大学学报》1996年第4期，第30~31页。

[③] 于剑、韩雁：《教学模式的改革探索》，《高等工程教育研究》2008年第4期，第139~142页。

[④] 林淑端：《布鲁纳与奥苏伯尔教学模式之比较》，《外国教育资料》1992年第3期，第32~36、39页。

[⑤] 段作章：《课程改革与教学模式转变》，《教育研究》2004年第6期，第67~71页。

[⑥] 甄德山：《教学模式及其管理浅议》，《天津师大学报》1984年第5期，第35~40页。

[⑦] 〔苏〕尤·克·巴班斯基：《教学过程最优化——一般教学论方面》，张定璋等译，人民教育出版社，2007，第16页。

[⑧] 〔美〕布鲁斯·乔伊斯、玛莎·韦尔、艾米莉·卡尔霍恩：《教学模式》（第八版），兰英等译，中国人民大学出版社，2014，第18页。

策略、动作技能、态度等五类学习能力。[1] H. 塔巴（Hilda Taba）的教学模式以思维理论为基础，注重在教师主导提问、学生积极参与的过程中，培养和发展学生的思维能力。[2] 建构主义教学模式以建构主义学习理论为基础，注重教师在学生学习过程中创设学习情境，以帮助和促进学生的意义建构。[3] 基于情境认知与学习的教学模式是"以学习者为中心"教学模式中的典范，其主要理论来源于情境认知与学习理论。[4] 信息化教学模式构建的理论基础是系统论、信息论、控制论。[5] 而情感教学模式则是在情感教学心理学理论的基础上演绎和归纳而成的新型教学模式。[6]

（三）教学模式的建构研究

研究者主要从以下三个方面探究教学模式的建构。

第一，教学模式建构的要素。大多数研究者认为，教学模式的基本要素包括理论基础或指导思想、教学目标、操作程序。除此之外，完整的教学模式要素还要包括实现条件和评价。[7] 另有研究者经过探究，得出与上述不同的要素组合，如教学模式的三要素论，即教学结构、教学方法、教学程序；[8] 教学的主体、环境、过程构成教学模式；[9] 教学程序、教学形式、师生关系是教学模式的组成要素。[10] 情感教学模式作为教学模式的一种特殊类型，主要包括诱发、陶冶、激励、调控四个要素。[11]

第二，教学模式建构的程序。建构教学模式的过程包括准备、建构、

---

[1] 李乐天：《加涅的教学模式研究》，《华东师范大学学报》（教育科学版）1985年第4期，第11~25页。

[2] 王坦：《塔巴的教学模式及其涵义初探》，《山东师大学报》（社会科学版）1990年第2期，第48~52页。

[3] 何克抗：《建构主义的教学模式、教学方法与教学设计》，《北京师范大学学报》（社会科学版）1997年第5期，第74~81页。

[4] 王文静：《基于情境认知与学习的教学模式研究》，博士学位论文，华东师范大学，2002。

[5] 刘贵富：《大学信息化教学模式研究》，《电化教育研究》2006年第10期，第58~61页。

[6] 卢家楣：《论情感教学模式》，《教育研究》2006年第12期，第55~60页。

[7] 钟志贤：《教学设计视域：大学教学模式的局限与走向》，《开放教育研究》2007年第2期，第34~45页。

[8] 袁顶国、刘永凤、梁敬清：《教学模式概念的系统分析——教学模式概念的三元运行机制》，《西南师范大学学报》（人文社会科学版）2005年第6期，第110~114页。

[9] 于剑、韩雁：《教学模式的改革探索》，《高等工程教育研究》2008年第4期，第139~142页。

[10] 李长萍：《大学教学模式设计策略》，《中国高教研究》1997年第6期，第68~69页。

[11] 卢家楣：《论情感教学模式》，《教育研究》2006年第12期，第55~60页。

试验、外推四个阶段,这四个阶段也是教学理论与教学实践之间不断良性循环的过程。① 虽然不同的学段和学科拥有不同的教学模式,但它们可以通过"导入新课,明确目标"—"自学指导,整体感知"—"检查点拨,探寻规律"—"深入探究,回归系统"整体构建一种和谐教学的课堂教学模式。②

第三,教学模式建构的原则。教学模式应依据教学目标、学科性质、正确的指导思想、一定的环境条件进行整体性、创新性、多样性、有效性的建构。③ 具体而言,教学模式建构应遵循的原则主要有:教育观念与价值取向原则、教学理论指导原则、学科内容与结构原则、教育心理学原则、教育技术学原则④、学生发展原则、协作性学习与个性化学习相结合原则、高效益原则。⑤

(四) 教学模式的分类研究

为了让教师在不同的范围和条件下更好地运用特定的教学模式,研究者对教学模式的分类进行了探讨。

第一,以不同的教学理论派别及风格为标准进行划分。主要有赫尔巴特的"明了—联合—系统—方法"教学模式、杜威的"情境—问题—假设—推理—验证"教学模式、凯洛夫的"组织教学—复习检查—导入新课—巩固新知—布置作业"教学模式、布鲁姆的"掌握学习"教学模式、巴特勒(Butler)的"情境—动因—组织—应用—评价—重复—推广"七阶段教学模式、布鲁纳(Bruner)的探索性教学模式等。

第二,根据教学模式是指向人类自身还是指向人如何学习进行划分。这种分类以乔伊斯等为代表。根据这种划分标准,教学模式可分为信息加工类教学模式、社会类教学模式、个体类教学模式和行为系统类教学模式。

第三,根据师生活动在教学全过程中所占比例进行划分。教学模式按照教师活动由多到少、学生活动由少到多进行划分,依次为讲授式、启发

---

① 吴也显:《教学模式研究的方法与过程》,《教育研究与实验》1991年第4期,第38~39页。
② 王敏勤:《和谐教学的课堂教学模式》,《教育研究》2006年第1期,第84~87页。
③ 李长萍:《大学教学模式设计策略》,《中国高教研究》1997年第6期,第68~69页。
④ 冯秀琪:《构建教学模式的原则与内容》,《中国电化教育》1998年第4期,第9~11页。
⑤ 刘贵富:《大学信息化教学模式研究》,《电化教育研究》2006年第10期,第58~61页。

式、问题式、范例式、放任式。① 也有研究者认为，赫尔巴特、杜威和布鲁纳分别代表了三种教学模式，这种模式划分的依据是教学活动"以谁为主"，与三位人物相应的教学模式依次是：以教师活动为主；以学生活动为主；综合型。② 以学生活动为主的教学模式根据主要教学目标进行分类，大致可分为四种，即：以知识掌握和认知发展为目标的教学模式；以学生的社会性品质培养为目标的教学模式；以学生的情感、意志以及心理健康培养为目标的教学模式；以行为训练为目标的教学模式。③

第四，依据信息技术与课程整合过程中教学模式所涉及的教学阶段划分。在信息技术与课程整合过程中，依据教学模式是否与课堂教学环节直接相关，可以分为"课内整合教学模式"和"课外教学整合模式"。④

第五，根据课程教学的不同侧重点进行分类。可分为练习导向型、学术对话型、反馈驱动多轮型、知识扩展型。⑤

（五）教学模式的发展研究

教学模式伴随大学的诞生而出现并不断发展，它的发展经历了三个阶段：第一阶段是传统教学模式（教师单向传输）；第二阶段是班级授课与研讨班（Seminar）相融合的教学模式；第三阶段是以新技术和互联网为基础的现代教学模式。⑥ 关于教学模式的发展研究主要有以下三种取向。

第一，教学模式发展的影响因素。时代发展、社会需要是对教学模式产生重大影响的两个关键要素。教学模式、教学内容和考试评价制度三者相互依存、互相影响，随着教学内容和考试评价制度深入改革，教学模式也应围绕增效减负、重学善导、以生为本、提升实践能力、激励探究性学

---

① 甄德山：《教学模式及其管理浅议》，《天津师大学报》1984年第5期，第35~40页。
② 王坦：《塔巴的教学模式及其涵义初探》，《山东师大学报》（社会科学版）1990年第2期，第48~52页。
③ 毛景焕：《当代中西教学模式比较分析——兼谈我国当代教学模式建构之不足》，《教育研究与实验》2000年第1期，第30~33页。
④ 何克抗、吴娟：《信息技术与课程整合的教学模式研究之一——教学模式的内涵及分类》，《现代教育技术》2008年第7期，第5~8页。
⑤ 冯菲、于青青：《基于慕课的翻转课堂教学模式研究》，《中国大学教学》2019年第6期，第44~51页。
⑥ 黄爱华：《高等教育教学模式的演进、研究与变革》，《高校教育管理》2017年第1期，第92~96页。

习、关注非智力因素等思路进行变革。[1]

第二，教学模式的发展趋势。大学教学模式改革有九大走向：建构主义教学理念和技术应用观；培养高阶能力；知行合一的价值取向；双主体和互动对话关系；多样化教学组织；弹性、灵活、递归的教学设计；创新性学习；个性化培养；促进学习者发展的教学评价。[2]

第三，教学模式的创新发展路径。新型教学模式实现了多个方面的转变，如教学理念、技术体系、管理机制、校园文化等。[3] 具体而言，我国教学模式主要通过以下路径创新发展：注重教学环节、步骤以及理念和目标等"量"上的改革，而不是以教学模式基本要素为代表的"质"的改变[4]；创新教学的哲学观念，建构开放性教学内容体系，创新以学习者为中心的教学方法，建立"交往—对话"式师生关系，探索科学的教学评价体系，改变其同质化现象，促进创新性人才培养[5]；在创新人才培养上，以人才培养目标作为出发点和落脚点，对不同素质学生的主要基础课进行分级分类，以启发式教学和研究性学习为主要教学方法，创新课程考核方式，构建以网络教学为平台的学生自主学习体系[6]。

（六）教学模式的文献简评

从国内外教学模式研究文献来看，一是研究者倾向于对传统教学模式进行完善性和创新性研究；二是研究者注重多种教学模式的整合研究；三是研究者更加关注信息时代的教学模式研究。从我国教学模式研究来看，20世纪80年代是教学模式研究的探索期，仅有少数研究者进行了教学模式的初步探索；20世纪90年代是教学模式研究的发展期，部分研究者逐渐开始关注教学模式研究；2000年至今是教学模式研究的高峰期，大量研究者投入教学模式研究，教学模式也成为教育研究领域的热点。从我国近三十年

---

[1] 辜胜阻：《变革传统教学模式的实践探索》，《教育研究》2003年第8期，第55~60页。
[2] 钟志贤：《大学教学模式改革的十大走向》，《中国高教研究》2007年第1期，第88~91页。
[3] 黄爱华：《高等教育教学模式的演进、研究与变革》，《高校教育管理》2017年第1期，第92~96页。
[4] 郑玉飞：《论教学模式改革的限度》，《教育科学》2018年第3期，第26~31页。
[5] 韩洪文、田汉族、袁东：《我国大学教学模式同质化的表征、原因与对策》，《教育研究》2012年第9期，第67~72页。
[6] 于剑、韩雁：《教学模式的改革探索》，《高等工程教育研究》2008年第4期，第139~142页。

的教学模式研究来看，研究者从起初的"重理论研究，轻实践研究"转变为"理论研究与实践研究并重"。研究者在关注一般教学模式的同时，也关注学科教学模式的发展。近年来，教学模式的理论研究与实践研究已成为我国教学改革研究中的一项重要内容。然而，就目前的文献来看，研究者对学习范式下教学模式的实践研究关注甚少，特别是从生师互动的微观视角进行的教学模式实践调查研究更是微乎其微，无法满足我国人才培养需求和社会发展需要。

二 关于"以学生为中心"的研究

1896 年，美国实用主义哲学家和教育家杜威在报纸上发表了一篇论文，名为《兴趣与意志训练的关系》（*Interest in Its Relation to Training of Will*），反对赫尔巴特的"兴趣与努力相反"的论述。在这篇论文中，杜威第一次正式提出"儿童中心"的主张，强调了儿童在教育中的重要作用，认为儿童会为自己感兴趣的事而付出更大的努力。此后，杜威发表了《儿童与课程》（*The Child and the Curriculum*）、《民主主义与教育》（*Democracy and Education*）等论著，提出教师应在教学设计、教材选编、教学形式选择等方面坚持"儿童中心"理念，促进"儿童中心"真正取代"教师中心"。20 世纪中叶，人本主义心理学代表人物之一的罗杰斯在继承杜威"儿童中心主义"思想的前提下，创立了"以学生为中心"的理论。在罗杰斯看来，教师应围绕学生开展教学和学习活动，只有这样才能使人获得有意义的学习，这一观点基于以下假设：人天生爱学习；当学生意识到学习内容与自己的学习目的紧密相关时，他们才会真正投入有意义的学习；当学生自发学习时，才能产生最持久和最深入的学习；学生的自我概念、经验等与学生学习密切相关。[①] 自罗杰斯提出"以学生为中心"的理论以来，国内外研究者对此展开了广泛研究。"以学生为中心"对传统的"以教师为中心"的理论提出了挑战。在传统教学中，教师的教学观念是"以教师为中心"，即以内容为导向，注重传授信息和结构化知识，而在"以学生为中心"的理论中，教师的教学观念是"以学生为中心"，即以学习为导向，注重意义建构和智

---

① 陈泽川：《C. R. 罗杰斯的教学观》，《心理学探新》1982 年第 1 期，第 50～56 页。

力发展。① 综合已有文献，目前研究者对"以学生为中心"的研究主要有以下六种取向。

（一）"以学生为中心"的学习研究

经验、遗传、语言、文化、背景等因素决定了每个学生在学习方法、学习能力、学习策略等方面存在个体差异。② "以学生为中心"的学习原则包括：依靠积极的而不是被动的学习；强调深刻的学习和理解；增加学生的责任和对学生的问责；增强学生的自主意识；学生与教师相互依赖并相互尊重；教师和学生不断反思教学和学习过程。③ 对"以学生为中心"的学习研究，研究者主要持以下三种观点。

第一，责任论。泰利·道尔（Terry Doyle）认为，既然学生有学习的能力，我们就应使学生从被动的知识接受者转变为学习责任的主动承担者，学生应该投入更多的时间进行课外学习；应该和校外人士在真实情境中合作学习；应该对课程的评估（鉴定）方法、课程规章和指南、同学的学习等提出意见。④

第二，赋权论。为学生赋权就有可能使他们更愿意投入学习，取得更大的收获。⑤ 因此，我们要赋予学生更多自主学习的权力。学生应拥有对学习的选择权和控制权。⑥ 落实学生选择权应着力于扩大学校招生自主权，增加课程、专业和任课教师的选择机会，提高学生对自己学习的自由度等几个关键环节。⑦

---

① D. Kember, "A Reconceptualisation of the Research into University Academics' Conceptions of Teaching," *Learning and Instruction*, 1997（3）：255 - 275.
② 陆宏、刘强：《建立以学生为中心的网络教学环境》，《外国教育资料》1999 年第 3 期，第 50～53 页。
③ S. J. Lea, D. Stephenson, J. Troy, "Higher Education Students' Attitudes to Student-Centred Learning: Beyond 'Educational Bulimia'?," *Studies in Higher Education*, 2003（3）：321 - 334.
④ 〔美〕泰利·道尔：《如何培养终身学习者：创建以学习者为中心的教学环境》，周建新译，华南理工大学出版社，2014，第 11～12 页。
⑤ 〔美〕Jean W. Bodman、李谷城：《以学生为中心：发生在 ESL 教学中的一场温和革命》，《国外外语教学》1982 年第 3 期，第 1～5 页。
⑥ 刘海燕：《"以学生为中心的学习"：欧洲高等教育教学改革的核心命题》，《教育研究》2017 年第 12 期，第 119～128 页。
⑦ 李枭鹰：《以学生为中心的本科人才培养思考》，《中国高等教育》2012 年第 20 期，第 47～49 页。

第三，环境论。学习环境对学生学习至关重要。学习环境可分为硬环境和软环境，硬环境包括桌椅、设备等物理环境，软环境包括教学模式、学习氛围等，后者是影响学生学习的关键。因此，学习环境的设计要体现学生的主体性和个性特征，使学生通过与他人的交流、合作等学习活动，实现学习目标。①

此外，学习环境的设计要考虑学生的需求，使学生有机会表现和检验自己的知识和能力，从而激发其内在的学习动力。② 高校应构建学生学业指导体系，提升学生的学习能力和人才培养质量。③ 高校行政系统也应积极建构"以学生为中心"的高校行政管理模式，从办学宗旨、愿景、核心价值观等方面合力支持学生的学习与发展。④

（二）"以学生为中心"的教学研究

"以学生为中心"的教学突出"教"为"学"服务的思想。在"以学生为中心"的教学中，"教师指导"以"学生学习"为中心，并服务于"学生学习"。⑤ 教师根据学生的发展需求，分析学习要素，设计学习情境，优化教学实施，注重过程评估，真正促进学生的发展。⑥ 关于"以学生为中心"的教学研究，研究者主要有以下四种取向。

第一，"以学生为中心"的教学特点研究。在"以学生为中心"的教学中，教师与学生分享课堂权力、课程大纲设置权力和考核评估权力等。⑦ 此时，学生拥有更多学习的自由，但这并不意味着学生能够为所欲为。⑧

---

① 赵立影：《从活动理论看以学生为中心的学习环境设计》，《现代教育技术》2004年第4期，第19~21页。
② 应惠兰、何莲珍、周颂波：《大学公共英语教学改革——以学生为中心的主题教学模式》，《外语教学与研究》1998年第4期，第22~26页。
③ 孙苏：《基于"以学生为中心"的高校学业指导体系探究》，《江苏高教》2017年第2期，第70~72页。
④ 黄茂树、Leesa V. Huang：《以学生为中心的校园文化——建构与管理》，《复旦教育论坛》2015年第6期，第87~92页。
⑤ 陈晓云、朱新卓：《师生关系：从主客体之争到以学生为中心》，《现代大学教育》2015年第3期，第36~41页。
⑥ 王文涛：《"以学生为中心"的高职教育课程建设新范式》，《中国高教研究》2014年第12期，第93~96页。
⑦ 周海林：《"以学生为中心"的本科教学改革刍议》，《高等理科教育》2016年第1期，第102~106页。
⑧ 〔美〕Jean W. Bodman、李谷城：《以学生为中心：发生在ESL教学中的一场温和革命》，《国外外语教学》1982年第3期，第1~5页。

第二,"以学生为中心"的教学设计研究。"以学生为中心"的教学设计是在学习设计基础上进行的,其核心是"学生经验"。因此,教师必须对学习的本质与过程,学生的心理、需求、兴趣等进行全面认识和分析。[①]"以学生为中心"的课程教学设计应包括内容、教学法、教学评价、教学技术、教学环境等五个方面的内容。[②]

第三,"以学生为中心"的教学方法研究。目前,"以学生为中心"的教学方法主要存在两种解释:第一种,教师仅向学生告知活动内容,而不对学生进行任何指导,完全由学生自己探索;第二种,教师为学生设计活动内容,并为学生提供充足的展示机会,学生在教师的指导下进行探索。然而,多数研究者对第一种教学方法持反对态度。[③] 另有研究者认为,在"以学生为中心"的教学活动中,任何能够促进学生有效学习的教学方法都应被认为是好方法。[④]

第四,"以学生为中心"的教学改革研究。"以学生为中心"的教学改革涉及观念、教学活动、教学管理、技术支持和资源配置、学校行政管理、学校文化等方面的内容,只有全面、整体、协调推进,才能提高学生的学习质量,提升学生的知识水平、能力和素质。[⑤]

也就是说,"以学生为中心"的教学改革是一场系统变革,在自上而下的整体设计与系统变革难以实现的情况下,我们应采取自下而上的教学实验,以达到系统性变革的目的。[⑥] 在"以学生为中心"的教学改革中,"宏观的制度环境"与"行动者的变革能力"是影响其效果的关键因素。[⑦]

(三)"以学生为中心"的评价研究

目前,学界主要围绕"以学生为中心"的评价内容、评价方法进行研

[①] 李爽、陈丽编著《"以学生为中心"的教学原理与实践指南》,中央广播电视大学出版社,2011,第 101 页。
[②] 赵炬明、高筱卉:《关于实施"以学生为中心"的本科教学改革的思考》,《中国高教研究》2017 年第 8 期,第 36~40 页。
[③] 牛瑞英:《CECL 教学中的"以学生为中心"》,《外语教学》1998 年第 1 期,第 77~80 页。
[④] 赵炬明:《聚焦设计:实践与方法(下)——美国"以学生为中心"的本科教学改革研究之三》,《高等工程教育研究》2018 年第 3 期,第 29~44 页。
[⑤] 刘献君:《论"以学生为中心"》,《高等教育研究》2012 年第 8 期,第 1~6 页。
[⑥] 崔乃文、李梦云:《困境与出路:"以学生为中心"的本科教学改革何以可能》,《现代大学教育》2017 年第 4 期,第 97~103 页。
[⑦] 周光礼、黄容霞:《教学改革如何制度化——"以学生为中心"的教育改革与创新人才培养特区在中国的兴起》,《高等工程教育研究》2013 年第 5 期,第 47~56 页。

究。具体而言，研究者主要有以下两种研究取向。

第一，"以学生为中心"的评价内容研究。为了实现"以学生为中心"的教学，学校的教学活动、办学水平都应该以学生的学习和发展作为中心和评价标准。[①] 反映学生学习效果的评价包括学生对自身学习情况的评价，学生对学校提供的学习支持环境和服务情况的评价，学生在专业素质、思想道德素质和心理素质等方面发展情况的评价。[②]

第二，"以学生为中心"的评价方法研究。"以学生为中心"的评价应在师生共同制定的评价标准下，以学生自我评价为主，不断提升学生知识应用能力的过程，其评价贯穿整个教学始终。学生在"以学生为中心"的评价中扮演主动参与者的角色。一方面，学生监测着学校的课程、教学和管理服务，并提供评价反馈；另一方面，学生的学习效果也成为教育教学质量的评价依据。[③]

（四）"以学生为中心"的教师角色、职责和发展研究

为了正确理解和把握教师在"以学生为中心"教学中的角色、职责、地位等内容，研究者主要从以下三个方面进行了研究。

第一，"以学生为中心"的教师角色研究。在"以学生为中心"的教学中，教师扮演着学生的学术咨询者、信息服务者角色，帮助学生规划学习、选择课程、探寻合适的学习方法。[④] 另外，教师还扮演着学生学习的组织者、管理者、合作者、解难者、鼓励者[⑤]、帮助者、促进者、中介者[⑥]、引导者、点拨者[⑦]角色。

第二，"以学生为中心"的教师职责研究。在"以学生为中心"的教学

[①] 王洪才：《何谓"学生中心主义"？》，《大学教育科学》2014年第6期，第62~66页。

[②] 洪艺敏：《构建"以学生为中心"的本科教学质量标准》，《中国大学教学》2017年第10期，第88~91页。

[③] 杨彩霞、邹晓东：《以学生为中心的高校教学质量保障：理念建构与改进策略》，《教育发展研究》2015年第3期，第30~36、44页。

[④] 黄月圆、顾曰国：《以学生为中心，多维一体的大学英语教学法》，《外语教学与研究》1996年第2期，第9~13页。

[⑤] 应惠兰、何莲珍、周颂波：《大学公共英语教学改革——以学生为中心的主题教学模式》，《外语教学与研究》1998年第4期，第22~26页。

[⑥] 李广琴：《以"学生为中心"的课堂交互活动中教师的中介作用》，《外语教学》2005年第5期，第42~44页。

[⑦] 贺武华：《"以学习者为中心"理念下的大学生学习力培养》，《教育研究》2013年第3期，第106~111页。

中，教师的职责是设计和开展教学，鼓励学生成为负责任的学习者，使学生自由选择并积极参与自己的学习。[1] 具体而言，教师的职责主要有：帮助学生做好学习准备，分析学生的需求，选择正确的教学方法，促进学生参与[2]，选择合适的教学资料，帮助学生激活知识，促进学生思考[3]，教会学生掌握获取知识的方法，引领学生体验知识激活和产生的过程[4]。

第三，"以学生为中心"的教师发展研究。"以学生为中心"的教学对教师素质提出了更高要求。[5] 在"以学生为中心"的教学中，教师不仅要关注自己的教学内容，更要关注学生的个体需求，这就要求教师必须具备扎实的理论知识基础和较高的业务水平。高校应从文化建设、组织结构和管理机制等方面构建"以学生为中心"的大学教师发展体系，帮助大学教师适应"以学生为中心"的高等教育变革。[6] "以学生为中心"的教师教学技能应包括课堂管理、交流分享、分组教学、教学资源利用、教学反思等。[7]

（五）"以学生为中心"的条件与困境研究

开展"以学生为中心"的教育教学改革主要基于以下四方面的因素。

第一，科学领域的进步。大学生发展研究、脑科学、学习心理学等科学领域知识的进步，为大学开展"以学生为中心"的教学改革奠定了基础。[8]

第二，信息革命的冲击。信息技术的发展打破了大学和教师垄断纸质信息的局面[9]，学生借助信息技术随时可以获取所需信息，这就促使"以学

---

[1] M. Weimer, *Learner-Centered Teaching*: *Five Key Changes to Practice* (2nd ed.) (San Francisco, CA: Jossey-Bass, 2013): 102-110.
[2] 吴远宁：《论教师在"以学习者为中心"的课堂教学中的角色——以语言教学为例》，《现代大学教育》2003年第5期，第107~109页。
[3] 刘献君：《论"以学生为中心"》，《高等教育研究》2012年第8期，第1~6页。
[4] 贺武华：《"以学习者为中心"理念下的大学生学习力培养》，《教育研究》2013年第3期，第106~111页。
[5] 李耸、赵晓丹、赵睿：《论以学生为中心的教学模式与大学英语教学改革》，《东北大学学报》（社会科学版）2005年第2期，第144~147页。
[6] 朱雪波：《基于"以学生为中心"教育理念的大学教师发展体系构建》，《民族教育研究》2014年第5期，第41~44页。
[7] 贺显斌：《英国以学生为中心教学法在我国职教师资培训中的运用》，《中国职业技术教育》2014年第6期，第73~77页。
[8] 赵炬明：《打开黑箱：学习与发展的科学基础（上）——美国"以学生为中心"的本科教学改革研究之二》，《高等工程教育研究》2017年第3期，第31~52页。
[9] 赵炬明：《论新三中心：概念与历史——美国SC本科教学改革研究之一》，《高等工程教育研究》2016年第3期，第35~56页。

生为中心"的教学成为必然趋势。

第三,教学困境的凸显。目前,大学本科课堂教学方法和模式单一,教学内容缺乏深度和广度,教师教学效果和学生学习效果不理想,总体呈现"以教师为中心"的样态,这种现状促使高校必须开展"以学生为中心"的本科教学改革。① 实际上,部分教师由于在教学中无力改进教学质量而将自己置于中心位置,人为地制造了"以教师为中心",然而,人们对教学效果的"需要"又助推了"以学生为中心"的教学。②

第四,学生需求的变化。新一代大学生不愿接受传统的、统一的灌输式教学,更愿意以学习主体的身份,与教师在平等交流互动中学习,学生需求的变化促使大学必须开展"以学生为中心"教育教学改革。③

(六)"以学生为中心"的文献简评

从文献来看,国外研究者对"以学生为中心"进行了较为全面的理论与实证,而我国研究者多倾向于"以学生为中心"的理论研究,较少进行实证研究。20世纪80年代,我国研究者开始引入国外"以学生为中心"的相关文献进行理论研究。20世纪90年代起,我国研究者开始将"以学生为中心"的教育理论与我国教育教学实践相结合,特别是在大量的外语教学研究中,研究者更倾向于运用"以学生为中心"的教育理论。自2000年开始,虽然"以学生为中心"的研究仍主要集中在外语教学领域,但是,部分研究者已开始将"以学生为中心"的研究范围逐步拓宽,特别是少数研究者开始结合教育教学实践进行研究,如:2002年孙建华和刘黛琳的"以学生为中心"课程资源建设研究;2004年赵立影的"以学生为中心"学习环境设计研究。

2012年至今,我国学界掀起了"以学生为中心"研究的高潮。刘献君、周光礼、陈新忠、邹晓东等研究者普遍认为:我国实施"以学生为中心"的教育教学改革是必然趋势。值得注意的是,赵炬明自2016年至2018年在《高等工程教育研究》中发表系列文章,深入探讨了美国大学"以学生为中

---

① 陈凡:《以学生为中心的教学何以可能——基于51所大学本科课堂现状的实证研究》,《高等教育研究》2017年第10期,第75~82页。
② 王卉、周序:《虚无的对立与事实上的统一——论"教师中心"与"学生中心"的关系》,《现代大学教育》2019年第3期,第40~46页。
③ 邢以群、鲁柏祥、施杰等:《以学生为主体的体验式教学模式探索——从知识到智慧》,《高等工程教育研究》2016年第5期,第122~128页。

心"的教学理论与实践,为我国大学开展"以学生为中心"的教学改革奠定了基础。综上,目前,虽然我国学界对"以学生为中心"的研究较为广泛和深入,但学界对于"以学生为中心"教学中的教师角色、学生角色,以及教师如何实现以学生为中心、服务于学生的学习与发展的实证研究还是微乎其微,而这些正是"以学生为中心"教育教学改革中的核心内容,值得研究者做进一步深入探索。

三 关于"学生投入"的研究

学生参与也称学生投入,国外研究者通常用"Student Involvement"或"Student Engagement"表示。20世纪30年代,拉尔夫·泰勒(Ralph W. Tyler)就将学生投入理解为"学生积极主动地努力",而教育能够为学生提供投入机会,使学生在自己感兴趣的事情上有效地投入。[1] 20世纪60年代,佩斯(C. R. Pace)使用"学生体验问卷"(College Student Experiences Questionnaire, CSEQ)测量学生投入努力的质量(Quality of Student Effort)。1984年,阿斯汀在其论文《学生投入:一种高等教育发展理论》中,正式提出了"学生投入"(Student Involvement)的概念,他认为"学生投入"是学生在大学经历中投入的时间和精力的总和。[2] 此后,汀托(Vincent Tinto)的"学生融合"(Student Integration)进一步拓展了阿斯汀的"学生投入"理论。1987年,奇克林(A. W. Chickering)和加姆森(Zelda F. Gamson)提出了"本科教育中的七项良好实践"(Seven Principles for Good Practice in Undergraduate Education),包括:鼓励生师互动;促进学生互助合作;鼓励积极学习;提供及时反馈;强调完成任务的时间;传递高期望;尊重多样化的人才和学习方式。[3] 他们认为,如果学校在这七项上做出改进,则可以促进学生投入,并提高本科教育质量。乔治·库的学生投入理论认为,学生投入不仅包括学生做了什么(What Students Do),即学生投入的时间和精力,还应包括学校做了什么(What Institutions Do),即学校提供的支持和

---

[1] 〔美〕拉尔夫·泰勒:《课程与教学的基本原理》(英汉对照版),罗康、张阅译,中国轻工业出版社,2014,第11页。
[2] A. W. Astin "Student Involvement: A Developmental Theory for Higher Education," *Journal of College Student Development*, 1984 (4): 297-308.
[3] A. W. Chickering, Z. F. Gamson, "The Seven Principles for Good Practice in Undergraduate Education," *Biochemical Education*, 1989 (3): 140-141.

帮助。① 在 NSSE 项目调查中，"学生投入"意指学生参与有效教学活动的频繁度。② 在学生投入理论的发展过程中，"消费者"或"顾客"理论、学术共同体理论、利益相关者理论等也为其提供了重要理论支持。③ 国内外研究一致认可了学生投入的重要价值。学生投入研究使高等教育机构从关注知识传授转向关注学生投入，这也使高等教育机构中的学生主体地位不断凸显，进一步促进了"以学生为中心"的本科教育教学改革。学生投入具有认知性和非认知性功能，对学生的学习及心理发展都具有重要意义。④ 尽管有部分研究者将学生在学业等方面投入的时间和努力称为"学生参与"，但是，笔者认为"学生投入"更能彰显其本意，因此，本书将统一采用"学生投入"来表述。总体而言，国内外关于学生投入的研究主要集中在以下五个方面。

（一）学生投入的类型

福瑞克斯（J. A. Fredricks）等根据布鲁姆教育目标分类，将学生投入分为行为投入（Behavioral Engagement）、认知投入（Cognitive Engagement）、情感投入（Emotional Engagement）。⑤ 在学生投入的研究中，研究者重点关注学生的学习投入。杨院等根据学生投入学习的不同程度，将学生投入分为全力投入型、投入均衡型、同伴依赖型、教师依赖型、通过考试型、学习抵触型，认为不同的学生投入类型拥有不同的"学术性收获"或"社会性收获"。⑥ 根据学生学业投入的外部约束性和发生场域进行划分，学生学业投入可分为规则性投入、过程性投入、自主性投入。⑦

---

① G. D. Kuh, "Assessing What Really Matters to Student Learning Inside the National Survey of Student Engagement," *Change the Magazine of Higher Learning*, 2001 (3): 10–17.
② 〔美〕伊丽莎白·F. 巴克利:《双螺旋教学策略：激发学习动机和主动性》，古煜奎、顾关、唱飞镜等译，华南理工大学出版社，2014。
③ 赵叶珠:《学生参与：欧洲高等教育质量保障中的新维度》，《复旦教育论坛》2011 年第 1 期，第 47~50 页。
④ 曾琦:《学生的参与及其发展价值》，《学科教育》2001 年第 1 期，第 4~7 页。
⑤ J. A. Fredricks, P. C. Blumenfeld, A. H. Paris, "School Engagement: Potential of the Concept, State of the Evidence," *Review of Educational Research*, 2004 (1): 59–109.
⑥ 杨院、李艳娜、丁楠:《大学生学习投入类型及其与学习收获关系的实证研究》，《高教探索》2017 年第 3 期，第 74~77 页。
⑦ 鲍威、张晓玥:《中国高校学生学业参与的多维结构及其影响机制》，《复旦教育论坛》2012 年第 6 期，第 20~28 页。

（二）学生投入的测量研究

学生投入度可以从学习活动、艺术活动、实践活动、思维意识四个方面的投入情况进行测量。[1] 随着学生投入理论的发展，学生投入的测量也在不断发展，总体而言，学生投入的测评方式主要有三种：一是以有效学习时间评估学生投入，二是以行为、认知、情感等多维度评估学生投入，三是以社会生态系统互动评估学生投入。[2] 研究者开发了各种调查工具，以测量学生的投入水平，主要工具有：教师问卷、学生问卷、课堂观察量表[3]、远程学生学习投入评价量表[4]等。在各类大学生投入测评工具中，国内外研究者多采用以下六种问卷调查工具（见表1-1）。

表1-1 关于大学"学生投入"的调查工具

调查工具中文名称	调查工具英文名称及缩写
全国大学生学习性投入调查	The National Survey of Student Engagement，NSSE
大学生体验问卷调查	The College Student Experiences Questionnaire，CSEQ
大学生期望调查问卷	The College Student Expectations Questionnaire，CSXQ
社区学院学生参与调查	The Community College Survey of Student Engagement，CCSSE
社区学院学生投入的教师调查	The Community College Faculty Survey of Student Engagement，CCFSSE
社区学院学生入学投入调查	Survey of Entering Student Engagement for Community Colleges，SESECC

（三）学生投入的影响因素

学生投入理论关注学生的动机、行为、非课堂经历，以及学校环境。[5] 研究者认为影响学生投入的因素主要包括以下三种。

第一，学生层面影响学生投入的因素。这些因素主要包括学生的人口学特征、家庭背景、心理体验、价值观、学习目的、学习信念、学习体

---

[1] 赵晓阳、刘金兰：《学生参与度评价：一种学生主体的教育质量评价方法》，《高教探索》2012年第6期，第21~26页。
[2] 曾家延：《学生参与评估模型研究的回顾与评论》，《比较教育研究》2015年第7期，第62~69页。
[3] 曾家延：《指向大规模测量建构的学生参与研究评析》，《比较教育研究》2017年第4期，第46~53页。
[4] 李爽、喻忱：《远程学生学习投入评价量表编制与应用》，《开放教育研究》2015年第6期，第62~70页。
[5] 徐波：《高校学生投入理论：内涵、特点及应用》，《高等教育研究》2013年第6期，第48~54页。

验等。① 其中，学习目标直接影响学生的投入意愿，任务难度通过学习目标的作用对学生投入产生显著影响。在发展性学习目标情境下，学生投入意愿受任务难度的影响较小，因此这种发展性学习目标有利于学生积极地投入学习；而在竞争性和评价性学习目标情境下，任务难度对学生的投入意愿影响较大，有可能使学生因畏难而降低投入意愿。② 高职院校学生个体因素中的学习兴趣直接影响其自主性学习投入和互动性学习投入，且院校支持服务能对学生的学习投入度产生较大影响。③ 学生的学习动机及主动学习能够促进学生投入。④ 学生的学习信念影响学习投入，进而影响学习收获。⑤ 学生的就读期望与学生投入度密切相关，本科生所具有的不同期望类型直接影响其学生投入度。⑥ 此外，大学生在课外投入学习、休闲、社会活动、兼职、往返上学路途等五项上花费的时间对学生的分析和批判性思维、社交技能、自我认知和理解等能力发展的积极影响有限。⑦

第二，教师层面影响学生投入的因素。在众多学生投入影响因素研究中，研究者尤其关注教师因素对学生投入的影响。研究者认为，教师的权威性影响学生的投入，学生将投入完成教师规定的任务视为对教师权威的服从⑧，而将教师引导他们进行讨论和分析视为一种"制服"手段，当教师充分的课堂准备为学生课堂投入增加难度时，学生则有可能不愿意承担义

---

① 吴海荣：《国外学生教学参与的影响因素研究述评及启示》，《外国教育研究》2011年第6期，第12~17页；杨院：《以学习投入为中介：学生学习信念影响学习收获的机制探究——以"985高校"本科生为例的分析》，《高教探索》2016年第3期，第75~78页；郭建鹏、计国君：《大学生学习体验与学习结果的关系：学生投入的中介作用》，《心理科学》2019年第4期，第868~875页。
② 乔建中、李星云、夏云等：《学习目标和任务难度对学生投入意愿的影响》，《南京师大学报》（社会科学版）1998年第1期，第70~73页。
③ 汪雅霜、汪霞：《高职院校学生学习投入度及其影响因素的实证研究》，《教育研究》2017年第1期，第77~84页。
④ 〔美〕伊丽莎白·F. 巴克利：《双螺旋教学策略：激发学习动机和主动性》，古煜奎、顾关、唱飞镜等译，华南理工大学出版社，2014。
⑤ 杨院：《以学习投入为中介：学生学习信念影响学习收获的机制探究——以"985高校"本科生为例的分析》，《高教探索》2016年第3期，第75~78页。
⑥ 吴璘、陈敏、魏署光：《基于本科生就读期望分类的学生投入度差异分析——以H大学SSLD为例》，《高等工程教育研究》2017年第1期，第96~101页。
⑦ 刘声涛、张婷、徐丹：《本科生课外时间投入对能力发展的影响——基于H大学学生就读经历调查数据》，《复旦教育论坛》2015年第5期，第55~61页。
⑧ 谢淑海：《走向学生参与的课程实施》，硕士学位论文，西南大学，2007。

务，并选择不投入。[①]

第三，其他影响学生投入的因素。除上述因素外，研究者认为以下因素也会直接或间接地影响学生投入，如学校背景、学习任务、专业匹配、考核反馈等。[②]

（四）学生投入的促进措施

目前，研究者对学生投入的促进措施进行了较全面的研究，具体措施主要包括以下四项。

第一，加强学校环境与制度建设。研究者认为，学校应通过优化教育政策和学习氛围[③]，构建适宜的学科（院系）亚环境[④]，促使学生积极投入。

第二，构建学生学习发展支持体系。学校应建立和完善学生学习支持的机制和体系[⑤]，特别要为不同学生亚群体提供有针对性的学业支持[⑥]。

第三，发挥教师的引导作用。教师要了解学生的学习需要，培养学生的学习兴趣，激发学生的学习欲望和学习动机[⑦]，运用教学话语策略[⑧]，引导学生提升情感和规范承诺[⑨]。

第四，完善本科教育质量评价。本科教育质量评价改革应从过去注重

[①] D. A. 卡普、W. C. 约尔斯、韩扬等：《学生为何反应冷漠——对大学生课堂参与行为的研究》，《当代青年研究》1992 年第 2 期，第 38~41 页。

[②] 曾家延：《指向大规模测量建构的学生参与研究评析》，《比较教育研究》2017 年第 4 期，第 46~53 页；杜鑫、罗斯雯：《专业匹配对学生投入度的影响效应研究——以 H 大学为例》，《高等工程教育研究》2017 年第 2 期，第 155~159 页；魏署光、陈敏：《本科生学习效果影响机制研究——基于华中科技大学 SSLD 的分析》，《高等工程教育研究》2016 年第 2 期，第 167~173 页。

[③] 王纾：《研究型大学学生学习性投入对学习收获的影响机制研究——基于 2009 年"中国大学生学情调查"的数据分析》，《清华大学教育研究》2011 年第 4 期，第 24~32 页。

[④] 徐丹、蒋扇扇、刘声涛：《研究型大学本科生学习投入及其影响因素的学科差异》，《大学教育科学》2018 年第 5 期，第 30~37 页。

[⑤] 王烁：《基于学生参与度的课程学习收获实证研究》，《高教探索》2017 年第 5 期，第 49~53 页。

[⑥] 徐丹、蒋扇扇、刘声涛：《研究型大学本科生学习投入及其影响因素的学科差异》，《大学教育科学》2018 年第 5 期，第 30~37 页。

[⑦] 王升：《主体参与教学策略的分层分析》，《课程·教材·教法》2001 年第 3 期，第 40~44 页。

[⑧] 裴淼、杜霞、王文静：《促进学生有效参与的教师话语策略：一项质的研究》，《教育科学》2009 年第 1 期，第 42~47 页。

[⑨] 陈业玮、徐萍平：《提升商学院大学生的学习投入探究——基于专业承诺的学习心理视角》，《中国高教研究》2013 年第 9 期，第 94~98 页。

外部资源投入转向注重学生学习与发展,通过构建学生学习投入教育质量保障体系以及开发学生学习投入评价工具,促使学校的政策制度和校园环境为学生投入学习服务。[①]

(五) 学生投入的文献简评

国内外几十年的学生投入实证研究结果充分肯定了学生投入对本科教育的价值,也推动着学生投入的研究范围、内容、途径等不断创新与发展。总体而言,国外研究者对学生投入的研究较国内研究者更为广泛和深入,近几年,美国学者基于学生投入理论研究开发了 NSSE 调查工具,并被澳大利亚、新西兰、中国等全球多个国家广泛使用,成为高等教育质量评价的"风向标"。我国研究者在国外学生投入研究的影响下,经历了学生投入的四个研究阶段,即萌芽阶段、发展阶段、形成阶段、拓展阶段。[②] 笔者认为,我国学生投入研究以 2009 年为"分水岭",2009 年之前,我国虽然有少数研究者关注学生投入,但是基本未涉及阿斯汀等国外学者对学生投入理论的已有研究。自 2009 年以来,随着清华大学史静寰教授主持开展的"中国大学生学情调查"(NSSE-China)的逐步推进,我国教育界掀起了学生投入研究的持续高潮。2009 年,史静寰教授带领其研究团队对 NSSE 进行了调整与汉化,研制完成了 NSSE-China 调查工具。随后,我国研究者采用 NSSE-China 调查工具对不同类型高校的不同类型学生进行了学习性投入研究,其研究结果为我国高等教育推进并实现内涵式发展奠定了基础,同时也引导我国高等教育研究做出了新的尝试:由关注高等教育的宏观环境转向关注高等教育的微观层面。然而,从国内已有研究来看,学生投入研究不仅数量较少,而且部分研究缺乏深度,亟待进一步做广泛而深入的探究。

四 关于"生师互动"的研究

在西方哲学研究中,马克思(Karl Heinrich Marx)、杜威、胡塞尔(Edmund Gustav Albrecht Husserl)、马丁·布伯(Martin Buber)、雅斯贝尔斯(Karl Theodor Jaspers)、哈贝马斯(Jürgen Habermas)等学者的交往理论为

---

① 石芳华:《本科教育质量评价改革新视角:学习投入度》,《现代教育管理》2010 年第 5 期,第 51~54 页。
② 肖建勇、李军华:《教育变革中的学生参与——30 年研究的回顾与反思》,《江西农业大学学报》(社会科学版) 2011 年第 4 期,第 109~114 页。

生师互动提供了重要的理论支持。马克思主义交往理论从人类交往的宏观视角出发，强调了交往对人的全面发展的重要作用。马克思等在其论著中多次用"人对人的作用""人们的交互作用""个人的相互作用"等来对"交往"做重要论述。1987年，奇克林和加姆森提出了"鼓励学生和教师互动"，促进本科教学质量提高的建议，随后，"生师互动"也被列为"本科教育良好实践的七项原则"之一。他们认为，通过教师与学生课堂内外的频繁互动能激发学生的学习动机，获得良好的学习效果。库和胡的研究结果进一步表明，生师之间任何类型的互动都对学生有利，但推动更深入和个性化的互动可以促使学生获得更多的成就和满足。[1] 皮安塔和哈姆雷（Pianta & Hamre）认为，课堂上的生师互动就是教师在情感、组织和教学三个维度为学生提供支持的过程。[2] 总体而言，国外研究者通常将大学影响力模型（College Impact Models），即"输入—过程—输出"作为生师互动研究的主要理论来源。国外大规模生师互动调查研究结果显示，学生花费在与教师互动上的时间与各种教育和个人成果之间存在重大关系，包括学术技能发展、社会自信心、学术和社会融合、领导能力、艺术倾向、职业价值观、教育和学位愿望、满意度和保留率等。

在我国，不少研究者将"生师互动"等同于"师生关系"，认为当师生关系呈现动态特征时即生师互动，如：师生关系就是生师互动[3]，师生关系就是师生交往[4]，师生关系是教师与学生相互联结及相互作用的状态[5]，师生关系是持续的"生成性"过程[6]。虽然我国研究者对生师互动的研究起步较晚，但研究者普遍认为生师互动能够促进教师与学生的共同成长与发展。对于学生而言，生师互动能促进学生获取知识、发展能力、完善个性、丰

---

[1] G. D. Kuh, S. Hu, "The Effects of Student-Faculty Interaction in the 1990s," *Review of Higher Education*, 2001 (3): 309-332.

[2] R. C. Pianta, B. K. Hamre, "Conceptualization, Measurement, and Improvement of Classroom Processes: Standardized Observation can Leverage Capacity," *Educational Researcher*, 2009 (2): 109-119.

[3] 沈贵鹏：《师生课堂口头言语互动研究》，《教育科学》1997年第1期，第23~25页。

[4] 龚放：《大学师生关系的现状必须改变》，《高等教育研究》1987年第1期，第69~72、83页。

[5] 周润智：《学校教育价值的失落与复归——师生关系的社会学解读》，《南京师大学报》（社会科学版）2002年第1期，第80~86页。

[6] 杨晓：《后现代教育学中的师生关系重构》，《教育科学》2004年第5期，第47~50页。

富情感；对于教师而言，生师互动能促进教师增长教育智慧，提高教学技能，形成教学风格。① 此外，生师互动还能帮助教师认同教师职业，扮演职业角色，提升职业情感。② 综合来看，国内外研究者对生师互动的研究主要有以下九种取向。

（一）生师互动的特征研究

在教学过程中，教师与学生之间以教学文本为中介，进行"多向的"和"立体的"互动与交流，具有开放、动态、非均衡、非线性的特点。③ 另外，生师互动的特征还包括教育性、交互性、连续性、网络性、非一一对应性、系统性、综合性、组织化和非正式化相结合。④ 而研究生培养过程中的师生双方在课程学习、论文指导等活动中同游互动、共同成长，同游的生师互动基本特征包括双边共时、同处互动、多元会通、齐行并生。⑤

（二）生师互动的类型研究

生师互动的类型一直是教育研究者关注的焦点和热点问题。国外研究者阿什莉（Ashley）依据帕森斯（T. Parsons）社会体系理论将课堂互动分为三类，即教师中心式、学生中心式、知识中心式。⑥ 西尔贝曼（M. Silberman）将生师互动行为分为四种类型，即讨好型、冷淡型、关怀型和拒绝型。⑦ 利皮特和怀特（Lippitt & White）将教师视为领导者，认为生师互动的方式就是教师对学生的领导方式，据此将生师互动划分为权威式、放任式和民主式。⑧ 具体而言，国内外生师互动的类型研究主要有以下五种取向。

第一，根据学生与教师的互动行为进行分类。研究者以生师互动中权

---

① 田汉族：《交往教学论的特征及理论价值》，《教育研究》2004 年第 2 期，第 38～42 页。
② 吴康宁：《学生仅仅是"受教育者"吗？——兼谈师生关系观的转换》，《教育研究》2003 年第 4 期，第 43～47 页。
③ 陈旭远、杨宏丽：《论交往教学》，《教育研究》2006 年第 9 期，第 37～42 页。
④ 叶子、庞丽娟：《师生互动的本质与特征》，《教育研究》2001 年第 4 期，第 30～34 页。
⑤ 孙俊三、晏福宝：《师生同游互动：学问与人生的双重境界——研究生培养过程的基本特征》，《大学教育科学》2015 年第 6 期，第 56～61 页。
⑥ 亢晓梅：《师生课堂互动行为类型理论比较研究》，《比较教育研究》2001 年第 4 期，第 42～46 页。
⑦ 田国秀：《学校师生冲突的成因分析与对策研究——以微观政治社会学为理论视角的研究》，首都师范大学出版社，2012，第 13 页。
⑧ 张建琼：《国内外课堂教学行为研究之比较》，《外国教育研究》2005 年第 3 期，第 40～43 页。

威的主导地位作为分类标准,将生师互动分为师权型、生权型、平等型。[1] 基于"交互行为的诱发和主导者是谁"和"交互手段方式"两个维度,师生交互可分为师导对话型师生交互、师导操作型师生交互、生导对话型师生交互、生导操作型师生交互。[2] 我国部分研究者认为生师互动即师生交往,师生教学交往分为主体性教学交往、主体间性教学交往、他者性教学交往。[3]

第二,根据生师互动发生的场景进行分类。国外研究者通常根据生师互动发生的场景,将其分为正式生师互动和非正式生师互动。一般而言,当生师互动发生在课堂、实验室等正式场景(课堂之内)中时,研究者称之为正式生师互动,而当生师互动发生在非正式场景(课堂之外)中时,研究者称之为非正式生师互动。考克斯和伊丽莎白(B. E. Cox & O. Elizabeth)又将非正式的课外生师互动根据互动频率分为彼此关联的五种类型,由弱至强依次为脱离接触(Disengagement)、偶然接触(Incidental Contact)、功能互动(Functional Interaction)、个人互动(Personal Interaction)和指导(Mentoring)。[4]

第三,根据教师的互动对象数量进行分类。研究者普遍认为,教师的互动对象是学生,而生师互动就应根据学生人数进行分类,分为师个互动和师群互动。[5]

第四,根据生师互动的结构进行分类。生师互动的结构类型为依附—结合型、松散—结合型、依附—求助型、松散—求助型、依附—商讨型、松散—商讨型、相倚—参与型、相机—参与型、相倚—支配型、相机—支配型、相倚—合作型、相机—合作型、融洽—选择型、融洽—诚服型、融洽—和谐型。[6]

---

[1] 傅维利、张恬恬:《关于师生互动类型划分的研究》,《教育理论与实践》2007年第5期,第29~32页。

[2] 陈迪:《互动媒体支撑下的课堂教学研究》,博士学位论文,华中师范大学,2012。

[3] 刘要悟、柴楠:《从主体性、主体间性到他者性——教学交往的范式转型》,《教育研究》2015年第2期,第102~109页。

[4] B. E. Cox, O. Elizabeth, "Faculty-Student Interaction Outside the Classroom: A Typology from a Residential College," *The Review of Higher Education*, 2007 (4): 343-362.

[5] 吴康宁:《教育社会学》,人民教育出版社,1998。

[6] 马维娜:《大学师生互动结构类型的社会学分析》,《江苏高教》1999年第3期,第69~72页。

第五，生师互动的其他分类。如：根据生师互动的内容将生师互动分为学术性互动与社会性互动[1]；根据生师互动的特点将生师互动分为形成性互动、理解性互动、反思性互动。[2]

(三) 生师互动的过程研究

研究者认为，教师和学生在互动中会形成和发展一定可供遵循的互动过程。吴康宁在英国学者布莱克利奇（D. Blackledge）的研究基础上，提出了生师互动的一般过程模式：教师与学生的互动情境界定过程—教师与学生的碰撞过程—教师与学生的调整过程。在这种互动模式中，教师有可能以其权威地位改变学生希望的互动系统，而学生则较难改变教师规定的互动系统。[3] 也有研究者根据生师互动的动态性和可控性特点，将生师互动的形成与发展分为四个主要阶段与基本过程，即初步认识、调整适应、连续影响、网络化影响与在场效应。[4]

(四) 生师互动的冲突研究

师生冲突是教师与学生在互动过程中呈现的一种重要形式。研究者普遍认为，由于教师和学生在社会地位、行为目标、资源占有等方面存在差异，所以师生之间会发生冲突。师生冲突一方面强调教师社会政治权威的合法性；另一方面也强调学生作为"被统治者"对短缺资源分配制度的合法性。[5] 根据社会学中的冲突理论，师生冲突可分为隐性冲突与外显冲突、间接冲突与直接冲突。教师与学生的冲突通常以隐蔽的形式呈现，如教师对学生漠不关心，学生采用不作为或消极态度来抑制教师的指令。这种隐性冲突可能会影响师生之间的和谐相处与教育教学秩序。[6] 然而，师生冲突也是一种平衡机制，能够引导我们思考学校现行的各项规章制度是否符合

---

[1] 史静寰、李一飞、许甜：《高校教师学术职业分化中的生师互动模式研究》，《教育研究》2012年第8期，第47~55页。
[2] 谢维和：《教育活动的社会学分析：一种教育社会学的研究》，教育科学出版社，2000。
[3] 吴康宁：《教育社会学》，人民教育出版社，1998。
[4] 叶子、庞丽娟：《试论师生互动模式形成的基本过程》，《教育研究》2009年第2期，第78~82页。
[5] 白明亮：《批评与反思：师生冲突的社会学分析》，《南京师大学报》（社会科学版）2001年第3期，第85~89页。
[6] 石艳：《隐性冲突：一种重要的师生互动形式》，《湖南师范大学教育科学学报》2004年第2期，第67~70页。

时代特征和学生需求。[1]

(五) 生师互动的影响因素研究

研究者对生师互动影响因素的研究主要有以下四种取向。

第一，研究学生特征对生师互动效果的影响。阿斯汀的研究发现，生师互动与大学满意度、智力和个人发展、学习成绩、学位获得、职业成就等呈正相关性。[2] 然而，生师互动的积极效应并未使所有学生平等受益。已有研究结果表明，生师互动可能会因学生或教师的性别、种族、社会地位等特征而有所差异。克姆和塞克斯（Y. K. Kim & L. J. Sax）发现，生师互动因学生的性别、种族和社会阶层等差异而表现出不同的教育效果。[3] 我国研究者的研究结果显示，学生的性别、地位、角色、学业成就、职务、生源地、家庭背景等从不同程度上影响着生师互动行为。[4]

第二，研究教师因素对生师互动效果的影响。雷·C. 里斯特（R. C. Rist）认为，教师期望促使教师帮助他们认为学业成就较高的学生改正错误，如此就会促使学业成就较高的学生拥有更多获得成功的机会，并赢得更多的表扬。而当教师与他们认为学业成就较低的学生进行互动时则相反。[5] 此外，教师职业变迁也是影响生师互动的重要因素。[6]

第三，研究外部环境对生师互动效果的影响。国外研究者库（Kuh）等发现，学生所属的大学类型影响着生师互动的效果。在小型文理学院，学生能够更频繁地与教师进行课堂内外的互动，并从中获得较大收益，而大

---

[1] 田国秀：《师生冲突的概念界定与分类探究——基于刘易斯·科塞的冲突分类理论》，《教师教育研究》2003年第6期，第40~45页。

[2] A. W. Astin, "What Matters in College? Four Critical Years Revisited. Jossey-Bass Higher and Adult Education Series," *Journal of Higher Education*, 1993 (8): 482.

[3] Y. K. Kim, L. J. Sax, "Student-Faculty Interaction in Research Universities: Differences by Student Gender, Race, Social Class, and First-Generation Status," *Research in Higher Education*, 2009 (5): 437–459.

[4] 曲燕、佐斌：《师生互动中的性别效应》，《青年研究》2014年第6期，第65~72、93页；程晓樵、吴康宁、吴永军等：《学生课堂交往行为的主体差异研究》，《南京师大学报》（社会科学版）1995年第3期，第74~79页；周华丽、鲍威：《大学生校园人际互动投入的实证研究》，《高教探索》2014年第4期，第5~9页。

[5] 张人杰主编《国外教育社会学基本文选》（修订版），华东师范大学出版社，2009，第446~459页。

[6] 史静寰、李一飞、许甜：《高校教师学术职业分化中的生师互动模式研究》，《教育研究》2012年第8期，第47~55页。

型研究型大学的学生则较难与教师进行更多互动并获益。[1] 我国研究者史静寰等的研究证实，社会环境、教育体制对生师互动具有明显影响。[2]

第四，研究其他因素对生师互动效果的影响。"归属和情感需要满足"对互动行为的影响最大，其后依次是"导师魅力""组织氛围""知识储备""认知水平""性格倾向""精神状态""讨论准备"等因素，而"主讲人讲授风格"和"表达能力"两项对行动者互动行为的影响最小。[3] 对于在美国大学就读的中国留学生而言，语言交流障碍、缺少对学业的自主引导和自治、习惯沉默和语言被动、中美文化与教育模式差异等因素都影响着生师互动的效果。[4]

（六）生师互动不足的成因研究

学界对目前生师互动中出现的问题进行了研究和分析，主要有以下三种观点。

第一，研究者认为教师与学生的地位和权力不平等导致了生师互动的不足或缺失。生师互动的本质就是教师运用权力和学生反作用于教师权力的配套机制。相对于学生而言，教师拥有更多权力，如奖赏权力、惩罚权力、合理权力、指示权力和专业权力等，这些权力构成教与学过程的基本动力。[5] 在教育教学过程中，教师是权威主体，学生是教师统治和支配的对象。[6] 虽然"交往的教育过程观"赋予了学生主体地位，却也掩盖了学生的自我建构过程，致使生师互动仍然停留在教师改造学生的传统框架中。[7] 李威特（H. J. Leavitt）等认为，一名教师负责多名学生便形成了轮状型的师生关系结构。在这种关系结构中，教师成为班级的核心，居于领导地位，而

---

[1] G. D. Kuh, N. Vesper, "A Comparison of Student Experiences with Good Practices in Undergraduate Education Between 1990 and 1994," *Review of Higher Education*, 1997 (1): 43 – 61.
[2] 史静寰、李一飞、许甜：《高校教师学术职业分化中的生师互动模式研究》，《教育研究》2012 年第 8 期，第 47~55 页。
[3] 谷贤林、韩丰：《师门研讨会互动网络生成解析》，《清华大学教育研究》2015 年第 4 期，第 56~61 页。
[4] 阎琨、David C. Berliner：《中国留学生在美国的师生互动压力：以美国某大学为例》，《复旦教育论坛》2011 年第 1 期，第 77~82 页。
[5] 濮岚澜、赵伟：《高校师生关系：一般理论及应用分析》，《清华大学教育研究》2001 年第 4 期，第 69~79 页。
[6] 冯建军：《主体间性与教育交往》，《高等教育研究》2001 年第 6 期，第 26~31 页。
[7] 张应强：《"交往的教育过程观"批判》，《教育研究》2001 年第 8 期，第 25~29 页。

学生成为被领导者。这种生师互动无法满足学生的情感需要，还有可能造成师生之间的情感疏离。①

第二，研究者认为教育价值的工具化倾向促使生师互动出现异变。生师互动追求工具化的教育目标，促使生师互动表现出"形式化""表演化""僵硬化"的特征。② 在工具性价值和功能理性的支配下，师生交往变成了无情感和精神的物化交往。③ 这种物化交往的另一种形式是"物对人的压迫"，表现为书本知识在教育交往中"反客为主"，阻碍教师与学生进行自觉、能动、创造性的交往。④ 此外，教师与学生基于工具性价值而进行的知识传递活动，使师生交往忽略了其应具有的"成人"价值。⑤ 而网络的便捷性、自由性、虚拟性、弱规范性等特点也导致师生因不能在真实情境下互动交流而出现情感交流缺失，甚至陷入师生交往无序或失范困境。⑥

第三，研究者认为现行的教学组织形式和教学方法不利于生师互动。目前普遍采用的班级授课制虽然扩大了师生交往的范围，但是不利于教师与学生之间的深层次交往。⑦

（七）生师互动调查工具的研究

课堂现场观察法是研究者研究课堂生师互动行为的一种广泛采用的方法。课堂观察法大致分为定量观察和定性观察两种，定量观察最显著的特征是根据观察项目和观察对象等内容设计计量观察系统。⑧ 20 世纪 50 年代，美国社会心理学家贝尔思（R. F. Bales）开发的"12 类人际互动行为编码"是课堂观察定量研究的雏形，但是，这种方法的适用性较低；20 世纪 60 年

---

① 田国秀：《学校师生冲突的成因分析与对策研究——以微观政治社会学为理论视角的研究》，首都师范大学出版社，2012，第 11 页。
② 张紫屏：《师生互动教学的困境与出路》，《教育发展研究》2015 年第 6 期，第 44～52 页。
③ 吴全华：《现代教育交往的缺失、阻隔与重建》，《教育研究》2002 年第 9 期，第 14～19 页。
④ 靖国平：《重构知识教学：一种交往价值的走向》，《高等教育研究》2002 年第 4 期，第 79～83 页。
⑤ 蒲蕊：《师生交往在学校教育中的深层意义》，《教育研究》2002 年第 2 期，第 53～57 页。
⑥ 田秋华：《基于网络的教学交往有效策略探究》，《电化教育研究》2010 年第 1 期，第 68～73 页。
⑦ 吴全华：《现代教育交往的缺失、阻隔与重建》，《教育研究》2002 年第 9 期，第 14～19 页。
⑧ 吴康宁：《课堂教学社会学研究中的现场观察》，《教育研究与实验》1998 年第 1 期，第 27～34、71 页。

代,美国学者弗兰德斯(N. A. Flanders)提出了"弗兰德斯互动分析系统"(Flanders Interaction Analysis System,FIAS),用于观察和记录教学情境中的生师互动行为;20世纪70年代末至80年代初,英国学者高尔顿(M. Galton)等人改进了弗兰德斯以笼统的"整体学生"为观察对象的做法,并增加了学生行为方式与情境等项目。① 20世纪90年代以来,研究者借助各类调查工具对生师互动开展的实证研究不断增加,这些调查工具涉及的生师互动内容包括生师互动的频率和质量、学生与教师讨论学业成绩、学生与教师谈论职业生涯计划、教师提供的学术挑战、教师及时反馈、学生与教师在课堂外讨论话题或想法等,其研究结果能够指导大学教育不断改革与创新。20世纪90年代以来的生师互动调查工具主要有以下几种(见表1-2)。

表1-2 20世纪90年代以来"生师互动"研究主要调查工具

调查工具的中文名称	调查工具的英文名称
院校高级调查	The College Senior Survey
全国大学生学习性投入调查	The National Survey of Student Engagement
大学生体验问卷调查	The College Student Experiences Questionnaire
加州大学本科生体验调查	The University of California Undergraduate Experience Survey
全国新生纵向调查	The National Longitudinal Survey of Freshmen
Wabash全国文科教育研究	The Wabash National Study of Liberal Arts Education
全国生活学习计划项目	The National Study of Living-Learning Programs
基于信息技术的交互分析系统	Information Technology-based Interaction Analysis System

(八)改进生师互动的策略研究

国内外研究者一致认为,应通过改进生师互动,增强其对学生学习和发展的影响,主要措施主要包括以下方面。

第一,通过对话交往改进生师互动。教师与学生应该是平等的主体,并且师生之间的交往活动是一种共生性交往。② 因此,生师互动应在对话中构建具有教育意义的师生关系,对话是教育活动中的教育者、受教育者、

---

① 吴康宁:《课堂教学社会学研究中的现场观察》,《教育研究与实验》1998年第1期,第27~34、71页。
② 王向华:《对话教育论》,《教育研究》2010年第9期,第90~94页。

教育中介共同参与的存在方式。① 在教师和学生共同参与对话的过程中，师生双方收获知识，增进理解，体验意义，不断提升各自的思想、情感、精神境界。② 在教育活动中，教师要树立互主体、民主、宽容的意识，并创设师生双向交往的"公共领域"，促使师生相互了解和认识，真正实现心灵的交流和对话。③

第二，借助信息技术改进生师互动。网络可以优化生师互动环境，改进生师互动方式，实现师生平等互动，拓展生师互动的广度和深度等，因此，师生应在遵守网络规范和法律的基础上，学会运用网络技术加强沟通交流。④

第三，借助其他策略改进生师互动。除上述两种策略外，生师互动还可以通过以下策略改进，如加强制度建设、设立专项基金、设立教师工作室等。⑤

（九）生师互动的文献简评

从国内外生师互动研究的发展来看，生师互动研究分为四个主要发展阶段：第一阶段为20世纪20～40年代；第二阶段为20世纪五六十年代；第三阶段为20世纪70年代至80年代中期；第四阶段为20世纪80年代后期至今。⑥ 虽然国外研究者对生师互动进行了比较全面而详细的研究，体现出教师在生师互动中要"尊重学生""促进学生成长与发展""以学生为中心"等内容，但至今没有形成一种可供借鉴的大学教学中的理想生师互动模式。在具体研究中，研究者总会将生师互动与师生交往、师生交互、师生关系等概念结合起来研究。在大部分研究者看来，生师互动、师生交往或师生交互的结果必然是形成一种师生关系，然而，也有少数研究者认为

---

① 蔡春、扈中平：《从"独白"到"对话"——论教育交往中的对话》，《教育研究》2002年第2期，第49～52页。
② 王向华：《对话教育论》，《教育研究》2010年第9期，第90～94页。
③ 冯建军：《主体间性与教育交往》，《高等教育研究》2001年第6期，第26～31页。
④ 田秋华：《基于网络的教学交往有效策略探究》，《电化教育研究》2010年第1期，第68～73页。
⑤ 何诣寒、甘灵、陈兴莲等：《高校师生交流现状、问题及对策研究——以西南交通大学为例》，《西南交通大学学报》（社会科学版）2014年第5期，第111～115页。
⑥ 叶子、庞丽娟：《师生互动研究述评》，《学前教育研究》2009年第3期，第44～48页。

这些概念具有相同的含义,因此可以相互替代。从我国近几年高等教育研究的内容来看,国内学者倾向于对我国高等教育大众化进程中的宏观问题进行研究,而对教、学、育人、生师互动等微观层面的问题研究较少。[①] 即使在我国为数不多的生师互动研究中,也很少有全面体现以学生为中心的教育理念的,特别是对基于"以学生为中心"理念的生师互动进行实证研究的更是少见。事实上,大学教学中的生师互动应该以学生学习、学生发展和学习效果为中心。换言之,是否促进学生的学习与发展是判断大学教学中生师互动水平优劣的标准。因此,我们急需围绕以学生为中心的教育理念开展大学教学中的生师互动理论与实证研究,这将有利于提升我国大学教学水平和高等教育质量。

五 文献总评

综上可知,教育研究者倾向于在一定的教学理念、教学方法、教学程序等的指导下,建构不同的教学模式,最终达到改进教学实践的目的。近几年,部分研究者在批判传统的"以教师为中心"的教学模式的同时,积极倡导建构"以学生为中心"的教学模式。在以学生为中心的教学模式中,多数研究者提出要营造生师互动的教学氛围,促进学生投入学习等内容。这就表明"教学模式"与"生师互动"、"以学生为中心"、"学生投入"等主题之间存在一定意义上的包含关系,即"教学模式"包含"生师互动""以学生为中心""学生投入"三个主题内容。从已有文献来看,虽然大部分教育研究者分别对"教学模式""生师互动""以学生为中心""学生投入"等做了大量探讨,为大学教学实践提出了有效的建议和对策等,但是,这些探讨多关注教育宏观层面的问题并多以理论研究的方式呈现,而较少对大学教学中的生师互动等微观层面开展实证研究,尤其对学习范式下大学教学中的生师互动的探究更是少见。笔者认为,学习范式下大学教学中的生师互动值得进一步关注,这将有利于突破大学教学中的生师互动困境,推进我国大学教学由传授范式向学习范式转型。

---

① 史静寰、李一飞、许甜:《高校教师学术职业分化中的生师互动模式研究》,《教育研究》2012 年第 8 期,第 47~55 页。

第六节 研究设计

一 研究思路

本研究遵循"应然—实然—实然至应然"的分析路径，尝试在构建学习范式下大学教学中的生师互动理论框架的基础上，通过"大学教学中的生师互动"调查问卷开展调查，以准确揭示大学教学中的生师互动问题，进一步探究生师互动不足的本质原因，最后在学习范式的框架下，提出改善大学教学中生师互动现状的路径。具体研究思路为：从学习范式溯源入手，通过系统分析学习范式的特征、结构、层次等内容，逐步深入对学习范式下的教师与学生角色，生师互动内容、形式、过程、结果等进行研究分析，在此基础上整体设计和构建学习范式下大学教学中的生师互动理论框架。学习范式下大学教学中生师互动理论框架的确立，旨在帮助我们全面理解学习范式的共同要素，并确定大学教学中生师互动调查的维度和指标，为调查和评估大学教学中生师互动的现状，实现我国大学教学向学习范式转型提供资料支撑。

二 研究方法及实施

（一）文献研究法

本研究围绕"学习范式下大学教学中的生师互动"这一主题，以"生师互动""学习范式""大学教学""以学生为中心"等为关键词，通过中国知网、读秀学术搜索、Google 学术搜索、各类图书馆等广泛收集各类现存的文献资料，并将收集到的文献资料进行分类阅读。在此期间，笔者根据研究目标，对大量文献资料进行了整理，从而寻找到最合适的资料进行分析。在此基础上，笔者剖析了学习范式下大学教学中生师互动的相关概念内涵，发掘学习范式下大学教学中生师互动研究的依据和事实，为构建学习范式下大学教学中生师互动的理论框架提供支持，进而为大学教学中生师互动问卷调查做准备。

（二）问卷调查法

为了掌握我国大学教学中生师互动的现状，本研究采用社会调查中的问卷调查法收集第一手资料，试图通过对学生和教师进行问卷调查，全面地了解和认识我国大学教学中的生师互动，并分析大学教学中生师互动不足的原因。本研究中的学生是指普通高等院校的本专科学生，教师是普通高等院校的教师，包括专职教师、兼职教师、辅导员。问卷调查主要分以下六个阶段开展。

第一阶段，依据学习范式下大学教学中的生师互动理论框架设计问卷初稿。本研究根据学习范式下大学教学中的生师互动理论框架，并参考美国中部教育实验室（Mid-Continent Regional Educational Laboratory）于1994年开发的"以学生为中心的教学反思问卷"对调查问卷进行设计。[①] 本项研究设计了两类问卷，即大学教学中的生师互动调查（教师问卷）与大学教学中的生师互动调查（学生问卷），拟从教师和学生两个不同视角来探究大学教学中的生师互动基本情况，了解大学教学中的生师互动现状。笔者在进行问卷编制时注重在明晰的理论框架下，对本项调查的研究目标进行分析，并将研究目标通过问卷设计工作，转换成简单明了的问题，以此引领问卷调查实现呈现真实生师互动样态的目标，进而获得具有条理性和逻辑性的研究结果。在问卷编制之前，笔者全面搜集和分析了各类生师互动问卷，尽可能周全地考虑到调查中可能出现的一切问题，使问卷编制在整个问卷调查研究中起到连接研究目标与研究结果的桥梁作用。

第二阶段，问卷初稿的预调查及修改。笔者在全国在校本科生及教师中随机各选取5位进行问卷试填，在让受访者充分理解问卷内容的前提下，询问受访者是否对问卷存在疑点或困惑，并请其提出改进问卷的建议或意见。根据试验调查情况，修改并形成最终问卷。

第三阶段，正式问卷的信度和效度分析。本项研究借助SPSS统计软件，对"大学教学中的生师互动调查"问卷进行了信度与效度分析，结果表明：该问卷具有可靠性和有效性，可以对调查对象进行稳定测量，并能够准确地反映其真实情况。

一是学生问卷信度与效度分析。"大学教学中的生师互动调查（学生问卷）"中学生问卷个案数共1359份，共选取问卷中的129个问题进行分析，

[①] 李爽、陈丽编著《"以学生为中心"的教学原理与实践指南》，中央广播电视大学出版社，2011，第88~90页。

其他问题则不适合信度与效度分析。使用 SPSS 统计分析得出信度系数（克隆巴赫系数 Alpha）为 0.983，表明该问卷结果可靠（见表 1-3）。学生问卷取样适切性量数（KMO 值）为 0.981，表明该问卷数据适合进行因子分析，对该问卷进行巴特利特球形度检验，Bartlett 检验结果 P 值 < 0.05，表明该问卷有效。问卷结果可靠（见表 1-4）。

表 1-3 "大学教学中的生师互动调查（学生问卷）"结果信度系数

可靠性统计	
克隆巴赫 Alpha	项数
.983	129

注：分析了 129 个问题，其他问题不适合分析信效度。

表 1-4 "大学教学中的生师互动调查（学生问卷）"问卷结果检验

KMO 和巴特利特检验		
KMO 取样适切性量数		.981
巴特利特球形度检验	近似卡方	156237.978
	自由度	8256
	显著性	.000

二是教师问卷信度与效度分析。"大学教学中的生师互动调查（教师问卷）"中教师个案数共 202 份，对问卷中的 129 个问题进行信度与效度分析（其他问题不适合信度与效度分析）。SPSS 统计分析结果显示信度系数（克隆巴赫系数 Alpha）为 0.973，表明问卷结果可靠（见表 1-5）。教师问卷取样适切性量数（KMO 值）为 0.824，表明该问卷数据适合进行因子分析。对该问卷进行巴特利特球形度检验，Bartlett 检验结果 P 值 < 0.05，表明该问卷有效（见表 1-6）。

表 1-5 大学教学中的生师互动调查（教师问卷）结果信度系数

可靠性统计	
克隆巴赫 Alpha	项数
.973	129

注：分析了 129 个问题，其他问题不适合分析信效度。

表1-6 大学教学中的生师互动调查（教师问卷）问卷结果检验

KMO 和巴特利特检验		
KMO 取样适切性量数		.824
巴特利特球形度检验	近似卡方	23197.185
	自由度	8256
	显著性	.000

第四阶段，将正式问卷录入"问卷星"并发布。为了从全国各高等院校中收集具有代表性的第一手资料，本研究全面采用电子版问卷，并通过"问卷星"软件进行信息采集。"问卷星"调查工具能自动提示错误填答，如果遇到不完整的问卷，则会给予填答者相应提示，要求其继续填答，大大提高了有效问卷的比例。

第五阶段，开展问卷调查。本项调查于2018年10月19日开始，至11月25日结束，共计38天。为了尽可能增加研究中所需样本的数量，以使样本具有足够的代表性，本研究采用分类调查、偶遇抽样和滚雪球抽样相结合的方式，并遵循方便原则，选择部分本科生和大学教师开展问卷调查。在调查过程中，笔者具体通过以下两种方式选择被调查对象。一是教师样本的选择。调查初始，笔者随机选择自己熟悉的同事或同行作为调查对象。接着，笔者请熟悉的同事或同行将问卷通过QQ或微信等方式，分发给他们熟悉的且属于本调查研究范围的调查对象。二是学生样本的选择。笔者随机选择熟悉的且符合调查要求的学生作为调查对象，并请学生将问卷通过QQ或微信等方式发放给他们认识的且符合调查要求的同学、亲戚或朋友等。与此同时，笔者请同事、同行将问卷转发给他们认识的学生。

第六阶段，进行问卷统计分析。本项研究通过问卷调查收集数据，对教师与学生的基本背景信息、生师互动的意愿、生师互动的方式、生师互动的频度、生师互动的内容、生师互动中的教师角色与学生角色等信息进行全面统计和分析，达到客观呈现大学教学中生师互动样态的目的。本次调查共回收问卷1561份，其中，教师问卷202份，学生问卷1359份。学生问卷的填答者中有69人为在校硕士研究生或博士研究生，因本项研究仅考虑本专科学生，所以根据研究需要，提取本专科学生问卷1290份进行样本分析。对于个别没有填写年龄、民族的学生，及未填写年龄、教龄的教师，本研究以"未注明"显示。因本研究仅考虑大学教学中的生师互动状况，不做具体分类研究，故这几个"未注明"题项并不影响整体调查结果及分析。

（三）比较分析法

本研究将从以下两个维度进行比较分析。一是尝试在"应然"背景下考察"实然"情况，即将大学教学中生师互动现状与学习范式下大学教学中的生师互动理论框架进行比较，表明"应然"与"实然"之间的差距，并据此剖析差距形成的原因，最后在此基础之上提出从"实然"生师互动向"应然"学习范式下大学教学中生师互动转变的实践路径。二是尝试将学生与教师的观念、体验、感受等进行比较分析。学生和教师的观念、体验、感受等都将被调查，因此，可以对每个群体的观念和体验进行比较，以呈现学生与教师之间的互动差异。

（四）历史研究法

本研究采用历史研究法追溯国内外大学教学中的生师互动以及美国"以学生为中心"的高等教育改革和欧洲博洛尼亚进程，旨在充分地认识"以学生为中心"的教学改革的时代背景、发展过程和未来趋势。一是根据历史研究的逻辑分析方法，对国内外大学教学中生师互动的历史事实进行概括和总结，并按照历史发展的逻辑顺序较完整地呈现世界高等教育范式转型的基本脉络，充分理解传授范式向学习范式转型的规律性和必然性。二是通过纵向考察美国"以学生为中心"的高等教育改革和欧洲博洛尼亚进程，梳理世界高等教育向学习范式转型的发展轨迹，进一步了解世界高等教育学习范式转型的深层原因，以及从历史的角度探求美国"以学生为中心"的高等教育改革和欧洲博洛尼亚进程的成功经验，为我国大学开展"以学生为中心"的教学改革，实现大学教学范式向学习范式转型提供决策参考。

第二章　大学教学中生师互动之历史考察

本章对两大部分进行历史考察：第一部分为中国高等学校教学中的生师互动，第二部分为西方高等学校教学中的生师互动。具体而言，第一部分又包括"中国古代高等学校教学中的生师互动"和"中国近代大学教学中的生师互动"。在第二部分，笔者对西方高等学校教学及教学中的生师互动进行历史考察。古希腊是西方文明的摇篮，是世界教育思想的发源地。因此，笔者从古希腊教学中的生师互动开始考察，主要思想脉络如下：由古希腊引出，接着从中世纪大学正式展开，然后分别对英国大学、法国大学、德国大学三种现代原型大学的教学及教学中的生师互动进行考察，最后对美国大学教学及教学中的生师互动情况进行全面考察。

第一节　中国高等学校教学中的生师互动历史考察

一　中国古代高等学校教学中的生师互动历史考察

《孔丘讲学图》向我们展现了中国历史上最具代表性的生师互动场景：教师在台上，学生以教师为中心，围坐在教师旁边，等候教师讲授。这幅图表明中国古代高等学校教学中的生师互动普遍呈现以教师为中心的样态。

（一）"尊师重道""师道尊严"的观念成为中国古代高等学校教学中教师控制学生的依据

《礼记·学记》记载，"凡学之道，严师为难。师严然后道尊，道尊然后民知敬学"，意思是说，在学习过程中最难做到的是尊敬教师。只有教师受到尊敬，知识和道理才会受到尊重，民众才会因敬重知识和道理而努力学习。这也表明了尊师重道的重要意义。唐朝的韩愈认为"师之所存，道之所存也"，也就是说，只要有"道"即可为师。从某种意义上说，"师"是"道"的化身，尊师与重道相辅相成，不可分割，而"传道""授业""解惑"则是教师的使命。由此可以推出，中国古代大学教学中的生师互动与人们对"道"与"师"的理解密切相关，尊师重道的传统也促使师生之间主要围绕"道"进行教学互动，这就导致中国古代大学教学中的生师互动较多地呈现教师中心倾向，教师训导并控制学生被认为是理所应当的事，而学生的想法和需要常常被教师所忽视。

（二）"以吏为师""官师合一"的制度强化了中国古代高等学校教学中的教师权威身份和地位

综观中国古代大学发展史，官学与私学并存。官学是官府组织和管辖的学校系统，具有鲜明的阶级性，旨在为朝廷培养各种统治人才；私学是民间有识之士创设的教学机构，以自由讲学为主，旨在促进文化知识的广泛传播。中国最早的大学——"成均"即官学。[①] 伴随着官学的发展，中国古代大学形成了官吏兼任教师的制度，此时，"官师合一"的情况普遍存在。虽然在春秋战国时期，随着私学的兴起与发展，教师逐渐从官吏系统中独立出来，成为一种专门从事教育教学的职业，但是，在秦朝之后，"以吏为师"制度的实行推动了"官师合一"的重现。由此可知，中国古代大学教师大多是具有"品位"的教育工作者，他们从事的教育教学活动与国家政治活动密切相关，其目的是为国家培养统治人才。在"君尊臣卑"的影响下，"师尊生卑"成为合法化现象，学生既是被动的受教育者，亦是各项命令的服从者，教师可以其权威身份和地位指使学生完成各项任务或指令，而学生只能无条件地接受任务和服从指令。

（三）"以书为具""以书定教"的教学组织促使师生围绕书籍开展教育教学活动

在中国古代，纸质书籍非常匮乏且价格昂贵，而书籍代表着知识，谁拥有书籍，谁就能够掌握权威知识。在普通学生几乎无法得到书籍的情况下，教师通过自己的制度化身份和地位能够较容易地得到书籍，这就促使教师成为权威知识的代表，而学生则围绕掌握权威知识的教师开展教学互

---

① 涂又光：《中国高等教育史论》（第三版），华中科技大学出版社，2014，第1页。

动,其实质就是以书籍为中心的生师互动。班书阁的《书院藏书考》记载:"书院所以教士者,而书籍为教士之具。使有书院而无书,则士欲读不能,是书院徒有教士之名,已失教士之实。"① 这充分说明了书对于中国古代书院教学的重要性。中国古代大学开展教学的前提是教师阅读并理解书中内容,在教学过程中,学生主要依赖于教师的传授而获得知识。整个教学过程基本围绕"书"来展开,这种教学样态尤以书院为胜。中国古代的书院是师生们读书、著书、藏书、刻书、校书的地方。书院的教学离不开以书籍为核心的各类活动,为了进行教学与学术研究,学生与教师开展的与书籍有关的教学活动主要有以下四种:一是著书,师生将最新的理论研究成果著成书籍;二是刻书,师生将学术大师的著作刻于书中,这是始于唐代丽正书院和集贤书院的一种图书生产活动②;三是藏书,师生通过阅读书院的藏书,开展教学和学术活动,传播知识与文化;四是校书,师生在读书的过程中,查检书中的错误并做出校正。

(四)"学无常师""从游于师"的互动形式体现了中国古代高等学校教学中教师主导学生从属的样态

孔丘、韩愈等古代教育家都主张"学无常师",孔子的学生子贡说:"夫子焉不学?而亦何常师之有?"而在唐朝,韩愈再次提出"学无常师",主张学生与不同教师之间进行互动,以达到"传道"和"学道"之目的。"学无常师"作为稷下学宫中最灵活的学习制度之一,体现了学术自由的精神,被誉为中国古代高等教育的成功典范。③ 在稷下学宫,"生徒可自行择师,也可游学易师"④。这就意味着,学生可以不受教学时间、教学地点、教学内容的限制,完全根据自己的学习兴趣,自由地选择所要跟从的教师。这些教师或是知名学者,或是普通小吏,只要学生愿意听其传授,教师都会热情地接纳。值得一提的是,在中国古代的大学教学中,教师不仅要在学术上引领学生,还要在道德上引领学生,"从游"便是教师影响学生道德

---

① 李希泌、张椒华编《中国古代藏书与近代图书馆史料(春秋至五四前后)》,中华书局,1996,第465~466页。
② 邓洪波:《中国书院史》,东方出版中心,2004,第157页。
③ 杨雪翠、刘福才:《"从游"教育传统下的古代书院师生关系及启示》,《高校教育管理》2013年第3期,第27~32页。
④ 赵国权、闫慈:《从私学到书院:探寻大学精神的中国策源地》,《河北师范大学学报》(教育科学版)2014年第5期,第13~17页。

行为的典型。孟子曰:"游于圣人之门者难为言。"意思是说,学生"从游"于学问高深的教师,就会慢慢受到"濡染"。在"从游"期间,师生同食共寝,学生除了接受教师治学态度的影响外,也潜移默化地受到教师道德行为的影响。然而,不论"学无常师"或"从游于师",教师对知识的理解都是学生普遍接受和认同的权威,学生始终围绕教师开展教学互动。

(五) 小结

中国古代高等学校教学中的生师互动主要围绕"传道、授业、解惑"展开,尊师重道的文化传统使人们过于强调学生对教师的尊重即对古圣先贤的尊重,并且认为这种尊重是传承古代圣贤之道的必要前提。特别是在制度、环境等的保障下,中国古代高等学校的教师拥有崇高的社会地位,并因此获得较多的学术资源,而与教师相比,学生不仅处于劣势地位,而且由于古代书籍的匮乏,学生仅能获得较少的学术资源。正因如此,中国古代高等学校教学中的生师互动趋于"以教师为中心"也被认为是理所当然的事。

二 中国近代大学教学中的生师互动历史考察

中国近代大学教学中的生师互动历史是指从1840年鸦片战争爆发开始,至1949年新中国成立之前的大学教学中的生师互动历史。自1840年起,随着外国资本主义的入侵,中国逐步从封建社会沦为半殖民地半封建社会,中国的部分教育主权也因此而逐步丧失。西方列强在中国实施教会办学,公开对中国民众进行文化教育。清朝末年,清政府废除了科举制,并颁布了以日本学制为蓝本的《奏定学堂章程》,在新式学校制度的基础上开始探索创办新式学堂,这也意味着中国逐步从传统教育制度迈向现代教育制度。[1] 新式学堂也称洋务学堂,它分为三种类型,即外语(方言)学堂、军事学堂和科技学堂。民国时期,中国现代意义上的大学已初具规模,形成了由综合性大学、文理学院、独立学院、专科学校等组成的高等教育系统。

---

[1] 刘继青:《近代中国社会转型中的师生关系畸变》,《华东师范大学学报》(教育科学版) 2008年第1期,第20~26页。

(一)"中学为体""西学为用"的指导思想是中国近代大学引进西式教学内容的重要理论依据

我国近代教育改革随着洋务教育的不断发展而全面展开。在洋务教育"中学为体,西学为用"以及"中学为主,西学为辅"的思想指导下,洋务派尝试将西学引入我国传统教育中。洋务学堂强调"中学为主,西学为辅",因此分别设置了中学总教习和西学总教习,以对不同学科的教学进行分类管理。[①] 这里的"中学"即指中国儒家学说,其作用在于"治身心",而"西学"即西方自然科学知识与技术,其作用在于"应世事"。随后,维新派赋予了西学以新的内容,维新派所指的西学不限于西方的自然科学知识与技术,而是延伸至社会科学和政治制度领域。维新派在洋务派"中体西用"的基础上,提出了"会通中西"的思想,可以说,这两种思想是一脉相承的关系。

第一,中国近代大学在新式学堂创立之后被动接纳以西学为主的教学内容。在1840年的鸦片战争之后,一部分外国传教士取得了在华创办教会大学的特权,这时的教会大学也被称为新型书院。新型书院的"新"不只体现在创办者的身份上,更体现在教学内容方面。教会大学的教学目的在于培养教徒,以便在华传教,因此,在教会大学的外国教师的引介下,其教学内容以代数、几何、化学、测量、天文、地理等西学为主。第二次鸦片战争失败以后,清政府深切感受到凭借旧的制度和生产力无法抵御外敌侵略的现实,于是,清朝统治集团中的洋务派开展了洋务运动,并创办了新式学堂,开始学习西方的文化和先进技术。就教学内容而言,一方面,新式学堂的教学内容以数学、物理、化学、科技等自然科学知识为主,改变了过去以儒学经典为主的教学传统;另一方面,新式学堂又根据各自的不同类型,设置了符合自身办学特色的教学内容。1862年,洋务派创办的第一所外国语言学堂——京师同文馆正式开学。[②] 京师同文馆的教学内容主要包括两个方面:一是基础知识,如外国语言、国文、算学、格致等;二是自然科学知识,如天文、几何、化学、地舆、测绘、航海、造船、制器等。

---

① 刘志鹏、别敦荣、张笛梅主编《20世纪的中国高等教育·教学卷》(上),高等教育出版社,2006,第28页。
② (清)陈康祺撰《郎潜纪闻初笔二笔三笔》(上),晋石点校,中华书局,1984,第7页。

第二，京师大学堂的创办开启了中国近代大学对西方教学内容的本土化探索。1895年创办的北洋大学堂开始效仿美国的教育模式，设计教学内容、学科专业、课程规划等。1898年，在刑部侍郎李端棻的倡议下，京师大学堂正式创立。京师大学堂倡导"中学为主，西学为辅"，因此，中国经史之学一直是其教学内容的核心。成立之初的京师大学堂没有设置本科，仅设置了预备科，其教学内容主要包括政科和艺科两个方面，其中，政科下设经史、政治、法律、理财等课程，艺科下设声、光、化、电、农、工、医等课程。[①] 1902年8月15日颁布的《钦定高等学堂章程》从国家层面规定了高等学堂的教学内容，按照政科和艺科的划分具体开展教学活动。无论是政科或是艺科，都包含伦理、算学、体操、物理、中外史学、外国文等六门课程，此外，学习政科的学生还要学习经学、诸子、词章、名学、法学、理财、中外舆地等课程，一共为13门；艺科学生的课程除上述六门课程之外，还有化学、动植物学、地质及矿产学、图画等四门课程，一共为10门。[②] 1907年，北洋大学堂的课程主要由公共课和专业课两大板块组成，如矿学科的课程不仅包括国文国史、外国语言等公共课程，还包括测量、建筑材料、地质学、冶金学等专业课程。[③] 在中国近代大学仿效日本和美国大学的过程中，教育者们逐渐意识到教学内容的"全盘西化"有很多弊端，并不利于中国大学的发展，而消除弊端的唯一办法就是在对外国教育理念、教学内容等采取理性态度的同时，开展中国近代大学的本土化探索。1926年，燕京大学在中国教育部成功立案，标志着燕京大学彻底摆脱了美国人的统治，此后将由中国人自己行使对燕京大学的教育权。随后，燕京大学开始结合中国国情设置教学内容，同时规定宗教不得列入学生的必修科目。1928年，张伯苓在制订《南开大学发展方案》时，针对南开当时普遍存在的"洋货化"问题，明确提出中国大学教育必须以学术独立为前提，全面实行"土货化"的方针。"土货化"的教学内容主要是指以中国的历史、文化、社会等为学术背景的中国问题，其目的在于"认识"和

---

① 刘志鹏、别敦荣、张笛梅主编《20世纪的中国高等教育·教学卷》（上），高等教育出版社，2006，第16页。
② 教育大辞典编纂委员会：《教育大辞典》卷10《中国近现代教育史》，上海教育出版社，1991，第5页。
③ 刘志鹏、别敦荣、张笛梅主编《20世纪的中国高等教育·教学卷》（上），高等教育出版社，2006，第32页。

"服务"中国。

(二)"思想自由""兼容并包"的教育理念对中国近代大学民主和谐的生师互动构建具有重要作用

蔡元培执掌北大后,针对北大受旧思想束缚太深的状况,提出了"思想自由""兼容并包"的主张。"思想自由"与"兼容并包"是一对相辅相成的概念,大学只有坚持"兼容并包",博采众家所长,才有可能实现学术和思想的自由发展。具体而言,"思想自由""兼容并包"的教育理念对大学教学中生师互动的影响主要表现在以下两个方面。

第一,"思想自由""兼容并包"的教育理念促使大学广揽各类教师人才,为大学教学中的师生广泛自由交流奠定了基础。综观民国时期的大学教师,他们通常是外国大学、国立大学或国内外专门学校的毕业生,当然也有特例,如果某人不具备上述条件,但是有中央学会评定的精深著述,也可以担任教师。[1] 蔡元培认为,"思想自由"中的"自由"是"正路既定"的自由,而非"放恣自便"的自由,[2] 如果"己所见是"且"言之成理",则应该维护"至理之信"。"思想自由"会促使大学产生不同的学术见解,形成不同的学术流派,而此时就必须坚持"兼容并包"的教育理念,这样才能更好地发展"思想自由"。在"兼容并包"思想的指引下,蔡元培对于北大教师的聘任也不拘泥于年龄、学历、国籍等统一标准的限制。在蔡元培执掌北大期间,北大教师的聘任标准为:有学问和研究兴趣;能够引导学生产生研究兴趣;善于将国外先进的科学成果与中国实际相结合,并通过新的教学方法应用于教学中。[3] 蔡元培认为,大学应该通过招聘具有不同思想的教师,营造学术自由、百家争鸣的氛围,这样才能使学生自由聆听不同学派的讲学,提升独立思考能力和创新能力。为了体现北大民主自由的教学管理,蔡元培于1912年颁布《大学令》,明确提出"教授治校、民主管理"。在实行"教授治校"的过程中,北大的教授、教师对教学内容、教学组织、教学改革等都享有绝对的话语权和决策权。在燕京大学,校长司徒雷登主张"学术自由""包容并蓄",实质上,这与"思想自由"

---

[1] 刘志鹏、别敦荣、张笛梅主编《20世纪的中国高等教育·教学卷》(上),高等教育出版社,2006,第53页。
[2] 高平叔编《蔡元培全集》(第三卷),中华书局,1984,第121页。
[3] 蔡元培:《蔡元培文集》,线装书局,2009,第111页。

"兼容并包"的思想一脉相承。在此主张的影响之下,来自不同国家的教师都可以凭借其学术水平和能力,取得燕京大学的一席教职,燕京大学也因此成为一个多元文化并存的大学。正是在"思想自由""兼容并包"的理念指导下,中国近代大学召集了许多具有较高水平和能力的教师,这些教师在大学进行自由研究和讲学的同时,营造了自由民主的学术氛围,为师生进行思想交流和共同学习奠定了基础。

第二,"思想自由""兼容并包"的教育理念促使大学结合中西方教学方法,为大学教学中的生师互动创造更多机会。中国近代大学先后仿效了日本和美国大学的教学方式和方法。中国近代大学对日本大学的仿效是间接学习德国赫尔巴特教育学的过程,德国教学的规制性和管理性特征对中国近代大学教学产生了重要影响,而在随后的仿效美国大学的过程中,杜威的教育理念和教学实验方法等使中国近代大学教学发生了历史性大转折。[1] 然而,中国近代教育者们在经历了中国大学教学内容和教学方法的"全盘西化"之后,逐渐意识到其弊端,认为这将不利于中国大学的长远发展。在中国近代教育者们看来,消除弊端的唯一办法就是对外国教育理念、教学内容、教学方法等采取理性态度,同时开展中国近代大学教学的本土化探索。蒋梦麟在代理北大校长期间,主张"以西办事",提倡中国大学应通过学习西方的科学文化知识和科学研究方法来研究和解决中国问题。1928年,张伯苓在制订《南开大学发展方案》时,针对南开当时普遍存在的"洋货化"问题,明确提出中国大学教育必须以学术独立为前提,以中国的历史、文化、社会等为学术背景,达到认识中国问题并服务中国社会的目的。伴随西方教学方法的引进与中国本土化教学方法的实践结合,中国近代大学开始注重学生的动手能力培养,压缩了传统的以记诵为主的教学方法比例,并普遍采用国外的实践教学、实验教学、情景模拟、报告会、讨论会、读书会、座谈会等教学方法。蔡元培认为,教学并不是要求学生硬记教师的讲义内容,而是注重基于学生学习兴趣的引导与启发,因此,他非常反对教师向学生灌输知识,更倡导每一个学系的教师与学生都要结合各自的学习兴趣,合作开展科学研究。为了使学生在学习探索中能真正"明明德",蔡元培引领大学教师普遍采用启发式教学方法。此外,燕京大

---

[1] 吴亚萍、庞庆举:《学校转型中的教学改革》,教育科学出版社,2011,第8页。

学为了培养学生的批判思维能力，其教师也普遍采用了启发式教学方法。

（三）"导师制""选科制"等国外教学管理制度的引入对中国近代大学教学中的生师互动样态形成具有重要影响

第一，中国近代大学在实施"导师制"的教学过程中表现出生师互动的校际差异。中国近代部分大学在引进"导师制"的过程中，改变了师生之间在教学中的互动样态，同时也呈现出与其他大学不一样的生师互动样态。一是大学教学中的生师互动以教师与学生课外集体互动为主。司徒雷登担任燕京大学校长期间，一直保持较低的生师比。据记载，当时的生师比最高时也未超过3∶1[1]，这就为教师与学生之间的密切交流提供了保障。值得一提的是，燕京大学尤其注重教师与学生在课堂之外，以讨论会、户外活动等形式进行的集体教学活动。曾在燕大国文系执教的冰心在回忆那段教学经历时说，那时的教师与学生都住在校园里，师生在频繁的课外互动中成了既"相互尊重"又"相互亲爱"的知心朋友。[2] 二是大学教学中的生师互动以教师个体与学生个体互动为主。北京大学受德国大学"教学与研究相统一"的思想影响，自实行选科制以后，教师可以随时在课堂教学中与学生分享自己最新的研究成果，教学中的生师互动又能促使教师发现新问题，从而发展其研究。北大的教师与学生更重视小范围内的互动，特别是师生个体之间的互动。在北大民主的学术氛围下，经常可以看见一位学生与一位教师就某一学术问题各抒己见，质疑问难，交流切磋的情景。南开大学的张伯苓特别注重从记住学生名字入手，以迅速了解和掌握学生的背景信息，为个别有特殊需要的学生提供学习或生活上的支持与帮助。三是大学教学中的生师互动将集体互动与个体互动相结合。在清华大学创办之初，校长梅贻琦为了帮助基督教青年会的学生学习英文并理解教义，同其他教师一起以班级为单位，与学生开展十人以内的小组互动。清华大学的学生在学校的最后两年里，教师必须帮助学生选课，而选课的前提是，教师要与学生单独交流，了解该学生的兴趣、意向和成绩等，这就为生师互动创造了条件。在选课的过程中，年纪大的美国教师会与将要赴美国大学学习的高年级学生进行具有针对性的、单独的、频繁的互动，其互动的

---

[1] 陈远：《燕京大学（1919—1952）》，浙江人民出版社，2013，第92页。
[2] 陈远：《燕京大学（1919—1952）》，浙江人民出版社，2013，第103页。

目的在于使学生更多地了解美国的大学和将要学习的科系,并且,围绕选课而进行的生师互动形式也是多样的,其中必然会包括一两次家庭便饭,以让学生"预习"美国的社交规矩。① 此外,金陵大学的"导师制"规定,导师要对学生的学业、思想、行为进行指导,并且这种指导从学生入学开始,持续至学生出校之后。金陵大学的导师对学生的指导可分为"团体训导"与"个别训导"两种,而"个别训导"是对"团体训导之不逮"的补充。

第二,中国近代大学在实施"选科制"的教学过程中促进了教师对学生的个性化指导。蔡元培认为,"有特长者不可强屈之以普通"②,因此,他主张开展个性化教育,以发挥学生的主动性和积极性,让学生在自由选择中实现自由发展。在蔡元培任北大校长之初,中国大学纷纷效仿日本大学的年级制开展教学活动,蔡元培意识到,年级制不能为学生提供自由发展个性的空间,明显有碍于学术自由。于是,蔡元培提出了将年级制改为美国大学普遍采用的选科制,以方便学生根据自己的兴趣和爱好自由选修课程。随后,各大学陆续采用了选科制的做法。燕京大学校长司徒雷登在1929年1月14日召开了行政会议,听取教师与学生的意见后,实行了选科制。燕京大学的选科制规定学生要选修本学科以外的课程,如人文学科的学生要选修自然科学或社会科学的课程。在北大实施选科制的过程中,蔡元培做了《对于师范生的希望》的讲演,强调教师在学生选科中的引导作用:教员可以区分"有益"与"无益"。在蔡元培的引领下,北大教师都会在学生选择科目时,帮助学生审定,避免学生因"走生路"而"入歧路"。为了帮助一年级新生选科,北京大学还专门设立了由校长指定的教授组成的"新生指导委员会",并规定指定教授作为新生入学选科顾问,必须为一年级新生提供咨询服务。③ 作为留美预备学校的清华大学,其学生没有院系归属,可以完全按照自己的学习兴趣选修科目,清华大学的教师必须为学生提供全面的选科指导。总之,中国近代大学实施选科制的目的是促进学生的个性化发展,而在中国近代大学实施选科制的过程中,选科制也促使教师为学生提供了个性化的指导和服务,从而加强了大学教学中的生师

---

① 陈平原、谢泳等:《民国大学:遥想大学当年》,东方出版社,2013,第229页。
② 崔志海编《蔡元培自述》,河南人民出版社,2004,第113页。
③ 梁柱:《蔡元培与北京大学》,宁夏人民出版社,1983,第101页。

互动。

（四）"师生集会""课外辅导"等本土化的实践对中国近代大学教学中的生师互动频率提升具有显著效果

中国近代大学教师通常与学生一起住在校园里，这就为生师互动创造了许多机会，教师与学生进行课外交流，并为学生提供课外辅导，丰富了大学教学中的生师互动形式，提升了师生课外互动的频率。

第一，中国近代大学的"课外辅导"促进了师生之间的推诚相与。清华的梅贻琦校长不仅以广博的学识和严谨的学风深得学生好评，而且他在课外与学生互动时也极其认真负责。梅贻琦执教初期，主动承担了每晚七时至九时为中学部学生解答疑难问题的任务，清华1922级毕业生，著名社会学家吴泽霖教授回忆道："梅贻琦先生年复一年地在夜晚轮值，踏遍了清华自修室的外廊，并耐心地辅导学生。"[①] 1913年，清华理工科学生组织成立了"科学社"，作为社团"顾问"的梅贻琦不仅投入大量的时间与精力指导学生进行课外学习，还邀请校外自然科学家给学生们举办讲座，以促进理工科教学工作。[②]

第二，中国近代大学的"师生集会"促进了教师对学生的学术及道德引领。中国近代大学的"师生集会"为师生教学互动创造了较多机会，在此期间，教师与学生如同梅贻琦先生在《大学一解》一文中提及的"大鱼"和"小鱼"，而学校好比是"水"。在师生集会中，教师作为"大鱼前导"，学生作为"小鱼尾随"，"从游既久"就会产生"自不求而至，不为而成"的"濡染观摩之效"。一方面，师生集会是为了进行学术交流，如上海大学将每周一次的师生集会定为一项制度执行，师生在集体交流中呈现这样一种场景：教授与学生齐聚一堂，或"讨论问题"，或"展开争辩"，各施所长，其目的在于结合"学术理论"与"革命实践"，激励学生努力学习。[③]另一方面，师生集会也是为了实现教师对学生的道德引领。教师在师生集会中要"树立楷模"，学生则以教师为榜样而"自谋修养"。

（五）小结

中国近代大学是在国家危机之中由国家或教会创办的高等人才培养机

---

① 黄延复：《梅贻琦教育思想研究》，辽宁教育出版社，1994，第30页。
② 黄延复：《梅贻琦教育思想研究》，辽宁教育出版社，1994，第31页。
③ 钟叔河、朱纯编《过去的学校》，湖南教育出版社，1982，第503页。

构,是传统与现代、西式与中式等交相融合的产物。中国近代大学教学在继承中国传统儒家学说的同时,吸收了西方自然科学知识与技术。也就是说,中国近代大学的教学并非仅仅继承和发展了中国古代大学的教学模式,而是经历了在照搬日本大学、效仿美国大学、模仿德国大学之后,逐渐完成本土化教学探索的过程。为了提升大学教学及学生学习的效果,中国近代大学始终保持较低的生师比。更为重要的是,中国近代大学借鉴了国外大学的教学经验,实行了导师制、选科制等,不断丰富大学教学中的生师互动形式和内容,由此促进了大学教学中频繁且高效的生师互动。

第二节 西方高等学校教学中的生师互动历史考察

本节将对西方大学的教学过程特点及教学中的生师互动进行历史考察。古希腊是西方文明的摇篮,是世界教育思想的发源地。因此,笔者将从古希腊教学中的生师互动情况开始考察,主要思想脉络如下:由古希腊引出,接着从中世纪大学正式展开,然后分别对英国大学、法国大学、德国大学三种现代原型大学教学中的生师互动进行叙述,最后对美国大学教学中的生师互动情况进行全面考察。

一 古希腊高等学校教学中的生师互动历史考察

拉斐尔在梵蒂冈宫创作了一幅非常有名的壁画——《雅典学院》,这幅画向我们展示了古希腊时期苏格拉底(Socrates)、柏拉图(Plato)、亚里士多德(Aristotle)等50多位著名的哲学家和思想家齐聚一堂,为追求智慧和真理而争辩互动的情景。他们之间没有地位等级,只有为真理而进行的相互交流。虽然亚里士多德与柏拉图是师生关系,但教师并不是高高在上,而是与学生并列走在一起,为真理而互动交流。柏拉图与亚里士多德的互动范例一直在提醒人们,"学习远远不止是传播事实"。[①] 在他们看来,教师不是真理的化身,真理高于一切,每一个人都可以通过自己的理解去领悟

---

① S. A. Bluestein, Qualitative Inquiry of the Impact of Student-Faculty Interaction on Academic Dishonesty in the Community College (Ph. D. diss., California State University Northridge, 2012).

真理。当学生和教师共同学习,交流观点,共同创造知识时,教育才能实现其最终目标。[1]

综观古希腊的教育发展史,希腊神话推动了希腊哲学的发展,进而促进了希腊教育的诞生。苏格拉底提出的"美德可教""理性认知"等教育思想,促进了古希腊的教育教学实践。大约在公元前480年,西方高等教育活动开始出现在古希腊的雅典。[2]而西方高等教育机构以柏拉图、亚里士多德和伊索克拉底(Isocrates)分别创办的阿卡德米(Academy)学园、吕克昂(Lyceum)学园、修辞学校最具代表性。公元前392年,伊索克拉底创办了旨在培养演说家和政治家的修辞学校。[3]在修辞学校的教学中,伊索克拉底特别重视修辞学的思想传授和技能练习。公元前387年,柏拉图创办了自己的阿卡德米学园,这是世界上第一所具有高等教育机构性质和特点的哲学学校。公元前335年,柏拉图的学生亚里士多德创办了吕克昂学园,它不仅是一个宗教团体组织,还是一个科学研究机构。在吕克昂学园,亚里士多德进行了百科全书式的教学。

(一)"美德可教""理性认知"为古希腊高等学校指明了教学目标

苏格拉底提出"美德可教"的主张,明确了教育教学对指导人的道德品行具有重要作用。而在此之前,道德天赋论一直主导着人们对教育现象的认识。道德天赋论认为,人的品德是神赋予的,是一种非理性的形成过程,而不是理性作用的结果。苏格拉底的"美德可教"理论猛烈地抨击了道德天赋论。在苏格拉底看来,"美德可教"就是人们依靠智慧,认识一个共同的善,并以这种关于普遍善的知识指引人的道德行为。换言之,理性认知决定了人的道德行为,而教育可以帮助人提高理性认知,促进美好德行的形成。苏格拉底以"美德可教"理论为轴心,相继提出了"美德即智慧""美德即知识""知德统一"等理论。柏拉图继承并发展了苏格拉底的"美德可教"理论,认为美德是可以通过教育来形成的,对公民进行美德教育是治国之本,在国家治理中,"德治"比"法治"更重要。

那么,苏格拉底和柏拉图所指的美德具体包括哪些内容呢?这是开展

---

[1] S. A. Bluestein, Qualitative Inquiry of the Impact of Student-Faculty Interaction on Academic Dishonesty in the Community College (Ph. D. diss., California State University Northridge, 2012).
[2] 单中惠主编《西方教育问题史》,人民教育出版社,2011,第176页。
[3] 单中惠主编《西方教育问题史》,人民教育出版社,2011,第181页。

美德教学的依据。苏格拉底认为,正义、自制、理智、勇敢、友爱等都是美德,并且,人的美德必须是完整的、有机联系的、不可分割的。苏格拉底坚持美德整体论,将智慧、知识和善这三个要素所构成的整体看作一个完整的美德体系。柏拉图在《理想国》中将美德分为四类,即智慧、勇敢、节制、正义。在他看来,每种美德应该与不同的人相匹配,如:智慧是治国者的美德,勇敢是武士的美德,节制和正义是全体社会成员的美德。这四种美德同样不是人与生俱来的品质,都需要通过教育来完成,以知识作为支撑。既然"美德可教",那么应该由谁来教?为了更好地开展美德教育,国家对教师做了明确要求:唯有哲学家才具备教授美德的资历。因为在当时的希腊,人们普遍认为,哲学家不仅是高深学问的引领者,还具备"善"这样一种最高美德。

如果说"美德可教"的前提是"人的认知行为是理性的",那么,柏拉图和亚里士多德对于"理性认知"的概括则进一步丰富和拓展了"美德可教"的思想。柏拉图认为,理性认知不仅可以使人们形成美好的品德,而且可以帮助人们去寻求真理。教师应在学生运用理性认知去探寻真理的过程中扮演重要角色。在教学活动中,教师应运用有效的教学方法,帮助学生发现真理。教育活动成功的标志就是学生掌握了绝对真理。柏拉图强调理性认知的作用,所以他专门设计了有利于获取理性认知的算术、几何、天文等具体课程,这对推动教育体系化发展具有重要作用。根据柏拉图的理解,完整的教育体系应该包括目标、内容、过程、方法等内容。亚里士多德承认了"理性"在人们认识真理过程中的重要作用,他提出人是"理性的动物",也是真理的具体认知者和实践者。教育应该对人的精神进行理性改造,使其得到全面和谐发展。亚里士多德将"吾爱吾师,吾更爱真理"作为自己的格言,表明了他对真理的态度,即:真理是相对的,教师不是真理的化身,真理高于一切,每一个人都可以通过自己的理解去领悟真理。亚里士多德一方面肯定了教师在学生探寻真理过程中的指导作用,另一方面也强调了学生应在探寻真理的过程中发挥主观能动性。

(二)"学习即回忆"为古希腊高等教育因人施教提供了理论依据

苏格拉底的"学习即回忆"理论认为,人在出生之前就拥有知识,只是在出生之后将知识遗忘了,学习的过程就是借助感知唤醒记忆,将其与思维之间建立联系,重新获得以前曾经拥有的知识。在苏格拉底看来,已有知识与新的感觉经验之间的联系，有利于人们通过联想和对比进行学习。苏格拉底认识到，人的先天禀赋与后天努力之间存在密切的联系。因此，学习不是获得新知，而是重新唤醒每个人的记忆，让他们在各自天赋的基础上，重新获得曾经拥有的知识。

为了进一步阐述"学习即回忆"理论，表明个体之间存在学习差异，苏格拉底借助"蜡版"和"鸟笼"来比喻说明个体的学习过程和特点。苏格拉底认为，每个人的心灵都犹如一块神赐的"蜡版"，它们形态各异。教育的目的就是将知觉意念刻在"蜡版"上，衡量人受教育的程度便依据"蜡版"的刻印，如果刻印深，则表明受教育者知道或掌握的知识多；如果刻印不成或消失，则表明受教育者未能牢固地掌握知识。与"蜡版"说一致的理论还有"鸟笼"说。苏格拉底将人的心灵比喻成空的"鸟笼"，而知识就是各种"鸟"，受教育者学习知识就如同捕鸟进笼一般。人在捕捉鸟时可能会发生三种情况：第一种情况，捕捉的鸟是鸟笼中没有的类型；第二种情况，捕捉的鸟与笼内鸟的种类重叠；第三种情况，捕捉的鸟是在捕捉其他鸟时误得到的。对于这几种情况，处理的办法是："未有"则"捉而有之"，"既有"则"捉其所有而操之在手"。[①] 如果因"错误捕捉"而得到了"鸟"，就有可能使受教育者无法获得正确的知识。在苏格拉底看来，知识获取的过程与捕鸟的过程一样，对于没有的知识，个体就要先获得；对于已有的知识，个体就要不断温习，做到了如指掌。"蜡版"或"鸟笼"说也表明，人的天性存在差异，并且，人的认知方式和学习方式也是不同的，因此，教师在开展教育活动时应做到因人施教。柏拉图认同人的天性存在差异的论述，鼓励教师因人施教，帮助学生挖掘自己的潜力。柏拉图的学生亚里士多德也是因人施教的积极拥护者，为此，他第一个提出"教育要顺应人的自然发展"的论述。[②] 基于此认识，他主张将体育、智育、德育、美育等有机结合起来并形成合力，共同促进个体的差异性发展。在教学过程中，亚里士多德对不同的学生开展差异化的理性训练，促进学生根据自身情况去发现真理。

---

① 张法琨选编《古希腊教育论著选》，人民教育出版社，2007，第228页。
② 中央教育科学研究所比较教育研究室：《世界教育思想发展探略》，贵州人民出版社，1989，第6页。

（三）古希腊高等教育以对话为主的教学方法促使生师互动成为教学常态

对话是古希腊高等教育教学中普遍采用的方法。苏格拉底是对话式教学法的开创者。苏格拉底之所以提倡对话教学法，主要是源于自己对真理的认知态度和认知方法。

第一，人们在探究真理时应持有"认识你自己"的积极态度。在当时的希腊，智者学派把以往高高在上的知识降低为直接谋生的手段，只为那些付得起学费的人传授知识，并且，在实际教学中，智者学派以娱乐为目的，授课随意性较大，教学缺乏系统性，知识覆盖范围小，内容也缺乏深度，这种做法遭到了希腊民众的谴责。此时，苏格拉底提出"认识你自己"，严厉地抨击了智者学派的自满情绪。苏格拉底认为，自满情绪影响人们获得真理，只有摆脱自满情绪，随时进行自我检查和自我剖析，才能发现自己的无知和不足，从而做到审时度势，既不好高骛远，也不自我贬低，达到真正认识自己的目的。他进一步分析得出：认识自己是人对自我的自觉认识，它会促使人进行自我研究，进而对自己有正确的评价，使自己找到合适的位置。

第二，人们探究真理的过程就是回忆的过程，其"学习即回忆"理论成为对话教学法的基础。在苏格拉底看来，人的先天禀赋与后天努力之间存在密切的联系。人在出生之前就已经学习过现在的知识，只是在出生之后将知识遗忘了，而学习就是人借助感官系统唤醒记忆，在其与思维之间建立联系，重新获得曾经拥有的知识的过程。只有在已有知识与新的感觉经验之间建立联系时，人们才能通过联想和对比进行学习。由此可知，学习不是获得新知，而是重新唤醒每个人的记忆，让这些人在各自天赋的基础上，重新获得曾经拥有的知识。基于上述认识，苏格拉底提出了对话教学法，并按照"诱导→启发→归纳→定义→诘问→综合"的步骤，激励学生通过对话挖掘自己心灵深处的知识，同时不断拓展思维，得出正确结论。苏格拉底的学生柏拉图也受其影响，采用对话的方式进行教学。在柏拉图创办的学园中，柏拉图与弟子们共同生活，进行哲学教学与研究。柏拉图反对弟子被动地接受研究结果，特别重视启发式教学，鼓励弟子通过自己的努力，不断克服困难，逐步推进研究。他根据自己的理解，将对话分为报告式对话和戏剧式对话，前者是参与人做报告，但并不参与对话；后者是像希腊剧本一样,由柏拉图自己叙述参与人之间的对话。[①] 在对话式教学中,柏拉图引导学生基于对已有知识的运用、分析和推理,不断探索新知并解决问题。

(四) 古希腊高等教育重视在教学中开展师生辩论以提升学生思维能力

古希腊高等教育的教学内容主要是"七门自由艺术"(septem artes liberales),简称"七艺",包括由智者传授的"三艺"(trivium),即修辞学、辩论术(逻辑)、文法,以及柏拉图开设的"四艺"(quadrivium),即算术、几何、天文、音乐。古希腊人非常重视在辩论中学习文法和修辞,辩论也是其进行思维训练的主要方式。在古希腊雅典的教学中,随处可以看到教师与学生为了破旧立新,慷慨陈词、唇枪舌剑的情景。通常情况下,各学派教师在教学开始时都会让学生阅读大量本学派的经典著作,当学生熟练掌握本学派基本理论和要旨之后,教师就开始发表自己对有关问题的看法,最后,弟子们针对教师的看法发表不同意见,与教师共同展开对该问题的讨论和研究。在讨论阶段,师生可以自由表达不同观点,教师更多地以朋友、引导者、哲学家的身份对学生进行指引,而学生则可以不受思想束缚,在热烈而活泼的讨论气氛中自由地与教师交流。这种讨论不仅提升了学生的能力,还使教师达到了传授自己思想和学说的目的。

(五) 小结

古希腊时期是西方高等教育的萌芽期。古希腊的民主制为个体的精神文化生活提供了自由生长的土壤,也为古希腊高等教育教学中的师生自由表达创造了条件。虽然古希腊高等教育教学形式较为单一,教学内容也欠丰富,但是,苏格拉底、柏拉图、亚里士多德三位先哲提出的教学理念以及开展的教学实践,为西方高等教育教学及教学中的生师互动奠定了基础。然而,随着古罗马的殖民领地不断扩张,希腊城邦被罗马征服,古罗马教育的希腊化时代也正式开启。古罗马仿效希腊高等学校建立了教育制度,构建了教育体系,设置了教学课程,而在教学方法方面,古罗马完全移植了希腊的做法。这一时代最具影响力的教育家是昆体良(Marcus Fabius Quintilianus),他继承和发展了苏格拉底、柏拉图、亚里士多德的教学思想,注重培养雄辩家。昆体良认为,教师应根据不同学生的天赋、个性、年龄、

[①] 王宏文、宋洁人:《柏拉图研究》(上),山东人民出版社,1991,第370页。

能力等特点开展教育教学。昆体良在《修辞术规范》中对古罗马的教学方法给予了较为全面而系统的阐述,他指出,在具体的教学过程中,学生应该首先学习修辞和语法知识,之后,教师运用训练演说者的方法对其加以专门培养。

二 中世纪大学教学中的生师互动历史考察

中世纪(The Middle Ages)是指公元5世纪到15世纪,即公元476年至公元1453年。中世纪最初的"大学"以"univeritas vestra(公会群落)"表示,意指一些具有多元身份的人聚集的场所。13世纪末,人们普遍采用"studium"(学科研习所)的称谓来表示"大学"。此时的学科研习所已具备学生、教师和学科等现代大学的三个基本要素,被认为是现代大学的雏形。13世纪最著名的学科研习中心分别位于巴黎、博洛尼亚、萨勒诺,它们分别以神学与文学、法学、医学而闻名于世。[①] 萨勒诺大学是最早的且最著名的医学研究中心,博洛尼亚大学是学生大学的典型代表,巴黎大学是教师大学的典型代表。与这三所大学几乎同时诞生的还有英国的牛津大学和剑桥大学。它们不仅是现代大学的鼻祖,而且是中世纪大学的缩影。本部分将以中世纪的这几所大学为主线,展开对中世纪大学的全面考察,尤其会关注中世纪大学的教学及教学中的生师互动情况。

(一)中世纪大学教学中的生师互动贯穿大学生活始终

中世纪大学是教师与学生组成的社团,师生互动交流即中世纪大学存在和发展的理由。虽然以博洛尼亚大学为代表的中世纪大学由学生决定是否聘任教师等事务,但是中世纪大学的教师也享有属于其职业身份的一定权利,如学生是否真正能够进入大学学习,教师拥有最终决定权。如果一名学生想申请到某所大学读书,他会花费几天的时间,谨慎地思考选择哪位教师。学生与教师在入学时的双向选择,影响着师生今后是否能和睦相处,学生是否能完成学业等。因此,师生双方都非常看重双向选择。这就意味着师生各自拥有的选择权是双方持续互动的基础。学生选择教师主要

---

① 〔英〕海斯汀·拉斯达尔:《中世纪的欧洲大学——大学的起源》,崔延强、邓磊译,重庆大学出版社,2011,第5页。

通过两种途径：一是学生根据朋友、熟人、赞助人等的介绍来选择教师；二是学生根据教师的讲授内容选择教师。在中世纪早期的大学中，教师通常在大学厅堂或教学区内授课。新生在刚进校时通常暂居旅馆，有些教师在得知新生的消息后会主动上门，并以各种形式向新生宣传自己的讲座或厅堂。为了方便学生选择，教师会让学生先免费试听自己的课程。有些大学也规定了具体的试听时间，允许学生在试听结束后再决定选择哪位教师并缴纳注册学费。由此看出，中世纪大学的师生关系确立并非完全偶然或学校规定的结果，而是师生之间经过一定程度的相互了解后，进行理性选择的结果。自此，学生与教师不但建立了一种师生关系，而且成为一个学术共同体。在这个共同体中，教师有保护学生，对学生进行学术训练，促进其学术发展的义务，同时，教师也有管理、控制学生，将其置于自己权威之下的权利，而对于年幼的学生，其必须接受教师的直接监管。

中世纪的大学与地方当局有着千丝万缕的联系，它们之间的联系也影响着教师与学生的教学活动。中世纪的大学所在地当局在赋予教师与学生一定权利的同时，也加强了对大学内部事务的控制与干预，这就限制了大学的学术自由，导致了师生与地方当局之间的频繁冲突。当教师与学生同大学所在地当局发生冲突时，教师就会带领学生迁移到另外一个地方创办大学，以延续大学教学活动，同时，学生也会因为教师的个人魅力和丰富学识而主动跟随其迁至异地学习。在迁移的过程中，一方面，教师与学生通过传播知识和思想，影响大学所在地的文化生活和社会活动；另一方面，教师与学生也会因共同抵御外部势力而加强互动与合作，并由此形成亲密的师生关系。在学生即将毕业并获得"硕士"或"博士"学位时，教师还需向同行详细介绍自己学生的情况，使学生在得到同行的肯定性评价之后，由同行推荐给教长，建议教长授予该学生"教学许可证"，使之最终成为一名教师。[①] 由此可知，中世纪大学的教师几乎对学生承担了无限责任。为了掌握学生的学习、品行等情况，教师必须从入学之初就与学生进行频繁的互动，这样才能保证自己推荐的学生能够达到教师候选人的标准。

---

① 〔比〕希尔德·德·里德－西蒙斯主编《欧洲大学史》第一卷《中世纪大学》，张斌贤、程玉红、和震等译，河北大学出版社，2008，第25～26页。

（二）中世纪大学早期教学中的教师与学生围绕权威著作内容展开生师互动

在中世纪早期，教师为学生阅读教材内容是教学的必要环节。其主要原因是中世纪的纸质书籍匮乏且价格昂贵，只有教师才有机会获取书籍。由于书籍的数量和种类非常有限，教师通常会以书籍有无来决定教学内容，学生的学习效果也以灌输知识的多少来判定。虽然随着印刷术的引入，中世纪大学逐步建立了翻印和发行书籍的制度，构建了书商运作和销售书籍的体系，但是，中世纪的印刷技术相当落后，印刷一本普通手稿都需要一年左右的时间。因此，在印刷书籍耗时长、人力与物力成本高的情况下，掌握书籍的中世纪大学教师成为权威知识的代言人并拥有较高的社会地位。为了使教师明确教学任务，很好地开展教学活动，中世纪的大学都在大学章程中对教师的教学职责做了严格且详细的规定：教师的首要职责是开展阅读，其次是组织学生辩论。在中世纪早期，教学程序大致分以下六个步骤进行：第一步，教师告诉学生本节课程的学习内容，向学生传达教材原文的主要思想和内容提要；第二步，教师简要说明本章知识点；第三步，教师逐字逐句阅读教材原文；第四步，教师复述本章内容梗概；第五步，教师对原文内容进行分析和评论（Commentatio）；第六步，教师向学生提问。在教师向学生提问的环节，教师通常会以教材内容向学生提问，提问的目的是引导学生与其展开辩论（Disputation）。值得注意的是，这些环节并不是所有教学的必经步骤，教师可根据教学内容对其进行取舍。如博洛尼亚大学教师奥德弗雷德斯（Odofredus）讲授《旧法理汇要》（*Old Digest*）大致分五步进行，其教学方法主要是陈述案例和讲解课本，如果学生对它（讲解的法律内容）持争议，并且愿意就此展开讨论，那么"我将留它作为晚上的重复课，我每学年至少安排两次辩论课"。[①] 由此可以推知，在教师阅读和分析教材内容的环节，学生的主要任务是以笔记或背诵的形式接受教师所传授的内容，而在教师向学生提问的环节，师生之间才实现了生师互动。但是这种辩论仅仅是为了加深学生对教材内容的理解，且辩论在教学中所占比重较少。

---

① 〔美〕查尔斯·霍默·哈斯金斯：《大学的兴起》，王建妮译，上海人民出版社，2007，第36~37页。

(三) 中世纪大学在印刷技术的推动下提升了教学中的师生自由辩论比重

随着中世纪印刷术的发展，各大学陆续建立了自己的图书馆，书籍得以流通，知识也能较快速地传播。在此情况下，中世纪大学原有的教学流程受到了较大的挑战。印刷术出现之前，学生必须通过聆听教师阅读书籍、依靠教师对著作的完整复述才能够获得知识；印刷术出现之后，书籍能够通过印刷而大量出现，学生可以通过图书馆等途径取得书籍并进行阅读，从而习得知识，于是，学生可以在不完全依靠教师讲授的情况下进行学习。在印刷术的推动下，中世纪大学普遍采用了辩论式教学法。值得注意的是，与以往围绕权威书籍，以识记和背诵为目的的辩论不同，此时的辩论旨在让学生运用所学知识解决哲学、神学、医学等方面有争议的问题，以提升学生的思辨能力和推理能力。辩论分为三种类型，即普通辩论、自由辩论、集体智力训练。普通辩论一周仅1次，以大班教学的形式开展，教师选择辩论主题，并非所有学生都能参与其中；自由辩论通常一年开展1~2次，学生自由选择辩论主题，并运用经院哲学的方法进行辩论。[1] 真正让每一位学生都受益颇丰的是"集体智力训练"，这种辩论通常发生在讲座之后，由一位教师带领数名学生，以讲座内容的练习和复习为主题，在教师寝室或学生宿舍进行小范围辩论。此外，辩论教学还有阿贝拉尔（Peter Abelard）的"引证相反典据"辩论为主的方法、托马斯·阿奎那（Thomas Aquinas）的"正反论辩法"等。[2] 在每年的狂欢节和四旬斋期间，巴黎大学的学生都会模仿教师就职典礼和教师辩论仪式组织辩论。[3] 而在学士即将进入下一阶段的研修生涯时，学生会主动寻找一位学术地位略低于自己的学生，并与之展开辩论，由学术负责人进行裁决。此后，这一活动被称为"毕业答辩"，直至13世纪中期，毕业答辩成为一项学校规定。如果学生期望从事教师职业，就必须经历"毕业答辩"的程序。由此可以看出，印刷技术的发展已经在推动着大学的教学流程、教学内容和教学方式等发生根本性变化，这就促使中世纪大学教学中的教师与学生普遍增加了对生师互动的需要。

---

[1]〔比〕希尔德·德·里德-西蒙斯主编《欧洲大学史》第一卷《中世纪大学》，张斌贤、程玉红、和震等译，河北大学出版社，2008，第252~253页。

[2] 宋文红：《欧洲中世纪大学的演进》，商务印书馆，2010，第283~284页。

[3]〔英〕海斯汀·拉斯达尔：《中世纪的欧洲大学——在上帝与尘世之间》，崔延强、邓磊译，重庆大学出版社，2011，第111页。

（四）小结

中世纪早期大学的教学内容、教学方法与教学形式等都比较简单，这与当时的书籍稀缺有密切关系。在中世纪早期的大学教学中，书籍代表了权威，教师是稀缺书籍的持有者，学生的所有知识都来源于教师对书籍内容的复述与讲解。因此，中世纪早期大学教学中的生师互动主要以书籍为中心。随着印刷技术的发展，中世纪大学普遍采用了以辩论为主的教学形式，这种形式最显著的特点是提升了生师互动的频率和质量。也就是说，知识形式及知识生产方式在很大程度上决定了中世纪大学教学中的师生对互动的需求。

三 西方大学教学中的生师互动之国别考察

从世界高等教育发展史来看，英国、法国、德国、美国的高等教育曾经或正在对世界高等教育发展产生重大影响，因此，本部分主要针对上述四个国家大学教学中的生师互动进行考察。需要说明的是，因"中世纪大学教学中的生师互动历史考察"部分已经涉及了5~15世纪的英国和法国部分大学的生师互动情况，故在"英国大学教学中的生师互动历史考察"和"法国大学教学中的生师互动考察"两部分中，笔者主要对16世纪之后的英国大学和法国大学教学中的生师互动进行考察。15世纪下半叶，印刷技术在欧洲得到迅速扩散，印刷工厂也陆续建立起来[1]，这标志着欧洲迎来了印刷知识时代。随着书籍的普遍印刷和广泛传播，大学教学也发生了天翻地覆的变化。

（一）英国大学教学中的生师互动历史考察

宗教与英国大学的诞生有非常密切的关系。公元432年，帕特里克主教在爱尔兰开了以修道院为主阵地，推广基督教文化的先例。[2] 在西奥多担任英格兰大主教期间，作为学术文化中心的坎特伯雷大教堂，设立了文法学校和歌咏学校两个教学机构，正式开始传授拉丁文、希腊文、教会音乐等知识。中世纪的英国大学正是在基督教和教会学校的基础上建立并逐渐发展起来的。

---

[1] 〔英〕约翰·B.汤普森：《意识形态与现代文化》，高铦、文涓、高戈等译，译林出版社，2005，第190页。
[2] 王子悦：《英国中世纪大学早期发展研究》，中国社会科学出版社，2017，第12页。

关于久负盛名的英国高等学府——牛津大学和剑桥大学,它们的诞生有着更多神秘的色彩。目前存在的牛津大学起源说有三种,即传说、迁移、自然。而剑桥大学的起源也同样存在三种学说,即传说、班韦尔、冲突。[①]虽然这些学说均无法准确地揭示两所著名大学的真正起源,但是有一点是可以确定的,牛津和剑桥两所大学都是以巴黎大学为母型创建起来的。牛津和剑桥大学是英国最古老的两所大学,以绅士教育为主,是典型的英国式教学机构。

第一,英国丰富的教育教学思想为大学教师在教学中引导学生的学习与发展提供了理论基础。英国的许多著名教育家都曾强调过教师在学生学习与发展中的重要作用。英国教育家、历史学家托马斯·阿诺德(Thomas Arnold)是英国古典教育思想的捍卫者。他认为,希腊文、拉丁文、希腊史、罗马史、希腊文学、罗马文学等古典课程可能不会立即产生明显的效果,但这些课程所传递的思想和观念等将会埋藏于青年学生的心灵深处。[②]因此,古典教育很有必要,且古典课程教学也要审慎行之。阿诺德反对以书为本的教学,在他看来,书本中的"知识"仅为心智运行提供"材料"。[③]虽然书本知识有可能会使学生的理性思维能力得到提升,但是,如果要提升学生的判断能力和联想能力,就必须为学生提供书本知识之外的经验。为了更好地进行古典课程教学,阿诺德对教师提出了要求:进行学校课程教学的教师不仅要心智活跃,充满活力,具有同情心,而且要热爱自己的工作,在不断学习中改进教学。英国牛津运动的领袖约翰·亨利·纽曼(John Henry Newman)主张"自由教育",认为"自由教育"与"自由学习"、"自由知识"等密切相关。在纽曼看来,大学教育是为了追求自由知识(liberal learning),真正的"自由教育"就是要将学生和教师召集在一起生活和学习。[④]纽曼所指的"自由教育"强调了学生与教师的相处过程,最重要的是,学生能够在教师的影响和引导下,探求真理并获得智力发展。英国著名哲学家、思想家约翰·洛克(John Locke)认为,人的观念

---

① 王子悦:《英国中世纪大学早期发展研究》,中国社会科学出版社,2017,第26~39页。
② 〔英〕托马斯·阿诺德:《阿诺德论教育》,朱镜人译,人民教育出版社,2016,第62页。
③ 〔英〕托马斯·阿诺德:《阿诺德论教育》,朱镜人译,人民教育出版社,2016,第14页。
④ 〔英〕约翰·亨利·纽曼:《大学的理想》(节本),徐辉、顾建新、何曙荣译,浙江教育出版社,2001,第65页。

主要源于感觉的对象和心理活动。[①] 儿童最初来到人世间时，他们的心灵如同"白板"。当儿童不断接受外界的声音、光线、味道等感官刺激之后，他们就会不自觉地将观念印在自己的心灵上。当儿童学习新的观念时，即使这个新观念和儿童内心存在的观念完全不同，且没有任何包含关系，但是，为了使这个新观念成为儿童自己能够理解和接受的观念，儿童也会按照自己曾经采用的方法进行学习，主动建立新观念与已有观念的联系，由此形成一个概括性更强的观念。基于对儿童认识过程的理解，洛克强调，教师的最大作用就在于使一切事情变得容易。[②] 教师应在教学过程中，运用教学技巧，尽力帮助学生铺平道路，使学生相对容易地处理他们所面临的问题。这里的"铺平道路"就是要求教师在指导学生的过程中，尽力吸引学生的注意力，鼓励学生利用已学知识或已有经验，理解教师正在教授的知识，不断帮助学生树立信心，赋予学生足够的力量。此外，洛克主张绅士教育，认为教师不仅应尊重每一位学生的权利，还应充分发挥学生的主体性，开发学生的潜能，促使学生养成良好品德和健全人格。

第二，英国大学的教学内容始终坚持古典人文主义的基础地位。16世纪的英国大学在很大程度上延续了中世纪大学的教学内容，除了拉丁文、希腊文等语言教学内容外，还增加了哲学、辩论、修辞学、逻辑学等内容。在18世纪60年代至19世纪40年代的工业革命期间，英国的工业生产总值在国民经济中的比重渐渐远超农业，然而，大多数英国大学一直坚守古典教育的传统，在课程教学中始终以亚里士多德、柏拉图、西塞罗、欧几里得等的古典著作为核心。虽然在18世纪中叶，英国大学开设了自然科学讲座，但由于大学中普遍缺乏实验室等教学配套设施，所以自然科学未能成为大学教学中的重要内容，古典人文主义依旧处于教学内容的核心位置。在《牛津法案》（1854年）和《剑桥法案》（1856年）相继颁布之后，牛津和剑桥开始加强理科教学，与此同时，为了培养更多服务于国家发展的政治家，两所大学将政治学、政治经济学、现代史等纳入教学内容。随后，英国大学的教学内容不断拓展和丰富起来。19世纪60年代以后，英国大学更加重视科学教育，通信、纺织、冶金、航空、农业、物理、生物等都成

---

① 〔英〕洛克：《人类理解论》（上），关文运译，商务印书馆，1959，第69页。
② 〔英〕约翰·洛克：《教育漫话》，杨汉麟译，人民教育出版社，2006，第156页。

为其核心教学内容。

第三，英国大学的教学活动从以"教"为主导发展为以"学"为主导。从英国大学的教学历史来看，英国大学长期保持着讲授式教学的主导地位。以1961的英国牛津大学和剑桥大学为例，牛津大学和剑桥大学的讲课时数为6.3，大组与小组讨论时数均为0.2，导师指导时数为1.6；伦敦大学的讲课时数为7.8，大组与小组讨论时数分别为0.9和0.7，导师指导时数为0.4。[1] 由此可知，过去的英国大学，教师讲授时数远高于讨论、导师辅导、实践等教学时数。实际上，英国大学初期的讲授式教学主要继承了中世纪大学的教学传统，在讲授式教学中，教师按照规定的时间诵读经典著作，然后对其内容进行详细解释和评价，学生则会根据教师的讲述快速做笔记，以便记住教师的权威言论。特别是对于一年级新生而言，英国大学初期的讲授式教学能够使他们尽快了解学习内容的框架和主旨，这样，他们便可以迅速对学习内容形成整体印象。随着英国大学教学方式的逐渐发展，讲授式教学也开始与传统的以宣讲教材为主的讲授区分开来。英国大学的讲授式教学没有规定固定的教材，因此教师更多的是通过专题教学，向学生传递学术前沿资讯。值得注意的是，不同的教师也会对讲授式教学进行一些创新，比如培根在讲授过程中通常会把握以下要点：一是注意知识传授时期的划分；二是注意难易知识两者之间的转换；三是根据学生的心理特性传授适当学问；四是根据人的才能合理排列课程[2]；五是注重"经度"和"纬度"的结合，并建立各门科学之间的密切联系，形成科学内部的完整体系。[3] 在英国政府和社会对优质人才需求不断增加的情况下，英国大学开展了以学生为中心的教学改革，旨在以优质教学保障人才培养质量，随后，教学方式和方法也不断丰富起来，与此同时，英国大学也围绕学生的"学"来开展教学质量评估。

第四，英国大学以导师制为主的保障制度促进了教学中生师互动的可持续发展。当人们提及英国大学及英国大学教学时，会情不自禁地赞扬牛

---

[1] 徐辉：《英国大学以导师制为核心的教学方式初探》，《高等教育研究》1985年第2期，第105~110页。

[2] 〔英〕培根：《崇学论》，关琪桐译，商务印书馆，1938，第189页。

[3] 杨汉麟、周采主编《外国教育思想通史》（第五卷）《17世纪的教育思想》，湖南教育出版社，2002，第63页。

津大学的"导师制"(tutorial system)。曾经有人将牛津大学比作英国大学中的"皇冠",而导师制则如同"皇冠上的宝石"一般引人注目。可以说,英国丰富的教育教学思想孕育了牛津大学的导师制,而以导师制为主的教学制度则保障了英国大学教学中生师互动的可持续发展。进而言之,英国大学教学中的生师互动又促进了英国大学教学质量和人才培养质量的不断提升。14 世纪,英国牛津大学的纽曼创立了导师制,其目的是让导师对学生的学习、成长发展等进行个别指导,促进学生的成长成才。牛津大学的导师制创立之后,英国所有高等教育机构都给予其高度关注和认可,并使导师制得到迅速推广和广泛应用。随后,英国许多大学纷纷效仿并实行牛津大学的导师制。英国大学的导师制有效地保证了英国大学本科教育质量的卓越,同时也充分体现了英国以绅士文化为基础的人文主义教学传统。[1] 在导师制的影响下,教师与学生进行个性化的沟通与交流,学生潜移默化地将所学知识转化为智慧,形成正确的思想观念。具体表现在以下三个方面。

一是英国大学以导师制为主的制度明确了教师对学生的指导责任与义务。在牛津大学的导师制实行之初,校方规定只有未婚教师才能担任学生的导师,导师不仅要与学生同吃同住,而且要对学生在校期间的阅读书目、指定作业等进行全面的一对一指导。剑桥大学效仿了牛津大学的导师制。19世纪中叶以前,为了保证导师能够全身心投入教育事业,剑桥大学对学院教师的要求极为苛刻,如剑桥大学规定导师不得结婚,如某位导师非得结婚,必须先辞职。因此,剑桥大学被冠以"贪婪性组织"(greedy institution)的称号。而在 19 世纪中叶之后,随着剑桥大学开始允许院士结婚,其"贪婪性"和"占有欲"也逐渐减弱。[2] 为了保证导师的质量,英国各大学总会挑选一些优秀的教师来担任学生的导师。在 1565 年的剑桥大学,学校从 47 名教师中选择 42 名担任导师,平均每位教师辅导 3 名左右的学生。[3] 导师制规定的教师责任和义务表现在两个方面,即学习指导和道德引领。一方面,英国大学的教师必须关注学生的学习,为学生解答成长过程

---

[1] 马健生、孙珂:《在传统与现代之间:英国大学生主流价值观教育探析》,《外国教育研究》2011 年第 10 期,第 20~25 页。
[2] 金耀基:《剑桥语丝》,生活·读书·新知三联书店,2007,第 31~32 页。
[3] 张泰金:《英国的高等教育历史·现状》,上海外语教育出版社,1995,第 162 页。

中的困惑，给予学生最真诚的指导和帮助。教师对学生的指导建立在学生享有充分自由的前提下，只要学生不是非常"离谱"，教师都会让学生自行处理。另一方面，英国大学的教师必须通过他律与自律相结合的形式，对学生的思想道德行为产生影响。教师作为学生道德教育的领路人，要随时注意自己的道德行为，通过自身的示范，使学生能感受到思想道德行为中的细微、具体要求，并将自身感受内化为自觉的行动。导师制要求教师更多地以言传身教的方式陶冶学生的思想和品格，使学生真正将道德行为生长成"内化"的自觉遵守。

二是英国大学以导师制为主的制度保障了教师为学生提供持续的指导和帮助。英国大学的导师制规定，导师要为学生提供新生入学之时、在校生活期间以及毕业来临之际等在校生活的一系列指导。新生入学第一年，英国大学就会为其指定一位导师。此后，导师与该学生形成一种契约关系，导师必须维护学生在校的合法权利，学生必须参加导师讲授的课程。为了指导学生的学习与发展，导师需要腾出充足的时间，与学生进行一对一的交流与指导。在英国大学导师制的影响下，学生自由学习与导师悉心指导紧密结合，增进了教学中的生师互动，也增强了教学效果。20世纪末，在导师指导之前，英国大学的学生需要做好约13小时的准备工作，导师给予学生大概两周三次的指导，最常见的指导规模是一位导师指导两名学生，而随着学生年级逐步递增，学生准备的时间也会延长，一般而言，理科的学生比文科和社会科学的学生准备时间略短。[①] 值得一提的是，英国大学的导师制不局限于教师对学生的课堂教学指导，这种指导通常会延伸至课外教学。英国大学的学生在课堂以外的学习内容远远超过了课堂学习内容，虽然课堂之外多以学生自主学习为主，但是，这并不意味着学生不需要接受教师的指导，相反，学生与教师会在课堂之外进行多样化、持续性的互动交流。在英国大学课堂之外的教学中，学生不仅可以在公园、咖啡馆，或在教授举行的家庭聚会上与教师交流学习或生活上遇到的难题，也可以运用各种网络平台和在线资源与教师进行互动。为了方便学生在课外向教师寻求帮助或与教师进行学术交流，英国大学的教师通常会在第一次见面

---

① P. Ashwin, "Variation in Students' Experiences of the 'Oxford Tutorial'," *Higher Education*, 2005 (4): 631 – 644.

时就告知学生有关个人邮箱、网页等联系方式,并且,这种基于网络平台的交流会得到教师的高度重视,教师也会为学生提供及时而认真的回复。通常情况下,师生在网络交流之后,教师也会主动和学生在网上约定面谈的时间、地点和方式,以便进一步沟通交流。因此,在英国大学的学生看来,基于网络平台的师生互动交流使课堂学习得到了延展,对促进他们的学习和发展具有重要意义。

三是英国大学以导师制为主的制度强化了教师对学生的学习评价反馈。在英国大学学生的作业或论文完成之后,学校就会要求教师对学生的作业进行一对一、面对面的批改和反馈。此时,教师就会投入大量的时间和精力批改学生作业,有些导师甚至会为学生的整本作业或论文提供细致入微的评论。19世纪,英国大学的导师每周会为学生布置一篇与所学科目有关的命题论文,并就学生所写论文与学生展开讨论。通常情况下,文科导师会在自己的校内宿舍与学生进行探讨,而理科导师则会在大学的实验室与学生进行探讨。[①] 教师会在与学生探讨的过程中,给予学生详细且明确的评价反馈。这种评价反馈不仅能让教师用自己的科研成果向学生展示他们对本学科的理解,同时,还能让教师进一步了解所教学生的学习进展,了解自己的教学效果,为今后调整教学设计奠定基础。当学生收到教师及时、细致的反馈之后,就能明白自己对学习内容的掌握与教师要求之间的差距,并确定下一步的学习目标。此外,英国大学为了保证教师能够为每一位学生提供准确细致的学习反馈,对生师比做了非常严格的限制,如20世纪80年代的牛津和剑桥,其生师比基本保持在1∶1。[②]

综上,英国大学的教学历史可以追溯至中世纪的牛津大学与剑桥大学,随着印刷术的迅速发展,虽然英国大学的教学内容、教学方法、教学形式等得到充实和发展,但英国大学却始终保持着自由教育的核心地位。牛津大学的纽曼在自由教育理念的影响下创立了导师制,保证了英国大学教学中的生师互动趋于固定化和常态化。与此同时,导师制也促使教师对学生进行持续性指导,对促进学生的学习探索与成长发展发挥了重要作用。

---

① 〔英〕Sir E. Barker:《英国大学》,张芝联译,商务印书馆,1948,第12页。
② 徐辉:《英国大学以导师制为核心的教学方式初探》,《高等教育研究》1985年第2期,第105~110页。

（二）法国大学教学中的生师互动历史考察

自文艺复兴以来，法国教育仅存在于主教座堂学校和修道院学校。公元 11 世纪，法国学校开始了新一轮教育改革。从法国大革命后到普法战争前，法国高等教育发展缓慢。1231 年，巴黎大学正式摆脱了主教的控制，成为一个独立的组织。18 世纪下半叶，法国资产阶级革命取得胜利，为高等教育的发展创造了有利的条件。19 世纪初，法国开始进行工业革命。综观法国高等教育发展的历史，法国高等教育共经历以下四次意义重大的改革：第一次法国高等教育改革发生在 1804 年至 1814 年的法兰西第一帝国时期，拿破仑一世（Napoléon I）将法国划分成 29 个"大学区"，实行中央集权式教育领导体制，推动了法国高等教育的快速发展；第二次法国高等教育改革发生在 1885 年至 1895 年，法国高等教育提出了"中立、义务、免费"的原则；第三次法国高等教育改革发生在 1956 年至 1958 年，法国高等教育以发展应用科学学院为目标，陆续创立了各类工程师高等学校和短期技术大学等；第四次法国高等教育改革始于 1968 年，法国大学以建立"教学与科学研究单位"取代旧式大学的院系建制，提出了大学自治、集体管理、学科多样化的办学指导原则，并将传播知识、发展科学、培养人才作为大学使命，这是一次现代高等教育的改革。[①] 1870 年，法国在普法战争中战败。当时的法国人将战败归于高等教育未能促进科学发展。此后，法国设置了高等教育总督，开始重视大学的科学研究。1881 年，在法国政府与巴黎市政厅的共同支持下，巴黎大学得以重建和扩建。1971 年 1 月 1 日，13 所拥有各自独立实体的巴黎大学同时成立[②]，并在之后的发展中形成了各自的办学特色，如：巴黎第一大学即"邦戴翁—索邦大学"，以艺术与考古见长；巴黎第二大学，又称"法律、经济和社会科学大学"，致力于法律人才的培养；巴黎第三大学即"新索邦大学"，以语言和文学而闻名于世；巴黎第五大学即"勒雷·笛卡尔大学"，在医学、生命科学、人文科学方面享有很高声誉……

16 世纪之后的法国巴黎大学以逻辑学、伦理学、物理学等亚里士多德自然哲学为主导。[③] 第二次世界大战以后，随着工业化发展，法国大学密切

---

① 晨光编译《法国高等教育概况》，武汉大学出版社，1983，第 1~2 页。
② 李兴业编著《巴黎大学》，湖南教育出版社，1988，第 71 页。
③ 黄福涛主编《外国高等教育史》，上海教育出版社，2003，第 103 页。

围绕法国工业化发展需求设置教学内容,如法国大学理学部的教学内容突出了工业化特点,主要包括化学、电学、物理学、矿物学、机械学、热力学等。20世纪50年代,法国将科学与技术列入了现代化发展战略中,开启了依靠科学与技术进军工业强国的新征程。为了服务于法国的现代化建设,法国大学进行了联合改革:一是将"人文科学"列入重点发展领域;二是实行教学、研究与实践相结合的战略。20世纪60年代末至70年代初,法国高等教育从精英模式转向大众化模式。就高等教育体系而言,法国实行双轨制高等教育体系:一是理论教学与科学研究相结合的"综合性大学"体系;二是以实用性教学为主的"大学校"体系。本部分重点考察综合性大学教学中的生师互动情况。

第一,法国教育思想引领着法国大学教师根据学生的天性特点开展教学活动。法国哲学家、思想家、教育家卢梭(Jean-Jacques Rousseau)认为,人的教育过程同植物的自然生长过程一样,不能依靠外力的强迫作用,更重要的是通过人或植物的"自然本性"而改变。卢梭将教育分为"人为"和"自然"两种类型,"人为"的教育就是一种强制性的灌输教育,好比让一种土地滋生另一种土地上的东西、一种树木结出另一种树木的果实[①],而"自然"的教育则是以尊重人的天性、爱好、兴趣等为前提,促进人不断地完善。[②] 教育具有三重性,这三重性分别是:自然、人、事物。在卢梭看来,教育受之于自然、人或事物。[③] 这就是说,教育的三重性如同三种不同类型的教师,教育质量是三位"教师"通力合作,形成合力的结果。由此看来,良好的教育就是教师从学生的才能、生理条件、接受能力等出发,开展符合学生心意的教育,促使学生达到自己想要的目标,使其觉得有意义。在教育过程中,教师应认识到学生成长是一个阶段性的自然发展过程,并根据学生的知识背景和个体差异等情况激发学生的学习兴趣,引导学生通过观察、操作、钻研等来主动获得知识。

第二,法国大学教学改革鼓励教师关注学生的需要并据此改变大学教学及教学中的生师互动等。1968年,法国高等教育出现了大学体制陈旧、

---

① 〔法〕卢梭:《爱弥儿 论教育》,李平沤译,商务印书馆,1978,第5页。
② 〔美〕沃特·梅兹格:《美国大学时代的学术自由》,李子江、罗慧芳译,北京大学出版社,2010,第96页。
③ 〔法〕卢梭:《爱弥儿 论教育》,李平沤译,商务印书馆,1978,第7页。

教材更新滞后、教学内容枯燥乏味等一系列问题，激起了法国大学生的极度不满，继而掀起了一场"五月风暴"，由此推动了全国高等教育的重大改革。为了平息学生的愤怒情绪，调和政府与学生之间的关系，法国议会于1968年11月通过了《高等教育方向指导法》。在具体教学方面，《高等教育方向指导法》做了如下安排：一是将阶段性考试与终结性考试相结合，且将终结性考试作为阶段性考试的一种补充检查，对学生的知识和能力情况进行经常性检查与评价；二是大学提供的教学要与学生职业出路相适应。也就是说，1968年的这次改革打破了大学与社会之间的藩篱，促进了大学教学与科学技术的结合。与此同时，这次改革也促使大学缩小了班级教学的规模，提升了教学质量和教学中的生师互动质量。1984年1月，法国高等教育以法国议会通过的《萨瓦里法案》为起点，又开启了一场重大改革，其目的在于促进法国高等教育的现代化、民主化、职业化。[①] 在1968年和1984年的两次高等教育改革中，法国大学的基层组织"教学和科研单位"的名称也在发生变化。1968年之后，"教学和科研单位"一直用"Unité-d'enseignement et de recherche"表示，而《萨瓦里法案》将该组织更名为"Unitéd'formation et de recherche"，两者区别在于"enseignement"和"formation"的更替，法语"enseignement"的意思是"教""教书"，而"formation"的意思是"形成""成长"，由"enseignement"至"formation"的改变，意味着法国大学从关注"教"转向了关注"学"。[②]

第三，法国大学多样化的教学形式为大学教学中的生师互动创造了较多机会。法国大学的教学形式主要包括讲座、辅导课、实验课、实践等。虽然法国大学的讲座式教学通常以大班为教学单位，且每班学生人数在100~300人，但是，法国大学规定教授必须为低年级学生讲授基础理论，这种规定强化了教授为本科生授课的责任，使大学低年级学生能够有机会接触学术造诣较深的教师，并有机会获得他们给予的学习指导和帮助。而在法国大学的教学过程中，真正能为生师互动创造更多机会的教学形式当属辅导课、实验课、实习和实践、研究班等。

一是辅导课中的生师互动。法国大学实行小班辅导课教学制，每班学

[①] 张保庆、高如峰：《今日法国教育》，武汉大学出版社，1986，第143~146页。
[②] 洪丕熙：《从一个词的变换看1983年法国高校改革的目标》，《外国教育资料》1986年第6期，第51~57页。

生人数控制在 20 人以内，主要是讲师帮助学生复习和巩固已学的基础理论知识。20 世纪 80 年代，讲座与辅导课的学时比例为 1∶1，学生必须按规定参加辅导课。① 在辅导课上，学生在将之前预习中发现的问题或亟待解决的困惑与教师进行交流的同时，也巩固和复习了讲座的教学内容。

二是实验课中的生师互动。法国大学的实验课是教师引导自然科学领域的学生在掌握一定理论知识的基础上，学习如何做实验，以提高应用技能的过程。实验课的教师主要是助教，偶尔会有教授或讲师。在实验开始之前，法国大学的教师会为学生选择富有挑战性的实验题目，让学生据此进行新探索。中国著名物理学家和教育家严济慈曾在 20 世纪 20 年代留学法国巴黎大学，他回忆了与法勃里教授互动时的感受："法勃里教授不仅为我选了这样一个富于创造性的题目，而且为我提供了各种方便。"② 严济慈所说的"富于创造性的题目"正是教师对其进行的学习指导，而"方便"就是教师对学生学习的一种支持，如提供任意出入的实验室，随时使用的仪器、水、电、煤气等的不间断供应等。

三是实习和实践中的生师互动。在实习和实践教学期间，法国农业、水利、森林等工程技术学校中的教师都会与学生一同到现场，共同生活和学习。在实习和实践地点，学生会按照指定的课题工作，而教师则要密切关注学生的工作情况，为学生提供必要的资料和讲解。当学生遇到实际问题时，教师也会以小组为单位进行现场授课，或与学生共同探讨解决问题的办法，使学生得到综合训练。

四是研讨班中的生师互动。20 世纪 80 年代，法国大学针对高年级学生和研究生，采用德国的研讨班教学模式。在法国大学，研讨班往往采取校际合作的模式，并且各大学之间相互承认学分。法国大学对研讨班的考核也有着严格规定，如：法国巴黎高等师范学校规定，学生如需取得研讨课的深入学习文凭，必须参加不能少于 4/5 学时的研讨课，同时递交一篇论文并通过答辩。③ 在研讨班开设之前，学校教学管理部门会将研讨班的主题、主讲教师、参考文献等信息告知学生，以便学生进行精心准备。在研讨班

---

① 胡修愚：《法国大学教学的特点》，《外国教育动态》1986 年第 1 期，第 9~11 页。
② 李兴业编著《巴黎大学》，湖南教育出版社，1988，第 169 页。
③ 国务院学位委员会办公室、中国研究生院院长联席会编《透视与借鉴——国外著名高等学校调研报告》（2004 年版），高等教育出版社，2004，第 636 页。

上,教授会将国内外最新研究成果介绍给学生,让学生增长见识,了解学术前沿动态。这样,学生便在与教授研讨的过程中,加深了对问题的理解和认识,获得了智力训练和学术发展。

综上,法国高等教育在中世纪巴黎大学的基础上逐渐形成体系。法国大学的学生运动推进了法国大学的教学改革,促进了大学教学由"教"至"学"的转变。在法国大学不同类型的课程教学中,生师互动样态也呈现显著差别。然而,不管法国大学的教师采用何种教学方式、教学内容、教学形式等,他们都会遵循以学生为本的原则,并从不同学生的天性特点出发,开展教学及教学中的生师互动,这也体现出法国大学教学中的学生主体性及教师主导性的特点。

(三) 德国大学教学中的生师互动历史考察

14世纪,德国出现了大学。1386年,德国以巴黎大学为模版,创建了第一所境内大学——海德堡大学。1810年,柏林大学在德国文化教育行政负责人威廉·冯·洪堡(Wilhelm von Humboldt)的推动下,以及弗里德里希·丹尼尔·恩斯特·施莱尔马赫(Friedrich Daniel Ernst Schleiermacher)、约翰·哥特利勃·费希特(Johann Gottlieb Fichte)、约翰·克里斯托弗·弗里德里希·冯·席勒(Johann Christoph Friedrich von Schiller)等一大批重要学者的支持下正式成立。柏林大学的定位是集科研与教学于一体的高等教育机构,而在此之前,欧洲所有的大学都仅作为一种教学机构存在。可以说,柏林大学掀开了欧洲大学发展的新篇章,也为19世纪德国大学成为世界高等教育的领头羊奠定了基础。

第一,"遵循天性"的教育思想促使德国大学教师在教学中始终关注学生的个性特点。德国哲学家伊曼努尔·康德(Immanuel Kant)深受卢梭自然主义教育思想的影响,认为教育应遵循人的自身生长规律,进行循序渐进的训导。在康德看来,教育的积极方面在于训导,而训导的关键在于发展儿童的自然能力,但是,成人应注意训导的适度性,在训导过程中不应给予儿童过多的"人工"帮助。儿童的心理训导可分为自由的训导与规律的训导。[①]自由的训导主要针对儿童的初期教育,在这类训导中,儿童处于自然发展的状态,以游戏为主要训导形式。在儿童的后期教育中,应重视

---

① [德]康德:《教育论》,瞿菊农译,商务印书馆,1926,第59页。

"规律的训导"。德国著名文学家、思想家约翰·沃尔夫冈·冯·歌德（Johann Wolfgang von Goethe）与康德一样，也深受卢梭自然主义教育思想的影响。歌德认为事物发展的极致状态是自然发展。在歌德看来，人生来就具有才能和禀赋，教育应该遵循人的天性，使人得到全面而自然的发展。这里的"遵循天性"并非任由教育对象盲目地自由发展。为了避免教育对象误入迷途，教育必须将遵循天性与遵守规则相结合。因此，教育者对教育对象的引导是非常必要的。在教育教学过程中，教育者应充分认识每一位教育对象的爱好、兴趣、愿望等，挖掘教育对象的天赋和才能，在给予教育对象一定自由发展空间的同时，引导教育对象严格遵守规则，并在此前提下使自己的天赋和才能得到进一步发展。德国著名教育家弗里德里希·阿道夫·威廉·第斯多惠（Friedrich Adolf Wilhelm Diesterweg）认为，教学应遵循"人的天性"以及"自然发展规律"。[①] 在第斯多惠看来，如果某种教学法遵循了儿童的天性和自然发展规律，那么，这种教学法就是正确的，只有采用这种教学法才有可能产生好的教学效果。总之，德国"遵循天性"的教育思想促使德国大学的教师在教学的各个方面及各个环节都关注学生的个性、特点、智力等差异，体现了学生的主体性，具体表现为：在教学内容上，教师根据学生的理解能力，讲授学生能够理解的知识；在教学过程中，教师根据学生的年龄、智力和心理等特点，激励学生从不同程度上主动投入学习。

第二，"教""学"自由为德国大学的师生共同探索知识营造了良好氛围。在19世纪以前，德国大学中的照本宣科式讲座被认为是一种合理的、必要的教学形式，而这种认识源于人们普遍接受了百科全书式的知识理论。过去，德国大学的教师为了让学生掌握"知识的活的精神"，将知识进行了百科全书式的处理，使知识具有了全面性、统一性、普适性的特征。[②] 而在19世纪之后，德国大学开始倡导"教""学"自由，注重在自由的氛围中进行科学研究和科学教学，这也促使德国大学的教学发生了重大转变。德国大学的师生形成了统一认识：真正的科学教学必须是绝对自由的，这样

---

① 〔德〕第斯多惠：《德国教师培养指南》，袁一安译，人民教育出版社，2001，第99页。
② 〔英〕梅尔茨：《十九世纪欧洲思想史》（第一卷），周昌忠译，商务印书馆，1999，第34~36页。

才能引起科学思考与科学研究。① 要想科学教学实现自由,我们就要坚持教学的真理性,不能限定和禁锢他人的思想。因此,国家应给予大学和科学足够的自由发展空间,使教师与学生能够不受任何指令和规则的束缚,进行独立的、自主的科学研究。在"教""学"自由观念的影响下,德国大学的教学摆脱了以往特别是中世纪时期阅读教材的僵化讲座模式,转向了自由教学模式。1976年的《德意志联邦共和国高等学校总法》对"教"和"学"的自由做了说明:教师在讲课、编写教材、选择教学方法、发表科学和艺术的教学意见方面享有自由;学生在选择课程、决定学习重点、转学校就读、提出有关科学和艺术的意见方面享有自由。② 此后,德国大学教师普遍自由开设讲座,自由编写提纲和教材,自由讲授他们的学术研究;而德国大学生也普遍结合自己的兴趣和需求选择课程和学习内容等。随着自由讲座的兴起,德国大学的讲座规模逐渐扩大,讲座内容和讲座类型也逐渐丰富起来。从讲座规模来说,德国大学规定参与讲座的学生人数普遍在100人以上,且不设人数上限;从讲座内容来说,德国大学针对不同专业的学生开设了不同内容的讲座,如:在1983年,仅科隆大学的历史专业,夏季学期就有50门左右的讲座课。③ 从讲座类型来说,德国大学根据讲座的性质和特点,将讲座分为注重连续讲解基础科目的私人讲座和根据听众感兴趣的话题而开设的公共讲座,后者的开设频率为大概一周几次。④ 此外,"教""学"自由也体现在德国大学教学中的生师互动中。在大学盛行自由转学之风的环境下,学生可自由选择大学和教师,并按照自己的意愿与教师结成科学研究团队。如果学生不愿意接受一个教师的研究方式或领导风格,他们完全可以另谋他处,去找寻他们认为合适或愿意的团队合作。德国大学的"教""学"自由为大学教学中的生师互动营造了良好氛围,使德国大学的师生能够在课上课下进行不间断的学术探索,比如:德国大学的教师经常会邀请学生参加家庭聚会或小规模的学术会议,同样,德国大学

---

① 〔德〕弗里德里希·包尔生:《德国大学与大学学习》,张驰等译,人民教育出版社,2009,第227页。
② 韩骅:《德国大学的若干教学特点简析》,《上海高教研究》1992年第1期,第95~99页。
③ 王玉哲:《西德高等院校的历史教学——联邦德国访问散记》,《历史教学》1985年第1期,第37~40页。
④ 〔德〕弗里德里希·包尔生:《德国大学与大学学习》,张驰等译,人民教育出版社,2009,第189页。

的学生也会邀请教师参加学生举办的学术聚会或学术活动。

第三,"教学与研究相统一"促使德国大学生参与教师的科学研究成为常态。18世纪末至19世纪初,德国多数大学在教学方面表现出以下特点:一是教学内容注重理论学科,排斥实用学科,导致教学内容脱离实际;二是教授普遍缺乏教学理论指导,导致教学按部就班,毫无创新可言;三是学生不重视学业,缺乏勤奋刻苦精神。[1] 为了改变德国大学的落后状态,以哲学家和人文学家为代表的德国知识分子尝试对德国高等教育进行改革。对于德国知识分子而言,要使他们的文化使命和生存不受威胁,就不能像法国那样让大学被专业化高等学校所取代,而必须将大学及大学哲学系的地位提升至研究院的水平。[2] 随后,德国的人文学者越来越多地表现出科学化倾向。在新型的柏林大学,洪堡开展了教学改革,旨在以新的教学方法培养具有独立思想和科学修养的青年,使新柏林大学成为追求真理的科学教育机构。洪堡的教学改革主要包括以下两个方面的内容:一是让学生了解"科学的统一性",使学生意识到学习的目的在于提升科研能力;二是反对教师进行照本宣科式教学,倡导教师与学生构建科研共同体。19世纪二三十年代,随着自然科学和实验科学的引入,哲学在德国大学的霸主地位被打破。[3] 德国大学将教学与科学研究紧密结合,旨在培养科学家,而非职业工作者。教师不但要激发学生的科学研究兴趣,而且要在学生进行科学研究的过程中,给予其引导和帮助。最重要的是,教师要将科学研究的方法传授给学生,让学生领悟科学研究的思想,与教师进行共同研究与探索。由此可以看出,洪堡所理解的"大学教学"即教、学、研三者的统一体。洪堡的大学教育思想建立在对传统大学教育观念及实践的批判基础之上,因此得到了德国教育改革派的拥护和支持。总之,在洪堡"教学与研究相统一"的教育改革的影响下,德国大学的教师不再是权威真理的拥有者,而是转变成学生的学习伙伴或真理的共同探究者。此时,大学教师不但要具备高深的学问和广博的知识,能够独立且创造性地开展研究工作,而且

---

[1] 徐小洲、赵卫平主编《外国教育思想通史》(第七卷)《19世纪的教育思想》(上),湖南教育出版社,2002,第181页。

[2] 〔以色列〕约瑟夫·本-戴维:《科学家在社会中的角色》,赵佳苓译,四川人民出版社,1988,第217页。

[3] 〔美〕沃特·梅兹格:《美国大学时代的学术自由》,李子江、罗慧芳译,北京大学出版社,2010,第113页。

要激励学生进行独立思考与研究。为了吸引学生参与到教师的科学研究中，教师都会围绕自己最新的科学研究开设讲座，以讲座内容激发学生的研究兴趣。在师生共同探究的过程中，教师会一直鼓励学生了解问题并提出问题，支持学生成为独立的真理探究者。

第四，德国大学的"研讨班"成为提升教学中生师互动频率和质量的"法宝"。研讨班（Research Seminar），又称习明纳。研讨班使学生在探索前沿知识的过程中与教师形成彼此合作的关系，让学生直接触及"问题的要害"与"学问的细节"，从而提高学生的领悟能力。[①] 德国的研讨班通常是一位教师与十名左右的学生自由组成研究小组，定期集中交流互动的一种教学形式。16、17世纪，在新教教义与人文主义相互作用的影响下，德国的研讨班经历了公共讲座、私人课程班、私人学会、师资讨论班的发展演变过程，最终以实践研讨班（Seminarium Praecetorum）的形式出现在德国大学里，用于提高古典人文学科教师的学术水平。[②] 1732年，格斯纳（J. M. Gesner）在哥廷根大学创立了德国第一个语言学研讨班。[③] 在语言学研讨班上，学生必须在熟读古典文学课程的基础上，进行拉丁语注解、辩论、写作、答辩等训练。随着19世纪初德国大学的改革不断推进，研讨班作为一种重要的教学形式，在德国大学中得到全面普及，并逐渐由人文科学拓展至自然科学等其他领域。以洪堡大学为代表的德国大学坚持采用研讨班的教学形式，教师与学生在研讨班中，自由地就某一学术问题展开讨论，抑或相互反驳对方观点，教学氛围十分活跃。在研讨班的学习中，教师具有极大的自主权，学生必须按照教师拟定的研究目标、方法、途径等，独立且系统地开展研究工作，以提升自己的思维能力和创新能力。当然，学生也可以根据自己的需要，阅读大量与自己感兴趣的研讨班主题相关的文献，然后再决定参加哪个研讨班。研讨班的教师在学生学习中扮演了各类角色。一是引路者。教师根据学生的兴趣和能力，结合自己的研究项目，对研究项目进行简要阐释，以引导学生进行独立的学术探索。二是协调者。教师

[①] 〔德〕卡尔·雅斯贝尔斯：《大学之理念》，邱立波译，上海人民出版社，2007，第92页。

[②] 李三虎：《近代德国大学"讨论班"制度探源》，《自然辩证法通讯》1992年第6期，第33~40页。

[③] 李三虎：《近代德国大学"讨论班"制度探源》，《自然辩证法通讯》1992年第6期，第33~40页。

会帮助学生分组并选定研究问题,同时协调确定每一场学术讨论的学生领导者及持续时间,以便每一位学生都能参与其中,得到锻炼和提高。三是激励者。教师在学术探讨过程中总会让每一位学生都享有平等发言的机会。对于胆小的学生、不善言谈的学生或性格内向的学生,教师总是会激励他们提出自己的观点并给予积极评价。四是辅导者。在学生参加研讨班的过程中,教师必须对学生进行学术辅导,包括审阅学生的学术报告等。20世纪90年代,德国大学规定学生每学期至少参加一次研讨班,并撰写20~25页的学术报告。[①] 在学生将学术报告交给教师之后,教师都要认真评阅并及时提供反馈意见,以便学生做出进一步修改和完善,进而提升思辨能力和科研能力。

综上,在"教""学"自由及"教学与研究相统一"等思想及实践的影响下,德国大学的教学始终与科研紧密相关。自德国大学创建以来,虽然讲座一直作为教学的主要形式保留了下来,但是讲座模式却由传统的照本宣科模式发展为自由模式。德国大学的讲座为教师提供了发表其最新科研成果的机会。与此同时,教师围绕自己的科学研究而开设的讲座也吸引着更多的学生根据自己的研究兴趣和能力,参与到教师的科学研究中。此外,德国大学的研讨班也促进了大学教学中生师互动的固定化和常态化,使学生能够在教师的持续性影响下获得进步与发展。

(四)美国大学教学中的生师互动历史考察

美国大学的发展经历了从直接照搬英国模式到全面模仿德国模式,再到创新发展本国模式的过程,最终实现了后发赶超。目前,美国大学的教育教学水平已跃居世界之首。美国的高等教育历史可追溯至哈佛学院的创办过程:哈佛学院的前身是"新学院"(New College),创建于1636年,创建之初的"新学院"直接移植了英国剑桥大学伊曼纽尔学院(Emmanuel College)的办学模式。1639年,为了纪念已逝清教牧师约翰·哈佛(John Harvard)临终对"新学院"的大量财产及图书捐赠,"新学院"正式更名为"哈佛学院"。在哈佛学院之后,美国陆续创办了不同类型的大学,例如:1793年,美国创办了第一所文理学院——威廉姆斯学院(Williams College);1795年,美国创办了第一所公立大学——北卡罗来纳州大学(North

---

① 韩骅:《德国大学的若干教学特点简析》,《上海高教研究》1992年第1期,第95~99页。

Carolina State University）；1819 年，美国第三任总统托马斯·杰弗逊（Thomas Jefferson）创办了美国第一所州立大学——弗吉尼亚大学（University of Virginia）；1876 年，美国创办了第一所研究型大学——约翰·霍普金斯大学（The Johns Hopkins University）……由此可以看出，19 世纪的美国高等教育已经形成了由文理学院、公立大学、州立大学、研究型大学等组成的多元化高等教育体系。

二战之后，美国进入高等教育的"黄金时代"，表现出 3P 特征，即兴盛（prosperity）、威望（prestige）、普及（popularity）。① 美国大学热衷于校园建设，与此同时，美国民众对高等教育的关注度也在持续提升。随之而来的是美国高等教育入学规模的不断扩张，美国成为全球第一个进入高等教育大众化阶段的国家。20 世纪 70 年代，美国大学的入学率已经达到 50%，标志着美国高等教育进入普及化阶段。美国教育统计中心 1978 年的报告显示，美国私立院校为 1659 所，公立院校为 1472 所。② 如今的美国高等教育体系由私立和公立院校组成，而私立院校比公立院校更具优势。

第一，美国大学的"顾客导向"推动了学习范式下的教育教学改革。19 世纪之前，美国大学教学一直固守"提供者导向"，即学生进入大学后，大学可以不考虑学生的已有知识、个性特点、学习兴趣等背景信息，仅将大学既有的"商品"——以博雅教育（Liberal Education）为核心的知识转让给学生。在这种情况下，美国大学可以长期保持教学内容、教学方式、教学方法等不改变，也就是说，此时的美国大学"以提供者为导向"，而固守"提供者导向"的美国大学并不具备自我改进功能。美国在经历第二次世界大战及苏联卫星上天两大事件之后，深感科学技术对国家利益具有重大影响，于是加大了对大学科研的投入力度，之后，美国大学开始重视科研而忽视教学。在这种情况下，美国大学的教授宁愿在科研上投入时间和精力，也不愿意为本科生授课，随之而来的是，美国大学的教学质量及本科生的学习质量整体下降，多数本科生在毕业时未能掌握应有的能力。面对这种情况，美国社会、企业、家长等纷纷表达了对大学教学质量的质疑和不满。面对外界的压力，美国大学开始进行教育教学改革。也就是说，

---

① 〔美〕约翰·塞林：《美国高等教育史》（第二版），孙益等译，北京大学出版社，2014，第 244 页。
② 瞿葆奎主编《教育学文集》（第 19 卷）《美国教育改革》，人民教育出版社，1990，第 538 页。

美国大学在外界压力的驱使下成为"顾客导向"的大学,"顾客导向"预示着一种买方市场的形成,它具有自我改进功能,并且,在这种导向下,以学生为中心成为市场取向的制度设计的必然要求,这就促使美国开始进行学习范式下的教育教学改革。

第二,美国大学的教育教学思想发展为学习范式下的教学改革提供了理论基础。19世纪中叶以前,美国大学的教师存在以下错误认识:一是赞同宗教"人类原罪"的观念,认为任由儿童凭兴趣发展就是助长了"恶魔",应抑制儿童的志愿;二是认为仅成人才拥有思维能力,儿童目前的学习就是积累知识,为将来拥有思维能力做准备;三是认为学生对困难的功课不感兴趣,反而在形式陶冶上更有效;四是相信儿童是没有理性的,应采取恐吓等手段对其加以控制。[1] 19世纪中叶之后,美国大学在学习和借鉴英、德等国的高等教育经验的基础上,不断探索和发展了符合美国国情的教育教学思想,这些教育教学思想促使美国大学的教师不断更新观念,改变了对大学教学及学生学习的认知,而这种改变又直接影响着大学教学及大学教学中的生师互动。其中,杜威、罗杰斯等的教育教学思想对美国高等教育发展的影响最大。

杜威认为,学生从"经验"中学习并通过"经验"认识客观世界。在杜威看来,"经验"既包含人的感觉、意志等主观内容,也包括人的大脑之外的客观内容。也就是说,"经验"是主观内容与客观内容构成的统一体。[2] 杜威倡导教师应基于学生经验,引导学生"从做中学"。由此,杜威提出,学校应模拟设置各类真实情境,教师应引导学生通过生活经验获得教育。为了使学生产生探索未知领域的兴趣和动机,教师应善于在教学过程中向学生提问,并且,教师提问时应注意以下五个要点:一是提问要能使学生运用已学知识解决新问题;二是提问要使学生关注教材而非教师;三是提问要以发展讨论为目标;四是提问要使学生回顾已学知识,并概括其意义,把握其重点;五是要激发学生对未来问题的期待。[3]

1952年,美国心理学家罗杰斯在"以患者为中心的治疗"(Client-Centred Therapy)理论的基础上,正式提出了"以学生为中心的教学"以及

---

[1] 雷通群:《教学发达史大纲》,新亚书局,1934,第92页。
[2] 田本娜主编《外国教学思想史》(第二版),人民教育出版社,2001,第355页。
[3] 〔美〕杜威:《思维与教学》,孟宪承、俞庆棠译,商务印书馆,1936,第240~241页。

"非指导性教学"（Non-Directive Teaching）的理论。罗杰斯认为，患者在治疗过程中需要医生给予充分的关怀，医生必须告知患者各种可能的治疗方案，并站在患者的立场上，为患者选择合适的治疗方法并提供支持和帮助，但真正做出决定的是患者自己。由此推之，教学的目的是促进学生进行自发和主动的学习，因此，教师要在尊重和理解学生的基础上，开展个性化和创造性的教学，以激发学生的学习兴趣，满足学生的求知欲望，与学生产生情感和思想上的共鸣。罗杰斯指出，美国的教育要求学生普遍表现出顺从、僵化、驯服的样态，显然，这不利于学生的全面发展。如何实现学生的全面发展？罗杰斯认为，教师必须具备诚笃的品质和移情（empathic）的能力，而学生则必须拥有内在自由（inward freedom）。罗杰斯将"自由"理解为"一种品质"，这种品质能促使人们涉猎"未知的""不确定的"领域，并勇敢地做出抉择。[1] 为了让学生真正拥有内在自由，罗杰斯提倡"自由教学"，认为实现"自由教学"的途径主要包括提出真实问题，提供可选择的学习条件、情境和目标，签订并落实"学习合同制"，分组教学，组织具有探索与创造性的学习活动，学生自我评价。[2] 罗杰斯提出的"以学生为中心的教学"落实在"以学生为中心的课堂"（student-centered classes）中，要求教师为学生营造良好的学习氛围，积极了解学生的内心反应，与学生共享权利，同时共担责任，特别要注意不能对学生实行霸权管制。学生应该对自己学习中的关键事件，如学习方式、学习内容等，享有自由选择的权利，并且，学生也应该对自己的选择负责，只有如此，学生才有可能实现"自我 - 主动学习"（self-initiated learning）。

第三，美国关于"教"和"学"的学术研究为学习范式下的生师互动提供了指引。19 世纪 50 年代末至 60 年代初，以布鲁纳（Jerome Seymour Bruner）、施瓦布（J. Schwab）等为代表的结构主义教学思想正式形成并发展起来。在布鲁纳看来，让学生了解学科的基本结构是开展良好教学活动的前提，对于教学中经典的迁移问题，其关键并非"掌握事实和技巧"，而更多的是"教授和学习结构"。[3] 当学生掌握某门学科的结构时，他们就能更容易地记忆学习内容，并可以借助作为基础的"一般观念"，解决不同的

---

[1] 瞿葆奎主编《教育学文集》（第 10 卷）《教学》上，人民教育出版社，1988，第 710～717 页。
[2] 田本娜主编《外国教学思想史》（第二版），人民教育出版社，2001，第 445 页。
[3] 〔美〕J. S. 布鲁纳：《布鲁纳教育论著选》，邵瑞珍等译，人民教育出版社，2018，第 27 页。

问题，不断扩大知识面，进行更深入的知识探究。结构主义教学方法强调教学和学习的过程就是科学探究的过程，基于此认识，布鲁纳提出了发现教学法。布鲁纳认为，教学是一种认知的过程，探究活动的多样性决定了认知方式和方法的多样性。为了使学生更好地发展智力，布鲁纳要求学生不但要了解知识的本质，而且要学会像科学家和研究者一样思考，使新知识与旧知识建立联系，并将新知识纳入已有的认知结构中。此外，为了让学科与教学、理论与实践有机结合起来，布鲁纳提倡科学家、心理学家、教师等共同编制课程，促使学生在头脑中形成知识结构。① 然而，科学探究的复杂性以及科学知识的深奥性，成为阻碍结构主义教学思想指导课程教学的"绊脚石"。在美国大学教学改革中，李·舒尔曼（Lee S. Shulman）对教学的理解突出了教与学的互动过程，开启了美国大学对有效"教"与"学"的关注。② 舒尔曼认为，教学必须建立在教学知识与学科知识紧密结合的基础上，才能实现真正的"教""学"互动。因此，教师在教学之前应充分地了解学生的学习基础、学习能力、学习兴趣等情况，才能使教学内容更好地被学生所理解和接受，同时，这种教育理解的过程也实现了学科知识向学科教学知识的转化。③

第四，美国大学学习范式下的教育教学改革促使大学教学中的教师角色及生师互动样态发生了转变。在旧学院时代，教师扮演着学生的"监护人"角色；在内战结束后，教师在很长一段时间内都扮演着"教官"的角色，担负着"管训学生"的任务。④ 从这一时期的美国教育史来看，教师缺乏自主权和治理权，其角色扮演受到当时学校各项规章的制约，此时，教师需要投入大量的时间和精力对学生的行为进行训诫和惩罚。⑤ 教师与学生的互动交流都受到严格的行为规范制约。教师将学生视为"无神圣权者"，

---

① 田本娜主编《外国教学思想史》（第二版），人民教育出版社，2001，第350页。
② 刘海燕：《美国大学"教"与"学"改革运动及启示》，《复旦教育论坛》2016年第1期，第100~106页。
③ 刘海燕：《美国大学"教"与"学"改革运动及启示》，《复旦教育论坛》2016年第1期，第100~106页。
④ 刘仿强：《论美国大学教师地位的变迁》，《中国高教研究》2016年第4期，第73~76、84页。
⑤ 〔美〕德雷克·博克：《回归大学之道——对美国大学本科教育的反思与展望》（第二版），侯定凯等译，华东师范大学出版社，2012，第9页。

经常鞭挞学生，以强迫学生按照教材内容学习，学生的学习就是"记忆"传统知识，而不是探究新知识。在这种传统的教学方法下，教师不管学生的学习兴趣、爱好、认知特点等，也不管学生是否理解或掌握知识，只向学生灌输知识，如此，教师处于积极主动状态，而学生处于消极被动状态。随着信息技术的不断发展，美国大学逐渐失去了对知识的垄断地位，美国大学的教师也因此丧失了对知识的优先获取权，这一现象迫使教师由"学生监护人"或"知识传授者"角色转变为"学生学习的帮助者"或"学生的学习伙伴"等角色，也就是说，知识传播方式的演变引起了教师角色以及大学教学的变化，教师从"台前"走向"幕后"，由"主角"转变为"配角"。伴随着教师角色及教学方式等的转变，美国大学教学中的生师互动样态呈现以下样态。

一是美国大学教学中的生师互动从新生入校之初开始。在美国大学，从入学之初的课程选择到最后的毕业论文选题，学生都有机会与教师进行一对一的互动交流。在博耶研究型大学本科教育委员会的号召下，美国的研究型大学要求新生在入学第一年就开始在教师的指导下开展各项科学研究项目，这也为生师学术互动创造了条件。学生在参与科学研究的同时，必须与指导教师进行不间断的沟通与交流，这样不仅提升了学生的沟通表达能力和科学研究能力，促进了学生对课程学习内容的理解，与此同时，教师与学生之间也建立了深厚的感情，形成了相互信任、和谐融洽的师生关系。在课程教学开始之前，美国大学的教师会为学生提供本课程的详细信息，主要包括课时数、学分数、课程内容、教学安排、考核方式，以及教师的办公地点、联系方式等内容。此外，教师会根据大学使命、教学目标、课程特点等设计教学方案，而且会随时了解学生对教学内容的掌握情况，以便根据学生的特点来改进教学设计和调整教学内容，从而更好地满足学生的学习需求，提升学习成果和教学效果。20世纪90年代，为了帮助一线大学教师改进教学方法，提升教学效果，美国大学普遍设置了教学设计师（Instructional Designer，ID）岗位。[①]

二是美国大学教学中的生师互动过程即师生共同进行学术探索的过程。

---

① 高筱卉、赵炬明：《大学教学设计：历史、实践与管理——美国经验研究》，《中国高教研究》2019年第4期，第47~54页。

美国高等教育注重让学生与教师在实质性接触、高水平互动的基础上,形成"学习共同体",以保证高质量的学习,而且"学习共同体"已被美国学院和大学协会认定为十种高影响力教育实践之一。[①] 在基于"学习共同体"的共同探索中,美国哈佛学院的教师并非向学生灌输高深知识,而是旨在提高学生品质,培养学生自我批评甚至自我怀疑的学习态度。[②] 美国大学教学中的师生共同探索尤其体现在基于问题的讨论过程中。美国大学的问题讨论分为既定问题讨论与随机问题讨论两种。在既定问题讨论之前,教师会为学生布置讨论题目,让学生精心准备,以使学生在课堂教学中能够与教师展开充分辩论,真正提升课堂教学效果。随机问题讨论一般以其他教学形式的辅助方式出现,如在讲座式教学中,教师在讲座结束后会询问学生对教学内容的理解及需要帮助解答的问题,学生在讲座进行过程中也可以随时打断教师的讲授,向教师示意提问。然而,不管哪种形式的问题讨论,教师总是会耐心地为学生解答,直到学生感到满意为止。教师与学生在问题讨论中表达各自的见解,而很多学习问题并没有标准答案,因此,师生之间有时会因为认识无法达成一致而争论不休,这种问题讨论不仅有效地激励了学生积极主动学习,而且促进了教师不断改进教学。

三是美国大学非常重视基于学生学习反馈及评价的生师互动。美国大学的教师不但会充分了解学生的学习方式,而且会科学评价和有效监督学生的学业表现,以促进学生学会学习,进而增强学生的学习效果。因此,基于学生学习反馈及评价的生师互动在美国大学教学中尤为常见。美国大学通常将教师为学生"评分"视为一种"教育工具",而分数的意义在于师生能够围绕课程进行互动交流。[③] 换言之,美国大学已经形成共识:学生分数并不是学生能力的体现,而是某种程度上的教师教学效果反馈,教师仅通过学习评估鼓励或鞭策学生不断进步。为了使学习反馈真正能够促进学生学习,教师甚至还要针对学生的考核结果给予单独辅导。如果在辅导过程中,教师了解到学生已经理解了学习内容,但因表述不清楚而被给予低

[①] 叶信治:《高影响力教育实践:美国大学促进学生成功的有效手段》,《中国高教研究》2012年第9期,第35~39页。

[②] 〔美〕约翰·塞林:《美国高等教育史》(第二版),孙益等译,北京大学出版社,2014,第61页。

[③] 〔美〕哈瑞·刘易斯:《失去灵魂的卓越——哈佛是如何忘记教育宗旨的》(第二版),侯定凯等译,华东师范大学出版社,2012,第121页。

分，则学生有权就学习评价结果与教师进行讨论，甚至请求教师给予重新评价。

四是美国大学创造的各种机会和平台促进了课堂之外的生师教学互动。在美国的高等教育中，学生与教师在课堂之外互动的教育价值是最古老和最普遍的信仰之一。[1] 早期的美国大学便借鉴了英国牛津和剑桥大学的经验，以寄宿学院的形式促进学生和教师的互动交流。美国大学的寄宿书院成功地将学生的寄宿生活和知识发展有效结合起来，为教师与学生的日常互动交流搭建了平台。[2] 学生和教师在寄宿学院中一起生活、工作和娱乐，保证了双方固定交流的时间。最重要的是，这种独特的形式为教师与学生的课外互动创造了条件，使师生课外互动成为一种课堂教学的有效补充。此外，美国大学纷纷设立了以"学习中心"（Learning Center）为代表的学习支持行政实体机构，旨在通过开展大学课程规定内容之外的活动，为学生提供学习支持。美国的国家大学学习中心协会（The National College Learning Center Association，NCLCA）将高等教育机构的学习中心视为互动学术空间，协会专业人员运用学生学习理论，为学生提供各种学习服务和支持，同时，通过进一步加强和拓展学生学习的物理空间或虚拟空间，不断满足学生的学习需求，促进学生的学术成长。[3] 目前，美国的国家大学学习中心协会在美国部分州（地区）已设立了附属机构或分会，以支持专业的学业支持人员发展学习中心，更好地服务于学生，帮助学生提升学业水平。这些协会包括佛罗里达大学学习中心协会（Florida College Learning Center Association）、路易斯安那大学学习中心协会（Louisiana College Learning Center Association）等。[4] 在美国大学的学习中心，教师、专业人员、学生教育工作者将学习理论运用于指导学生学习的实践中，解答学生在学习中遇到的问题，培养学生的批判性思维，促进学生的元认知发展。学生与教师、专业人员、管理人员、学生教育工作者之间实现了物理环境与虚拟环

---

[1] B. E. Cox, T. T. Patrick, D. R. Robert, et al., "Pedagogical Signals of Faculty Approachability: Factors Shaping Faculty-Student Interaction Outside the Classroom," *Research in Higher Education*, 2010（51）：767 – 788.

[2] 邓磊：《培养整全之人：大变革时代的美国大学理念焕新及其启示》，《高等教育研究》2017 年第 3 期，第 97 ~ 103 页。

[3] Learning Support Center Management, https://www.lsche.net/lsc_management/.

[4] AFFILIATES & CHAPTERS OF NCLCA, https://nclca.wildapricot.org/Affiliates.

境无缝对接的互动学习。最为重要的是，学习中心使学生能够随时得到教师的辅导，并能够在教师的激励和支持下，更自信地攀登学习高峰。

综上，美国大学在借鉴英、德等国的教育教学经验的基础上，最终形成了具有美国特色的大学教育教学思想，而这种思想又为美国大学的教育教学实践提供了指导。当面对外部的教育教学质量问责时，美国大学开展的"教""学"学术研究为其开展学习范式下的教学改革提供了支持。美国大学学习范式下的教学改革不但为生师互动创造了条件和机会，而且促使美国大学改变了教学中的生师互动样态。在美国大学各项制度和各种机构的支持下，美国大学教师始终给予学生学习上的支持与帮助，助力学生的学业成就与成长发展。

（五）小结

本部分主要考察 16 世纪以后英、法、德、美四国的大学教学中的生师互动历史。16 世纪以后，随着印刷技术的不断发展，书籍开始普及开来，由此也推动了大学教学及大学教学中的生师互动改革。16 世纪以后的大学教学及大学教学中的生师互动与中世纪时期相比，呈现出完全不同的样态。大学教学中的生师互动不再围绕书籍进行，而是更多地围绕学生学习开展，并将提升学生思维能力作为目标。从上述四国大学教学中生师互动历史的考察结果来看，它们之间既相互影响，又各具特色。具体而言，英国以"导师制"保证了大学教学中的有效生师互动；法国的"遵循天性"的思想指引着大学教学中的生师互动始终从学生的天性出发；德国以"研讨班"的形式促进了大学教学中的生师互动与交流；美国大学则在借鉴和仿效英、德两国大学教学模式的基础上，形成了自己的独特风格。美国大学为了促进教学中的生师互动，建立了各类制度和机构，以制度约束和激励教师不断地为学生的学习与发展提供支持与帮助。

第三章　学习范式下大学教学中的生师互动之理论框架

第一节　学习范式溯源

一　范式缘起

"范式"（Paradigm）一词源自希腊文"paradeigma"，含有"共同显示"之意。① 我国汉语中的"范式"与"模式"含义一致，是"可以作为典范的形式或样式"。② 起初，"范式"作为心理学概念，是用于表述反复出现的模式、案例或模型的通用语言。③ 1962 年，美国科学史家和科学哲学家托马斯·库恩出版《科学革命的结构》（*The Structure of Scientific Revolutions*）一书，正式在科学研究领域提出了"范式"的概念。库恩认为，"范式"的发现是判定某一研究领域具备科学性的标准。④ 库恩在《再论范式》中，将"范式"的三种基本认知成分归纳为符号概括、模型、范例。⑤ 由于库恩的范式概念具有很强的解释力和影响力，所以，"范式"概念在提出后不久，便得到了科学研究者的积极响应和迅速推广。

库恩的"范式"概念之所以有这样的影响力，是因为在库恩提出"范

---

① 于文浩:《学习范式的嬗变：工作方式演化的视角》，《开放教育研究》2018 年第 3 期，第 38～49 页。
② 中国社会科学院语言研究所词典编辑室编《现代汉语词典》（第 7 版），商务印书馆，2016，第 365 页。
③ 〔美〕L. W. 安德森:《教育大百科全书（教学）》，郭华、綦春霞译，西南师范大学出版社，2011，第 423 页。
④ 〔日〕野家启一:《库恩——范式》，毕小辉译，河北教育出版社，2002，第 27 页。
⑤ 章士嵘:《认知科学与库恩的"范式"》，《自然辩证法通讯》1989 年第 3 期，第 1～6 页。

式"概念之前的很长一段时间里,逻辑经验主义和波普尔学派对科学发展过程具有很强的说服力。逻辑经验主义的科学进步理论和波普尔学派的科学进步理论成为两种占主导地位的科学进步理论。逻辑经验主义的科学进步理论实质上强调科学是一种证实的过程,波普尔学派的科学进步理论强调科学是一种证伪的过程。不管是证实的科学进步理论还是证伪的科学进步理论,其实质都是遵循逻辑的理性主义,不断接近普遍的、绝对的真理。为了阐明科学发展观,库恩将自己的观点与卡尔·波普尔(Karl Popper)的观点做了对比。在库恩看来,他与波普尔的观点有一些共同点,同时也存在很多差异。两者的共同点主要有:都强调新理论通过革命的过程替代旧理论,关注科学的实际活动方式,重视科学知识获得的动态过程,反对科学是累积进步的观点,坚信科学家在观察现象时会不断创造新理论予以解释。[1] 然而,对于波普尔的观点,库恩也提出了较多质疑。库恩认为,波普尔的"证伪"过程是"猜想→检验→反驳→新猜想",其实质是"试错"。波普尔强调非常规科学活动(extraordinary science),他所理解的"检验"是通过"揭示公认理论的界限"来对公认理论施加压力,从而产生破坏性结果的过程。[2] 而库恩理解的"检验"经常发生在常规科学中,是一种常规科学活动,并且,这种检验的对象不是已有的公认理论,而是科学家的猜测。[3] 在库恩看来,科学发展过程中的革命事件是不常见的,而波普尔则将只适用于非常事件的表述方式运用至整个科学发展事业上,仅强调科学发展中"非常事件"或"革命事件"的观点,是不被理解和认可的。[4]

在二战之后,以逻辑经验主义为代表的证实科学进步理论遭受了前所未有的压力,而以波普尔学派为代表的证伪科学进步理论也面临很多不能解释的问题。恰好此时,库恩揭示了科学发展中的非理性因素,颠覆了传统的科学认知方式。库恩认为,当许多问题积压到一定程度时,危机就有

---

[1] 〔英〕伊拉雷·拉卡托斯、艾兰·马斯格雷夫:《批判与知识的增长——1965年伦敦国际科学哲学会议论文汇编》(第四卷),周寄中译,华夏出版社,1987,第1~4页。
[2] 〔英〕伊拉雷·拉卡托斯、艾兰·马斯格雷夫:《批判与知识的增长——1965年伦敦国际科学哲学会议论文汇编》(第四卷),周寄中译,华夏出版社,1987,第6页。
[3] 〔英〕伊拉雷·拉卡托斯、艾兰·马斯格雷夫:《批判与知识的增长——1965年伦敦国际科学哲学会议论文汇编》(第四卷),周寄中译,华夏出版社,1987,第6页。
[4] 〔英〕伊拉雷·拉卡托斯、艾兰·马斯格雷夫:《批判与知识的增长——1965年伦敦国际科学哲学会议论文汇编》(第四卷),周寄中译,华夏出版社,1987,第7页。

可能爆发，目前，科学家无法用现有模型和模式解释反常现象或解决危机，因此必须要进行一场"科学革命"，使科学家们通过"范式转换"，采用新范式解释反常现象或解决危机。为了说明科学知识的演变过程，库恩赋予了"范式"更深刻的含义，他认为"范式"既体现了一种世界观，也体现了一种方法论。"范式"是世界观，体现在库恩将"范式"理解为一个科学共同体所共有的信念，而"范式"的方法论，体现在库恩将"范式"理解为一个科学共同体所公认的解决某一具体问题的理论、框架、模型。"范式"不仅为研究者提供了"地图"，也为其提供了配套的"绘图指南"。[①] 也就是说，"范式"限定了科学研究的问题领域、研究方法、理论体系、基本概念、语言规范、价值标准等。

在库恩看来，"规则导源于范式"，规则无法囊括范式所指称的"共同具有的一切"。[②] 通常情况下，科学研究人员会遵循一定的规则，在其限定的范围内进行学术研究，然而，即使没有规则存在，范式也能够指导研究人员进行学术观察与问题研究，这也是范式被人们认可和遵循的重要原因。范式为科学研究者提供了某种观念或方法的知识体系，使其在范式的指导下能够为揭示事物本质而进行更加细致、更加深入的研究，能够更加成功地解决实践团体所认为的最为重要的问题。[③]

根据库恩对范式的理解，范式可分为新旧两种。他认为，当旧范式中大量出现反常现象时，就意味着旧范式正面临危机，必须被一种新范式取而代之。正因如此，也有研究者将库恩的范式革命称为"危机型科学革命"[④]，即旧范式→反常→危机→变革→新范式。新旧范式的变换更替过程，并非一个将旧范式进行简单修改或扩展的累积过程，而是在新基础上概括研究领域中的某些基本理论后进行重新建构的过程。[⑤] 然而，新范式并非全

[①] 〔美〕托马斯·库恩：《科学革命的结构》（第四版），金吾伦、胡新和译，北京大学出版社，2012，第93页。
[②] 〔美〕托马斯·库恩：《科学革命的结构》（第四版），金吾伦、胡新和译，北京大学出版社，2012，第35页。
[③] 〔美〕托马斯·库恩：《科学革命的结构》（第四版），金吾伦、胡新和译，北京大学出版社，2012，第19页。
[④] 周寄中：《对范式论的再思考》，《自然辩证法通讯》1984年第1期，第21~28、5页。
[⑤] 〔美〕托马斯·库恩：《科学革命的结构》（第四版），金吾伦、胡新和译，北京大学出版社，2012，第73页。

盘从"任何新颖性"中取得,从而否定过去的一切,范式转变是为了重新确定先前已知的事实,以发展出更具精确性和可靠性的方法及适用范围。① 当范式转变时,相应的问题领域和解决方式等也将发生重大变化。范式之间的"不可通约性"(incommensurable)特征决定了新旧两种范式之间的转变不可能逐步完成,只能立即整个地转变。② 新范式的优势在于能够解决人们在旧范式中面临的而又无法解决的问题,从这一角度而言,新旧范式的转换本身就是一种进步。新范式暗示着这个领域应有一个全新的、更严格的定义。③ 当然,不同的范式会导致不同的结果。人们在经历范式革命之后会看到一个不同的世界,产生一种对新世界的新看法。

库恩在使用范式概念时,主要强调其社会学及心理学意义。库恩认为,社会学意义上的范式是范式的一种典型含义。库恩将社会学意义上的范式称为"学术模型",该范式由四个部分组成:一是理论的通用表达;二是用于解释模型的理论类推和比喻;三是应用理论的方法标准;四是科学研究者发现的解决问题的模型。④ 而作为心理学意义上的范式,库恩将其称为"共享模型"。⑤ 心理学意义上的范式主要描述新任科学研究者在新的情境下,如何利用已有的理论知识和学科准则,将新情境转化为以前遇到过的类似情境,以观察世界和解决问题的过程。由此可知,库恩所指的心理学意义上的范式,实质上是一种学习理论,关注科学研究者怎样学会以一种独特视角进行观察和思考。⑥

值得注意的是,在过去很长的一段时间里,范式概念的随意使用,已经使其陷入混乱之中,这主要表现在以下四个方面:一是范式概念的使用

---

① 〔美〕托马斯·库恩:《科学革命的结构》(第四版),金吾伦、胡新和译,北京大学出版社,2012,第21页。
② 〔美〕托马斯·库恩:《科学革命的结构》(第四版),金吾伦、胡新和译,北京大学出版社,2012,第126页。
③ 〔美〕托马斯·库恩:《科学革命的结构》(第四版),金吾伦、胡新和译,北京大学出版社,2012,第15页。
④ 〔美〕L. W. 安德森:《教育大百科全书(教学)》,郭华、綦春霞译,西南师范大学出版社,2011,第423页。
⑤ 〔美〕L. W. 安德森:《教育大百科全书(教学)》,郭华、綦春霞译,西南师范大学出版社,2011,第423~424页。
⑥ 〔美〕L. W. 安德森:《教育大百科全书(教学)》,郭华、綦春霞译,西南师范大学出版社,2011,第423页。

过于宽泛[1];二是社会学意义上的范式和心理学意义上的范式没有清楚区分;三是范式概念在社会科学中的适用性没能被有力证实;四是关于范式的方法论问题一直存在争议[2]。

二 教育研究领域对范式的早期引介

随着库恩对范式的研究的不断推进,教育研究领域也掀起了一股范式研究的热潮。教育领域最初引入"范式"概念是将其作为一种教育研究模式,在教育研究领域中,盖奇、多伊尔、舒尔曼等对此做出了重要贡献。1963年,美国著名教学研究专家盖奇(N. L. Gage)在不了解库恩范式的情况下,根据范式的原有语义对范式概念进行了解释。盖奇认为,范式是"重复出现的式样或模型",是思考和解决各类问题的整体性框架。[3] 基于此认识,盖奇在其发表的论文《教学研究的范式》中,正式提出了三种教学研究范式,即效率标准范式、教学过程范式、机器范式。[4] 学界普遍认为,盖奇是第一位将"范式"概念引入教育研究领域的学者。

继盖奇之后,多伊尔(W. Doyle)于1977年在《教育研究述评》中发表了《教师效能研究范式》一文,认同了库恩和盖奇的观点。他指出,范式作为一个"内隐框架",规定了共同体成员所共同拥有的合法问题、方法和解决方案等。[5] 研究人员在共同认知下,做出默认的判断并据此展开行动。从这一角度而言,范式又是一种行动指南,它决定了人们会依据隐含的观点做出具有一般特征的行为。多伊尔提出的三种范式包括过程—产出范式(process-product paradigm)、中介过程范式(mediating process para-

---

[1] 冯向东:《高等教育研究中的"范式"与"视角"辨析》,《北京大学教育评论》2006年第3期,第100~108页。
[2] 〔美〕L. W. 安德森:《教育大百科全书(教学)》,郭华、綦春霞译,西南师范大学出版社,2011,第423页。
[3] 〔美〕L. W. 安德森:《教育大百科全书(教学)》,郭华、綦春霞译,西南师范大学出版社,2011,第424页。
[4] 〔美〕L. W. 安德森:《教育大百科全书(教学)》,郭华、綦春霞译,西南师范大学出版社,2011,第425页。
[5] W. Doyle, "Paradigms in Research on Teacher Effectiveness," *Review of Research in Education*, 1977 (1): 163-198.

digm)、课堂生态范式（classroom ecology paradigm）。①

为了回应多伊尔对教学研究范式的理解，盖奇于1978年提出了"扩展的过程—结果"范式。而在20世纪80年代的"范式战争"中，盖奇撰写并发表了学术论文《范式战争及其后果》，阐述了1989年以来的教学研究历史，掀起了范式讨论的高潮。盖奇在文中指出，1989年是"范式战争"的血腥高潮阶段，之所以这样说，是因为教学研究范式的批评者认为，人们一直想依据科学来改善教学方法，而这条路是走不通的。换言之，批评者认为，教学活动和学习活动不可能严格遵照科学方法进行预测和控制，而如果要改变这一局面，就只能寻求历史学家、哲学家、艺术家等的视角。② 此阶段，盖奇在原来的研究基础上概括了七种教学研究范式，即过程—产出范式、扩展的过程—产出范式、人种学的范式/社会语言学的范式、完美的教学风格范式、行为修正范式、交互式教学技术范式、教学设计范式。③

1986年，作为美国教学研究领域的专家，舒尔曼也撰写了一本关于范式的著作《教学研究的范式与研究方案：当代视角》（*Paradigms and Research Programs in the Study of Teaching: A Contemporary Perspective*），提出了教学研究的五种范式，即过程—产出范式、时间与学习范式、学生认知与教师调节范式、课堂生态学范式、教师认知与决策范式。④ 实际上，舒尔曼的五种教学研究范式是在盖奇和多伊尔两位研究者的研究基础上发展而成的。当时，舒尔曼及其同事发现，过去的教学研究文献多是从教师的角度出发，强调教学中的教师工作，如：如何组织教学活动、管理课堂、布置作业等，而很少从学生的视角出发，关注学生的年龄特点、学业背景、学习需求和接受程度等。为了表明当时的各类教学研究范式普遍忽视学科知识的现象，舒尔曼提出了"缺失范式"（missing paradigm）的概念。⑤

---

① W. Doyle, "Paradigms for Research on Teacher Effectiveness," *Review of Research in Education*, 1977 (1): 163-198.
② N. L. Gage, "The Paradigm Wars and Their Aftermath: A 'Historical' Sketch of Research on Teaching since 1989," *Educational Researcher*, 1989 (7): 4-10.
③ 〔美〕L. W. 安德森：《教育大百科全书（教学）》，郭华、綦春霞译，西南师范大学出版社，2011，第426页。
④ 〔美〕L. W. 安德森：《教育大百科全书（教学）》，郭华、綦春霞译，西南师范大学出版社，2011，第423页。
⑤ 〔美〕舒尔曼：《实践智慧：论教学、学习与学会教学》，王艳玲等译，华东师范大学出版社，2014，第131页。

莱斯利·P. 斯特弗（Leslie P. Steffe）和杰里·盖尔（Jerry Gale）对教育范式的成分和类型进行了分析，他们认为教育范式应包含四个成分，即本体论、认识论、方法论、教育学。① 教育范式可分为八个不同类别：传统经验论（traditional empiricism）、信息加工理论（information-processing theory）、社会文化认知论（socialcultural cognition）、激进建构主义（radical constructivism）、社会建构主义（social constructivism）、社会建构论（social constructionism）、② 信息加工建构主义（information-processing constructivism）、控制系统论（cybernetic system）。③ 在这八类教育范式中，除了传统经验论和信息加工理论，其他六类教育范式均属于建构主义的范畴。在传统经验论范式中，知识是既定的、客观的，学生的心理是"白板"、"白纸"或"空篮"，学生学习就是被动接受事先准备好的知识，如果学生能够对知识进行充分记忆或细心运用，那么他们就不可能出现学习失误；信息加工理论范式将学生的心理比喻为"计算机"，学生的学习过程是按照"计算机"预先设计的程序接收外部信息，这一过程不仅强调被动记忆和接收外部信息，还要求"计算机"与外部信息进行互动，并对外部信息加以处理，虽然它接近于建构主义的形式，但并不是真正意义上的建构主义。传统经验论范式、信息加工理论范式、弱的建构主义范式和社会文化认知范式的世界隐喻/模型是牛顿的绝对空间，这就意味着世界可以被确切知道，不容置疑和反思。而激进建构主义范式、社会建构主义范式和社会建构论范式则与前四种范式的认知基础完全不同，它们认为世界始终存疑，因此需要缜密思考并不断质疑。此外，虽然信息加工建构主义同信息加工论一样，两者都认同学习是对信息或知识的加工，但是，信息加工建构主义并不赞同以信息加工论为代表的客观主义所持有的知识是既定的传统观点，相反，它认为知识是认知主体与外界互动中构建的，因此，信息加工建构主义又被称为弱的建构主义（weak constructivism）。④

根据上述研究者对教育研究范式的理解，可以得出，这些研究者所描

---

① 〔美〕莱斯利·P. 斯特弗等主编《教育中的建构主义》，高文等译，华东师范大学出版社，2002，第356页。
② 〔美〕莱斯利·P. 斯特弗等主编《教育中的建构主义》，高文等译，华东师范大学出版社，2002，第357页。
③ 高文：《教育中的若干建构主义范型》，《全球教育展望》2001年第10期，第3~9页。
④ 高文：《教育中的若干建构主义范型》，《全球教育展望》2001年第10期，第3~9页。

述的范式与库恩所理解的范式有较大区别：盖奇等研究者所描述的范式更多的是一种方法论意义上的范式，而在库恩的思想中，他很少将范式作为方法论使用。虽然库恩也提出范式可以为解决某一具体问题做指导，但是库恩所说的这种"指导"，大多是在世界观的层面，将范式作为理论、模型、框架，对某一具体问题进行方法论的指导，而非解决问题的某种具体方法。

三 大学教学范式变革与学习范式的形成

大学教学范式是人们对大学教学的价值、态度及与之相应的实践活动等形成的基本理解，它能够支配人们的行为意向并指导人们的教学活动。在过去纸质书籍匮乏的时代，大学一直坚持"提供者导向"，大学教学以传授范式为主导，大学的研究者和管理者在传授范式的框架下探索如何从提供设施、教材以及教师等方面进行高等教育改革，从而提升高等教育质量。然而，在大学教学范式未发生根本性转变的情况下，以往的大多数高等教育改革并未收到良好的效果。在信息时代到来之际，"提供者导向"的大学完全不能适应学生的学习和发展需要，这就促使大学必须适应已经变化的外部环境，从"提供者导向"转为"消费者导向"。在这种情况下，大学教学也应进行一场彻底的革命，从以传授范式为主导转向以学习范式为主导，以此来满足社会对高等教育的要求和期望，以及学生对自身学习的需求。也就是说，在传授范式下，大学教学已经产生了危机，并且，这种危机促使大学教学必须从传授范式向学习范式转变。

大学教学范式转变强调了高等教育的整体"革命"，而非以往普通的、细枝末节的高等教育"改变"。面对大学教学呈现的危机，高等教育改革的实践者必须放弃长期指导高等教育改革的观点和看法，转而进入与以往完全不相同的思维领域中，重新思考和发现问题的症结，寻找新的解决问题的方法。传授范式向新的学习范式的演进经历了四个阶段，即现象反常、危机呈现、表象揭示、范式变革。

（一）第一阶段，"现象反常"

在传授范式下，学生被当作具有相同学习效率和需求的个体，基于这种认识，教师在固定的时间和地点，采用相同的方法和内容，对所有学生灌输统一的知识。为了表明学生的学习水平和知识掌握程度，教师用分数、等级等标识学生的学习结果。在这种情况下，教师和高校承担了学生学习的责任,而学生却不必为自己的学习承担责任。在传授范式下,人们普遍认为,学生学得如何取决于教师教得如何,教师的教学水平和教学质量成为人们关注的焦点,因此,教师理所应当地成为学生学习责任的承担者。教师作为权威知识的拥有者和传授者,其主要职责是根据国家教育部门或高校指定的教学大纲,进行全覆盖式讲解,而对于学生是否对教学主题感兴趣,是否理解教师的教学内容,是否取得学习成果以及学习成果如何不做考虑。在学习范式下,学生学习责任的另一个承担者即高校。高校主要通过学位课程和教学资源供给、教师福利增加等措施,提升教学生产力,进而为学生的学习承担责任。如果学生缺乏逻辑思维能力,高校就会为学生提供有关逻辑思维方面的课程;反之,如果高校未能提供该方面的课程,则视为高校未承担应有责任。

(二) 第二阶段,"危机呈现"

随着知识数字时代的到来,知识传播方式的灵活性和多样化为学生学习提供了便利,使学生能够借助互联网学习平台,结合自己的学习兴趣,自由选择学习内容和学习时间,进行个性化学习。特别值得强调的是,知识数字化为学生在没有教室、教师、教材的情况下实现学习提供了可能,这就对传统的大学教学产生了强大冲击。面对如此境况,社会、学术界和用人单位等开始质疑或诘难传授范式,并且呐喊之声越传越广,变革之声日益高涨。此时,传授范式所孕育的传授文化无法按照它自身的原则、规律等继续活动并发展,也期盼新的文化要素参与进来,合成能够支持新教学范式形成的文化要素。

(三) 第三阶段,"表象揭示"

传授范式所呈现的危机促使人们批判性地揭示传授范式的表象。一是揭示传授范式的"物本"实质。在传授范式中,教室、教材、知识等"物"居于中心位置,人的主体地位被忽视。实际上,人应该是学习活动的主体,学习活动就应该以人为中心,应满足人的需求、愿望和发展。二是揭示传授范式的"教学"实质。在传授范式下,大学以"转移知识"为目标,呈现出1∶1∶3的原子化教学结构,即1名教师,1间教室,3学分课程。[1] 事

---

[1] R. B. Barr, J. Tagg, "From Teaching to Learning: A New Paradigm for Undergraduate Education," *Change*, 1995 (6): 12-25.

实上，大学教学的目的在于助力学生的学习和成功。伴随着外部世界和学习内容的不断变化，大学不可能要求学生停留在结构化的教学活动中，而是要为学生的学习和成功不断寻找和设计新的教学结构。三是揭示传授范式的"学习"实质。传授范式下的学习是"刺激—反应"的过程，所有学生都需在固定的时间，沉浸在冗余的课程中，重复着固定的知识。实际上，学生学习需要在真实的情境中，发现和解决真实的问题，从而构建自己知识的过程。

（四）第四阶段，"范式变革"

人们在揭示大学教学危机背后掩藏的原因后，就会迫切渴望为教学的理论创新和实践改进寻找正确的范式。1995年，巴尔和塔戈在美国《变革》杂志上发表了一篇名为《从教至学：一种新的本科教育范式》的论文，首次提出了"学习范式"的概念。在文中，他们重点揭示了传授范式的不足及弊端，并尝试从"范式"的认识论层面思考变革。为了表明高等教育教学范式向学习范式转型的可行性，巴尔和塔戈进一步论述了"学习范式"的任务和目标、成功标准、教与学的结构、学习理论、效率和资金、角色本质等内容。他们认为，美国高等教育正在加速从传授范式转向学习范式。这两种范式的最大区别在于：前者"提供教学"，后者"生产学习"。[①]

巴尔和塔戈提出的学习范式正顺应了高等教育的发展要求。在巴尔和塔戈看来，大学的任务应该是通过最有效的手段提高学生的学习质量，提升学生的个人素质和整体素质。因此，学习范式下的教师关注的不是教学生产力，而是学习生产力。教师不仅要尊重学生的主体地位，而且要为学生营造学习环境，使学生在丰富的学习体验中发现和构建知识，探索解决问题的方式。在学习范式下，大学及其工作人员将根据学生的学习成果，而不是教学时间获取收入或资金。因此，大学及其工作人员必须承担关注学生教育进度的责任，以便更有效地产生学习成果。[②]

高等教育发展引入"范式"概念，使人们在进行高等教育改革时形成范式思维，以整体观实现高等教育系统性改革。在高等教育的不断实践过

[①] R. B. Barr, J. Tagg, "From Teaching to Learning: A New Paradigm for Undergraduate Education," *Change*, 1995 (6): 12-25.

[②] R. B. Barr, J. Tagg, "From Teaching to Learning: A New Paradigm for Undergraduate Education," *Change*, 1995 (6): 12-25.

程中，教育研究者和实践者逐渐认识到学习范式是正确的范式，它能够为高等教育改革指出一个更加明确的选择标准和发展方向，使高等教育改革向着更有利于学生学习与发展的方向发展，进而提升高等教育质量，并指引高等教育迈向正确的轨道并健康运行。学习范式为高等教育改革提供了一套有利于学生学习与发展的理论模型和概念框架，使高等教育改革在共同的信念、价值、理论、方法等的指引下，实现整体性变革与发展。为此，世界高等教育研究者和实践者共同吹响了向学习范式转型的号角。

第二节 学习范式解谜

学习范式不只是一种教育观念、思维方式的改变，或是教育方法的部分改良，而是一种教育系统的整体性转型。面对所要解决的问题，新范式与旧范式之间会存在一个很大且不完全重叠的交集。[1] 因此，在传授范式向学习范式过渡的过程中，我们应该在新的更严格的条件下，对学习范式的特征、结构、层次等进行更明确的、更严格的澄清，这也是研究学习范式下大学教学中的生师互动模式的根本和前提。

一 学习范式的特征

（一）学习范式的核心理念是"以学生为中心"

关于"学习范式"，国内外研究者至今仍在进行激烈的讨论。从已有文献可以看出，研究者们对学习范式的表述不尽一致，如以学习为中心的范式（Learning-Centered Paradigm）、以学生为中心（Student-Centeredness）、以学生为中心的学习（Student-Centered Learning, SCL）、以学生为中心的方法（Student-Centered Approach, SCA）等。由此可知，学习范式最显著的特点是突出以学生为中心的教学理念，将以学生为中心的教学理念作为高等教育的出发点和落脚点。以学生为中心，满足每个学生的需要，才是高等教育最有前途和希望的教学方法。以学生为中心的教育教学实践内容主要包括教师的角色（the Role of the Teacher）、师生权力的平衡（the Balance of

---

[1] 〔美〕托马斯·库恩：《科学革命的结构》（第四版），金吾伦、胡新和译，北京大学出版社，2012，第73页。

Power)、内容的功能（the Function of Content）、学习的责任（the Responsibility for Learning）、评估的过程和目的（the Processes and Purposes of Evaluation）。① 总之，在学习范式下，以学生为中心的理念真正地成为学校的目标与使命。

（二）学习范式孕育了一种学习文化

高等教育发展向学习范式转型是人们的理想的热切期望，向学习范式转型的首要任务就是建立与学习范式相符的学习文化。"文化"最早使用在与园艺相关的领域，源于人类劳动与对自然生产的关注，自 19 世纪开始，逐渐与人类的生活状况联系起来，之后，"文化"即被理解为一种"具体的生活方式"。② 我国社会学家费孝通也认同文化是一种生活方式。在费孝通看来，文化是人区别于动物的本质特征，但是，文化不是"具体的"生活方式，而是一种"看不见的""抽象的"生活方式。文化的一个重要功能就是凝聚，文化能够凝聚为一股"力量"，而这股"力量"会"驱策"人接近文化，并执行"近乎一致"的行动。③ 在社会人类学领域，一直存在"虚实二分法"的争论，即："文化"是"主观的"还是"客观的"；是具有自身力量的"实体化""超有机体"，还是仅存在于行为事件中的"无意识"虚构物；是"行为模式"还是"心智结构"，抑或是二者的"混合物"。④ 然而，笔者认为，学习范式中的学习文化不仅是一种学习生活方式，也是推进学习范式的力量，以"虚""实"并存的构造表现出来。也就是说，学习文化是"抽象的"精神文化与"具体的"物质文化相结合的产物。学习文化是精神文化，因为学习文化包含观念、态度、思想、信仰、价值、情感、意愿等隐性元素，这些元素往往看不见，更多地依靠人的感知，它们共同发挥作用并统领人的行为，正如本尼迪克特所提出的"文化模式"运作；学习文化是物质文化，因为学习文化也包含行为、知识、环境、建筑、技术、规则、术语等显性元素，这些元素是能够看见和触及的，直接操控人的具体行为。正因为"学习文化"的指示作用，"学习"便不知不觉地进

---

① M. Weimer, *Learner-Centered Teaching: Five Key Changes to Practice* (San Francisco, CA: Jossey-Bass, 2002).
② 〔英〕弗雷德·英格利斯：《文化》，韩启群等译，南京大学出版社，2008，第 3 页。
③ 费孝通：《文化与文化自觉》，群言出版社，2010，第 34 页。
④ 〔美〕克利福德·格尔茨：《文化的解释》，韩莉译，译林出版社，2014，第 13 页。

入学习范式的"符号意义系统",服膺于被符号化的管理程序,作用于知识生产、教学组织、情感表达等与教学相关的事件。由此推之,学习文化可以是一种"模式",亦可是一种"程序"。虽然学习文化从学习范式的母体中产生,但是"学习文化"却在补充、发展和拓宽"学习范式"基本能力的同时实现着自身的适应性积累,并指引着学习范式不断完备与完善。就此而言,学习文化与学习范式二者是相互作用的,并且,"学习文化"提供了"学习范式"至"具体教学行为"的连接途径。

第一,学习文化的形成。学习范式产生的背景和基础是我们了解学习文化来历的着力点。长期以来,一种既有的传授文化在传统范式的土壤中根深蒂固,大学教学受此影响颇深。然而,我们不得不承认,传授文化的解释力在当今的数字化教育环境中已经面临困境,其解释力发展和提升格外困难。这就迫切要求人们为创造美好学习生活而开辟具有相对合理性的教学范式,并由此引出一种具有解释力的新教学文化。近几年,认知理论与学习科学的最新研究已经向我们证实:学习应该发生在真实的情境中,学生通过与他人的互动协作,并在工具和技术的支持下主动建构自己的知识体系,这是学习范式的典型特点。文化的符号学方法指引大学教学在数字时代选择向学习范式转型,并使大学教学整体置于学习范式的概念结构中,深入领会和分析学生学习的需要,以勾勒出学习范式内在的逻辑主线和符号行为世界,由此发展学习文化的理论技术,从而获得学习文化所涉及的抽象性范围及精细化符号。在新开辟的学习范式中,"全新的"学习文化以一种人们可以接受的形式生根发芽并不断生长起来,以实现"教""学"过程的自我完善。也就是说,学习文化需要在学习范式的背景中形成,而当学习文化形成之后,又会进一步固化学习范式,并且,在学习文化形成的过程中,人们的思维方式、语言运用、行为举止等需要与其实现同步发展。值得注意的是,学习文化中的某些"符号"可能会与传授范式中的"符号"建立联系,因为人们在探寻教学范式转型的过程中会搜寻两种不同文化所共同拥有的,又与学习文化相符的"普遍特征",并采用甄别与筛选的方式确定学习范式的文化范围及学习文化的概念范围等。同时,为了创造一套学习文化的标准,人们又会增加新的东西,以丰富学习文化的内容,将其裁制成在学习范式中具有普遍性力量的文化。

第二,学习文化的特征。一是学习文化是围绕"学习"而组织成的一体化系统。这个总系统又包含三个亚系统，即理念系统、技术系统、师生系统。理念系统是由以学生为中心、建构主义、教学交往等教育教学思想和理念所构成的系统；技术系统是由现代教育信息技术所构成的系统；师生系统则是由教师与学生这两者的特定关系所构成的系统。三个系统相互贯通，共同作用于学习文化系统。但是，三个系统在学习文化系统中的作用不一：理念系统发挥着最根本性的作用，技术系统发挥着最基础性的作用，而师生系统则发挥着组织性的作用。如果将学习文化中的三个系统分成相应的层次，那么，理念系统在最底层，技术系统在最上层，师生系统居中间层次，这也就规定了三个系统各自的分工和功能。特别值得关注的是师生系统，它联结着理念系统与技术系统，因为在学习范式下，学习文化的建立与人类的认知系统、学习情境、师生互动等密不可分。学习文化的力量通过确定师生角色类别，促进双方的合作、支持，有效地指导学习范式下各类教学活动。合作是指教师与教师之间、教师与学生之间以及学生与学生之间的合作。支持是教师在学生学习过程中给予的指导和帮助。因此，学习范式下的学校学习文化必须代表这所学校对学习范式的观念、态度和理解等，并且，学校的学习文化必将渗透到课程设计、教学方法、学习方式等学校的各个方面，进而促进生师互动和学生的个性化学习。二是文化的"无意识"传统赋予学习文化以新思想。之所以将"文化"引入学习范式并对各类事件和现象进行解释，是因为文化是了解学习范式发生和发展的一把"钥匙"。在学习文化中，学生的学习行为不仅是学生作为生物体而产生的机体反应的结果，而且是学生作为文化传承主体而产生"超机体"的文化作用的结果，前者来源于个体意识，后者则来源于"无意识"的文化传统。按理说，在学习范式或学习文化产生之前，主要是传授范式或传授文化对教学产生重大影响，而学习文化是一种几乎全新的文化，它哪里会"传统"？这就涉及学习文化的溯源问题，在笔者看来，学习文化可以从教学发展过程来追溯，其更多地表现出基于一定教学研究和实践积累之上的"无意识"传统。

第三，学习文化的功能。文化既能被表达，又能形成人的思想和心灵。[①] 除此之外，文化也能指导人的行为举止。从这一层面而言，文化既是

---

① 〔英〕弗雷德·英格利斯：《文化》，韩启群等译，南京大学出版社，2008，第21页。

一种"心智结构",又是一种"行为模式",也就是说,学习文化不只表现在人的外在言语和行为上,更会渗透至人的思想和心灵层面。学习文化从外部作用于人的学习行为。作为心智结构的学习文化,其表达功能在于传递一种"有意义的声音",因为文化问题以思维的方式发展,而思维方式又与语言运用紧密相连。[①] 作为行为模式的学习文化,能够为教学过程中的师生互动提供一种可行的、有效的行为支持,促使师生获得一种有序的、适度的情感和行为体验。

第四,学习文化的判断标准。学习范式下的学习文化是所有与学习范式相关的学习生活方式和行为规则的总和。随着学习生活的不断创造,学习文化会显示出文化的张力,这就有可能衍生出多种学习文化成分。文化的"治疗"作用可以向人们展示什么是学习范式下的正确或理想的学习文化,这就为学习文化的判断确立了标准。文化可以根据"教"与"学"的行为,区分其各自的归属。教育研究者与实践者便根据"教"和"学"的行为表现,对其行为的性质和特点进行归纳和判断。如果"学"强调的是记忆、强化、接收新知识,那么这种"学"肯定是传授范式下的传授文化;反之,如果"学"强调的是将新获得的知识与已有知识进行构建,那么,我们可以认定其为学习范式下的学习文化。

(三) 学习范式的重点是构建学习共同体

在大学教学向学习范式转型的过程中,学生和教师都会接受新的教学理念,并形成新的关于教和学的共同实践,由此也会结成一个新的团体,这个新的团体即学习共同体。学习范式与学习共同体相互影响,密切联系,共同发展。一方面,学习范式的成功转型离不开学习共同体成员的集体努力;另一方面,学习共同体需要借助学习范式的"力量"生存和发展。对于学习范式而言,学习共同体的概念较其他共同体具有更强的解释力。学习共同体可以界定为:学生与教师作为学习共同体的成员在学习范式下,基于共同的学习信念,遵循特定的学习规范,进行共同的学习实践而结成的学习团体。由此可知,学生与教师是学习共同体的重要成员,学习是以师生为成员的共同体达成协同合作的纽带,而师生共同学习则是学习共同体的核心任务。构建学习共同体对学习范式转型意义重大,具体表现为

---

① 〔英〕弗雷德·英格利斯:《文化》,韩启群等译,南京大学出版社,2008,第14页。

以下三个方面的内容。

第一，构建学习共同体以强调教师与学生的共生性。教师和学生因认同学习范式的理念、模式、规则等而结成学习共同体，这种共同的认知能够促进教师与学生基于平等人格的自由交流。在学习共同体中，教师放弃对权威知识进行控制的想法，全身心投入服务学生学习与发展的事业中，此时，学生不再是教师的附庸或从属，师生之间也不再是依附型的纵向关系。相反，作为学习共同体成员的教师与学生是教学交往活动中的共生共长者，他们彼此期待能参与到基于交往的教学活动中，由此形成一种互谅型的横向关系。这就意味着学习共同体为教师与学生提供了共生共长的空间，以保证师生之间的共同学习与探索。

第二，构建学习共同体以保证生师互动的持久性。共同体既是一种有机体，也是一种持久的、真正的共同生活。[①] 学习共同体为师生围绕学习而形成的一种持久的共同学习生活提供了保障。同时，学习共同体也促使生师互动样态发生了实质性转变，具体表现为：生师互动由强制的、机械的、间断的聚合，转变为自愿的、持久的、稳定的融合。作为学习共同体的成员，教师与学生在思想上的认同度越来越高，在经验上的相似性也越来越大，在这种情况下，教师更愿意为学生提供持续性的指导、鼓励和支持，使学生对学习更加充满信心，并不断提升学业成就。如此，学习共同体的构建便促使大学教学中的生师互动自然而持久地进行，此时，生师互动也成为师生共同生活中一个不可或缺的组成部分。实质上，这种生师互动已经上升至生命交往的高度，教师与学生在这种互动中都会做出理性交往行为，以进一步维持师生之间的相互作用与相互影响。

第三，构建学习共同体以增强教与学活动的规范性。虽然学校通常会基于学习问题提出各类改革方案，以此来规范教师与学生的行为，但是，这种规范并非学习共同体成员经过实践产生的，也就不会对学习共同体成员产生有效影响。[②] 换言之，学习共同体更多的是在真实的情境中对知识进行理解、实践和创新，因此，以标准化规章为代表的正式规范往往不能很

---

① 〔德〕斐迪南·滕尼斯：《共同体与社会——纯粹社会学的基本概念》，林荣远译，商务印书馆，1999，第54页。
② 赵健：《学习共同体——关于学习的社会文化分析》，华东师范大学出版社，2006，第60页。

恰当地为师生的行动提供行为指导,相反,基于师生共同实践而形成的非正式规范或许比正式规范更能约束学习共同体的行为。实际上,学习共同体的构建形成了一种自律机制,使学习共同体成员能够在默认一致的思想信念的约束下,进行共同决策,开展共同行动。在学习共同体参与的"教""学"活动中,学生和教师在自律的基础上形成共同的决策,并有序地开展共同的"教""学"行动。从这一层面而言,学习共同体的构建促使教学活动更加规范,师生也因此提升了"教""学"满意度。

(四) 学习范式强调高等教育变革的过程

学习范式是高等教育发展的必然结果,它的变革过程既是革命的过程,也是进步的过程和系统的过程。

第一,学习范式的变革过程是革命的过程。学习范式的革命发生在弃旧纳新的过程中,我们无法在高等教育发展历史中找到与此相同的行动轨迹。学习范式是对传授范式的颠覆和超越,是一个重大的理论进步。学习范式对高等教育发展产生了全面而深刻的影响,并且,这种影响直接指明了世界高等教育发展的未来走向。

第二,学习范式的变革过程是进步的过程。高等教育教学范式向学习范式转型发展,也就意味着它将以新范式取代旧范式,以新理念取代旧理念。这种取代就是对旧范式的批判,这种批判的最终结果是使高等教育朝积极的方向发展。在世界高等教育教学范式向学习范式转型的过程中,高等教育机构、教师、学生以及其他利益相关者都要付出巨大的代价。然而,就长远利益而言,这种转变是高等教育发展的必然趋势,必然会使高等教育所有相关人员,特别是使受教育者通往美好的学习生活。

第三,学习范式的变革过程是系统的过程。在范式思维下,组织系统中一个部分或要素的变化,必然引起其他各部分的相继变化。高等教育教学由传授范式转向学习范式将使大学发生根本性转变,它不仅涉及整个大学思想的变化,还涉及大学中重大政策和过程的变化。[①] 学习范式反映了教育理念的更新,以及话语体系、行为方式、技术手段等的共同推进。向学习范式转型的本科教育变革不是大学某个方面的孤立或零碎的改变,而是

---

① W. R. Watson, S. L. Watson, "Redesigning Higher Education: Embracing a New Paradigm," *Educational Technology*, 2014 (3): 47-52.

从学校的教育理念、物理空间、教学管理、教学方法、师生角色、考核评价、政策制度等方面做出的整体性、系统性转变。

（五）学习范式以建构主义理论为基础

高等教育范式转型必须依附于一定的理论。从目前的情况来看，传授范式下的高等教育已经出现了反常现象，这就意味着人们必须通过革新传授范式的指导理论，转向探索学习范式的指导理论。在众多的大学教育教学理论中，建构主义理论最符合学习范式的要求，它不仅为学习范式提供理论支持，也指引着学习范式下的师生行动。建构主义理论的四个重要环节包括情境创设、协作学习、对话交流、意义建构。[①] 前三个环节是具体实施步骤，最后的"意义建构"既是最终目标，也是一种新意义获得的过程。

第一，建构主义为学习范式提供了全新的认识基础。早在公元前5世纪，就有学者开始质疑传统的知识理论，即知识的外源论。与之相对应的是知识的内源论。外源论以世界为中心，认为个体的思想是对外在世界的反映，为了应对复杂环境并获取成功的能力，个体必须在头脑中绘制一张准确的"世界地图"。[②] 坚持外源论的人认为，学习过程是学生将外在世界的基本特征刻印于被比作"白板"的心灵上，心灵上的刻印代表了学生知识的存储量，学习效果的衡量以心灵刻印程度为标尺。内源论以心理为中心，强调个体自身的能力。学生学习效果的衡量标尺是学生是否能够进行理性思考以及学生的思维能力是否得到提升。然而，建构主义的认识基础是知识的社会建构论，它完全不同于知识的外源论或内源论。社会建构论为人们对知识的理解提供了全新视角。在社会建构论看来，"知识"产生于对话之中，"对话的继续"为知识的生产创造了条件。[③] 由此推之，"合作"才能产生知识，"意义"是两个或更多人共同努力的结果。这就意味着社会建构论更有利于削弱甚至消解权威。具体原因在于，从外源论或内源论的视角看"知识"，两种理论总会根据某一方的经验、能力等赋予其权威地位，如外源论强调个体通过经验积累获得权威地位，而内源论强调个体通

[①] 何克抗：《建构主义——革新传统教学的理论基础（二）》，《学科教育》1998年第4期，第17~20页。

[②] 〔美〕莱斯利·P. 斯特弗等主编《教育中的建构主义》，高文等译，华东师范大学出版社，2002，第14~15页。

[③] 〔美〕莱斯利·P. 斯特弗等主编《教育中的建构主义》，高文等译，华东师范大学出版社，2002，第24页。

过"天赋"或"能力"获得权威地位。[①] 而从社会建构论的视角看"知识",知识不是"知道什么"(know what),而是"如何知道"(know how),知识不可能为任何一方独自占有,因此,任何人都不可能对知识享有绝对权威。知识权威的削弱有利于教师从传统的权威知识持有人转变成与学生平等对话的学习顾问、学习支持者等角色。因此,知识的社会建构论便毫无疑问地成为学习范式的认识基础。

第二,建构主义为学习范式下的学生学习提供理论基础。建构主义理论认为,学生具有不同的经验背景、知识技能、习惯信仰等,因此,他们在学习中也会呈现不同的特点,这就为以学生为中心的学习奠定了理论基础。具体而言,建构主义主要从以下三个方面为学生学习提供理论支持。一是建构主义理论倡导学生应在学习中发挥主观能动性。学习范式要求从以教师为中心,即教师向学生传授知识,转向以学生为中心,即基于结果的学习,学生必须通过发现和构建知识来产生学习。为了实现意义建构的目标,学生必须不断增强学习动机,始终对有意义的、真实的问题情境充满好奇心和愉悦感,并学会主动分析和系统思考问题,不断提升独立解决问题的能力。此时,学生是学习的主体,为自己的学习负责。二是建构主义理论重视学生原有的知识和经验。学生原有的知识和经验会对个体的观念和理解产生深刻的影响,在学生学习的过程中,学生必须结合以前的经验对新信息进行加工并建构知识意义。三是建构主义理论强调学生的质疑与探究。在学习范式下,大多数学生必须以一种更高的认知水平,自发进行深度学习,而教师则通过课程设计和评估来调整教学,以促进学生的深度学习。[②] 学生在真实世界中通过有条理的质疑和探究,达到应用和验证理论的目的。这种学习方式也被称为"验证生活"(examined life)。学生在此过程中对价值、信仰和设想做出批判性的反应,以总体性认知和自我评估取代传统的死记硬背。[③]

第三,建构主义为学习范式下的教师教学提供理论基础。建构主义教学理论强调,教学是师生共同决定的结果,其最终目的是提升学习效果。

---

① 〔美〕莱斯利·P. 斯特弗等主编《教育中的建构主义》,高文等译,华东师范大学出版社,2002,第25页。

② J. B. Biggs, "What the Student Does: Teaching for Enhanced Learning," *Higher Education Research & Development*, 1999 (1): 57–75.

③ 〔美〕布朗、孟广平:《什么是"建构主义"?》,《职教论坛》2003年第6期,第62~63页。

一是建构主义强调教师树立建构主义教学理念。学习范式下的教师面对的最大教学挑战是如何为学生制定合理的学习目标和设计有效的教学活动，以满足学生的兴趣和需求，从而提高学生的认知水平和知识应用能力。这就需要教师必须熟悉建构主义理论，并树立建构主义教学理念。具有建构主义教学理念的教师有可能提供更高质量的教学，也就更有可能支持和激励学生学习，从而提高学生的学习效果。二是建构主义重视教师为学生创设真实情境。建构主义理论强调教学的情境性，这就意味着教师要为学生设计真实任务（authentic task）情境，提供意义学习内容、开展意义学习活动等，使学生在情境互动中建构知识体系，从而产生有意义的学习。三是建构主义要求师生共同决定教学关键环节。传授范式下的教师拥有权威知识，因此，他们享有与知识相关的几乎所有的权利，如决定课程时间、教学内容、教学进度等。而学习范式下，教师不是教学关键环节的唯一决策者，学生与教师共同决定教学内容、教学方法、教学方式等。

（六）学习范式创设了更具功能性的物理空间

学习范式下物理空间的创设目的就是运用波、热、光、声等技术，对学生的生理和心理形成刺激，进而对其学习生活产生积极影响。学习范式下的物理空间主要包括学习和生活两类物理空间。

第一，学习范式下的学习物理空间。在学习范式下，基于波、光、声、热的学习物理环境设计能够为学生的学习提供支持。毫无疑问，学习物理环境是学习范式变革的焦点。一是教室物理空间。教室的光线、温度、声音、色彩等环境应该保证学生在长时间的学习中不受噪声等的干扰，不易产生疲劳感。教室内的桌椅应该根据教学需要，能够轻松移动，方便生师或生生互动。目前的教室桌椅排列大致分为以下几种：秧田式、会议式、小组式、圆形、长方形、U形、V形、Y形等，不同的桌椅排列会影响生师或生生互动的频率。国内外学者对教室桌椅排列做了大量试验，研究结果显示：圆形桌椅排列的生师和生生互动频率最高，秧田式桌椅排列的生师和生生互动频率最低，会议式和小组式的桌椅排列更有利于提高生生互动的频率。[①] 因此，教师可能会根据教学需要合理放置桌椅。此外，教室内的黑板或白板不应仅局限于讲台一处，而应出现在教室的四壁，使学生目光

---

① 田慧生：《教学环境论》，江西教育出版社，1996，第259~261页。

随时可及。二是其他学习物理空间。其他学习物理空间如实验室、图书馆、教学楼、体育场、礼堂等，都借助信息技术的支持，服务于学习范式下的学生学习。多样化、移动化、信息化、智能化的学习物理空间可以为生师教学互动创造更多的机会，满足学生的个性化学习需要。

第二，学习范式下的生活物理空间。在传授范式下，学生的生活物理空间与学习物理空间相隔离，二者的功能被绝对地区分开来。在学习范式下，生活物理空间同学习物理空间一样重要，二者的功能互相融合，都支持个性化和关怀性的生师互动，服务于学生的学习。生活物理环境主要分为以下两大类。一是餐厅物理空间。传授范式下的餐厅仅仅是学生就餐的地方，而学习范式下的餐厅成为服务于学生学习的地方。学习范式下的餐厅突破了传统，其装修改造旨在满足学生的学习需要。餐厅桌椅可以设计成U形、圆形、方形等多种图形，以满足学生就餐时间之内或之外的学习讨论与生师互动的需求。二是宿舍物理空间。学习范式下的宿舍物理空间将休息与学习两项功能进行整合，每栋楼都设计有讨论区、读书区、休息区等，每层楼都设置一间自习室，为学生学习、生生及生师互动提供便利。

（七）学习范式的学习成果评价是互惠式评价

学习范式下的学习评价以持续性反馈为基础，注重形成性评价，更好地促进学生学习与教师教学的一体化进程。形成性评价是教师根据学生的学习效果或学习进度，与学生共同参与、制定并修改教学目标，调整及改进教学计划的过程，其最终目标是通过提升教师的教学效果来提升学生的学习效果。这种评价方式因为能够同时提升教师的教学效果和学生的学习效果，所以也被称为互惠式评价。在形成性评价中，教师将学生学习的"远景"（长远目标）和"近景"（近期目标）相结合，了解每一位学生的学习差异，以更加准确地掌握学生的学习进度；学生则可以根据自己的学习情况做出自我评价和分析。学生的理解和应用能力的提升是形成性评价的关键。在形成性评价中，所有学生都将根据自身情况选择不同的学习内容、学习方式、学习方法等，进行知识体系的自我建构。客观公正地对每个学生的学习效果进行评价是教师在形成性评价中面临的最大挑战。[1]

---

[1] 余胜泉、杨晓娟、何克抗：《基于建构主义的教学设计模式》，《电化教育研究》2000年第12期，第7~13页。

（八）学习范式的教师与学生共同分享权利

教师与学生的权利或权力问题一直是大学教育研究的热点。对于权利和权力，虽然法学、政治学、社会学、教育学等学科都进行了探讨，但法学领域对其研究更多。研究者认为，法律意义上的权利是权利拥有者要求他人作为或不作为的"权力"。[①] 而权力是一种能力或力量，旨在保障权利的实现，为了实现权利才设有权力。[②] 由此推及学习范式下教师与学生的权利，在学习范式下，权利拥有者既是教师，也是学生，他们任何一方都能够使对方做出行为或者抑止行为。在教师或学生做出行为或抑止行为的过程中，权力不仅要服务于师生任何一方面的权利实现，而且要为师生任何一方的权利实现提供保障。实质上，学习范式下教师与学生的权利是一种共享的权利，学生的参与改变了传统的师生权利关系，教师不再是学生学习过程中唯一的权利拥有者。学生与教师可以共同进入由教学设计、学习内容和学习过程等要素组成的课程决策体系中，并以提升学习效果为目标，对课程决策体系中的各项要素进行实质性调整。

第一，教学权利的分配。在学习范式下，学生拥有了学习自主权，这就意味着在教学过程中，教师不可能处于霸权地位，教师必须与学生共同分享教学权利。其一，在学习范式以学生为中心的教学中，教师会让学生全面参与教学设计、教学内容决策、课程考试评价标准制定等教学活动。其二，教师在与学生分享教学权利之时，也会与学生一起进行教学反思，共同决定教学中的关键内容，逐渐改进教学实践。其三，在学习范式下，教学效果由师生共同评价，其评价结果也是教学计划调整的主要依据。[③]

第二，话语权利的分配。在学习范式下，学生与教师之间围绕知识构建进行互动，改变了以往教学中的权利与权威的关系。教师或学生均可以成为探索讨论的主导者，并且，学生的意见和想法也会得到教师的高度重视。此时，话语权会在不同的发言者之间循环。为了更好地引导学生进行学习探索，教师必须让学生在自己的学习过程中拥有话语权。也就是说，教师与学生中的任何一方都会根据知识建构的需要扮演发言者的角色。

---

① 郭道晖：《试论权利与权力的对立统一》，《法学研究》1990年第4期，第1~9页。
② 漆多俊：《论权力》，《法学研究》2001年第1期，第18~32页。
③ 〔美〕约翰·D. 布兰思福特等编著《人是如何学习的：大脑、心理、经验及学校》（扩展版），程可拉等译，华东师范大学出版社，2013，第218页。

第三，学习权利的分配。学习权利是学习范式下学生的核心权利，也是学生在掌握学习自主权之后能够行使的权利。只有在以学生为中心的教学理念的指导下，教师才有可能与学生分享学习权利，并促进学生的有效学习。学习范式以学生中心为指导思想，学生全面负责自己的学习活动，教师则为学生的学习提供帮助。学习权利的重新分配促使教师必须考虑学生的利益和需求，将一些直接影响学生学习过程的控制权转让给学生。伴随着教师逐渐将学习权利还给学生，学生会对自己的学习承担起更多的学习责任和承诺，由此，学生也会滋生更多的自豪感、满足感、成就感。

（九）学习范式的教育管理旨在服务学生学习

高等教育教学范式向学习范式转型，必须落实在最基本的两项变革中，一项是教学，另一项是管理，并且后者以支持前者为目标。大学教学由传授范式转向学习范式，意味着大学管理也应发生范式转变，以此来支持学习范式转型。一是管理理念。学习范式下的学校管理旨在创造更有效的学习环境。[①] 因此，在学习范式下，学校管理必须以学生学习、学生发展、学习效果为中心，更加注重探索创造有效的学习环境，提供高质量的学习服务。二是管理机构。为了更好地促进学习范式整体的系统性变革，学校现有的机构必须进行重新整合。大学尤其需要建立一个服务于学习的机构，专门收集、评估、试验、实施和使用与学习相关的研究。[②] 三是管理内容。学习范式下的管理内容主要分成两个部分，即教的管理和学的管理。教的管理与学的管理又是相互渗透的。无论是教师的"教"还是学生的"学"，都以学生的学习为目标。在学习范式下，教与学的管理更注重"质"的变化，包含学习质量、学习程度、学习成果等指标。四是管理制度。学习范式下的管理制度是约束学生、教师等行为人的规范体系，其目的是为学生学习服务，具体包括学生和教师的行为规则、生师互动的规范等。五是管理评估。学习范式下管理效果的评判依据是：学生的学习是否发生，学习发生的程度如何，学生是否获得成长与发展。在此情况下，教师必须积极地为学生学习提供系统性的支持与帮助，以便让学生在毕业时能获得相应的能力。

---

① R. B. Barr, "Obstacles to Implementing the Learning Paradigm——What It Takes to Overcome Them," *About Campus*, 1998 (4): 18-25.

② R. B. Barr, "Obstacles to Implementing the Learning Paradigm——What It Takes to Overcome Them," *About Campus*, 1998 (4): 18-25.

二 学习范式的结构

学习范式的结构包括四个要素,即教师、学生、内容、活动。具体而言,学习范式是认知结构、文化结构、行动结构的统一体。因此,学习范式既是一种认知结构,也是一种文化结构或行动结构。

(一) 学习范式应是一种认知结构

学习范式是一个关于有效学习的理想愿景,强调更高层次的学习理念。学习范式的认知结构有利于对学习范式科学性的认知要素或成分进行归纳及有序组织,以使学生个体正确认识和理解学习范式。就此来说,学习范式的认知结构是对于个体而言的。

第一,学习范式基于学生个体认知发展而构建。学生个体的认知发展主要通过"同化"和"顺应"两种方式构建认知结构。认知结构在促进学生学习与发展的过程中发挥着"观念工具"的作用,为解决教育教学中的典型问题服务。当学生个体遇到新的认知情境时,认识结构的自调性功能就会促使学生根据自身的认知情况,对新的认知结构与旧的认知结构进行重新甄别、理解和分析,促使认知结构自行调整或改组,以保持学生个体思维的整体性。

第二,学习范式通过语言形式所表达的认知成果传播学习认知内容。学习范式的认知活动并不以语言表达为最终目的,其最终目的在于传播对学习范式的认知成果。正是学习范式的认知结构发挥了传播功能,使学习范式在教学范式的更迭过程中树立起权威地位。学习范式通过大众传媒、学术交流、新闻出版等中介不断扩散和传播,被大众普遍知晓。学习范式通过对教育研究者和管理者施加有意图的影响,使更多的教育研究者和管理者转变固有的思维模式,理解并接受学习范式。

(二) 学习范式应是一种文化结构

学习范式依靠"共同信念"将所有认知成分凝聚在一起。"共同信念"实质上就是一种文化结构,它扮演着"召集者"和"仲裁员"的角色,为学生群体提供统一标准。由此可以推出,学习范式的文化结构是对于群体而言的。学习范式的文化结构具体表现在以下三个方面。

第一,学习范式是教育科学在长期发展中选择的一种模型和规范。学习范式认知状态的最终形成,取决于具有"共同信念"的学术共同体在长期的教育实践中,做出的基于某种知识体系的模型和规范的选择。向学习范式转型就是将学习范式的共有模型和规范导入学术共同体的认知结构中,进而使一种文化的科学传统具体化为学术共同体遵循的行为规则。

第二,学习范式是学术共同体所共有的一种价值信念体系。学习范式的文化结构是人们通过长期渗透沉积而形成的一种针对学习认知和学习活动的共同价值信念体系,这种价值信念体系指引着人们在认知活动中进行选择、评价和批评,为高等教育改革向学习范式转型指明了方向。

第三,作为文化结构的学习范式为学习科学的发展和教育改革实践提供进一步说明。学习范式中的"共同信念"决定了学习范式的知识体系、认知状态和评价方式等。学习范式作为一种文化结构会产生一种凝聚力,使各种有利于学习范式建立的认知成分聚集在一起,并有序整合起来,以指导学习的科学发展和教育的改革实践。

(三)学习范式应是一种行动结构

学习范式的行动具有内在合理性,能够解决传授范式所不能解决的问题。学习范式的行动结构不仅包含行动者,还包括行动目的、手段、条件及各部分之间的行动关系。

第一,学习范式具有合理的行动目的。世界高等教育向学习范式转型已经过充分的科学论证,这也表明行动者必须顺应世界高等教育所指向的未来发展态势而努力。学习范式的行动目的的合理性促使行动者不会偏离学习范式,也不会受传统和环境的影响和支配。

第二,学习范式具有合理的行动手段和条件。世界高等教育指向学习范式的行动过程必然会从一种"处境"中开始。对于行动者而言,这种"处境"分为两类:一类是可控性处境,又称为行动的"手段";另一类是不可控性处境,又称为行动的"条件"。[1] 世界高等教育要实现向学习范式转型的目的,对于未形成学习范式理念,没有储备学习科学知识,不了解学习范式图景的行动者而言,这种"处境"是不可控制的。但是,对于既具备正确的学习范式理念和学习范式图景,又储备了一定的学习科学知识的行动者而言,这种"处境"是可以控制的。我们目前的高等教育"处境"即一种"条件"。如果我们在目前的高等教育理论框架中思考学习范式的问

---

[1] 〔美〕塔尔科特·帕森斯:《社会行动的结构》,张明德、夏翼南、彭刚译,译林出版社,2003,第49页。

题，那么，这种"处境"是不可控制的。因此，为了使不可控制的处境转化为可控制的处境，行动者必须对学习范式做总体规划和安排，同时，不断提高大学教学专业化研究水平，开发以个性化学习为主导的教育技术系统等，使其成为一种具有合理性的行动"手段"，如此，行动者才有可能逆转高等教育的"处境"，实现世界高等教育向学习范式转型。也就是说，当高等教育转型条件成熟时，学习范式便具有了合理的行动"手段"。

第三，学习范式具有合理的行动关系。之所以说学习范式是一种行动结构，是因为学习范式是由若干行动要素组成的一个关系系统。为了达到学习范式的行动目的，学习范式允许作为行动者的教师与学生遵循行动的规范性取向，谨慎且正确地选择行动手段，但是，这种选择不会完全依赖于行动条件。在学习范式的行动结构中，教师与学生的相互作用不仅改变了对方的行动，也实现了自身转变，同时还影响了外在的行动条件。

由上可知，学习范式的认知结构与学习范式的文化结构都指向了人们对学习范式的理解，但是，两者也存在差异。两者的本质区别在于：学习范式的认知结构是对于个体而言的，而学习范式的文化结构是对于群体而言的。若干个体对学习范式形成的正确认知，为构建学习范式的文化结构奠定了基础，而当人们成功构建学习范式的文化结构之后，学习范式的文化结构又会对学习范式的行动结构产生影响，甚至直接引领学习范式的行动结构。因此，学习范式的三种结构之间呈现递进关系，即学习范式的认知结构→学习范式的文化结构→学习范式的行动结构。

三 学习范式的层次

库恩将范式视为一个科学共同体，因为库恩所指的范式是针对科学革命而言的。由此推之，学习范式也应该是一个共同体，或者更确切地说，学习范式应该是一个学习共同体。在学习共同体中，学习范式的认同者持有一致的教育理念、话语体系、教学程序、学习技巧、理论背景等。根据范式的基本结构内涵，可以将范式分解为以下三个层次，即理念（idea）、话语（discourse）、技术（technology）。[①] 由此可以推出，学习范式包括教育

---

① 蔡宗模、毛亚庆：《范式理论与高等教育理论范式》，《复旦教育论坛》2014年第6期，第50~56、68页。

理念、话语体系、技术系统三个层次。

（一）教育理念

高等教育发展的范式转变，首先表现为新旧理念的更替。旧的传授范式及其根植的教育理念已经使高等教育发展深陷危机之中，如今，人们在批判旧的传授范式的教育理念的同时也在探寻一种新的教育理念，即学习范式的教育理念。这就意味着高等教育发展必须在学习范式的教育理念下实现根本性转变。学习范式的教育理念是学习范式的核心和灵魂，用于指导话语体系、规则制定、教育实践、技术运用等。然而，从目前的情况来看，学习范式的教育理念还不被所有人认识和理解。但是，当学习范式的教育理念迈向成熟化、精确化、规范化的发展轨道时，学习范式下以学生为中心的教育理念必将为学习范式提供一种准确的路向指引。

（二）话语体系

话语是人在特定的语言环境中使用的言语行为。学习范式的话语是学习范式的核心概念、理论、规则、制度等的外化形式，有利于丰富和表现学习范式的具体内容。学习范式的话语体系处于学习范式的中观层次，包括语境、语言、语词、语法、语形、语义、语用等内容，承接着教育理念与技术系统。向学习范式转型意味着将对学习认知的成果通过一定的话语体系表达出来，达到传播最新学习认知成果，提高教育教学质量之目的。学习范式下的话语体系主要包括以下三个方面。

第一，学习范式的话语理论。话语理论是话语实践的前提和保障。换言之，构建学习范式的话语理论是为了指导话语实践。在传授范式下，教育研究者与实践者受到西方理性传统的深刻影响，认为"教什么""学什么"应该由知情的、理性的人决定，而教育内容必须具有客观性、价值中立性和普遍性特征。[1] 坚守西方理性传统的研究者不赞成人们对客观知识进行辩解并表达。在他们看来，人脑如同计算机，人脑的认知过程就是信息加工的过程，学习以存储、加工、提取信息的模式进行。因此，传授范式下的教学就是教师基于一定的学习和认知，以语言为载体，向学生传递客观知识，引导学生被动接受客观知识，准确表达目前认知状态的过程，这

---

[1] 〔美〕杰克·麦基罗、朱莉：《当代学习范式》，《终身教育研究》2018年第1期，第57~64页。

种教学观强调"记忆""传递""强化"的作用。然而,学习范式对教和学进行了全新的认识和理解,强调了"思维""建构""情境"的作用。学习范式指引人们正确地认识"学习"和"知识",就这一层面而言,学习范式的话语理论包括宏观和微观两个层面。就宏观层面而言,学习范式是一个整体性框架,它以认知心理学和学习科学为基础,旨在给予"教""学"活动以宏观性指引。就微观层面而言,学习是基于已有知识的自我建构过程,学习动机和学习情境影响学生的学习效果。学习范式的认知功能帮助人们突破了传授范式的固有思维,使人们逐渐接纳学习范式,并遵循学习范式的规范开展教学活动。显然,传授范式的话语理论无法解释学习范式的话语实践,反之亦然。在这种情况下,学习范式的话语理论就要取代传授范式的话语理论,并且,两种话语理论的替换速度应该与两种范式的更替速度保持一致,只有这样才能有效防止话语超前或话语延迟。

第二,学习范式的话语特点。学习范式下的话语具有一致性、凝聚性、标识性等特点。学习范式话语的"一致性"特点表现为:学习范式是理论研究者和实践者一致认同的正确的高等教育教学范式,因此,在顶层设计、统筹安排、协同推进等学习范式各个阶段的实践方面,研究者和实践者必须运用一致的话语进行交流,这样才能避免歧义,进而影响学习范式的实践效果。学习范式话语的"凝聚性"特点表现为:学习范式特定话语的使用旨在将学习范式中的各个要素进行联结并相互融合,以增强其内在凝聚力,从而提升学习范式的实践效果。学习范式话语的"标识性"特点表现为:"学习"和"范式"是学习范式中的两个须臾不离的高频词,它们代表了学习范式的核心理念。在这里,"学习"和"范式"就是学习范式特定话语体系的两个重要标志,因此,研究者在论及高等教育发展时,总是会使用"学习"和"范式"这两个标志性语词表述学习范式。

第三,学习范式的话语实践。话语是行为的"配合物"。[①] 学习范式不但能够反映人们对学习和认知理论的理解,而且能够引导人们将这种认知成果转换为话语实践。实质上,话语实践的过程能够在一定程度上反映人们对学习范式的理解与接纳程度。学习范式的话语实践过程是:实践者从学习范式的背景中理解话语、生成意义,策略性地运用特定语言来提升教

---

① 费孝通:《文化与文化自觉》,群言出版社,2010,第17页。

学水平和学习效果。学习范式话语实践的核心是引导实践者运用特定话语引导舆论走向。在这一过程中，学习范式特定话语即转化为学习范式变革的实际行动。此时，学习范式的特定话语就会增强学习范式的传播力和影响力，解决在传授范式下不能解决的实际问题。

（三）技术系统

技术系统处于学习范式的微观层次，是对教与学的总体设计、分析、实施过程，为学习范式的改革提供技术支持。学习范式的技术系统包括学校环境、教学空间、资源配置、教学模式、互动方式、评价方法等。学习范式的实践效果在很大程度上也取决于技术系统层面。学习范式的技术系统能够促进有效的教与学，具体表现在以下三个方面。

第一，学习范式的技术系统促进教师转变角色。学习范式在以学生为中心的教育理念的指导下设计技术系统，这种技术系统的设计将突出学生的学习角色，倒逼教师从台前走向幕后，由权威知识的传授者转变为教学设计者、学生学习的引导者和帮助者。

第二，学习范式的技术系统能够有效提高教学效率和质量。在学习范式下，技术系统是教学过程的重要组成部分，技术系统能够为教师的有效教学提供强有力的支持。此时，基于信息技术的教学资源越来越广泛地运用于教学实践中，教师必须掌握教学技术的理论、方法和技巧，灵活运用信息技术，设计分析、评价教与学的过程，促使教学过程逐步优化，进而提高教学效率和教学质量。

第三，学习范式下的技术系统为生师互动创造条件。在技术系统的支持下，学生获得更多与教师交流的机会。为了实现教学目标，教师应该应用信息技术进行教学媒体设计、制作和选择，而这一切都与学生的学习紧密相关，教师要遵循教和学的指导思想和基本原则，指导学生使用教学媒体技术，以促进学生理解和运用。如此，学生与教师则在教学技术系统的支持下进行自然而有效的互动。

四 学习范式与传授范式之比较

范式限定了游戏的规则，不同的范式拥有不同的游戏规则。范式指定"游戏"在一个更大或更小的领域中进行。也就是说，新范式可能会比旧范式的范围更大，也可能会更小。但不管如何变化，它应该具有合理的可能性。然而，新范式中的所有元素并非与旧范式中的相应元素相悖，并且，新范式中可能也会包含一些旧范式中的元素。① 学习范式是新范式，它扩展了旧范式——传授范式的游戏领域和可能性领域，然而，这种扩展并非对原有传授范式的改良，而是对传授范式的超越，因此，学习范式具有与传授范式完全不同的理解系统、理论框架、理论背景、教学传统等。学习范式因"游戏规则"的改变而从根本上改变了"游戏"的各个方面。在传授范式下，教师的教学以内容为导向，学习的过程是教师向学生传授知识；在学习范式下，以学生为中心，以学习为导向，教学是为了促进学生的理解。② 两种范式下的教学样态截然不同：前者是单向式的，后者则是双向式的。具体而言，学习范式与传授范式的区别表现在以下五个方面。

（一）教育理念

第一，传授范式的教育理念。传授范式的哲学基础是逻辑实证主义，强调构建普适的、绝对客观的科学知识体系。③ 传授范式假设客观的、合理的"知识"已经存在于教师的头脑中，而这些知识是学生不具备的或仅少量具备的，教师必须通过言语灌输的方式将这些知识传递给学生。此时，教师享有绝对的话语权威，教师要通过言语表达自己的观念和想法，即教师的任务是"说"，学生的任务就是"听"和"记"，学生几乎没有资格发表任何言论。毫无疑问，传授范式的教育理念是以教师为中心的。

第二，学习范式的教育理念。学习范式的哲学基础是认知论，强调人们通过经验构建并形成自己的知识体系。④ 学习范式将知识置于一个开放的情境中，知识建构的过程即教师与学生进行不断交流和反思的过程。也就是说，学生的话语和立场必须在知识建构过程中得以体现。此时，教师的话语权并不凌驾于学生之上，学生与教师享有同等的话语权。由此可知，

---

① B. M. Saulnier, J. P. Landry, H. E. Longenecker, et al., "From Teaching to Learning: Learner-Centered Teaching and Assessment in Information Systems Education," *Journal of Information Systems Education*, 2008 (2): 169-174.

② D. Kember, "A Reconceptualisation of the Research into University Academics' Conceptions of Teaching," *Learning and Instruction*, 1997 (3): 255-275.

③ 赵炬明：《论新三中心：概念与历史——美国 SC 本科教学改革研究之一》，《高等工程教育研究》2016 年第 3 期，第 35~56 页。

④ 赵炬明：《论新三中心：概念与历史——美国 SC 本科教学改革研究之一》，《高等工程教育研究》2016 年第 3 期，第 35~56 页。

学习范式的教育理念是以学生为中心的。

（二）知识理解

第一，传授范式对知识的理解。传授范式下的学习被认为是累积的和线性的。传授范式关注知识的占有量，学生记忆的客观知识越多，其学习效果就会越好。传授范式强调知识储备在学习中的作用。教育者认为，当人们掌握和储备了大量客观的和理性的知识后，他们就能够更好地将其应用于今后的生活和工作中。正因如此，教育者将他们认为客观的、理性的知识编入经典教材中，要求学生学习固定的教材内容，为今后的生活做准备。实际上，仅有极少数的经典教材内容能够与实际应用环境直接联系起来，并且这些经典教材内容只能在"被纯化、被限定的教育系统"中得到理解和应用。[①]

第二，学习范式对知识的理解。在学习范式下，学生需要主动建构才能获得知识，并且，绝对客观的知识是不存在的，学生可以在资源量并不增加的情况下提高学习效率。基于此认识，在学习范式下，学习被认为是非累积的和非线性的。

（三）教与学

第一，传授范式的教与学。传授范式的"教"旨在传递客观知识，而传授范式的"学"旨在寻找正确答案。传授范式下，教师事先对"教"进行设计，而学生的"学"以"教"为中心。教师在承担较多教学责任的同时，也把控着学生的学习内容、学习方法、学习进度等。学生的任务就是依据教师对事实的陈述，复制信息内容和结构，以强化对客观知识的记忆。因此，传授范式对于学生"学"的要求相对较低，学生仅需掌握学习的低阶技巧即可。在"教"的过程中，教师会以教材为中心，根据教材内容决定教学进度，教材内容讲授完毕也就意味着教学过程结束。传授范式的教学过程始终围绕教材进行，因此，教学方法也比较单一。传授范式的学习反馈主要以终结性考试呈现，这种学习反馈不但频次低，而且存在反馈滞后性和不准确性等问题，不利于教师在教学过程中及时调整教学方法，也不利于学生及时判断学习成效。在传授范式下，教学效果评估主要围绕教

---

① 〔美〕莱斯利·P.斯特弗等主编《教育中的建构主义》，高文等译，华东师范大学出版社，2002，第28页。

师的教学水平和学术成果展开，教师不断提高教学水平，其目的在于更好地将客观知识转移给学生。由此看来，传授范式下的教学更多地助力于教师的成长与成功。

第二，学习范式的教与学。学习范式的"教"旨在创建真实情境，学习范式的"学"旨在解决实际问题。为了创造更真实的学习环境，使学生通过解决问题积累更多的学习经验，从而实现构建自己知识体系的目标，师生将共同决定学生感兴趣的且具有挑战性的意义学习。此时，教师会邀请学生参与到教学设计以及教学形式和教学方法的选择中，学生也会因此承担更多的学习责任。学习范式下的"教"与"学"密切相关，"教"以"学"为导向，为"学"提供支持，因此，教师需要根据学生"学"的目标制定"教"的目标。在"教"的过程中，教材只作为一种教学资源，不对教学内容和教学进度起决定性作用。在学习范式下，只要是能够提高学生个人和整体学习质量的方法，都被认为是有效的教学方法，因此，教师能够选择更加丰富多样的教学方法进行教学，学生则可以通过互动与协作、发现与探究、理解和行动，实现对知识的应用、评估、合成，从而构建自己的知识体系。学习范式对学生"学"的要求较高，当学生面对更多关于学习思维和学习方式的挑战时，他们就必须掌握学习的高阶技巧。学习范式下的学习反馈以形成性评价为主，以总结性评价为辅，具有引导性、多样性、准确性、及时性以及交互性等特点。通常情况下，教师会根据学生的学习进度为学生提供及时且准确的反馈，同时指引学生朝着正确的方向继续努力，不断提升学生的学习效果。在学习范式下，教学效果评价标准为是否有利于提升学生的学习能力，是否有利于产生积极的学习成果。由此看来，学习范式下的教学更多地助力于学生的成长与发展。

（四）技术作用

第一，传授范式下的技术作用。在传授范式下，学生从技术中获得知识。[①] 教师事先将所要传递的知识储存在基于技术的课程中，学生通过观看课程技术的载体，如电影、电视或短片等，接受教师所传递的知识。这里的知识是既定的，技术受教师支配，承担了教师的一部分职能，知识通过

---

① 〔美〕戴维·乔纳森等：《学会用技术解决问题——一个建构主义者的视角》（第二版），任友群、李研、施彬飞译，教育科学出版社，2007，第13页。

技术间接地传递给学生，学生被动地接受知识。学生对于世界的认知和解释来源于技术所承载的教材内容。在技术的背后，教师在设计、策划、组织教学内容与资料，技术传递给学生的学习内容表现出教师对专业知识的理解程度，这就意味着学生必须按照教师认识世界的方式理解外部世界。也就是说，传授范式下的"技术"已然成为教师的"傀儡"。所有知识的传递必须基于教师对世界的正确理解，否则，学生就可能对外部世界做出错误解释，促成无效学习。

第二，学习范式下的技术作用。在学习范式下，有效的教学技术不断被识别、开发、测试、应用和评估，技术成为学生进行知识建构的工具。[①] 这里的知识是未知的，技术促进和支撑学生进行学习探索和知识建构。在学习范式下，学生使用和控制技术，建构有意义的学习。此时，技术主要实现以下三种功能：一是构建多媒体知识库，方便学生访问和获取信息；二是模拟真实世界的情境，助力学生进行有意义的学习；三是设置安全可控的问题，促进学生的讨论与思考。为了让学生利用技术进行学习，教师必须先掌握和熟练应用技术，然后指导学生通过使用技术来表达自己的观点和想法。在技术支持的真实学习情境中，学生为了完成有意义的学习任务，可以通过制作录像、电影、网页、多媒体程序等，探讨解决问题的方案、思路、方法，推导可能出现的结果。

（五）生师互动

第一，传授范式下的生师互动。传授范式下的生师互动主要表现为"以教定学"，强调教师对学生进行单向的知识灌输。在传授范式下，教师通常以学生记忆和掌握知识为主要目标，并按照自己的教学思路、教学方法，将教学内容传递给学生，忽视了学生的学习主体身份和主观能动性。学生很少有机会表达自己的想法，更难以参与教师的教学设计、教学内容选择、学习结果讨论等学习活动，于是，学生习惯于上课之前没有任何准备便进入教室，上课时也仅按照教师的教学思路做笔记，并在考试制度的安排下寻找"标准答案"。这种单向式灌输教学不仅使学生成为学习的被动接受者，也使大学教学中的生师互动陷入"教师中心"的困境：生师互动

---

① 〔美〕戴维·乔纳森等：《学会用技术解决问题——一个建构主义者的视角》（第二版），任友群、李研、施彬飞译，教育科学出版社，2007，第14页。

基本以教师为主导，教师仅就自己安排的教学内容与学生产生互动，且互动形式与内容单一，互动频率不高，学生很难在教学过程中提升创新创业能力、沟通表达能力、审辩思维能力等。此外，在传授范式的影响下，即使学校为教师教学提供信息技术支持，也无法改变生师互动中的学生被动局面。虽然多数教师可能会使用信息技术进行在线教学，但是，部分教师可能仅将传统课堂迁移至网络课堂，上课时间依旧是五十分钟，部分教师依旧是"一言堂"，生师互动也大多表现为简单的一问一答，其实质仍是固守着"以教师为中心"的生师互动样态。

第二，学习范式下的生师互动。学习范式下的生师互动主要表现为"以教促学"，强调教师与学生在思想碰撞中促进学生的学习与发展。在学习范式下，大学教学中的生师互动完全改变了教师单向掌控的局面，大学教学过程变为教师与学生、学生与学生共同控制的多元互动活动。学习范式下的教师在向学生提供全方位教学活动的过程中，也为学生创造学习机会，此时，学生不仅会为自己的学习承担更多责任，也会积极利用教师创造的学习机会提高自己的学业成就。学习范式下的生师互动过程即学生与教师共同发现、共同探索、共同成长的过程。在学习范式下，教师为了更及时地跟踪学生的学习进度，更高效地设计和安排教学活动等，必须借助于信息技术。因此，学习范式下的生师互动是以信息技术为重要载体的。基于信息技术的教学活动具有多感官、多模式等特点，这不仅为教师的课堂教学注入了活力，也为学生提供了个性化的学习条件。在学习范式的大学教学中，教师的任务是借助信息技术，收集学生学习及成长发展的信息，了解学生的学习风格和学业进展，通过对学生信息的分析评估，设计有效的学习方案，激励学生主动学习，为学生的个性化学习提供线上线下的支持和帮助。而学生的任务是在教师的帮助下，对大量信息内容进行甄别、归类、综合，并在真实情境和具体问题中构建自身的知识体系。由此可知，学习范式对教师的要求会指引着教师以学生的学习与发展为中心，与学生展开更多的教学互动。随着以信息技术为载体的生师互动的不断增加，学生的学习体验更加感官化、实践化、多样化，此时，学生会更愿意投入与教师的持续性互动中，这种生师互动又会不断帮助学生提升学业成就，并促使学生实现全面发展。

第三节 学习范式转型先驱

以学生为中心的教学改革掀起了世界高等教育向学习范式转型的浪潮，而美国与欧洲的高等教育走在了世界前列，美国"以学生为中心"的高等教育改革和欧洲博洛尼亚进程成为世界高等教育向学习范式转型的重要标志。

(一) 美国高等教育"以学生为中心"的教学改革

二战后，德、意、日作为战败国，国民经济水平急剧下滑，而英国的经济实力也因战争的重创而逐渐削弱。美国则与上述国家的情形完全相反。二战后的美国，其经济、军事实力等显著增强，并一跃成为世界经济实力最强的国家。为了保持其世界霸主地位，美国开始注重教育及科学技术的发展。随后，美国大学开展了一系列教育改革，其中，"以学生为中心"的教学改革占据了非常重要的位置。具体而言，美国大学"以学生为中心"的教学改革是外部压力与学术发展共同助推的结果。

第一，美国高等教育在外部压力的推动下开展"以学生为中心"的教学改革。在美国高等教育史上，二战后的 1945 年至 1970 年被称为美国高等教育的"黄金时代"（the Gold Age）。二战后，随着 1944 年《退伍军人权利法案》（Servicemen's Readjustment Act）的通过及实施，大批美国退伍军人蜂拥至美国大学。退伍军人的加入既为美国高等教育带来了活力，也为美国战后人才储备奠定了基础。因美国战后的经济和科学技术发展需要大量人才，1947 年，美国高等教育委员会发布报告《为了美国民主的高等教育》（Higher Education for American Democracy），旨在鼓励每一位美国公民接受高等教育，而 50 年代中期的美国"民权运动"也促使美国民众对高等教育民主化的呼声高涨。在此期间，美国大学校园中出现了大龄学生、已婚学生、残疾学生、贫困学生、少数民族学生等"非传统学生"（non-traditional student）。同时，随着 1940 年以来美国生育高峰期的婴儿也逐渐达到大学入学年龄，中等教育普及后的美国高中学生逐渐增加，美国大学新生入学人数出现猛增趋势。[①] 在这种情况下，美国大学的教室、实验室、宿舍、课

---

① 黄福涛主编《外国高等教育史》（第二版），上海教育出版社，2008，第 270 页。

程、教师等都无法满足大学生的学习需求，美国大学的问题和弱点也充分暴露出来：昔日最受欢迎的小规模师生交流日渐衰落；教学质量普遍下降；学生学习动机不足；大学逐渐成为学生眼中的"知识工厂"……随之而来的是，许多学生越来越对当时的大学教育产生不满情绪，这种负面情绪的堆积最终造成了学生的骚乱。与学生不满同时存在的还有外部问责、资助不足等问题。美国大学的校长及管理者对这些问题束手无策，因为他们无法从常规认识中凭借其学术和职业经历来理解和解决这些难题。面对高等教育危机，美国高等教育研究者和实践者在对美国大学的办学理念、办学方向、学生管理、教学安排等进行反思的基础上达成共识：美国高等教育革命势在必行，唯有革命才能改变美国高等教育的反常状态。

1981年8月26日，时任美国教育部部长的贝尔（T. H. Bell）成立了"国家卓越教育委员会"（The National Commission on Excellence in Education，NCEE），委员会的职责包括：评估美国大中小学的教与学的质量；比较美国学校与其他先进国家的学校；研究大学入学标准与中学学生成绩的关系；鉴定促使学生取得显著成绩的教育计划；评估过去25年社会和教育的重大变化对学生成绩的影响程度；明确达成"卓越教育"需要克服的困难。[1] 在贝尔的指示下，该委员会专家历时18个月最终完成了《国家处于危机中：教育改革势在必行》研究报告的撰写工作。1983年4月，该研究报告正式发布。该报告指出，20世纪80年代以前的美国教育系统存在严重失误，其中，在大学方面的失误主要表现为：1963年至1980年，大学学业能力倾向测试（SAT）成绩逐年下降，且取得高分学生的数量和比例严重下滑；大学生所掌握的技能水平没能达到国家预期；大学毕业的平均成绩较低。[2] 最后，报告呼吁大学的科学家、学者、教师以及专业委员会的会员形成合力，共同为提高教材和其他"教""学"工具的质量而努力。总之，该报告旨在在全面调查美国学校教学质量的基础上，提出领导性和建设性的批评，并给予有效指导。与此同时，该报告也催使美国大学为形成一种新范式做出

---

[1] NCEE, "A Nation at Risk: The Imperative for Educational Reform," *The Elementary School Journal*, 1983 (2): 112–130.

[2] NCEE, "A Nation at Risk: The Imperative for Educational Reform," *The Elementary School Journal*, 1983 (2): 112–130.

雪崩式的努力。[1]

1984年10月，美国"高质量高等教育研究小组"发布了研究报告《投身学习：发挥美国高等教育的潜力》。该报告在对美国高等教育取得的巨大成就进行总结的同时，指出美国高等教育已经拉响了"警告信号"，而提高美国高等教育质量的三个必要条件是学生投入学习，严格要求，评价和反馈。为了满足这三个条件，高等教育机构要在教学方面采取措施，促使学生主动投入学习，承担更多的学习责任。这些措施主要包括：保证一年级学生有机会与优秀教师进行频繁的学习互动；指派最好的教师为一年级学生教授他们感兴趣的课程；鼓励教师采用有效的教学方法，促使学生从知识的接受者转变为知识的探索者和创造者；使用教学技术的同时增加师生之间在学业上的接触机会；创建以完成特定学习任务为目的的学习社团；恢复广博文科教育的活力，以提升学生的交流能力、综合能力，以及分析和解决问题的能力；根据学生需要获得的知识、能力和技巧要求，调整教学内容和教学方式等。[2]

为了提高美国大学的教育教学质量，美国与高等教育质量相关的协会陆续发布了各类文件或报告，如：1983年，美国学院协会（Association of American Colleges）发布了《完善大学本科教育课程》（*Integrity in the Undergraduate Curriculum*）；1985年5月，美国州际教育委员会发布了《为高质量而行动——一项改进我们国家学校工作的全面计划》；1986年5月，美国卡耐基基金会发布了《国家为二十一世纪的教师做准备》专题调查报告；1986年11月，美国卡耐基教学促进委员会发布了《学院：美国大学本科教育的状况》。

1996年，《国家科学教育标准》由美国国家科学院下属的国家研究委员会编制完成，该标准对美国的科学教学、科学授课教师、科学教育、科学内容等做了详细规定。伴随美国大学教学改革和学习成果评估运动的不断推进，美国大学的传授范式实现了由"教"至"学"的转变，同时，生师互动对教学和学习效果的积极影响得到强化，生师互动的教学也得到了广

---

[1] J. Mehta, "How Paradigms Create Politics: The Transformation of American Educational Policy, 1980 – 2001," *American Educational Research Journal*, 2013（2）：285 – 324.

[2] 吕达、周满生主编《当代外国教育改革著名文献·美国卷》（第一册），人民教育出版社，2004，第23~65页。

泛应用。① 在这种情况下，教师不但重视运用"以学生为中心"的教学方法，而且积极地与学生进行互动交流，收集学生对教学的反馈信息，以便进一步改进教学，满足不同学生的学习需求。

第二，美国高等教育在教与学研究的基础上开展"以学生为中心"的教学改革。在美国大学面临上述困境之际，美国心理学界和教育界已经做了大量的前期研究和学术探索，具备了较扎实的理论研究基础，有能力为美国"以学生为中心"的教学改革提供支持。

从心理学领域来看，随着认知科学的不断发展，教育心理学研究者逐渐关注学生学习、大学教学等领域。20世纪50年代至80年代，"经典认知科学"或"第一代认知科学"在笛卡尔"身心二元论"的影响下逐渐发展起来。② 教育心理学的奠基人桑代克（Edward Lee Thorndike）是行为主义心理学的代表人物，他将人类的学习与动物的学习等同起来，认为学习的运用及其效果的促进主要依靠"情境的可认同性"和"反应的可获得性"。③ 在桑代克的理解中，人类的学习就是对外在情境刺激做出内在反应的过程，当个体想建立情境与反应之间的联结时，就要强化外部情境刺激，以使这种联结力量得到增强。为了促进"刺激—反应—联结"的学习，个体必须做好充分的"准备"，并通过反复的"练习"，以增强学习的"效果"。据此，教师要想增强学生的学习效果，就要不断地给予学生"强化"和"练习"，促使学生重复已经得到"强化"的行为，而这种教育的目的在于让学生学会适应客观的现实世界。显然，行为主义理论没有考虑学生固有的逻辑能力和对意外事件的理解能力。也就是说，桑代克的行为主义学习理论是一种机械性的学习理论，它忽视人在学习过程中的自觉性和主观能动性。

然而，随着教育心理学特别是认知心理学的不断发展，加之研究者对学习理论和实践的探索，人们彻底改变了对学习的原有看法。人们逐渐意识到，学习是学生与教师等在互动中进行意义建构的过程。大约在20世纪70年代中期，美国学界基于对认知心理学、学习心理学、教育心理学等学

---

① 刘海燕：《美国大学"教"与"学"改革运动及启示》，《复旦教育论坛》2016年第1期，第100~106页。
② 尚俊杰、裴蕾丝、吴善超：《学习科学的历史溯源、研究热点及未来发展》，《教育研究》2018年第3期，第136~145、159页。
③ 〔美〕爱德华·L. 桑代克：《人类的学习》，李月甫译，浙江教育出版社，1998，第96页。

科的深入研究，及其在教育领域的运用与实践，最终达成共识：目前的学校教育已不能适应学生学习和发展的需要，开展以学生为中心的教学改革势在必行。① 20世纪80年代末至90年代初，一些学习理论的研究者和实践者针对当时学校教育普遍脱离现实情境的状况，运用生态心理学、人类学、社会学等学科的理论，实现了学习研究由认知到情境的成功转向。② 情境学习的兴起源自人们对学习科学（Learning Sciences）的探究。学习科学研究不但涉及学生的学习，而且涉及教师的教学，其研究目的在于搭建教师"教"与学生"学"的桥梁，使教师的"教"促进学生的"学"。因此，学习科学也是一个跨学科的研究领域。1991年，美国正式发行《学习科学杂志》（Journal of the Learning Sciences），与此同时，美国西北大学召开了第一届学习科学国际会议。这两个标志性事件开启了美国学习科学研究的序幕，意味着美国学习研究者正式从基于传统认知科学的学习研究走向了基于各种真实情境的学习研究。③

学习科学理论为教师提供了设计有效学习环境的科学依据，使教师在促进学生的认知和社会化过程中发挥重要作用。在情境学习研究者看来，一方面，情境影响学生的学习；另一方面，情境又是学生学习的重要组成部分。④ 学生的学习就是学生与不同情境在相互作用、相互影响中进行意义构建的过程，学习情境实质上是一个学习活动系统。在学习活动系统中，学生个体、教师等环境资源是重要元素。在情境学习观的影响下，人们逐渐认识到人的学习不是一种"传递—接受"的生物性行为，而是一种"互动—整合"的社会性行为，个人与社会环境的互动将对个人的思维形成产生重要影响。个人在理解教育内容的基础上进行相互交流，以验证理解或审查解释，从而产生有意义的学习。人的学习过程是学习者通过感知接收外界信息，并将其与自己已有知识进行整合内化的过程。也就是说，人们对学习内容的内化不但依赖于他在学什么，而且依赖于他以前的学习经验

---

① 赵炬明：《论新三中心：概念与历史——美国SC本科教学改革研究之一》，《高等工程教育研究》2016年第3期，第35~56页。
② 姚梅林：《从认知到情境：学习范式的变革》，《教育研究》2003年第2期，第60~64页。
③ 尚俊杰、裴蕾丝、吴善超：《学习科学的历史溯源、研究热点及未来发展》，《教育研究》2018年第3期，第136~145、159页。
④ 〔丹〕克努兹·伊列雷斯：《我们如何学习：全视角学习理论》，孙玫璐译，教育科学出版社，2014，第102页。

和基础。在这一过程中,学习以视觉、知觉和语言等为中介。学习中所获得的知识会随着情境的改变而改变,而相对于目前的情境而言,所获得的知识只是暂时的。在这种情况下,通用知识和可迁移技能就显得格外重要。

研究者对学习研究的持续深入开展,也催生了一门以脑科学为核心的新兴学习科学——教育神经科学(Educational Neuroscience)。2002年和2007年,经济合作与发展组织(OECD)分别出版了《理解脑:一门新的学习科学》和《理解脑:新的学习科学的诞生》,正式宣告教育神经科学的诞生。[①] 脑科学研究者发现,大脑通过构建认知模型来感知、认识、表征、反映外部世界,并且,大脑所构建的认知模型也会决定人们如何应对外部世界。由此观之,大学教育中的"学"应是学生通过大脑构建认知模型而认识和应对外部世界的过程;"教"是教师为学生构建认知模型而提供帮助和支持的过程。[②] 教学活动就是教师帮助学生在已有神经元网络的基础上激活、构建、增长树突,促使学生更容易地学习和获取新信息的过程。[③] 脑科学的深入研究能够为人们解答"人是如何学习的""如何促进有效学习"等问题,有利于教师改进课堂教学,为学生创设有效学习环境,提高学生的学习效率和学习质量。

2012年,学习科学研究者开始将教学中的脑功能神经机制作为研究对象进行研究,并提出"教学脑"(Teaching Brain)和"学习脑"(Learning Brain)的概念,他们认为,教学是教师与学生在具体情境中进行大脑交互的动态过程,如此也就强调了生师互动在学生学习中的重要作用。[④] 今后,随着认知神经科学、学习科学、生物行为科学、发展心理学等前沿性科学的不断发展和相互融合,教育与人类发展将会紧密联系起来,共同调节社会行为和人际关系。

此外,各类学术报告的发布也进一步推动着美国"以学生为中心"的

[①] 尚俊杰、裴蕾丝:《发展学习科学若干重要问题的思考》,《现代教育技术》2018年第1期,第12~18页。

[②] 赵炬明、高筱卉:《关于实施"以学生为中心"的本科教学改革的思考》,《中国高教研究》2017年第8期,第36~40页。

[③] 〔美〕伊丽莎白·F. 巴克利:《双螺旋教学策略:激发学习动机和主动性》,古煜奎、顾关、唱飞镜等译,华南理工大学出版社,2014,第15页。

[④] 尚俊杰、裴蕾丝、吴善超:《学习科学的历史溯源、研究热点及未来发展》,《教育研究》2018年第3期,第136~145、159页。

教学改革。20世纪60年代，托弗·詹克斯和大卫·里斯曼出版了《高等教育革命》(*The Academic Revolution*)一书，对美国高等教育正在经历的变化和面临的困惑进行了诠释。[①] 这本书对于当时的美国高等教育来说，似乎是一场"及时雨"，引起了高等教育界和美国社会对"高等教育革命"的讨论。随后，联合国教科文组织（UNESCO）陆续出版了一系列研究报告，如《学会生存——教育世界的今天和明天》（1972年）、《教与学：高等教育新方法和新资源导引》（1976年）等，催促美国尽快开展以学生为中心的教学改革。[②]

20世纪80年代，美国正式开启了高等教育改革，由此推动大学从"传授范式"向"学习范式"转型。在这场高等教育改革中，有两大运动走在了最前列，分别是大学教学改革运动和学习成果评估运动。[③] 在这两大运动的影响下，一批大学"先行者"认可了博耶的教学学术理念，启动了学习范式下的教育实践探索，这些大学有着不同的名称，如"Learning College""Learning-Centered Institution""Learning-Centered College""St-udent-Centered University""Learner-Centered College"。虽然这些大学名称各异，但是它们都有一个共同的目标——向学习范式转型。向学习范式转型的美国大学改革关注不同学生的学习需求，将提升学生学习效果和人才培养质量作为发展目标。在美国大学的多项改革内容中，以学生为中心的教学是核心内容。目前，美国大学教师普遍采用了以学生为中心的教学方法。这种方法促使教师更少地为学生传授知识，而更多地引导学生独立发现或获取知识。可以说，以学生为中心的教学保障了美国大学的人才培养质量，而向学习范式转型的美国高等教育改革则保证了美国高等教育居于世界领先地位。

美国大学的两大运动至今仍在持续进行。综合来看，美国高等教育两大运动持续有效进行的原因大致包含四个方面的内容。一是范式意识形成。在美国高等教育改革的过程中，美国高等教育研究者和实践者逐渐认识到，

---

① 〔美〕约翰·塞林：《美国高等教育史》（第二版），孙益等译，北京大学出版社，2014，第289页。

② 赵炬明：《论新三中心：概念与历史——美国SC本科教学改革研究之一》，《高等工程教育研究》2016年第3期，第35~56页。

③ 刘海燕、常桐善：《模块化、灵活化、全球化：基于信息技术的大学"学习范式"转型——基于麻省理工学院的案例探讨》，《开放教育研究》2018年第3期，第19~26页。

高等教育要成功实现向学习范式的转变，必须具有"整体性"和"系统性"的观念，零碎的干预措施不可能对高等教育系统造成重大的冲击。[①] 也就是说，学习范式下的高等教育系统应实现包括大学文化、发展规划、资源配置、政策制定、治理模式、学习空间、教学设计、服务支持等在内的一系列转变，以促进学生学习，提高其学业成就。二是科学研究指导。在美国以学生为中心的高等教育改革进程中，一方面，美国心理学、教育学、社会学等学科的研究为美国大学的教学改革和创新活动提供了理论指导；另一方面，美国高等教育研究机构开展了以学生为中心的改革的实证研究，并在各个关键性阶段发表了各类研究报告。三是教育技术支持。自2000年以来，美国的大学教学广泛使用了以E-Learning、MOOC、VA为代表的各类新教育技术。2010年，美国针对个性化教育、学生学习评价、社会化学习、消失的边界、多种教学模式等五大教育挑战，制定了"教育技术路线图"，要求相关部门围绕用户建模、移动技术、网络技术、系列游戏、智能环境、数据挖掘、互动界面等内容研发教育技术项目。[②] 在以美国教育技术专家为首的教育技术专家的引领下，国际新媒体联盟（New Media Consortium，NMC）发布了《地平线报告》（*Horizon Report*）（2018年高等教育版），随后，美国各所大学均以此为教育技术发展指南。[③] 四是改革成效促进。在两大运动不断发展的过程中，美国大学的教学和学习方法得到了有效改进，学生的学习效果得到了明显提升，由此引起了美国高等教育整体质量的提高，进而又支持和推动了美国高等教育两大运动的持续进行。

（二）欧洲博洛尼亚进程

近年来，面对世界高等教育的新挑战，欧洲高等教育的研究者与决策者越来越多地强调以学生为中心的学习是一种有效提高教育质量的教学方法。[④] 与此同时，欧洲高等教育不得不努力在教学研究及教育现代化方面

---

① W. R. Watson, S. L. Watson, "Redesigning Higher Education: Embracing a New Paradigm," *Educational Technology*, 2014 (3): 47-52.

② 赵炬明：《助力学习：学习环境与教育技术——美国"以学生为中心"的本科教学改革研究之四》，《高等工程教育研究》2019年第2期，第7-25页。

③ 赵炬明：《助力学习：学习环境与教育技术——美国"以学生为中心"的本科教学改革研究之四》，《高等工程教育研究》2019年第2期，第7-25页。

④ S. Hoidn, *Student-Centered Learning Environments in Higher Education Classrooms* (New York: Springer Nature, 2017): 1.

做出改变，以提高自身的竞争力。1999年6月19日，欧洲29国教育部长在意大利博洛尼亚共同签署了《博洛尼亚宣言》(Bologna Declaration)。该宣言的发布也标志着欧洲博洛尼亚进程的正式开启。欧洲博洛尼亚进程推动了欧洲高等教育机构从以教师为中心转向以学生为中心，实现学习和教学的范式和文化转变。[1] 欧洲博洛尼亚进程旨在通过创建"欧洲高等教育区"(European Higher Education Area, EHEA)，保障本区域的高等教育质量，实现欧洲高等教育一体化的目标，重现欧洲高等教育的辉煌。欧洲博洛尼亚进程的行动目标主要包括：建立易理解、可比较的"学士—硕士—博士"三级制的学位体系；推行"文凭补充说明"(Diploma Supplement, DS)；促进欧洲各国采用和开发可比较、可兼容的质量评估准则和方法；建立学分转换体系（ECTS）；促进高等教育中的教师、学生等相关人员的自由流动；设置联合学位课程；创建终身学习模式；提供公平的高等教育学习机会；提升就业能力；增强高等教育中的欧洲维度（European Dimensions）建设。[2]

在欧洲博洛尼亚进程中，一系列促进学生参与高等教育质量保障的政策和措施相继出台。为了帮助高等教育的最直接利益相关者——学生获得更好的学习效果和成长发展，欧洲高等教育机构在学习设计、教学方式、学习效果评估等方面也开始转向"以学生为中心"。学生作为高等教育质量的利益相关者，和其他利益相关者一样，共同参与设计学习计划，以及持续改进质量保证方法。《伦敦公报》(London Communique) 2007年首次提出以学生为中心的学习，明确指出以学生为中心的高等教育是博洛尼亚进程的最终目标。在2009年的《鲁汶公报》(Leuven Communique) 中，以学生为中心的学习（SCL）目标得到进一步增强，公报赋予学生更多学习的权力，促使教师普遍采用新的教学方法有效支持和指导学生学习。[3] 欧洲学生联合会（European Students' Union, ESU）和教育国际（Education Interna-

---

[1] S. Hoidn, *Student-Centered Learning Environments in Higher Education Classrooms* (New York: Springer Nature, 2017): 1.

[2] 杨天平、金如意：《博洛尼亚进程述论》，《华东师范大学学报》(教育科学版) 2009年第1期，第9~22页。

[3] 转引自 M. Klemenčič, "From Student Engagement to Student Agency: Conceptual Considerations of European Policies on Student-Centered Learning in Higher Education," *Higher Education Policy*, 2017 (1): 69–85。

tional，EI）认为，"以学生为中心"是将学生真正地视为自己学习的积极参与者，以创新的教学方式促使他们与教师以及其他学习者进行沟通与交流，使他们在学习过程中培养可转移技能，如解决问题的能力（Problem-solving）、批判性思维（Critical thinking）和反思性思维（Reflective thinking）。① 因此，以学生为中心的教学方法也被称为传统教学方法的"解毒剂"。

在欧洲博洛尼亚进程中的一系列重要文件中，《欧洲高等教育区质量保障标准与指南》（Standards and Guidelines for Quality Assurance in the European Higher Education Area，ESG）最值得关注。2005 年，ESG 正式公布，经过 10 年的应用与实践，于 2015 年进行了修订。ESG 的制定和实施进一步推动了欧洲高等教育由"以教师为中心"向"以学生为中心"的转变。2015 年，欧洲高等教育区（EHEA）将以学生为中心的学习（Student-Centered Learning，SCL）、以学生为中心的教学（Student-Centered Teaching）和以学生为中心的评估（Student-Centered Assessment）作为 ESG 的重要组成部分，并期待用"以学生为中心"的教学理念来有效提升 EHEA 的高等教育质量。然而，ESG 作为欧洲高等教育区的主要监管手段依据，仅以相当抽象的方式提及了"以学生为中心的学习"（SCL），并没有真正地定义"以学生为中心"的相关概念，而且，以学生为中心的质量评估指标制定也是刚刚起步。② 从欧洲高等教育区的政策文件中可以看出，SCL 并没有贬低"传统的"基于讲授的教学方法，而是将其作为传统教学方法的补充。SCL 的关键是学术自主性、自律性和选择性，所有这些都与学生的能力相关联，直接影响学生的学习路径以及学习体系。③

从 ESG 的发展过程中可以看出，学生的学习过程已成为其关注的焦点，而"以学生为中心的学习、教学和评估"是其关键内容。欧洲高等教育区

---

① M. Klemenčič, "From Student Engagement to Student Agency: Conceptual Considerations of European Policies on Student-Centered Learning in Higher Education," *Higher Education Policy*, 2017 (1): 69-85.

② M. Klemenčič, "From Student Engagement to Student Agency: Conceptual Considerations of European Policies on Student-Centered Learning in Higher Education," *Higher Education Policy*, 2017 (1): 69-85.

③ M. Klemenčič, "From Student Engagement to Student Agency: Conceptual Considerations of European Policies on Student-Centered Learning in Higher Education," *Higher Education Policy*, 2017 (1): 69-85.

的决策者和高等教育专业人士在进行学生参与调查的同时,也将学生参与的概念作为制定国家有关"以学生为中心的学习"政策和制度,以及实践的概念工具。[①] 总体来看,欧洲高等教育区一致认为,要贯彻以学生为中心的教育实践,就必须了解学生的兴趣、偏好、能力和选择,因此,其质量保障评价指标必须"以学生为中心"。具体而言,"以学生为中心"的质量保障评价指标主要包括:是否为学生设计实现学习目标的措施,学业成果的评定是否恰当(学业成果的评定属于诊断性、形成性或总结性评定),是否有学生分数的公开标准,是否有完整明了的学生学习与发展记录,是否为学生学习提供资源和条件(如学习设施、学习设备、图书资料等),教师及辅导员等是否及时回应学生的诉求,是否有保障学生服务质量的相应措施,等等。

总之,欧洲博洛尼亚进程推动欧洲高等教育进行了深层改革,促使欧洲高等教育面貌焕然一新,主要表现在:教师注重运用多样化的教学模式,学生享有充分的学习自由,学生为自己的学习承担更多责任,教师转变为学生学习的引导者和促进者,学生参与教学内容设计及教学改进,学生的学习评价以形成性评价为主,学生的学习结果以能力为导向。由此可见,欧洲博洛尼亚进程的核心就是推动欧洲高等教育向"学习范式"转型,进而提升欧洲高等教育的吸引力和竞争力。

第四节 学习范式下大学教学中的生师互动理论基础

学习范式是一种教学范式,生师互动是大学教学中的生师互动。学习范式下大学教学中的生师互动的实质是教师与学生分别扮演恰当的社会角色,共同参与到理性的教学交往活动中,以实现学生在教师的影响下自主建构知识体系,并促进自身学习与发展的活动。因此,本研究将基于学生发展理论(Theory of Student Development)、交往教学理论、社会角色理论(Theory of Social Role)、建构主义理论等对学习范式下大学教学中的生师互

[①] M. Klemenčič, "From Student Engagement to Student Agency: Conceptual Considerations of European Policies on Student-Centered Learning in Higher Education," *Higher Education Policy*, 2017(1): 69–85.

动理论基础展开论证。

一 学生发展理论

学生的成长与发展是高等教育的核心和目标。罗杰斯将学生发展定义为学生在高等教育机构中成长、进步并提高能力的方式。[①] 学生发展理论源自1636年哈佛教师对学生实行的家长式权威管理，而当代的学生事务管理人员则利用学生发展理论来理解和促进学生的个人成长与学习。学生发展理论以心理学、社会心理发展理论、认知结构发展理论等为基础，为学生发展的实践提供依据。学生发展理论可以帮助我们正确认识成长发展中的大学生，如学生在大学期间发生了哪些变化，什么因素导致这种变化，大学环境的哪些方面鼓励或阻碍学生的发展，学生在大学要努力实现什么样的发展，等等。我们可以运用学生发展理论，准确掌握学生成长发展中的需求，并且通过设计方案、制定政策、创造环境等，满足学生的成长需求，鼓励学生积极发展。目前，国外的学生发展理论主要有以下几种（见表3-1）。

表3-1 国外主要学生发展理论

理论类型	中文名称	英文名称	创始人
人与环境	挑战与支持理论	Challenge and Support Theory	桑福德（Nevitt Sanford），1962
	人类发展生态模型	Ecology Model of Human Development	布朗芬纳（Urie Bronfenbrenner），1979
	学生投入理论	Theory of Student Involvement/Engagement	阿斯汀（Alexander W. Astin），1984
	边缘化和重要性理论	Marginality and Mattering Theory	施洛斯伯格（Nancy Schlossberg），1989
	学生验证理论	Theory of Student Validation	伦登（Laura I. Rendon Linares），1994
社会心理	身份发展理论	Identity Development Theory	埃里克森（Erik Erikson），1968
	七向量发展理论	The Seven Vectors	齐克林（Arthur Chickering），1969
	道德发展理论	Moral Development Theory	科尔伯格（Lawrence Kohlberg），1976

[①] N. J. Evans, D. S. Forney, F. M. Guido, et al., *Student Development in College: Theory, Research, and Practice* (San Francisco: Jossey-Bass, 1998): 6.

续表

理论类型	中文名称	英文名称	创始人
社会心理	女性思维模型	Women's Ways of Knowing	贝兰克等（Belenky, Clinchy, Goldberger&Tarule），1986
认知发展	智力和道德发展理论	Intellectual and Ethical Development Theory	佩里（William Perry），1968
	体验学习理论	Experiential Learning Theory	科尔布（David Kolb），1984
	认知结构理论	Cognitive Structural Theories	皮亚杰等（Piaget, Belenky, Clinchy, Goldberger, and Tarule）

参考文献：1. N. J. Evans, D. S. Forney, F. M. Guido, et al., *Student Development in College：Theory, Research, and Practice*（San Francisco：Jossey-Bass, 1998）.

2. 克里斯汀·仁，李康：《学生发展理论在学生事务管理中的应用——美国学生发展理论简介》，《高等教育研究》2008年第3期，第19~27页。

（一）学生投入/参与理论（Theory of Student Involvement/Engagement）

阿斯汀于1984年提出的学生投入理论，亦称学生参与理论，其核心是"以学生为中心，促进学生全面成长"。阿斯汀将"投入"理解为：在大学生活经历中，学生投入的身体和心理能量的数量和质量。[1] 这种投入能促使学生更加充分地学习和发展。学生投入理论在解释生师互动对大学生成果的影响方面最具代表性和影响力。阿斯汀认为：师生之间的直接联系能促使学生关注学习。[2] 频繁的生师互动与学生的学业成绩、智力成长、个人发展、大学生满意度和职业发展等呈正相关性。也就是说，学生与教师互动得越多，学生越有可能得到进一步发展。因此，我们探索有效的生师互动实践路径，将有利于促进学生的学习和发展。另外，阿斯汀设计的"I-E-O"模型也描述了学生投入理论。"I-E-O"模型，即"Input（投入）—Environment（环境）—Output（产出）"模型。该模型旨在解释环境对学生成长的影响，试图从概念上或方法上引导研究者关注大学如何影响学生，学生在大学期间发生了哪些变化，以及为什么会发生这些变化。[3] 而

---

[1] A. W. Astin, "Student Involvement：A Developmental Theory for Higher Education," *Journal of College Student Development*, 1984（4）：297-308.

[2] A. W. Astin, *Achieving Educational Excellence：A Critical Assessment of Priorities and Practices in Higher Education*（San Francisco：Jossey-Bass, 1985）：163.

[3] 徐波：《高校学生投入：从理论到实践》，《教育研究》2013年第7期，第147~154页。

真正将学生投入理论运用于高等教育研究的是美国印第安纳大学的乔治·库。乔治·库认同阿斯汀的学生投入理论，并进一步发展和完善了该理论。他认为，学生投入是指学生投入特定活动（这些活动有利于学生达到大学期望的结果）的时间和精力，以及学校引导学生参加特定活动所做的努力。[①] 目前，学生投入是美国使用次数最多的调查工具——全国大学生学习性投入调查（NSSE）的重要理论来源。在学生投入的40个功能领域中，研究者对学生投入过程中的课堂学习、生师互动、同伴互动、课外活动等进行了广泛研究，指出学生的学业成果受到学生参与大学经历的学术和社会方面的时间的影响。帕斯卡瑞拉和特伦兹尼（Pascarella & Terenzini）发现：大学对学生的影响取决于学生的个人努力、学生参与大学的学术、人际交往和课外活动等情况。[②] "I-P-O"（Input—Process—Outcome）是帕斯卡瑞拉用来解释学生变化的模型，"I"代表输入，"P"代表过程，"O"代表结果。生师互动对学生学习的影响也使用了同样的结构，即：学生和教师是输入，互动是过程，学生的学习成果是结果。影响过程的因素是生师互动的目的、频率和质量。[③] 教师是高等教育机构提供的资源，学生应该主动与其进行互动，并在其中获得学业进步和成长发展。

学生的投入取决于内部资源以及在学生生活中存在或缺失的外部支持。[④] 学生的内在体验，如自我效能（self-efficacy）等属于内部资源，而支持性的生师互动是外部资源。研究表明，学生与教师的持续性和实质性接触是建立良好师生关系的基础，而师生关系的质量对于高等教育机构的学生参与、满意度和学习至关重要。[⑤] 生师互动增加了学生积极参与学习的可

[①] G. D. Kuh, "What Student Affairs Professionals Need to Know about Student Engagement," *Journal of College Student Development*, 2009 (6): 683-706.

[②] E. T. Pascarella, P. T. Terenzini, *How College Affects Students* (San Francisco: Jossey-Bass, 2005): 602.

[③] S. A. Bluestein, Qualitative Inquiry of the Impact of Student-Faculty Interaction on Academic Dishonesty in the Community College (Ph. D. diss., California State University Northridge, 2012).

[④] D. P. Martin, S. E. Rimm-Kaufman, "Do Student Self-Efficacy and Teacher-Student Interaction Quality Contribute to Emotional and Social Engagement in Fifth Grade Math?," *Journal of School Psychology*, 2015 (5): 359-373.

[⑤] S. Richardson, A. Radloff, "Allies in Learning: Critical Insights into the Importance of Staff-Student Interactions in University Education," *Teaching in Higher Education*, 2014 (6): 603-615.

能性，有利于促使学生受到良好的教育。[1] 如果一个学生具有丰富的内部资源，他（她）就可以很好地面对挑战，更多地参与学习；反之，如果一个学生没有这些内部资源，他（她）就不太可能主动参与学习。因此，在学生缺乏内部资源的情况下，高等教育机构就需要运用外部资源，发挥其补偿作用，提高学生的参与度。学生的自我效能感和支持性的生师互动分别是促进学生参与的内在和外在因素。[2] 了解内部和外部资源对促使学生参与学习、提高学生的学习效果非常重要，而探究生师互动的性质和质量是理解学生参与的基础。[3]

（二）学生验证理论（Theory of Student Validation）[4]

20世纪90年代初，美国教育部（States United Department of Education, ED）资助了总部设在宾夕法尼亚州立大学的国家中学后教、学与评估中心（the National Center for Postsecondary Teaching, Learning and Assessment）。[5] 该中心的一个关键研究领域是大学过渡。作为该中心知名的研究人员和学生事务领导者之一，伦登于1994年围绕大学过渡主题开展了一项焦点小组访谈的定性研究。通过访谈，伦登发现：一方面，低收入家庭的学生和富裕家庭的"传统"学生向大学过渡的方式差异很大；另一方面，在某些时候，低收入的学生突然开始相信自己是有能力的大学生，并不是因为他们的大学参与，而是因为有些人在大学内外主动接触他们，让他们相信自己具有天生的学习能力。[6] 随后，她根据研究成果撰写了一篇名为《验证文化

---

[1] S. Richardson, A. Radloff, "Allies in Learning: Critical Insights into the Importance of Staff-Student Interactions in University Education," *Teaching in Higher Education*, 2014 (6): 603 – 615.

[2] D. P. Martin, S. E. Rimm-Kaufman, "Do Student Self-Efficacy and Teacher-Student Interaction Quality Contribute to Emotional and Social Engagement in Fifth Grade Math?," *Journal of School Psychology*, 2015 (5): 359 – 373.

[3] R. C. Pianta, B. K. Hamre, J. P. Allen, "Teacher-Student Relationships and Engagement: Conceptualizing, Measuring, and Improving the Capacity of Classroom Interactions," in Christenson and Sandra, eds., *Handbook of Research on Student Engagement* (US: Springer, 2012): 365 – 386.

[4] 本节部分内容已形成阶段性研究成果——《国外生师互动不足的归责——基于两种学生发展理论的比较研究》，2018年8月发表于《当代教育科学》第8期。

[5] S. Munoz, L. Rendon, "Revisiting Validation Theory: Theoretical Foundations, Applications, and Extensions," *Enrollment Management Journal*, 2011 (5): 12 – 33.

[6] S. Munoz, L. Rendon, "Revisiting Validation Theory: Theoretical Foundations, Applications, and Extensions," *Enrollment Management Journal*, 2011 (5): 12 – 33.

多元的学生：迈向学习和学生发展的新模式》（Validating Culturally Diverse Students: Toward a New Model of Learning and Student Development）的论文，发表在《创新高等教育》（Innovative Higher Education）学术期刊上。[1] 伦登在该文中正式提出了一种新的学生发展理论，即学生验证理论。学生验证理论认为，对于一些学生，特别是那些不熟悉大学文化的一年级新生，或不习惯于利用大学活动和机会进行互动和参与的学生来说，参与互动并不是一件容易或自然的事情。然而，当这些学生由教师、同学、家庭或朋友进行验证时，他们会感觉到自己有学习能力，并体验到一种自我价值感，开始相信自己可以在大学中获得成功。[2] 学生验证理论主要包括下面六项内容。

第一，验证是一种激励、肯定和支持的过程。[3] 学生验证理论认为，以教师为主的高等教育机构验证代理人可以通过有效的学生验证，激发学生的学习热情和动力，使学生获得一种自我存在的价值感，同时，会使学生感受到他们是作为一个"独立的个体""真正的人"，而不是仅仅作为一个"学生"而被关心和支持。

第二，验证旨在于课堂内外促进学生的学术和人际关系发展。国外高等教育研究者和管理者重视在课堂内外两个场景中营造积极的学生验证氛围，并且这两个场景的验证都包含学术和人际交往验证两种形式。

一是课堂之内的学生验证氛围。积极的课堂氛围可以让学生感到自己受人尊敬、支持、重视。在课堂学术验证中，教师是主要验证代理人，他们必须注重营造积极的课堂氛围。验证课堂赋予学生更强的信心、尊重和自由学习气氛。[4] 在课堂验证过程中，教师必须对学生的能力和素质进行全面了解，并在此前提下帮助学生参与课程活动。一般情况下，教师会通过

---

[1] L. I. Rendon, "Validating culturally diverse students: Toward a new model of learning and student development," *Innovative Higher Education*, 1994 (1): 33 – 51.

[2] G. E. Bongolan, "Perceptions and Expectations of the Initiation of Student-faculty Interaction Outside of Class at a Community College," *Transactions of the Chinese Society for Agricultural Machinery*, 2012 (2): 195 – 210.

[3] L. I. Rendon, "Validating culturally diverse students: Toward a new model of learning and student development," *Innovative Higher Education*, 1994 (1): 33 – 51.

[4] L. I. Rendon, "Beyond Involvement: Creating Validating Academic and Social Communities in the Community College," *Academic Achievement*, 1994 (8): 1 – 15.

一种可以进行验证的方式设置教室，如邀请一些与教室中学生的家庭和社会背景相似的成功人士进入教室，以此来确认学生的生活经历，肯定学生获得学业成功的可能性；为学生提供见证自己作为有能力的学习者的机会；从学生的个人经验中引发所要传达的知识主题；积极主动地接触学生并为学生提供学术援助；提供积极的学习反馈；创造一种类似家庭的学习氛围；等等。在课堂人际交往验证方面，教师、辅导员在课堂上为学生提供学术帮助，并且鼓励和支持学生之间进行相互验证，进而使学生建立起自己的社交网络。

二是课堂之外的学生验证氛围。一是在课堂之外的学术验证中，教师、管理者等都有义务和责任帮助学生进行课外学习。有学生将课外学术验证描述为："'真正的学习'发生在大学的野餐桌上，社会化和学习一样都发生在这里。"[1] 总之，课堂之外的学术验证营造了一种联结大学认知和社会维度的制度氛围，使真正的学习超越了教室里发生的事情。[2] 二是在课堂之外的人际关系验证中，高等教育机构注重创造一种友好、舒适的校园氛围，构建一个充满有效验证的校园。验证校园表现出不冷漠和不敏感的样态，能有效地避免残疾学生、贫困学生等学生群体遭受歧视的情况。在验证校园中，学生可以随时随地接触到教师，并与教师建立健康积极的关系，从而营造有效的人际验证氛围。

第三，各类验证代理人发挥积极的验证功能。在许多方面，任何一个学生的成功转变都是一个合作的活动，包括个人和成功的意愿，以及其他愿意帮助学生取得成功的人。[3] 在这里，验证代理人就是帮助学生取得成功的人。因此，促使不同身份的验证代理人发挥学生验证功能，更有利于帮助学生取得成功。课堂上的验证代理人包括教师、辅导员、同学、实验室导师和教学助理；课堂外的验证代理人可以是重要他人、家庭成员、朋友、学校工作人员等。

一是以教师为代表的院校机构人员对学生的验证。高等教育机构的工

---

[1] L. I. Rendon, "Beyond Involvement: Creating Validating Academic and Social Communities in the Community College," *Academic Achievement*, 1994 (8): 1 – 15.

[2] L. I. Rendon, "Beyond Involvement: Creating Validating Academic and Social Communities in the Community College," *Academic Achievement*, 1994 (8): 1 – 15.

[3] P. T. Terenzini, L. I. Rendon, M. L. Upcraft, et al., "The Transition to College: Diverse Students, Diverse Storie," *Research in Higher Education*, 1994, 35 (1): 57 – 73.

作人员在为学生提供学术和人际关系验证方面发挥了核心作用,而教师提供了验证的主要来源。[1] 教师作为高等教育机构的代理人之一,可以通过对学生的验证,影响学生整合和学生在大学中的坚持。[2] 在教师的帮助和努力下,学生会更加勤奋地学习,进而取得良好的成绩,而良好成绩的取得会使他们更容易得到验证,由此形成良性循环。值得注意的是,教师使用验证并不意味着教师必须对学生降低学术期望。相反,教师对学生的验证行为如同一座桥梁,实现学生高愿望与教师高期望之间的联结,从而支持学生的学术成功和坚持。[3] 学生在受到教师高期望的学术验证时,会对自己的学习能力充满信心,表明希望继续学习的决心和态度。教师在个人层面上给予学生具体的建议和资源,以及提供有益的反馈,可以提高学生的学术技能。如果教师将对学生个体的关注、教师支持和班级同学的融合,以及其他校园验证等相关联,将能够为学生创造更好的归属感。[4] 研究表明,在一个班级中,教师如果能熟悉并识别所有学生的姓名,将对学生的整体归属感具有更大的贡献。[5] 也就是说,教师和其他教育工作者在验证大学生的过程中,可以对历史上边缘化的大学生产生补偿效应。也有研究者认为,验证是激发对完成大学抱有的积极态度或看法的重要组成部分,而教师的验证对男性教育的成功尤为重要。[6] 具体而言,如果男性获得更多的教师验证,特别是当他们在高压力下获得较多的教师验证,他们则更有可能获得高程度的学习效能感,而提高学习效能感对大学男性的成功具有正效应,

---

[1] L. I. Rendon, R. J. Jalomo, "Validating Student Experience and Promoting Progress, Performance, and Persistence through Assessment," *Academic Achievement*, 1995 (2): 1–29.

[2] E. A. Barnett, "Faculty Validation and Persistence among Nontraditional Community College Students," *Community College Research Center Teachers College Columbia University*, 2008 (2): 1–26.

[3] A-G. Nancy, D. G. Solorzano, R. E. Santos, et al., "Latinas/os in Community College Developmental Education: Increasing Moments of Academic and Interpersonal Validation," *American Association of Hispanics in Higher Education*, 2015, 14 (2): 101–127.

[4] D. Hester, Influences of Faculty Validation on Community College STEM Students' Persistence and Success (Ph. D. Diss., California University, 2011): 45.

[5] M. J. Stebleton, K. M. Soria, M. B. Aleixo, et al., "Student-Faculty and Peer Interactions among Immigrant College Students in the United States," *Multicultural Learning & Teaching*, 2012, 7 (2): 1–21.

[6] AMG Palacios, "Perceptions of Degree Utility Among Men of Color: Comparing Interactions Across Validation, Stressful Life Events, and Race," *Journal of Progressive Plicy&Practice*, 2014 (2): 165–176.

会进一步促使他们取得成功。这些发现进一步强调了师生关系的重要性，尤其是当学生处于较强的压力水平时。

二是以家庭为核心的其他相关人员对学生的验证。这里的其他相关人员主要包括同学、配偶、父母、亲戚等，他们都是重要的外部验证代理人，不仅为学生提供学术验证，还会为学生提供人际验证。在其他相关人员对学生的验证中，主要有以下两类人员扮演着重要角色。一是同伴。非正式的同伴导师为学生提供了动力和指导。[1] 验证理论强调团队合作的重要作用。在同伴之间的相互验证中，学生相互配合，与他人合作，分享信息。二是父母或配偶。对学生而言，其父母和配偶是关注和支持其学业成功的重要他人。已有研究表明，父母或配偶在支持新生适应新环境方面能发挥关键作用。[2] 目前，国外许多高等教育机构都制定了父母或配偶参与的引导计划（the Orientation Program），而第一代学生的父母或配偶对于这项计划的需求表现得更为强烈。这也要求学生的父母或配偶，特别是第一代学生的父母或配偶，通过掌握一定的验证技能，帮助学生了解学术的性质和时间要求，以及应对他们将遇到的经济、学业等方面的压力。总之，其他相关验证代理人总是以复杂和交织的方式验证和支持学生，在为学生提供经济援助和情感支持的同时，鼓励学生顺利完成学业。

第四，验证发生在连续统一体中，学生在不同时间和不同场合经历不同程度和形式的验证。[3] 大学期间对学生的验证是持续性的，而且，验证在大学的第一年或上课的初始几周最有效。[4] 对于大一新生而言，学生本身存在差异，如：社会、家庭、教育背景、个性差异；教育和职业意向；参加高等教育机构的性质和使命；遇见同龄人、教职员工和工作人员的种类；与这些人相遇的目的和性质；所有这些变量的相互作用；等等。这些都会

---

[1] J. Tang, S. Kim, D. Haviland, "Role of Family, Culture, and Peers in the Success of First-Generation Cambodian American College Students," *Journal of Southeast Asian American Education and Advancement*, 2013, 8 (1): 1 – 21.

[2] P. T. Terenzini, L. I. Rendon, M. L. Upcraft, et al., "The Transition to College: Diverse Students, Diverse Stories," *Research in Higher Education*, 1994, 35 (1): 57 – 73.

[3] L. I. Rendon, R. J. Jalomo, "Validating Student Experience and Promoting Progress, Performance, and Persistence through Assessment," *Academic Achievement*, 1995: 1 – 29.

[4] L. I. Rendon, "Validating Culturally Diverse Students: Toward a New Model of Learning and Student Development," *Innovative Higher Education*, 1994 (1): 33 – 51.

影响他们从高中或工作到大学过渡的性质和动态。而这一过渡过程是一个由家庭、人际关系、学术和组织构成的彼此高度相关的网络，它们之间相互拉扯和推动，共同塑造了学生的学习和坚持。① 换言之，大学一年级新生实现高中或工作阶段到大学阶段的过渡涉及许多方面，这是一个非常复杂的过程。如果高等教育机构仅为他们提供参与机会，他们就很可能出于自身差异的原因而主动放弃参与大学活动。而要使多样化的学生都能顺利过渡到大学阶段，高等教育机构就必须在他们进入大学的初期，为他们创建课堂内外的学术和人际关系验证环境，将大学和社会有效衔接起来，使他们在个性化和友好的校园氛围中获得学业成功和个人发展。此外，高等教育机构和政策制定者还可以通过加深对不同类型学生过渡特征的认识、为学生成功过渡到大学提供早期验证、让教师参与新生导向计划、指导父母以及学生参与验证、引领机构改变满足学生过渡和学习需求的方式等措施，帮助大多数新生成功过渡到大学阶段。②

第五，验证可以数量和质量表示。验证数量即验证代理人接触学生支持或鼓励的次数，验证质量即接受验证的程度。③ 学生的学习和成长直接与其获得的验证次数、程度、形式等相关。不管是传统学生还是非传统学生，学术和人际活动都是他们共同关注的焦点，也是他们成功实现大学过渡的关键内容。因此，具有不同文化和社会背景的大学生都需要验证代理人对其进行不同程度和不同数量的验证，特别是对于第一代大学生、大一新生、少数民族大学生等特殊学生群体的验证数量和质量应明显不同于其他学生群体。

第六，验证本质上是一种互惠行为。④ 当教师、辅导员或管理者进行学生验证时，学生的转变经验也会反过来验证教师、辅导员或管理者的行为。

虽然学生验证理论的提出较晚，但许多学者提出的理论观点与验证理

---

① P. T. Terenzini, L. I. Rendon, M. L. Upcraft, et al., "The Transition to College: Diverse Students, Diverse Storie," *Research in Higher Education*, 1994, 35 (1): 57–73.
② P. T. Terenzini, L. I. Rendon, M. L. Upcraft, et al., "The Transition to College: Diverse Students, Diverse Storie," *Research in Higher Education*, 1994, 35 (1): 57–73.
③ L. I. Rendon, R. J. Jalomo, "Validating Student Experience and Promoting Progress, Performance, and Persistence through Assessment," *Academic Achievement*, 1995 (2): 1–29.
④ L. I. Rendon, R. J. Jalomo, "Validating Student Experience and Promoting Progress, Performance, and Persistence through Assessment," *Academic Achievement*, 1995 (2): 1–29.

论的一些关键要素存在很强的一致性,又从某种程度上支持了验证理论。这些理论包括创建包容性环境的 ABC 模型（ABC Model of Creating Inclusive Environments）、社区文化财富模式（Community Cultural Wealth Model）、知识基金（Funds of Knowledge）、解放教育学（Liberatory Pedagogy）、关怀伦理（Ethic of Care）等。[1] 随着越来越多的国外教育研究者和管理者关注学生验证理论,学生验证也得到了进一步应用与发展。验证可以定量形式即验证代理人接触到学生,支持或鼓励学生的次数反映出来,同样,验证也可以定性形式即学生接受的验证程度和形式反映。[2] 从已有学生验证理论的研究方法来看,研究者主要采用定性研究方法,而较少采用定量研究方法。从验证代理人的研究来看,教师成为研究者关注的焦点,具有代表性的研究如:巴尼特（E. A. Barnett）提出教师验证子结构,从而帮助人们更好地理解验证的结构意义;赫斯特（D. Hester）通过对 STEM 学生的验证研究表明,从学生对教师验证的认知中,可以预测 STEM 学生的成功率与持续性。也就是说,学生对验证的看法被证明是学术成功的有力预测因素。[3] 另外,研究者对验证对象的研究也呈现多样化趋势,如对少数民族大学生的验证研究、对非传统大学生的验证研究等。这些研究不只发展了学生验证理论,也进一步拓展了学生验证的实践范围,更好地促进了学生学习和成长发展。总体而言,国外学生验证的实践价值主要表现在以下五个方面。

第一,学生验证符合高等教育向学习范式转型的改革要求。学生验证关注的是每个学生的发展,体现了"以学生为中心"的教育理念,促使高等教育加速从传授范式向学习范式转型。学生验证理论意识到,传统教学的线性模式,即知识只能从教师到学生流动的教育教学模式,并不适合所有学生。学生验证理论提倡的学习方式,如带领学生进行实地考察,帮助学生组成学习团队、构建学习,促使学生们产生不同的观点,等等,与学习范式的要求一致。在这种情境下,教师与学生的角色发生了转变:教师的角色是为学生制定高标准,鼓励和引导学生学习,使学生相信自己真正

---

[1] S. Munoz, L. Rendon, "Revisiting Validation Theory: Theoretical Foundations, Applications, and Extensions," *Enrollment Management Journal*, 2011（5）: 12 - 33.

[2] L. I. Rendon, R. J. Jalomo, "Validating Student Experience and Promoting Progress, Performance, and Persistence through Assessment," *Academic Achievement*, 1995（2）: 1 - 29.

[3] D. Hester, Influences of Faculty Validation on Community College STEM Students' Persistence and Success（Ph. D. Diss., California University, 2011）: 119, 168.

有能力学习,是学生学习的设计者、激励者和支持者。基于这种认识,学生将更加有动力去学习,成为学习的构建者、发现者和创造者。学生验证模式强调了学生的主动性,能有效预防教师仅为使学生通过考试而降低学习标准的弊端。

第二,学生验证理论完善和丰富了学生投入/参与理论。在高等教育领域中的学生参与理论大行其道的背景下,我们将学生的学业成功与成长发展寄希望于学生的个人努力。学生参与通常被认为是感兴趣的学生自己应该做的事情。机构在促进学生参与方面的作用无所不在,表现为:高等教育机构只是给学生提供参与机制,如学生组织、学习中心和课外活动等。这就造成了一种"梦想领域"的心态——如果你建立它们,学生自然会来参与。[①] 对于一些有能力获得参与机会的学生而言,参与是比较容易的事情。但是,如果高等教育机构只是提供参与机会,而没有采取主动、积极的行动,对于处于被动地位的学生或不了解如何充分利用高等教育系统的人来说,就是行不通的。也就是说,尽管高等教育做出了一些机制方面的努力,但许多学生仍然不会参与进来,甚至会选择逃避参与。此时,如果在他们的大学生活经历中,有来自教师、学校管理者、朋友或家庭成员的验证,很可能就会使他们变得异常兴奋,并参与进来。也就是说,学生验证恰好为学生参与创造了条件。验证代理人不但可以主动与学生保持联系,而且能够确认学生有能力进行学术工作,支持学生的学术活动和社会发展,使那些在验证之前没有认识到自己可以主动参与的学生,充分利用自己的参与机会。总之,验证可以作为学生参与的先决条件。学生验证理论促使更多的学生通过验证代理人的帮助,充分利用高等教育机构提供的各种资源条件,更多地参与大学生活,获得学业进步和个人发展。高等教育研究和管理人员对验证理论的探究也进一步完善和丰富了学生参与理论。

第三,学生验证研究有利于构建学生学习和发展的新模式。过去,高等教育机构的相关人员倾向于在学生发展旧模式的背景下,不断开发新的学生支持计划,帮助学生适应高等教育机构的生活。诚然,这种方式在某

---

① L. I. Rendon, "Beyond Involvement: Creating Validating Academic and Social Communities in the Community College," *Academic Achievement*, 1994 (8): 1–15.

些情况下或在一定程度上是适当的。① 但是,伴随新一代大学生的到来,那些与学生的学习生活密切相关的大学教师或管理者,必须反思学生学习和成长的旧模式,并做出深层次的改变,以适应新一代大学生的特点,满足他们多样化的学习和人际交往需求。新一代大学生群体不仅包含部分传统学生,还包含许多非传统学生,如返回校园的年长学生、低收入学生、第一代大学生、少数民族学生以及许多来自工薪阶层的妇女等。许多非传统学生在来到大学后失去了方向感,很难在没有机构干预的新环境下获得蓬勃发展。他们需要在验证代理人发起的验证中适应机构生活。但是,高等教育中的学生发展旧模式只适合传统学生,面对新一代大学生,这些旧的做法和惯例必须被新政策和做法所取代,因为只有新政策和做法才能适应今天的新一代大学生的发展需求。在这种情况下,我们必须依据学生验证研究,构建学生学习和发展的新模式。

第四,积极的学生验证将更有效地促使所有学生获得成功。在学生验证过程中,家庭成员、同龄人、教职员工等验证代理人,将与学生共同经历一系列课堂内外的验证体验。这些体验对于学生而言,是其在实现自我肯定的过程中必须经历的。验证能使学生感觉到自己有学习能力,他们及其所有的东西都会被接受并被认为是有价值的。在这个过程中,学生发现自己新的能力或达到以前认为自己无法实现的成就,并表明他们能够在大学取得成功。特别是对于经历失败的学生、低估自己成功能力的学生、缺乏关怀的学生等特殊学生群体而言,验证可以帮助他们获得自信以及"我可以做到"的态度,使他们相信自己有学习能力,进而变得对学习有热情。② 此外,在验证过程中,学生以前的工作和生活经验,也将作为知识和学习的合法形式,被认定为对课堂内外的学习有贡献和有价值。③ 特别是对于非传统学生而言,他们在来到大学后需要一种方向感,并渴望得到指导,

---

① P. T. Terenzini, L. I. Rendon, M. L. Upcraft, et al., "The Transition to College: Diverse Students, Diverse Storie," *Research in Higher Education*, 1994, 35 (1): 57 – 73.
② S. Munoz, L. Rendon, "Revisiting Validation Theory: Theoretical Foundations, Applications, and Extensions," *Enrollment Management Journal*, 2011 (5): 12 – 33.
③ P. T. Terenzini, L. I. Rendon, M. L. Upcraft, et al., "The Transition to College: Diverse Students, Diverse Storie," *Research in Higher Education*, 1994, 35 (1): 57 – 73.

而这种指导并非屈尊俯就的方式。[①] 其中，对于非传统学生中的第一代大学生来说，完成大学学业并不是其家庭传统或期望的一部分，相反，他们会认为上大学是在破坏而不是承继家庭传统。在大学学习过程中，第一代大学生面临着社会和文化等方面的过渡困难，这会让他们感觉到上大学是他们生命历程中的重大障碍，他们甚至对自己的成功能力怀有许多疑问。[②] 此时，教师、学校管理者、学生组织成员等对他们的指导，可以促使他们顺利过渡到大学，并取得成功。总之，积极的学生验证可以使学生的视野更加开阔。同时，学生也将在验证过程中，发现自己的新能力和新目标，从而拥有强烈的个人满足感，这也将促使他们尝试不同的"角色"，探索"新自我"，最终获得更高的学业成就。

第五，具有成效的学生验证有利于实现教育公平。学生验证理论遵循社会公平和正义的基本原则，为教育研究者和从业者提供了一种全新的视角，使他们能够在克服压迫教育弊端的前提下，创造解放的教室环境，并将以往服务不足的学生（the Underserved Students）改造成为强大的学习者。[③] 在学生参与已成为高等教育研究的主导范式的背景下，学生被视为自发和自我激励的角色形象，他们为表现承诺、参与、自我规制和目标导向等行为做出了努力。[④] 基于此认识，人们往往将教育成果中的不平等视为学生缺乏准备或努力的问题，而不是高等教育机构的教学方法、支持机制，或是对少数民族学生抱有看法等问题。也正是出于上述原因，高等教育实践者很少质疑自己的做法。然而，事实上，有些学生可能不知道如何参与，或者他们可能无法参与。另外，参与质量也可能因社会经济地位、民族、性别而呈现差异。艾丽西亚·多德和兰迪·科恩（Alicia Dowd & Randi Korn）指出，包括在 NSSE 和社区学院学生参与调查（Community College Survey of Student Engagement，CCSSE）中的学生努力措施，反映了中产阶级

---

① L. I. Rendon, "Community College Puente: A Validating Model of Education," *Educational Policy*, 2002, 16 (4): 642-667.
② N. J. Evans, D. S. Forney, F. M. Guido, et al., *Student Development in College: Theory, Research, and Practice* (2nd Edition) (San Francisco: Jossey-Bass, 2009): 32.
③ S. Munoz, L. Rendon, "Revisiting Validation Theory: Theoretical Foundations, Applications, and Extensions," *Enrollment Management Journal*, 2011 (5): 12-33.
④ E. M. Bensimon, "The Underestimated Significance of Practitioner Knowledge in the Scholarship on Student Success," *The Review of Higher Education*, 2007, 30 (4): 441-469.

的文化和价值观念,但他们没有考虑到与少数民族学生有关的"文化努力"。[1] 因此,不能根据学生的社会经济地位、种族、民族或性别等差异,而限制他们对职业成功和"美好生活"的向往,所有学生都必须有平等的机会受益于他们的教育经验。[2] 学生验证理论的研究可以引导高等教育机构的相关人员转变传统观念,明确认识到学生需要积极参与学习过程,并为所有学生提供一个公平、民主参与的空间。

总之,学生验证的过程也是一个营造积极情感氛围的过程,这种积极的情感氛围能促使学生更多地参与高等教育机构的学习生活。在学习范式下大学教学中的生师互动研究中,我们可以将学生验证视为学生参与生师互动中的重要影响因素之一,而重要的验证代理人——教师为学生提供足够的验证,或许是学生充分参与生师互动的重要因素。因此,从这一视角进行探究并提出促进学生参与生师互动的有效对策,可能会使大学教学中的生师互动状况得到改善。

二 交往教学理论

人们通过交往形成社会关系,同时,人们也必须在一定的社会关系中进行交往。在西方哲学研究中,马克思、胡塞尔、马丁·布伯、雅斯贝尔斯、哈贝马斯等学者都对交往理论进行了论述。马克思在《德意志意识形态》中指出,"生产"将人与动物区别开来。人同时进行着两种"生产",即生活资料的生产和物质生活本身的生产。人们之间的交往是"生产"的前提,并且,"生产"决定着人们之间的交往形式。[3] 也就是说,人口的增长促使人们之间开始进行交往活动,由此也促进了"生产",而生产又决定着人们的"交往形式"。在马克思的论述中,交往以"Verkehr"表示,"Verkehr"是德语,中文意思为交通、交往、交换、贸易等。由此可以看出,德语中"交往"的含义非常广泛。马克思的交往论也正突出了"交往"的普适性概念。在马克思看来,交往不仅包括微观层面的人与人之间的交

---

[1] E. M. Bensimon, "The Underestimated Significance of Practitioner Knowledge in the Scholarship on Student Success," *The Review of Higher Education*, 2007, 30 (4): 441 – 469.

[2] P. T. Terenzini, L. I. Rendon, M. L. Upcraft, et al., "The Transition to College: Diverse Students, Diverse Storie," *Research in Higher Education*, 1994, 35 (1): 57 – 73.

[3] 《马克思恩格斯文集》(第1卷),人民出版社,2009,第520页。

往，还包括国家、民族、行业等之间的交往。就微观层面而言，人之所以要交往，是因为人的本质是社会性的，人们在以物质资料生产为基础的社会交往活动中直接形成和发展一定的社会关系，而这种社会关系又反过来决定人的本质。社会关系一旦形成，便会制约交往活动的范围、内容、方式等。由此可知，马克思所理解的"交往"，实质上是交往活动、交往形式以及交往关系的总和。在论著中，马克思及其"战友"多次围绕"交往"论述"人对人的作用""人们的交互作用""个人的相互作用"等问题。特别是在论述人的全面发展时，马克思强调了交往对人的全面发展的重要作用。马克思认为，只有当人与人进行交往时，才能将潜在的生产力转化为现实的生产力，而这种现实的生产是人实现全面发展的物质基础。

哈贝马斯将行为概念分为四类，即目的行为、规范调节行为、戏剧行为、交往行为。在他看来，交往行为就是两个主体之间的互动，并且，这里的交往主体必须具备一定的言语能力和行为能力。[①] 哈贝马斯认为，交往行为就是要建立行动者与外部世界的联系。在两者关联的过程中，作为媒介的"语言"将客观世界、主观世界和社会世界置于一个达成沟通的理论框架下，并使这三个世界形成一个用于协调交往行为的整合系统。"语言"在交往行为中的"表达"作用，能够帮助行动者实现沟通目标。但是，言语行为并不等同于交往行为。除了"语言"作用于交往行为之外，"理解""意图""认同"等也在交往行为中发挥着重要的作用。为了获得对方的理解和信任，人们必须用正确的言语，并以真诚的态度表述自己真实的想法和意图，由此形成彼此的默契行为。而要做到让对方理解和信任自己，双方必须基于某种认同。从某种程度上说，理解与认同是彼此依存的，当人们做到"相互理解""彼此信任""共享知识"时，才有可能达成认同。反之，如果人们之间不能达成认同，交往行为就会中断或终止。根据哈贝马斯的论述，交往行为的中心是交往行为的合理性。

除上述两位学者对"交往"的论述外，胡塞尔等也为交往理论的发展做出了重要贡献。胡塞尔交往研究的核心范畴是"交互主体性"和"生活世界"。胡塞尔认为，"交互主体性"在人们的生活世界中起着决定性作用。

---

① 〔德〕尤尔根·哈贝马斯：《交往行为理论》（第一卷）《行为合理性与社会合理化》，曹卫东译，上海人民出版社，2018，第115页。

"交互主体性"意味着交往共同体之间是一种民主型关系,不是目的型或工具型关系。胡塞尔强调"感知""意识"等在交往中的作用。他认为各个"分离的"意识为交往提供了可能性,而使交往得以进行的两种途径分别是身体感知的途径以及发自身体感知动机的途径。① 交往双方基于"直接的同感经验",使"一个感知"引发"另一些感知","一个意识"联结"另一个陌生意识",由此将许多孤立的"意识流"组成一个新的领域。在这个新的领域中,交往主体之间以言语、符号等为中介,在同感的动机联系下,将这些"意识流"与"我的意识流"相联结,使之在交往中发挥影响力。

马丁·布伯的交往理论也极具代表性。马丁·布伯认为,"我"因与"你"相遇而进入"你"的关系中,这里的"关系"同时扮演着"被择者"和"选择者"、"施动者"和"受动者"的角色。② 教师与学生的关系就是一种纯粹的"我—你"对话关系。这种师生关系建立在师生相互尊重、相互信任的基础上,以语言和倾听为中介实现双向的、全面的沟通。教师要激发学生的潜能,就必须将学生视为"伙伴",并且肯定学生既具有潜在性又具有现实性的特定人格。③ 教师与学生进行教育交往时,教师不但要站在自己的立场影响学生,而且要进行换位思考,充分考虑学生的感受,把学生的人格作为一个整体对待,这样,教师对学生的影响才能具有"整体意义"。

雅斯贝尔斯始终将交往作为自己哲学研究的中心议题。他将交往理解为通过以语言为基础的信息交流而形成的人与人之间"有意识的理解共同体"。他认为人在与他人交往时才能成为实在的人,即人的存在必须是与人共在的。雅斯贝尔斯根据交往的性质将交往分为两种类型:"此在交往"和"生存交往"。④ 在他看来,"此在交往"与"生存交往"相互依赖。"生存交往"以生存为前提,而"此在交往"形成的共同体使追逐不同目标的人联结在一起,但是这种联结并没有达到生存的深度。出于对交往的重视,

---

① 〔德〕胡塞尔:《胡塞尔选集》(下),倪梁康选编,上海三联书店,1997,第858页。
② 〔德〕马丁·布伯:《我与你》,陈维纲译,生活·读书·新知三联书店,1986,第26页。
③ 〔德〕马丁·布伯:《我与你》,陈维纲译,生活·读书·新知三联书店,1986,第158~159页。
④ 梦海:《交往是人类大同之路——论雅斯贝尔斯的交往理论》,《求是学刊》1998年第5期,第40~43页。

雅斯贝尔斯将"生命的精神交往"列为大学的四项任务之一。① 此外,雅斯贝尔斯还从全球现实出发,深入探讨了总体交往理论。总体交往扩展了对话的范围,使对话的前提从两个人的对话扩展至公众的对话,并使人类基于理性意愿而达到世界和人类的统一。雅斯贝尔斯在其所著的《什么是教育》一书中,对教师与学生微观层面的交往做了具体论述。他认为,大学中的教师与学生应该毫无限制地围绕"科学知识"和"精神生活"进行交往,这样才能形成完整的统一体。在以"科学知识"为主题的交往中,教师或学生通过陈述观点,与对方展开讨论,以证明或质疑观点;在以"精神生活"为主题的交往中,教师与学生关注的是对方想要表达的观点或看法,讨论没有胜负之分,也不会形成最终结论。需要注意的是,在交往过程中,教师与学生都要尝试接纳对方的观点,并学会站在对方的立场考虑问题。

20世纪70年代初,德国的教学论学派开始重视对师生关系对于教学的重要影响的研究。K.沙勒（K. Schaller）与K-H.舍费尔（K-H. Schafer）首次提出了以师生交往为内容的教学论思想,他们在与其他教学论专家探讨的基础上,使交往教学论思想不断丰富且更具系统性,最终促进了交往教学论学派的形成。② 在交往教学论学派的形成与发展过程中,法兰克福学派的批判理论对其影响较深。法兰克福学派强调自由、合作、民主等人本主义的观点,其批判理论关注理论本身,排斥实证主义的研究方法,反对实证主义对"价值中立的社会事实"进行客观描述和检验,在法兰克福学派看来,所有的社会事实都不是价值中立的。③ 受法兰克福学派批判理论的影响,交往教学论学派认为,以往的教育研究将教育视为一种事实,注重用实证主义的态度对教育事实进行描述、试验和测量,是一种应用研究,忽视了教育研究的理论层面,不利于学生个性的发展以及"自我实现"需要的满足。从交往教学理论来看,教师与学生之间的交往是达成学生实现"解放"这一最高目标的重要途径。"解放"就是强调学生个性的"自我实现",使学生从受人支配和压制的境况中解脱出来,培养独立自主的能力,

---

① 〔德〕雅斯贝尔斯:《什么是教育》,邹进译,生活·读书·新知三联书店,1991,第149页。
② 李其龙编著《德国教学论流派》,陕西人民教育出版社,1993,第118页。
③ 〔英〕雷克斯、古普森:《批判理论与教育》,吴根明译,（台北）师大书苑有限公司,1988,第5页。

养成自我负责的态度。舍费尔认为，教师与学生之间的交往离不开两种相互作用的形式：对称和补充。① 对称意味着教师和学生的交往是平等的，两者均拥有话语权，不存在任何人享有特权的情况，也不存在支配与被支配、压制与被压制的关系；而补充则是强调站在对方的位置上，弥补对方的不足，这种补充典型地表现在教师对学生的知识和理解的补充上。交往教学论视野下的生师互动更多的是一种"对称"的交往过程，虽然教学中的教师与学生的实际地位不平等，但两者都应该持有一种平等的态度，教师应该放弃权威，真正地与学生开展民主、平等、合作的交往，以帮助学生实现"解放"的目标。② 交往教学的过程就是教师与学生在教学活动中通过语言、信息、精神等交往，实现互动、共享、共创的过程。③ 教师只有在与学生亲密而友好的接触中，才能对学生施加有意识的、有目的的影响。综上看来，交往教学理论包括了以下三层含义：其一，学生与教师都是教学活动中的主体；其二，学生与教师在教学活动中通过对话、沟通、理解共同达成教育目标；其三，学生与教师在交往教学中形成民主、平等、合作的师生关系。

三 社会角色理论

角色通常又称为社会角色。社会角色（social role）与人的社会地位、身份等联系紧密，是基于人的特定社会地位和身份而形成的权利、义务、行为模式的统一体。④ 角色包含三层意思：第一层意思，个体的特定地位是由一定社会关系所决定的；第二层意思，个体所扮演的角色反映了社会、组织或群体对个体的期待；第三层意思，个体所扮演的角色应符合社会要求的行为规范。这就表明，社会行动者不仅要明确自己的地位和身份，还要遵守社会行为规范，并以正确的话语、姿态、表情等建构自己的角色。

美国学者米德是最早系统运用"角色"概念的人。随后，拉尔夫·林顿（R. Linton）、塔尔科特·帕森斯、R. K. 默顿（Robert King Merton）、E.

---

① 李其龙：《交往教学论学派》，《外国教育资料》1989 年第 6 期，第 17~24 页。
② 李其龙：《交往教学论学派》，《外国教育资料》1989 年第 6 期，第 17~24 页。
③ 田汉族：《交往教学论的特征及理论价值》，《教育研究》2004 年第 2 期，第 38~42 页。
④ 中国大百科全书总编辑委员会《社会学》编辑委员会、中国大百科全书出版社编辑部编《中国大百科全书·社会学》，中国大百科全书出版社，1991，第 311 页。

戈夫曼、乔纳森·特纳（Jonathan H. Turner）等对社会角色理论的发展做出了重要贡献。米德的符号互动理论由心灵、自我、社会三个重要组成部分构成，而这三个部分又都是紧紧围绕"角色"这个主题展开的。米德认为，"心灵"是"反思性智力"，仅为人类所拥有。[1] 人们之间的互动是基于不同刺激而做出的反思性行为，而语言作为一种有意义的符号，是人们实现互动的基础，决定着互动的过程。心灵就是以互动和语言为条件，逐渐形成并不断发展的。在米德的理解中，心灵更多的是一种过程，而非一种结果。心灵在接收外部的信息、接受外部的资料或经验时，会对这些外部刺激做出反应，但是，这种反应并非一种简单机械的反应，而是基于缜密筛选之后做出的反应。米德认为，人们在角色扮演的过程中实现"自我"的发展。这种角色扮演需要行动者参照他人的看法和态度。因此，米德将自我分为"主我"（I）和"客我"（Me）。米德认为，只有"客我"才能使"概括化了的他人"得以发展并内化为自我的组成部分。[2] 米德理论中的"社会"是自我在互动中承担"概括社会态度"的任务，对"组织化自我"的一种扩展。[3]

在社会学家乔纳森·特纳看来，行动者在互动过程中所遵守的社会行为规范不仅包括"社会结构中的规范"，还应包括行动者通过暗示对方而形成的"一致性的规范"。[4] 实际上，特纳将"社会结构中的规范"视为一种外显的规范，而将"一致性的规范"视为一种隐蔽的规范。在现实情境中，人们能够较容易地根据外显的规范做出角色行为评价，但是，对于隐蔽的规范，人们不太容易据此估量和分辨对方的角色行为。当人们对他人角色行为的估量和分辨有偏差时，角色冲突、角色矛盾、角色紧张等失范状态就会出现，此时，行动者就必须及时参照他人的反应做出行为调整，以表明自己能够恰当地扮演某类角色，进而固化特定的角色行为。由此可以看出，行动者的角色扮演是在互动过程中完成的。

---

[1] 〔美〕米德：《心灵、自我与社会》，霍桂桓译，华夏出版社，1999，第128页。
[2] 〔美〕W. D. 珀杜等：《西方社会学——人物·学派·思想》，贾春增、李强等译，河北人民出版社，1992，第284~285页。
[3] 〔美〕W. D. 珀杜等：《西方社会学——人物·学派·思想》，贾春增、李强等译，河北人民出版社，1992，第285页。
[4] 〔美〕乔纳森·特纳：《社会学理论的结构》（第六版）（下），邱泽奇等译，华夏出版社，2001，第50页。

角色扮演的过程需要经过三个环节,即对角色的期望、对角色的领悟、对角色的实践。[①] 互动即角色期望、角色领悟和角色实践三个环节之间的"动态联结点",而期望则是个体之间进行互动的核心动力机制。[②] 他人对行动者的角色期待、行动者对自我角色的领悟,以及行动者的角色实践是互动萌发和保持的依据。在角色期望环节,行动者的角色被他人赋予合法性期望,促使行动者按照适宜的行为方式动作;在角色领悟环节,行动者会充分展示自我概念,以表明对自我角色的领悟和认同程度;在角色实践环节,行动者建构起与一个或多个角色形成回应的互动框架,以便熟练且准确地扮演自我角色。需要强调的是,角色实践环节的自我角色扮演又体现了行动者对角色领悟的程度。角色正是通过角色扮演的过程得以固化,而一旦角色固化,角色结构形成,即代表他人已经确认并接受了行动者的角色行为,行动者的角色扮演也就可以持续进行。然而,当传统的角色被置于一种全新的情境中时,行动者的角色扮演就必须发生改变。此时,角色结构面临重新调整,行动者必须按照新的规范性预期,形成由新的角色期望、角色领悟、角色实践等组成的全新角色结构。

库利(Charles Horton Cooley)将"情感动力机制"引入角色互动过程中,因此被认为是第一个将"情感"运用于角色互动的社会学家。[③] "镜中我"(the looking-glass self)是库利提出的一个互动分析概念。在库利看来,互动的双方能够通过镜像观察解读自己所扮演的角色,即:设想自己在对方心目中的形象和位置,感受对方对自己的评价和判断,并做出与对方情感相符的反应和回馈。[④] 继库利之后,柯林斯继续关注互动中的"情感效应",并提出了"互动仪式链"的概念,旨在进一步解释互动过程中的角色行为。柯林斯认为,"节奏同步""情感愉悦""集体兴奋"是互动仪式的成分,三者互为资源,其中,"节奏同步""情感愉悦"能进一步促进"集

---

① 中国大百科全书总编辑委员会《社会学》编辑委员会、中国大百科全书出版社编辑部编《中国大百科全书·社会学》,中国大百科全书出版社,1991,第312页。
② 〔美〕乔纳森·特纳、简·斯戴兹:《情感社会学》,孙俊才、文军译,上海人民出版社,2007,第189页。
③ 〔美〕乔纳森·特纳、简·斯戴兹:《情感社会学》,孙俊才、文军译,上海人民出版社,2007,第87页。
④ 〔美〕乔纳森·特纳、简·斯戴兹:《情感社会学》,孙俊才、文军译,上海人民出版社,2007,第87页。

体兴奋",达成"群体团结",增加"情感能量",并且,"情感能量"可以通过互动主体共同回忆"集体兴奋"而唤醒。① 在柯林斯看来,由于互动双方所处的位置不同,那些具有权力和特权的行动者更容易掌控互动节奏,并因此获得高回报的情感能量和文化资源。②

在大学的生师互动研究中,学生与教师所扮演的角色是与其特定的社会地位和身份相一致的一整套权利、义务的行为模式。学生与教师在角色互动中也同样会经历三个基本环节:首先,学生与教师获得社会或对方的期望;其次,学生与教师对自己所扮演的角色进行认识和理解,如教师由于持有的教育观、知识观、学生观等存在差异,对角色的理解会有差别;最后,学生与教师把对角色的期望与领悟转化为个人的实际行动。角色期望与实际行动之间可能会有差距,这就需要我们探究存在差距的原因,根据他人或社会反馈的信息,进一步加深对角色的理解,调整个人的实际行动,由此循环往复,最终形成符合社会与对方期望的角色。

四 建构主义理论

20世纪60年代,西方科学课程改革运动失败。西方科学教育界认为,造成失败的原因有两个:一是欠成熟的经验主义科学观;二是机械性和局限性的儿童认知理解。基于此认识,他们决定将建构主义理论引入课程改革中。③ 然而,在此之前,行为主义直接影响了学习与教学的方式和方法。行为主义理论强调客观主义、环境主义和强化。④ 行为主义的客观主义观认为,学习是教师将客观知识传递给学生,而学生接受客观知识的过程,学习的效果以学生对这些客观知识的掌握来衡量。这种学习的实质是教师在不考虑学生的理解和心理状况的前提下,实施强化行为以刺激学生做出反应,而学生的反应就是对客观知识的复制与记忆。实际上,客观主义的知

---

① 〔美〕乔纳森·特纳、简·斯戴兹:《情感社会学》,孙俊才、文军译,上海人民出版社,2007,第65页。
② 〔美〕乔纳森·特纳、简·斯戴兹:《情感社会学》,孙俊才、文军译,上海人民出版社,2007,第69页。
③ 张红霞:《建构主义对科学教育理论的贡献与局限》,《教育研究》2003年第7期,第79~84页。
④ 陈琦、张建伟:《建构主义与教学改革》,《教育研究与实验》1998年第3期,第46~72页。

识观是在印刷知识产生以前或印刷知识的时代背景下产生的,而建构主义则将"知识"置于数字知识时代背景之下理解。也就是说,客观主义与建构主义截然不同。在建构主义看来,知识并非既定的、客观的、孤立的,相反,知识与学生的已有经验相关联,学生需要根据自己的已有经验进行主动建构才能产生知识。如今,知识生产已经进入了数字知识时代,而我们的教学大部分还停留在印刷知识产生以前或印刷知识的时代,仅有极少教学进入了数字知识时代,这必然不符合时代发展的要求,势必会导致一场教与学的变革。建构主义强调以学生为中心,以学习为导向,为这场因知识观转变而引起的"教""学"变革提供了强大的理论支持,也逐渐发展成为高等教育改革向学习范式转型的重要科学依据。

建构主义是众多教育理论中的特例,因为它不仅是一种学习理论,还是一种新的教学理论。[①] 建构主义在发展过程中深受科学哲学、新进化论、后现代哲学等思想的影响,杜威、维果茨基(Vygotsky)、皮亚杰、布鲁纳等是建构主义学习与教学理论的几位具有重要影响的人物。[②] 杜威强调了个人经验对学生的教育价值,认为学生的学习并不是被动地接收信息,而是将接收到的信息与个人的经验相结合,不断对经验进行改造或改组的过程。维果茨基教育理论的核心概念是"最近发展区"。他认为,教师在学生"现有发展水平"的基础上,通过教学把学生带到"可能发展水平",而"现有发展水平"与"可能发展水平"之间的区域就是"最近发展区"。教师必须把握学生的"最近发展区",通过教学引导学生的发展。换言之,好的教学必须引领并促进学生的发展。[③] 瑞士心理学家皮亚杰的认知发展理论对建构主义影响最深。学界普遍认为,建构主义理论是皮亚杰最早提出的。皮亚杰认为,学生在与外部环境相互作用的过程中,逐步建构自己的知识体系和发展自己的认知结构。"同化"(Assimilation)与"顺应"(Accommodation)是学生与环境相互作用的两种基本形式。"同化"是指学生对外部环境中的有关信息进行吸收,并将其与自己原有认知结构进行整合的过程;

---

① 何克抗:《关于建构主义的教育思想与哲学基础——对建构主义的反思》,《中国大学教学》2004年第7期,第15~18、23页。
② 陈琦、张建伟:《建构主义与教学改革》,《教育研究与实验》1998年第3期,第46~72页。
③ 〔苏〕维果茨基:《维果茨基教育论著选》,余震球译,人民教育出版社,2005,第18页。

"顺应"是指在外部环境发生变化的情况下,学生在无法将外部环境中的信息与原来的认知结构进行同化时,对原有的认知结构进行重组与改造的过程。[1] 学生在学习过程中,通过"同化"与"顺应",力求与外部环境达到一种"平衡"的状态,不断丰富和发展自己的认知。布鲁纳的发现学习理论以及奥苏伯尔(Ausubel)的意义学习理论等,也为建构主义理论的最终形成奠定了基础。虽然建构主义理论受到各种认知学派教学理论的影响,但是,建构主义并非简单地对这些理论进行加工与合成,而是采取了批判性继承的方式,最终形成了自己的理论体系。[2]

(一)建构主义理论的流派

建构主义理论的流派主要有激进建构主义(Radical Constructivism)、社会建构主义(Social Constructivism)、社会文化认知的观点(Social-Cultural Cognition)、信息加工的建构主义(Information Processing Constructivism)、社会性建构论(Social Constructionism)和控制论系统观(Cybemetic Systems)等六种。[3] 激进建构主义的奠基者冯·格拉塞斯费尔德(Von Glaserfeld)认为,建构过程是个体心理内部的"自动"智力运作,是一种生物学意义上的建构。语言研究是激进建构主义研究的基础与核心。社会建构主义的创立者杰根(Gergon)认为,个体内部特定的智力建构受到外部各群体之间"协商"的影响。关于语言的本质问题,在杰根看来,"语词的意义是通过与其他语词的关联而获得的",这与个体的心理活动无关。[4]

(二)建构主义教学理论

建构主义教学观是在对客观主义(Objectivism)教学观进行批判的基础上形成和发展而来的。[5] 建构主义教学理论的建构主义教学方法包括抛锚式教学(Anchored Instruction)或基于问题的教学(Problem-based Learning)、

---

[1] 何克抗:《建构主义——革新传统教学的理论基础(一)》,《学科教育》1998年第3期,第29~31页。
[2] 马万华:《建构主义教学观对大学教学改革的启示》,《高等教育研究》1999年第5期,第58~61页。
[3] 赵蒙成:《建构主义教学的条件》,《高等教育研究》2002年第3期,第72~77页。
[4] 〔美〕莱斯利·P. 斯特弗等主编《教育中的建构主义》,高文等译,华东师范大学出版社,2002,第48页。
[5] 马万华:《建构主义教学观对大学教学改革的启示》,《高等教育研究》1999年第5期,第58~61页。

支架式教学（Scaffolding Instruction）、认知学徒教学（Cognitive Apprenticeship）和随机访问教学（Random Access Instruction）等。

（三）建构主义学习理论

建构主义学习理论认为，知识是学生基于已有经验，与外部世界进行互动而自主建构的结果，而学习是学生在一定的情境中进行意义建构的过程。"情境""经验""互动""意义"是建构主义学习理论的基本要素。"情境"亦指学习情境，它是教师进行教学设计的一项重要内容；"经验"是学生进行意义建构的前提和基础，学生根据自身经验和已有知识建构知识的意义；"互动"即学生通过生师互动或生生互动来提升学习效果；"意义"即学生在学习过程中建构意义，建构主义学习的最终目标就是"意义建构"。

在过去很长的一段时间里，国内外研究者对建构主义学习"是否需要指导"这一问题存在较大争议。科什纳（Kirshner）认为建构主义学习仅需"最低限度指导"（Minimal Guidance），而哈梅洛等（Hmelo-Silver, Duncan & Chinn）则对其提出异议。他们认为，基于问题的学习和探究性学习作为两种典型的建构主义学习方法，并非需要"最低限度指导"，而是需要提供大量的"脚手架"来引导和支持学生学习。[1] 另外，科尔特（E. D. Corte）指出，建构主义学习不能等同于学生在无指导的情况下发现学习。[2] 社会建构主义观"学"与"教"的有关研究也表明，社会文化和社会性的相互作用在学生学习过程中发挥着重要作用。这种观点突出了教师在学生知识建构过程中的"增进讨论协调"角色，认为学生只有通过多种交流途径才能有效建构自己的知识体系。因此，教师不但要教会学生互动交流的技能，而且要以新的思想观念或可以选择的观念来推动学生进行互动交流。[3] 我国建构主义理论研究者何克抗认为，建构主义的教学设计包括学习环境设计和自主学习策略设计两个部分。[4] 前者主要是教师通过为学生

---

[1] 〔美〕戴维·H. 乔纳森、苏珊·M. 兰德主编《学习环境的理论基础》（第二版），徐世猛、李洁、周小勇译，华东师范大学出版社，2015，第5~6页。

[2] E. D. Corte, "Constructive, Self-Regulated, Situated, and Collaborative Learning: An Approach for the Acquisition of Adaptive Competence," *Journal of Education*, 2011 (2/3): 33–47.

[3] 郭裕建：《"学与教"的社会建构主义观点述评》，《心理科学》2002年第1期，第104~106页。

[4] 何克抗：《关于建构主义的教育思想与哲学基础——对建构主义的反思》，《中国大学教学》2004年第7期，第15~18、23页。

提供学习资源、组织学习活动等，营造良好的学习环境；后者则是教师围绕学生的自主建构、自主探究和自主发现，为其设计各种自主学习策略。在这两个重要环节的具体落实过程中，教师都发挥着主导作用。在建构主义教学设计中，"主导—主体相结合"的教育思想充分体现教师的主导作用和学生的主体地位，并且，学生主体与教师主导两者相辅相成，相互促进。以学生为中心的教学方法为学生与教师提供了建立更强有力关系的机会，可以使两者在整个教学过程中形成更有意义的对话。[1] 建构主义的学习与教学虽然强调学生的自主学习与探索，但也不应轻视教师对学生知识建构的引导和帮助，教师在学生学习过程中发挥着极为重要的作用。[2] 教师的职责在于促使学生将新旧知识进行有机结合，要求其在旧知识的基础上，对新知识进行结构重组或转换处理，以培养其分析问题的能力、解决问题的能力以及创造性思维能力。[3] 由此可知，建构主义学习中的有效指导是必不可少的，并且，教师对学生学习的指导尤为重要。教师作为建构主义理论中的多样化支持环境之一，在为学生学习提供系统指导的同时，也促进了学生的自主探索和发现。学生只有在教师的指导和帮助下，才能获得对学习内容的深刻而灵活的理解。然而，在建构主义学习中，教师怎样为学生提供深度学习指导？为学生提供什么样的指导？这些仍需做进一步探究。

第五节 学习范式下大学教学中的生师互动理论框架构建

目前，虽然国内外研究者从不同角度探讨了大学教学中生师互动的特征、类型、模式、影响因素等，但是还未形成学习范式下大学教学中生师互动的理论框架。笔者认为，应运用学生发展理论、交往教学理论、社会角色理论、建构主义理论等四种理论来构建学习范式下大学教学中的生师互动理论框架。学习范式下大学教学中的生师互动理论框架是对生师互动

---

[1] J. E. Stefaniak, M. W. Tracey, "An Exploration of Student Experiences with Learner-Centered Instructional Strategies," *Contemporary Educational Technology*, 2015（2）：95–112.
[2] 张建伟、陈琦：《简论建构性学习和教学》，《教育研究》1999年第5期，第56~60页。
[3] 马万华：《建构主义教学观对大学教学改革的启示》，《高等教育研究》1999年第5期，第58~61页。

过程中的理念、内容、结构、目标等进行整体设计和建构的表述。学习范式是高等教育发展的理想图景。学习范式下大学教学中的生师互动理论框架是在建构主义理论的指导下,教师与学生在教学和学习过程中所形成的,具有相对稳定的相互作用与相互影响的结构形式。构建学习范式下大学教学中的生师互动理论框架,旨在为学生和教师提供一套能够在学习范式下遵循的行为或动作模板。

一 学习范式下的角色

生师互动是一种由角色关系所决定的特殊社会互动。一方面,学生与教师是通过角色扮演来进行互动的;另一方面,生师互动是学生与教师之间角色扮演的持续过程。高等教育改革从传授范式转向学习范式,其核心内容是学生与教师的角色转换。在学习范式下,教师由过去的传授知识的学科专家转变为学生学习的设计者、引导者、激励者,学生由过去的知识的被动接受者转变为知识的主动发现者、建构者、创造者。

(一) 学习范式下的教师

教师角色具备社会性、客观性、职能性、规定性等特征。社会性是指教师角色是一定社会文化积淀的结果,伴随一定社会需要而产生和存在。客观性是指教师的角色扮演"舞台"环境是客观的,这就决定了教师的角色扮演不能为自己的意愿和意志所左右,必须适应教育教学的"剧情"变化。职能性是指社会客观赋予教师地位、身份等内容。规定性是指教师角色必须在社会所规定的权利、义务范围内进行合适的扮演。换言之,教师的角色行为必须在明确的规范化制度中,这样才符合教师的地位或身份。在学习范式下,教师需要有清晰的和具有挑战性的学习意图,并且在促使学生迈向知识构建的进程中扮演关怀者和推动者积极的角色。[1] 学习范式促使学生真正地处于教学过程的中心,而教师角色则比以前传授范式背景下的角色更为完善。[2]

第一,学习范式下的教师角色。学习范式下的教师角色不是单一角色,

---

[1] S. Hoidn. *Student-Centered Learning Environments in Higher Education Classrooms* (New York: Springer Nature, 2017): 135.

[2] L. Marioara, "The Education Change for in Need Student-centred Learning," *Procedia-Social and Behavioral Sciences*, 2015 (191): 2342–2345.

而是众多角色的结合体，也就是角色丛。总体而言，学习范式下的教师主要扮演以下五种角色。

教师是学生学习活动的设计者。好的教学效果源自好的教学设计。如果教师的教学设计符合教育目标要求、学科知识特征、人类认知规律、学生学习特点，并能真正提升学习效果，我们则认为该教学设计为好的教学设计。[1] 教师作为学习活动的设计者，一方面，分析学生在知识和技能方面所能达到的预期目标，并为达成预期目标所开展的指导、实践和训练等进行具体说明[2]；另一方面，根据学生的学习需求和预期目标，确定更加灵活的课程结构和更具挑战性的学习内容，为学生提供更多的互动机会，以促进学生的深度学习，并提升学生的学业成就。

教师是学生学习探索的引导者。教师是他们所在学科领域的专家，他们的学科知识能够为学生提供"认知路标"上的指引。[3] 在学生进行学习探索时，教师不仅要仔细聆听和理解学生的发言内容，还要准确地提炼和评价其主要观点，以此来掌握学生对学习内容的理解程度，同时引导学生更进一步参与探究、辩论和推理等教学实践活动。值得注意的是，教师在学生的探究学习过程中，要向学生提供适度的指导，因为过度指导或不当指导都有可能限制和妨碍学生的探索活动。此外，教师不仅要给予学生方向上的引导，还应该从思维与技能方面给予学生引导与示范。

教师是学生学习的促进者。在学习范式下，教师从课程内容的讲授者转变成学习过程的促进者。教师不仅要帮助学生规划学习生活，指导学生学习，还要为学生提供有效的学习评估和反馈，以提升学生的学习效果，促进学生的成长与发展。学生是学习的主体，控制着自己的学习进度和深度等，而教师是影响学生学习动机和学习效果的重要人物。为了增强学生学习的内在动机，教师可通过为不同的学生提供不同的学习策略，促使所有学生高度参与学习任务和活动，并进行复杂知识构建和思维能力训练，从而产生积极的学生学习效果。教师的任务是评估学生认为有可靠依据的

---

[1] 高筱卉、赵炬明：《大学教学设计：历史、实践与管理——美国经验研究》，《中国高教研究》2019 年第 4 期，第 47~54 页。
[2] 〔美〕格兰特·威金斯、杰伊·麦克泰格：《追求理解的教学设计》（第二版），闫寒冰、宋雪莲、赖平译，华东师范大学出版社，2017，第 63 页。
[3] 〔美〕约翰·D. 布兰思福特等编著《人是如何学习的：大脑、心理、经验及学校》（扩展版），程可拉等译，华东师范大学出版社，2013，第 218 页。

材料，让学生自己理解和构建知识。在这一过程中，教师不断帮助学生发掘思维的力量，而这正是一种宝贵而重要的认知和情感体验。

教师是学生学习的支持者。在遇到矛盾的证据时，学生可能会因为缺乏足够的背景知识而不能准确识别错误信息，以至于无法建立和完善基于个人经验的初步理解。这时就需要教师提供适当的指导和支持，以帮助学生识别错误信息并纠正错误理解。在学习范式下，教师有义务帮助学生解决在学习过程中遇到的任何困难，并引导学生逐步完成学习任务，实现学习目标。换言之，学习范式下的教师应将不同的教学策略应用于学生知识建构的"脚手架"参与过程。"脚手架"是借用的建筑领域的概念，强调了一个更加以学生为中心的学习视角。在学习范畴中，脚手架是指教师为帮助学生完成学习任务而提供的临时性支持，如果没有这种支持，学习者可能无法完成学习任务。脚手架的主要特征包括应急（contingency）、逐渐撤离（fading）、责任转移（transfer of responsibility）。[1] 在脚手架支持的过程中，教师必须根据学生目前的水平和能力，提供与学生的学习水平相适应的支持，并且，教师应根据学生的发展水平和能力，决定撤出脚手架的速度。随着时间的推移，学生的学习能力和水平逐渐提高，教师的支持数量减少，直到教师退出。而当学生能够控制自己的学习时，学习的责任也就实现了从教师到学生的转移。教师可以为学生提供脚手架，以便学生顺利跨越适应性学习阶段。教师根据学生的学习目标和任务的复杂程度来调整他们的脚手架结构，以便给予学生或多或少的指导。

教师是学生学习结果的反馈者。教师在帮助学生设定目标的同时，也不断监测学生的学习进度。教师利用循环反馈方法，为学生提供量身定制的和以掌握为导向的反馈，使学生进入更深层次的学习。在反馈过程中，教师仔细审阅学生的作业，提供关键的反馈内容，使用问题来引导学生的观点和理解，并要求学生在今后的学习中考虑反馈意见。此外，教师不仅要对个别学生的学习结果提供反馈，还要为学生提供同伴评估和自我评估的机会，同时，教师也为学生设定反馈的时间和准则，鼓励学生提出关键性的问题。

---

[1] J. V. de Pol, M. Volman, J. Beishuizen, "Scaffolding in Teacher-Student Interaction: A Decade of Research," *Educational Psychology Review*, 2010（3）: 271-296.

第二，学习范式下教师应具备的知识。教师的专业知识是专业发展的基础。教师的专业知识可分为五类：内容知识（Content Knowledge，CK）、教学内容知识（Pedagogical Content Knowledge，PCK）和教学/心理知识（Pedagogical/Psychological Knowledge，PPK）、组织知识（Organizational Knowledge）、咨询知识（Counseling Knowledge）。[1] 笔者认为，学习范式下，教师在专业领域具体掌握教学内容知识与教学/心理知识。

教师应掌握教学内容知识。内容知识是教学内容知识发展的必要条件。[2] 舒尔曼认为，内容知识是教师拥有的知识总量及知识本身的组织方式。[3] 这就意味着教师应对本学科的知识有深度的理解，其知识量应该超出事实性知识和既有概念的范围。在此范围之外，教师需要解释某个结论的合理性在哪里，这个结论是如何推理而来的，并且这个结论涉及哪些学科的内容，等等。教学内容必须以内容知识为基础和前提。简而言之，教学内容知识就是教与学的知识。为了指导学生思考，教师不仅要深入探究自己所在学科的知识，还要了解学生的知识是如何建构起来的。在整个教学过程中，教师的重要任务就是分析学生的教育背景、学习需求、学习差异、学习水平、课程期望等资料，并将其与教师的课程教学目标相结合。具体而言，教学内容知识包括学生想法的相关知识、使学生对所学内容更易于理解的知识、学习任务的知识、教学质量的知识等。

教师应掌握教学/心理知识。教师要想支持学生学习，必须依靠教学心理知识。这就意味着教师应该了解学生的特征和学习过程等知识，并据此来设计并改进教学和学习计划。教学/心理知识包括：学生学习的知识，如学习评价知识、学习过程知识等；学生发展的知识，如学生表现的诊断和评估的知识；有效教学管理的知识，如学生学习过程的协调、课堂管理的知识。

教师应掌握组织知识。教师的组织知识包括：高等教育体系的知识，高等教育机构的组织知识，高等教育理论框架的知识，学生、教师、家长

---

[1] M. Kunter, J. Baumert, W. Blum, et al., Cognitive Activation in the Mathematics Classroom and Professional Competence of Teachers (US: Springer, 2013): 29.

[2] M. Kunter, J. Baumert, W. Blum, et al., Cognitive Activation in the Mathematics Classroom and Professional Competence of Teachers (US: Springer, 2013): 33.

[3] 〔美〕舒尔曼：《实践智慧：论教学、学习与学会教学》，王艳玲等译，华东师范大学出版社，2014，第137页。

等高等教育利益相关者的权利和责任的知识，高等教育管理的知识，等等。

第三，学习范式下的教师应具备的能力。在学习范式下，教师应该具备营造学习环境、引导学生解决真实问题、熟练运用新教育技术、给予学生情感支持等能力。

教师应具备营造学习环境的能力。学习范式下的学习是情境性的，学生通过与外部环境互动来实现个性化学习过程。如果教师要追求良好的教学效果和学习效果，那么他（她）就必须系统学习建构主义教学原理、认知心理学、教育技术学、认知科学、学习科学、脑科学、大学生心理与发展等理论知识，并以此为基础营造与教学目标、学习目标等相一致的学习环境。学习环境包括物理环境、社会环境、心理环境、技术环境、信息环境等。① 由此可知，学习环境不仅是指教室、教师、同学，实际上，教师使用的教学方法、运用的信息技术、营造的学习氛围等都是学生学习环境的重要组成部分。教师要在设计教学活动时充分考虑学习环境的因素，尽可能营造良好的学习环境，促进学生的有效学习。

教师应具备引导学生解决真实问题的能力。真实世界（real-world）、真实问题、真实学习（authetic learning）是学习范式下学习的核心概念。"真实"包括真实的学习场景、真实的社会关系、真实的具体问题、真实的学习过程、真实的学习收获。② 真实的学习过程使教师从传统的枯燥、孤立、抽象的教学状态中抽离出来，并与学生共同面对真实世界和真实问题。学生在真实情境中解决真实问题离不开教师的指导和帮助，为了让学生能够真正解决真实问题，取得真实的学习收获，教师要学会在"大概念"的框架下引导学生将与真实情境相关的知识进行整合。这种"大概念"并非包含"大"范围的知识，而是表达了一种对教师教学能力的要求。③ 这里的"大概念"就是一种关键的概念。教师只有具有"大概念"的意识，才能够引导学生理解和掌握关键概念，并将其运用于真实情境中，顺利实现知识的正迁移。特别是当学生的已有经验阻碍现在的学习时，教师就要引导学

---

① 赵炬明：《助力学习：学习环境与教育技术——美国"以学生为中心"的本科教学改革研究之四》，《高等工程教育研究》2019年第2期，第7~25页。
② 赵炬明：《助力学习：学习环境与教育技术——美国"以学生为中心"的本科教学改革研究之四》，《高等工程教育研究》2019年第2期，第7~25页。
③ 〔美〕格兰特·威金斯、杰伊·麦克泰格：《追求理解的教学设计》（第二版），闫寒冰、宋雪莲、赖平译，华东师范大学出版社，2017，第77页。

生改变已有的认识和观念，避免将错误经验生搬硬套至目前的学习中，进而引发知识的负迁移。

教师应具备熟练运用新教育技术的能力。当学校为教师提供新的教育技术，并配备与新技术相配套的管理、制度、文化等之后，就要为教师提供与之相关的培训，以使教师熟悉和掌握新教育技术，并不断提升运用新技术的能力。新的教育技术包括学习分析、学习管理、个性化学习辅导等。掌握了新教育技术的教师能够帮助学生更准确地诊断"教""学"问题，做出学习评价，并为学生提供有效指导。值得注意的是，教育技术可以作为师生角色转换的"支点"。如果教师能够熟练运用新教育技术，那么教师角色与学生角色就能突破传授范式的束缚，成功实现学习范式下的角色转换。

教师应具备给予学生情感支持的能力。教师是一种需要与人沟通的特定职业，而凡是与人接触的职业必定与情感密切相关，这就决定了教师在与学生沟通的过程中，必须投入大量的情感劳动。教师具有双重作用：一方面，教师以自己的人格和个性激发学生的热情，引导学生与教师产生共鸣；另一方面，教师要为学生营造一种具有广泛知识和坚定目标的环境。① 可以说，前者是一种情感支持，而后者是一种知识支持。在学习范式下，以移动技术为支撑的信息随处可得，而此时，学生的情感需求可能比知识需求更重要，教师对学生的情感支持可能会起到事半功倍的效果。因此，教师在为学生提供知识支持的同时，更应关注学生的情感需求，为学生提供情感支持，使学生更加持久地、主动积极地学习。当学生在学习过程中遇到挫折、困难等而出现焦虑、烦躁、自卑等负性情感时，教师就要调整自己的内在情感，始终在学生面前表现出正性情感，并肯定学生已经取得的学习成果，激励学生为更深层次的学习而付出努力。此外，教师可以借助人工智能的情感测评工具给予学生更具针对性的情感支持。

（二）学习范式下的学生

第一，学习范式下的学生角色。教师角色和学生角色是由师生关系决定的两种特定的社会角色，体现了社会对两种角色特定行为模式的期待。在学习范式下，学生的角色由被动学习者转向了主动学习者，与此同时，学生承担了更多的学习责任和义务。福克斯（D. Fox）认为，在以学生为中

---

① 〔英〕怀特海：《教育的目的》，庄莲平、王立中译，文汇出版社，2012，第54页。

心的背景下，教师的角色如同"园丁"，而学生扮演着"植物"的角色。虽然"园丁"作为植物成长的耕作者和培育者，为一个美丽的花园做出了贡献，然而真正的成就属于"植物"——他们成长、开花并结出果实。[1] 这就表明在以学生为中心的学习中，学生是学习的主人，必须发挥主观能动性。具体而言，学习范式下的学生角色主要包括以下四种。

学生是学习活动的参与者。学生学习以合作性探究、反思性讨论等参与性活动为主。学生作为学习活动的设计者，有权根据自己的想法，对学习环境提出改进建议，并与教师一同参与教学内容决策。

学生是自己知识体系的建构者。学习范式的理论基础是建构主义学习理论。学生并非"白纸"或"空篮"，他们的学习建立在自己的已有观念、文化、理解之上。在学习范式下，学生根据先前的知识和想法，遵循共同的学科规范和实践，在与教师、同学等互动交流的过程中，分享他们对所学知识的理解，建构自己的知识体系。

学生是高深学问的探究者。教学是教师与学生共同的、双边的认识和实践活动，教学的最终目的是促使学生自己去获取和创造知识。[2] 乔纳森将知识获得分为三个阶段：导引阶段、高级阶段、专家阶段。在导引阶段，学生不能对某一技能或内容进行直接迁移；在高级阶段，学生可以依据知识的背景或领域解决复杂问题；在专家阶段，学生在学习过程中将知识进行整合，并形成具有凝聚性的、丰富且相互关联的知识结构。[3] 在学习范式下，学生不但可以自由选择学习内容、学习形式和学习时间，而且可以选择一个自己感兴趣的学习主题进行深入研究。也就是说，在学习范式下，学生的知识获得已从导引阶段上升到高级阶段或专家阶段。

学生是学习责任的承担者。学生必须是自律的学习者，能够进行自主学习。学生对自己的学习负责，责任感是促使学生不断努力的源泉。这就意味着学生不仅要制定有效的学习策略，如设定学习目标、制订学习计划等，还要管理、监督、反思自己的知识建构过程。

第二，学习范式下的学生应具备的能力。在学习范式下，学生应该具备知识迁移、学术探究、解决问题等能力。

---

[1] D. Fox, "Personal Theories of Teaching," *Studies in Higher Education*, 1983 (2): 151-164.
[2] 冯向东：《论教师在教学中的主体地位》，《高等教育研究》1987年第1期，第58~62页。
[3] 高文：《建构主义学习的评价》，《外国教育资料》1998年第2期，第24~29页。

第三章　学习范式下大学教学中的生师互动之理论框架

学生应具备知识迁移的能力。学习范式下的学生突破了机械学习和记忆知识的传统，更倾向于通过理解性学习发展自己的思维，而在这一过程中，迁移能力的培养是发展学生思维、促进其理解性学习的关键。当学生将已有知识顺利迁移至不同的新学习情境时，学习是最有效的。[1] 知识的迁移有两种状态，一种是正向迁移，另一种是负向迁移。只有正向迁移，才能真正地促进学生学习。为了促进正向迁移，进而促进有效学习，学生必须学习和掌握学科知识，并对所学内容做结构化、系统性的理解。发展迁移能力可以使学生在今后的学习中保持灵活性和适应性，以解决更为复杂的真实问题。

学生应具备学术探究的能力。学习范式下的学习不是只限于学生记忆和掌握学习资料，而是更注重学生对概念、原理等进行探究，促进深度学习的过程。在这种情况下，学生必须对自己的学习负责，努力提升自己的学术探究能力，不断建构知识的意义。学生的探究能力表现在以下四个方面：一是掌握自己的学术探究进展情况；二是清楚自己目前的状况与学术目标之间的差距；三是熟练运用各种深化思考和理解的策略；四是通过不断探究而获得自己的独特见解。

学生应具备解决问题的能力。在学习范式下，教师会根据学生的兴趣和特点，为学生设计各类任务或问题，而学生会在教师的安排下决定自己的研究主题，以及解决问题的方式和方法等。在完成任务或解决问题的过程中，首先，学生要对需要解决的问题形成系统性思维；其次，学生要理清解决问题的思路；再次，学生要在教师的引导下对问题进行分析；最后，学生要在解决问题的同时进行反思。

二　学习范式下大学教学中的生师互动内容

在学习范式下，教师与学生主要围绕学习目标、学习内容、学习活动、学习反馈和学习氛围等进行互动。

（一）教师与学生关于学习目标的互动

学生在学习开始之前必须制定相应的学习目标。学习目标的制定不是

---

[1] 〔美〕约翰·D. 布兰思福特等编著《人是如何学习的：大脑、心理、经验及学校》（扩展版），程可拉等译，华东师范大学出版社，2013，第215页。

学生或教师单独一方的任务,而是两者互动的结果。学生与教师在以学习目标为内容的互动中要考虑以下三方面的因素。一是学生的学习兴趣。教师在制定学习目标时应充分考虑学生的学习兴趣。根据学生的学习兴趣和学习进度,教师还要为那些希望独立完成课程学习的学生制定明确的、个性化的学习目标。二是学习目标的适宜程度。教师除了要向学生强调保持学业成就高标准的重要性,为学生设定具有挑战性的目标外,还要帮助学生根据个人情况不断调整学习目标。为了让学生能为自己设定具有挑战性的目标,教师也应该在每门课程开始时以口头和书面形式向学生表达高期望。三是教学目标与学习目标的契合。学习范式下教师的"教"服务于学生的"学",教师在制定教学目标时必须考虑学生制定的学习目标,以找到两者的契合点,引导学生走向正确的发展轨道,促进学生的有效学习。

(二) 教师与学生关于学习内容的互动

学习范式下的教学注重以了解学生为前提,教师会根据学生的知识背景、兴趣等,帮助学生选择课程并规划学习。因此,学习内容是生师互动的结果。学习范式下的学习内容特别注意学生迁移能力的发展,而教师可以在学习活动中帮助学生实现知识迁移。学生知识迁移的前提是清楚哪些已有知识与新知识相关,以便运用已有知识去处理当前面临的新知识或新问题。对于那些缺乏必要背景知识或技能的学生,教师则需要为其提供额外的资料或练习。此外,为了提高学生的迁移能力,教师也会鼓励学生提出新的研究项目、实地考察或其他课程内容。

(三) 教师与学生关于学习活动的互动

学习范式下的学习活动强调学生在学习过程中扮演主动角色,其最终目的在于促使学生掌控自己的学习。为了设计出更明智的学习活动,教师必须通过课堂内外的频繁交流,了解学生的知识掌握情况和课程理解情况,以促进学生的学习过程。学习范式下的学习活动类型大致包括挑战性学习活动、多样化学习活动、帮助学生理解如何反思自己思维方式和学习过程的活动、教师的项目研究活动、特定的辩论活动。学习范式下的教师注重通过具体的学习活动,为学生提供更多展示自己独特想法和信念的机会,并在此基础上使学生建立已有知识与新知识之间或不同知识之间的关联。由此可知,教师在学习范式下的学习活动中发挥着重要作用。在具体的学习活动中,教师会指导学生将特定的课程概念或课程知识应用于真实的问题或情境，或让学生总结不同理论家、研究成果或艺术作品之间的异同，而当学生不太清楚这种相关性时，教师就会促使学生对某一领域的知识进行详细的、系统的理解。

（四）教师与学生关于学习反馈的互动

教师反馈和形成性评价是影响学生学习最重要的因素之一。[①] 在学习范式下，教师对学生的形成性评估是常态，其目的在于让教师通过评估来了解学生的学习进度，以便更好地为学生提供学习反馈，使学生及时进行反思和改正。教师通过观察、倾听、问询等方式，收集学生的想法和反馈，全面衡量学生的理解水平和理解程度，以清楚学生能做什么和不能做什么，并进一步根据学生的理解与预期之间的差距来调整教学计划。

（五）教师与学生关于学习氛围的互动

教师是学习范式下的学习环境组成部分之一。教师与学生关于学习氛围的互动主要是指教师为学生营造民主和自由的学习氛围，使学生感觉到自己的观点很重要，自己是学习社区中的重要成员，以促进学生的有效学习。具体而言，师生主要通过以下三个方面的内容实现关于学习氛围的互动。一是教师向学生表达关心。为了营造良好的学习氛围，学习范式下的教师要向学生表达关爱之情。教师也会特别注重熟悉学生的姓名，并按姓名指出对应的学生。二是教师让学生感觉受到尊重。学习范式下的生师互动建立在相互尊重、平等、信任、支持的人际关系之上，教师尊重学生，并使学生感受到这种尊重。三是教师始终以鼓励替代批评。在学习范式下，教师会向学生强调有规律的学习、持续的努力、合理的自我节奏和时间安排的重要性，并使用鼓励、包容、肯定、支持的语言与学生进行交流。对于那些对自己的学习表现不够自信的学生，教师会给予他们鼓励和信心；对于那些尖酸刻薄的评论、挖苦、开玩笑和其他有可能让学生感到尴尬的课堂行为，教师会予以阻止和引导。在课堂教学过程中，为了使学生拥有一种课堂归属感，教师尽可能地向每个学生表达欣赏之情，当学生发表自己的观点时，教师会让学生感觉他们把宝贵的思想带到了课堂。

---

① S. Hoidn. *Student-Centered Learning Environments in Higher Education Classrooms* (New York: Springer Nature, 2017): 136.

三 学习范式下大学教学中的生师互动过程

学习范式是以学习和教学的建构主义为基础，将学生置于学习过程的核心，展现学生与环境、学生与教师、学生与学生等对象的广泛互动过程。理解生师互动过程有助于理解学生如何进行知识建构。在"学习范式"下，教学模式由"教师为学生传授知识"转向"学生自己发现和创造知识"，此时，学生是知识的发现者和建构者，其主体地位更加彰显，教师的任务是找到发展每一个学生巨大才能的方法，并为每一个学生的成功做好准备。学生与教师将共同存在于具有挑战性的学习环境中，彼此合作、协同和支持，实现双赢。[1]

首先，教师与学生共同进入学习情境中。在学习范式下，教学情境的一个重要特征是具有互动性。也就是说，学习范式下的教学情境为学生创造了更多与教师互动交流的机会。在互动式教学情境中，学生与教师通过初步互动，形成对学习范式下的学习、教学、教师角色、学生角色等的框架性认识。

其次，教师与学生基于学习内容选择互动方式。教师在教学中必须首先确定核心学习框架，这是不需要与学生进行协商的。但是在学习方式和学习内容的选择上，教师必须与学生进行互动确定。在学习范式下，教师必须与学生进行共同的课程构建。教师在确定核心学习框架之后，必须向学生公开他们的教学方法，并告知学生课程决策和教学行为背后的基本原理。学生在整个课程构建过程中，要反思学习体验，并提出改进建议。持续的学生反馈和对课程与教学的建设性批评，可以帮助指导教师对学生的需求进行调整，从而提高学生的学习自主性和责任感。[2] 总之，在学习范式下，选择什么样的学习内容和学习方式，是学生和教师思想碰撞、相互影响的结果。教师的行为可以塑造学生的身份，这种身份是主动的、建构性的，而不是反应性的和被动的。[3]

---

[1] R. B. Barr, J. Tagg, "From Teaching to Learning: A New Paradigm for Undergraduate Education," *Change*, 1995 (6): 12 – 25.

[2] S. Hoidn. *Student-Centered Learning Environments in Higher Education Classrooms* (New York: Springer Nature, 2017): 84.

[3] S. Hoidn. *Student-Centered Learning Environments in Higher Education Classrooms* (New York: Springer Nature, 2017): 312.

再次，教师指导学生对特定问题进行探究。教师根据一定的学习活动规则和生师互动规范，帮助学生深入理解核心概念，使学生明白概念与学习目标之间的联系，同时引导学生对特定问题进行探究。学生对特定问题进行探究的过程也是学生不断澄清观念，并质疑和询问教师的过程，此时，教师要给予学生准确有效的反馈意见，帮助学生及时修正错误的理解或看法。

最后，教师与学生获得积极的"教""学"体验。教师与学生在互动交流中共同解决问题，可以促使学生的学习效果提升，使学生获得发展。对于学生而言，其在与教师对特定问题的探究中，进一步厘清了观点或看法，并构建了自己的知识体系；对于教师而言，其在与学生的互动交流中获得了有价值的教学效果反馈。

四 学习范式下大学教学中生师互动的目标

在学习范式下，教师的任务是学习和应用最好的方法来帮助学生学习取得成功。[1] 学生的任务是在教师的指导和帮助下积极主动地学习，提升学习效果。由此可知，学习范式下大学教学中的生师互动结果是"向生性"的，即一切以学生的学习与发展为导向。具体而言，学习范式下大学教学中的生师互动主要呈现以下五种结果。

第一，提升学生能力。学习范式要求的学生能力主要包括学生的思维拓展和迁移能力等。在学习范式下，大学教学中的互动可以支持学生从不同的观点和评价中发展深度的、多样化的思维，并进行反思和改进。

第二，产生互惠式评价效应。在学习范式下，教师与学生是"教"与"学"的共同创造者。学生需要与教师展开建构性互动，以便共同理解学习中遇到的问题，共同提出解决方案。高质量的教学是教师和学生之间建构性互动的结果。[2] 这种互动能够产生互惠式评价效应，即教师提升教学效果，学生提升学习效果。

---

[1] R. B. Barr, J. Tagg, "From Teaching to Learning: A New Paradigm for Undergraduate Education," *Change*, 1995 (6): 12-25.

[2] S. Hoidn. *Student-Centered Learning Environments in Higher Education Classrooms* (New York: Springer Nature, 2017): 133.

第三，满足学生的个性化学习需求。在学习范式下的教学实践中，教师与学生共同解决学习问题。教师在与学生的互动过程中，引导学生探究多层次的复杂事物，促使学生加深对其的理解，从而满足学生的学习兴趣和个性需求。

第四，学生获得更好的成长与发展。学生和教师可通过有效互动实现个性化的成长和发展。学生的成长与发展通常是在互动过程中发生的，互动为学生提供不断的、动态的交流意义，使学生在理解知识的同时，获得成长与发展。

第五，生师关系取得实质性改善。学习范式下的各种教学方法为生师互动提供了条件和环境。具体而言，学习范式广泛使用以学生为中心的教学方法，促使学生参与互动性学习活动，使学生加深对学习内容的理解，促使生师互动更加充分。学生与教师在互动过程中相互尊重、彼此信任，通过语言和倾听进行双向的、全面的沟通与交流，形成平等、民主、合作的关系。

五 学习范式下大学教学中的生师互动理论框架

学习范式促使我们用新的眼光重新审视高等教育，并重新定义和设计未来大学中的生师互动理论框架。学习范式下大学教学中的生师互动理论框架规定人们对生师互动的理论认知，指导教师与学生进行互动的方式、方法、内容等。这意味着教师与学生应当在生师互动理论框架限定的范围内进行互动。学习范式下大学教学中的生师互动理论框架主要考察以下几个方面的内容：师生之间的权利如何运作？教师对学习内容的态度以及对评估目的和过程的态度等怎样变化？教师可以做些什么，如营造一个支持性的学习环境，提供高质量的学习反馈，提供适当的学习支持，等等，来促进学生的学习？

基于学习范式是整体性变革的认识，笔者认为，学习范式下大学教学中的生师互动不仅是学生与教师双方的互动，还涉及学生、教师与学校的教育理念、管理方式、服务理念、环境氛围等对生师互动的支持程度。鉴于此，笔者认为，学习范式下大学教学中的生师互动理论框架应包含学校、教师、学生等的有机整合（见图3-1）。

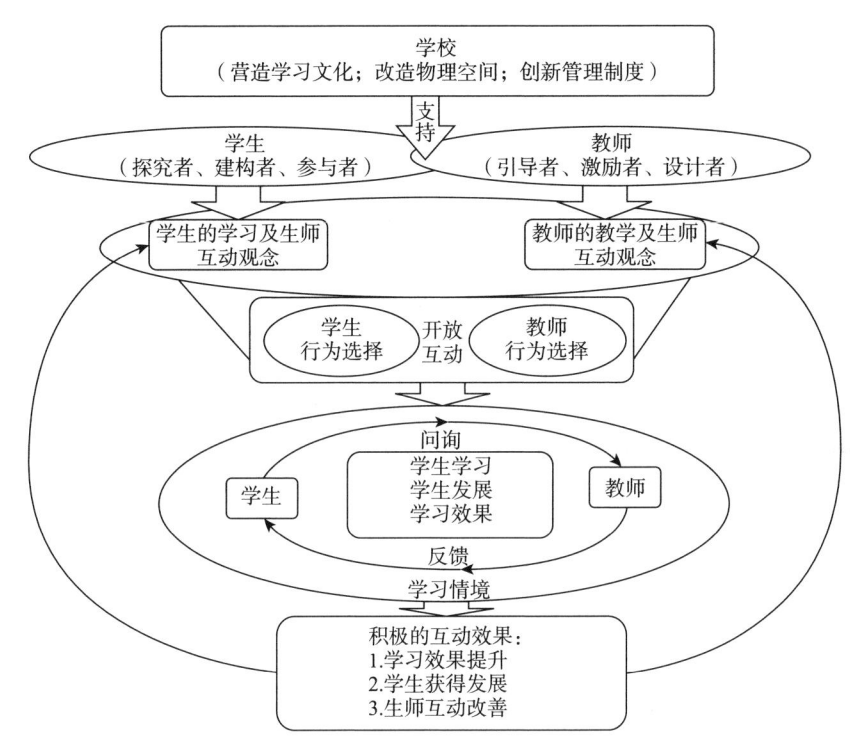

图 3-1　学习范式下大学教学中的生师互动理论框架

在学习范式下，学生与教师对生师互动的初步观念与期望进入"互动过滤器"，进一步形成互动行为并开启互动。生师互动的过程围绕学生学习、学习效果、学生发展等内容展开，教师始终支持、激励学生，学生则不断接触教师，并从教师那里获得肯定，由此形成积极的生师互动效果：学生的学习效果得到提升；学生得到成长与发展；生师实质性互动增加。积极的生师互动效果将促使教师与学生做新一轮互动。在新一轮互动开始之前，学生和教师从上一轮互动中形成新的观念和期望，并据此形成互动行为……如此循环。

六　基于学习范式下大学教学中生师互动理论框架概念的操作化处理

为了对"学习范式下大学教学中的生师互动研究"所涉及的概念进行深入研究和理解，并在此基础上将学习范式下大学教学中的生师互动理论框架转化为可观察和可测量的具体指标,以便在学习范式的背景下揭示大学教学中生师互动的现状、问题及其成因,下面将对学习范式下大学教学中生师互动理论框架的相关概念进行操作化处理。

(一) 确定概念维度

本项研究的主要维度包括"院校支持互动情况""教师与学生的观念""教师与学生的角色""教师可及性""生师互动意愿""学生的权利与责任""生师互动的体验情况""生师互动的影响因素"。其中,主要维度"教师与学生的观念"又包括"教与学的理解"及"生师互动的理解"两个子维度;主要维度"生师互动的体验情况"又包括"关于学习目标的互动""关于学习内容的互动""关于学习活动的互动""关于学习反馈的互动""关于学习氛围的互动""关于生生互动的情况"等子维度(见图 3-2)。

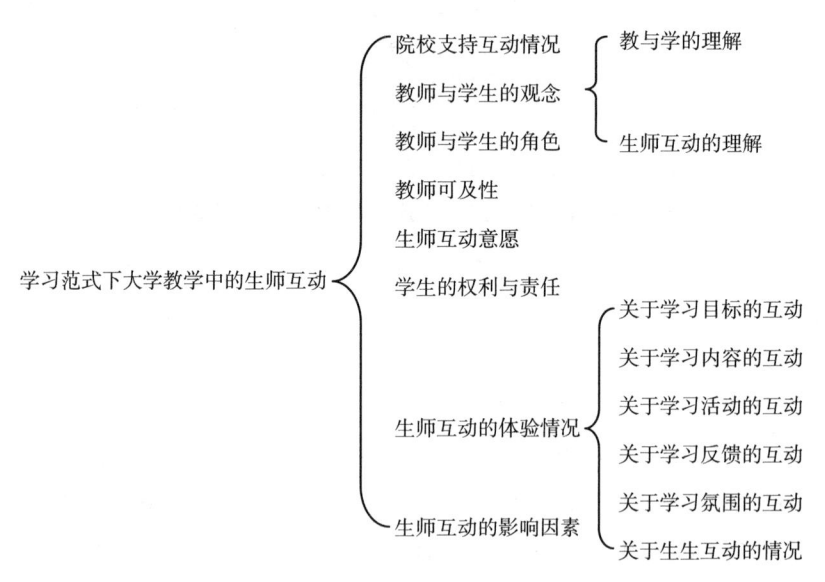

图 3-2 "学习范式下大学教学中的生师互动"概念的主要维度

(二) 建立测量指标

"学习范式下大学教学中的生师互动"是一个抽象的概念,选择指标的过程就是将抽象的概念转化为可供观测和衡量的具体指标的过程,"学习范式下大学教学中的生师互动"概念的主要维度及测量指标如表 3-2 所示。

表 3-2 "学习范式下大学教学中的生师互动"概念的主要维度及测量指标

主要维度	子维度	具体指标	调查对象
院校支持互动情况		生师互动氛围	师生
		生师互动的物理空间	师生
		提供生师互动的工具或资源	师生
		生师互动的行为规范	师生
		开放师生沟通渠道	学生
		提供教师角色和责任的信息	学生
		将生师互动列入任职、考核或晋升范畴	教师
		教师教育项目	教师
教师与学生的观念	教与学的理解	建构主义教学与学习的理解	教师
		建构主义学习的理解	学生
	生师互动的理解	大学教学中生师互动应该由谁主动发起	师生
		对大学教学中生师互动的评价	师生
		对大学非课堂互动的评价	学生
		最有效的生师互动方式	师生
教师与学生的角色		教师与学生的期望角色	师生
		教师与学生的领悟角色	师生
		教师与学生的实践角色	师生
教师可及性		教师在课外容易接近	学生
		教师认真对待学生的问题和意见	学生
		教师愿意花费时间和精力来帮助学生理解学习资料	学生
		学生与至少一位大学教师建立了密切而友好的个人关系	学生
		学生在学习遇到困难时得到教师的指导或帮助	学生
生师互动意愿		学生与各类教师的互动意愿	学生
		教师与各类学生的互动意愿	教师
学生的权利与责任		学生参与教学设计	师生
		学生参与决策教学内容	师生
		学生参与制定评分标准	师生
		学生参与评估教学效果	师生
		学生参与选择学习评价方式	师生

续表

主要维度	子维度	具体指标	调查对象
学生的权利与责任		学生参与制定课程讨论规则	师生
		帮助同学学习	学生
生师互动的体验情况	关于学习目标的互动	教师帮助学生明确学习兴趣和学习目标	师生
		教师帮助学生根据个人情况不断调整学习目标	师生
		教师结合学生的学习目标制定教学目标	师生
		教师帮助学生设定具有挑战性的学习目标	师生
		教师向学生表达高期望	师生
		教师为学生制定个性化的学习目标	师生
	关于学习内容的互动	教师帮助学生选择课程并规划学习	师生
		教师教给学生组织学习资料和内容的各种策略	师生
		教师帮助学生建立已有知识与新知识之间的联系	师生
		教师要求学生将课外活动与课程内容联系起来	师生
		教师为缺乏必要背景知识或技能的学生提供额外的资料或练习	师生
		教师让学生根据自己的知识背景、兴趣等选择学习内容和学习方式	师生
		教师鼓励学生提出新的研究项目、实地考察或其他课程内容	师生
	关于学习活动的互动	教师和学生一起开展项目研究	师生
		谁主动进行课堂内外的学习交流	师生
		教师鼓励学生展示独特的想法和信念	师生
		教师指导学生对某个特定的观点进行辩论	师生
		教师教给学生如何应对影响他们学习的各种压力	教师
		教师与学生在课外讨论对他们有意义和重要的问题	教师
		教师鼓励学生在口头报告或课堂演示之前排练	师生
		教师为学生布置帮助学习课程内容的作业	学生
		教师安排学生参加具有挑战性的学习活动	师生
		教师为学生提供多样化的学习活动，促进其深度学习	师生
		教师赞赏学生的高水平表现	师生
		教师让学生总结不同理论家、研究成果或艺术作品之间的异同	师生

续表

主要维度	子维度	具体指标	调查对象
生师互动的体验情况	关于学习活动的互动	教师要求学生指出课程材料中提出的基本思想、原则或观点的谬误	师生
		教师和学生在教学中的互动是"教师提问—学生答复—教师评价"	师生
		教师考虑给很难完成作业的学生换一个作业	师生
		教师为学生安排反思他们的思维方式和学习过程的活动	师生
		教师指导学生将一个特定的课程概念或知识应用于实际的问题或真实的情境	师生
	关于学习反馈的互动	教师对学生表现提供及时的口头/书面反馈	师生
		教师在学期结束时与学生讨论期末考试的结果	师生
		教师为学生提供明确具体的学习反馈	师生
		教师在每门课程开始时给学生一个预测试并告知其结果	师生
	关于学习氛围的互动	教师向学生表达关心	师生
		教师营造民主和自由的学习氛围	师生
		教师帮助学生建立一种课堂的归属感	师生
		教师阻止尖酸刻薄的评论、挖苦、开玩笑和其他有可能让学生感到尴尬的课堂行为	师生
		教师向学生强调有规律的学习、持续的努力、合理的自我节奏和时间安排的重要性	师生
		教师让学生觉得他们把宝贵的思想带到了课堂	师生
		教师尊重学生,并让学生感受到这种尊重	师生
		教师花时间熟悉学生的姓名,并按姓名指出学生	师生
		教师的鼓励促使学生更加努力地学习	学生
		教师教给学生如何应对影响学习的各种压力	学生
		教师使用鼓励、包容、肯定、支持的语言与学生进行交流	师生
		教师能够与学生建立相互尊重、平等、信任、支持的人际关系	师生
		教师尽可能向每个学生表达欣赏	教师
		教师给予学习表现不够自信的学生鼓励和信心	教师

续表

主要维度	子维度	具体指标	调查对象
生师互动的体验情况	关于生生互动的情况	教师鼓励学生一起做项目	师生
		教师让学生评价彼此的作业	师生
		教师让学生在课堂上挑战彼此的想法	师生
		教师鼓励学生一起准备课程或考试	师生
		教师要求学生告诉对方他们的兴趣和背景	师生
		教师将学习成绩不同的学生划分为一组	师生
		教师给学生提供一些机会，让学生学习如何采纳他人观点	师生
		教师在课程中创建学习社区、学习小组或项目团队	师生
		教师要求学生与其他背景和观点不同的学生讨论关键概念	师生
		教师帮助学生发现获得同学认可的策略，使学生有很强的自信心	师生
		教师要求学生倾听并思考同学的观点，即便他们并不同意这些观点	师生
生师互动的影响因素		大学教学过程中生师互动的鼓励性因素	师生
		大学教学过程中生师互动的阻碍性因素	师生

第四章 大学教学中生师互动之样态呈现

本研究最终使用202份教师问卷和1290份本专科学生问卷进行样本分析，其基本情况如表4-1和表4-2所示。

表4-1 教师样本基本情况

考察维度	内容	人数（人）	占比（%）	考察维度	内容	人数（人）	占比（%）
性别	男	86	42.57	学历	大学本科	8	3.96
	女	116	57.43		硕士研究生	97	48.02
年龄	年龄≥60岁	5	2.48		博士研究生	95	47.03
	59岁≥年龄≥50岁	19	9.41		其他（博士在读）	2	0.99
	49岁≥年龄≥40岁	51	25.25	学科专业	哲学	1	0.50
	39岁≥年龄≥30岁	107	52.97		经济学	7	3.47
	29岁≥年龄	15	7.43		法学	40	19.80
	未注明	5	2.48		教育学	51	25.25
职称	教授	20	9.90		文学	34	16.83
	副教授	71	35.15		历史学	4	1.98
	讲师	93	46.04		理学	9	4.56
	助教	11	5.45		工学	16	7.92
	其他（如副研究员等）	7	3.47		农学	5	2.48
教龄	教龄≥25年	4	1.98		医学	1	0.50
	25年≥教龄≥21年	14	6.93		管理学	25	12.38
	20年≥教龄≥16年	21	10.40		未注明	9	4.56
	15年≥教龄≥11年	59	29.21	院校类型	"985"高校	8	3.96
	10年≥教龄≥6年	44	21.78		"211"高校	43	21.29
	5年≥教龄≥1年	50	24.75		普通本科	123	60.89
	1年＞教龄	3	1.49		专科	25	12.38
	未注明	7	3.47		其他	3	1.49

表4-2 学生样本基本情况

考察维度	内容	人数(人)	占比(%)	考察维度	内容	人数(人)	占比(%)
性别	男	434	33.64	民族	少数民族	331	25.66
	女	856	66.36		汉族	937	72.64
年龄	年龄≥25岁	6	0.47		未注明	22	1.71
	24岁≥年龄≥18岁	1239	96.05	院校类型	"985"高校	6	0.47
	17岁≥年龄	23	1.78		"211"高校	239	18.53
	未注明	22	1.71		普通本科	871	67.52
年级	一年级	418	32.40		专科	172	13.33
	二年级	460	35.66		其他	2	0.16
	三年级	327	25.35	是否为"第一代大学生"	父母都不是大学生	1155	89.53
	四年级	82	6.36		仅母亲是大学生	17	1.32
	五年级	3	0.23		仅父亲是大学生	57	4.42
来源	城市	313	24.26		父母都是大学生	50	3.88
	农村	977	75.74		不知道	11	0.85

第一节 高等院校支持生师互动情况

高等院校对教学中生师互动的支持主要包括环境支持和制度支持两个方面。大学教学中生师互动的环境是教学环境的重要组成部分,而教学环境是大学教学中生师互动得以顺利进行的前提和保障,也是大学教学中能够孕育和滋长生师互动的"土壤"。教学环境分为广义的教学环境和狭义的教学环境,前者包括社会、家庭、亲朋等方面的环境,而后者主要是指教学场所、教学设施、校风、班风等与教学工作密切相关的环境。[①] 本书所说的教学环境主要指后者。大学教学中生师互动的环境支持主要考察生师互动氛围、生师互动物理空间、生师互动工具或资源、教师教育项目等内容。大学教学中生师互动的制度支持主要考察生师互动的行为规范以及教师任职、考核或晋升中关于生师互动的规定。

---

① 李秉德主编《教学论》,人民教育出版社,1991,第294页。

一 高等院校对生师互动的环境支持情况

（一）高等院校营造支持学生成长发展的生师互动氛围的情况

大学教学中生师互动的氛围作为一种"软环境"，能够影响教师"教"以及学生"学"的情绪，进而促进或抑制大学教学中的生师互动。从对教师与学生的调查问卷来看，两者的看法基本一致，即学校营造了支持学生成长与发展的生师互动氛围（见图4-1）。

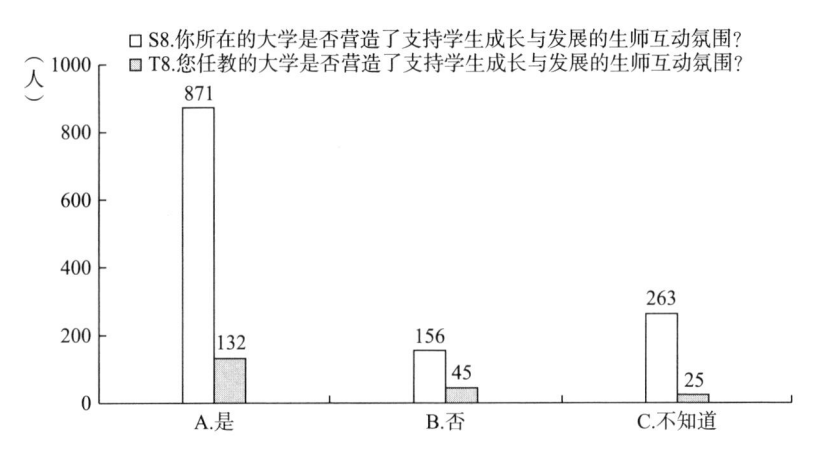

图4-1 "大学是否营造了支持学生成长与发展的生师互动氛围？"的调查结果

从学生问卷来看，题项S8"你所在的大学是否营造了支持学生成长与发展的生师互动氛围？"，67.52%的学生选择了"是"，仅12.09%的学生选择了"否"，20.39%的学生选择了"不知道"；从教师问卷来看，题项T8"您任教的大学是否营造了支持学生成长与发展的生师互动氛围？"，回答"是"的教师比例为65.35%，显著高于选择"否"或"不知道"的教师比例。由此可知，多数教师与学生认为大学已经营造了支持学生成长与发展的生师互动氛围。

（二）高等院校创设生师互动物理空间的情况

生师互动物理空间的创设可以为大学教学中的生师互动创造更多的机会，但是，如果高等院校没有创设有利于大学教学中生师互动的物理空间，大学教学中的教师与学生可能会失去一些互动机会，师生之间也就不可能发展高质量的互动和支持性关系，更不可能提高生师互动质量。由图4-2

可知，学生与教师的选择呈现截然相反的结果。

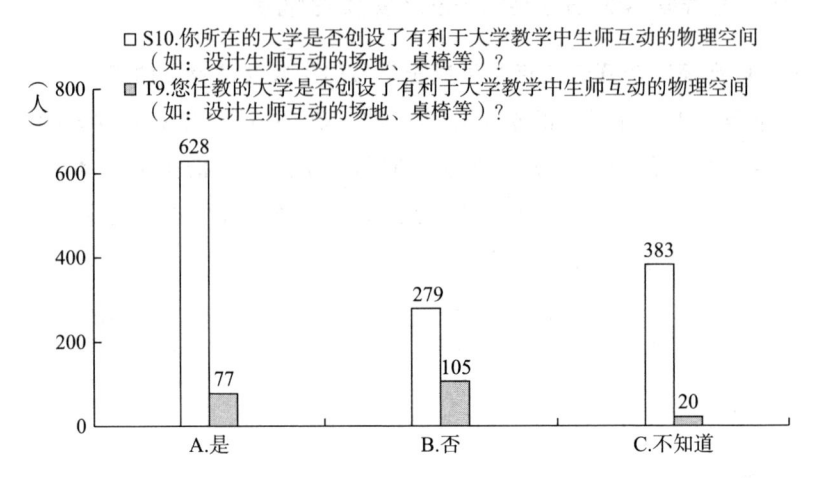

图 4-2 "大学是否创设了有利于大学教学中生师互动的物理空间（如：设计生师互动的场地、桌椅等）？"的调查结果

从学生问卷来看，题项 S10"你所在的大学是否创设了有利于大学教学中生师互动的物理空间（如：设计生师互动的场地、桌椅等）？"，48.68%的学生选择了"是"，21.63%的学生选择了"否"，29.69%的学生选择了"不知道"。由此可知，超过 1/5 的学生认为他们所在的大学没有创设有利于大学教学中生师互动的物理空间；近一半的学生认为他们所在的大学创设了有利于大学教学中生师互动的物理空间；而近 1/3 的学生对他们所在的大学是否创设有利于大学教学中生师互动的物理空间并不了解。从教师问卷来看，题项 T9"您任教的大学是否创设了有利于大学教学中生师互动的物理空间（如：设计生师互动的场地、桌椅等）？"，参与调查的教师中的 105 人选择了"否"，占总调查教师人数的 51.98%。也就是说，超过一半的教师认为他们任教的大学没有创设有利于大学教学中生师互动的物理空间。

（三）高等院校提供生师互动工具或资源的情况

在信息化社会，高等教育机构为教师和学生提供交互式电子白板和反馈器等教学互动工具或资源，一方面可以使教师及时地了解学生对知识的掌握情况，为学生提供学习指导，同时根据学生的学习情况调整教学活动；另一方面可以使学生即时向教师提交问题或作业，积极参与学习活动。然而，从调查问卷来看，学生与教师的选择呈现截然相反的结果（见

图 4-3）。

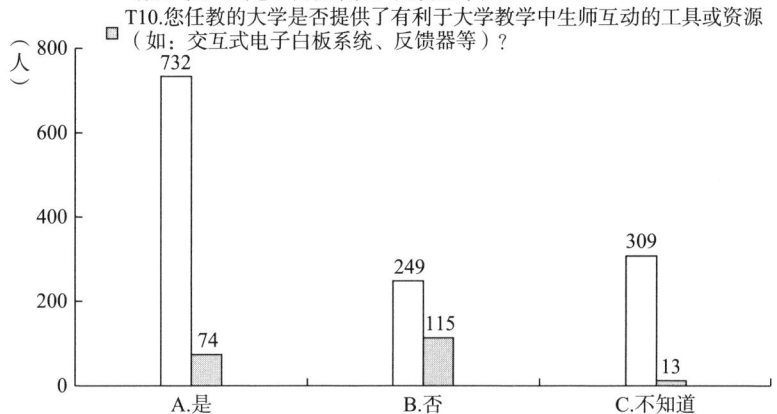

图 4-3 "大学是否提供了有利于大学教学中生师互动的工具或资源（如：交互式电子白板系统、反馈器等）？"的调查结果

从学生问卷来看，题项 S11 "你所在的大学是否提供了有利于大学教学中生师互动的工具或资源（如：交互式电子白板系统、反馈器等）？"，56.74%的学生选择"是"，19.30%的学生选择"否"，23.95%的学生选择"不知道"。从教师问卷来看，题项 T10 "您任教的大学是否提供了有利于大学教学中生师互动的工具或资源（如：交互式电子白板系统、反馈器等）？"，36.63%的教师选择"是"，56.93%的教师选择"否"，仅 6.44%的教师选择"不知道"。由调查结果可知，超过一半的学生认为他们所在的大学提供了有利于大学教学中生师互动的工具或资源，然而，超过一半的教师却认为他们任教的大学并未提供有利于大学教学中生师互动的工具或资源。

（四）教师教育项目对大学教学中生师互动的支持情况

促进学生有效学习，与学生发展积极的生师关系是教师获得成功的重要前提。然而，这些并非教师与生俱来的本领，需要教师教育项目的支持。从教师问卷来看，题项 T13 "您认为目前的教师教育项目是否有助于您提升生师互动技巧，以发展与学生的积极关系？"，45.05%的教师选择了"是"，另有 40.10%和 14.85%的教师分别选择了"否"和"不知道"（见图 4-4）。

由图 4-4 可知，选择"是"或"否"的教师比例差距甚小，这就表明：在我国，虽然大学开展的教师教育项目能够在一定程度上帮助教师提升生师互动技巧，促使教师与学生发展积极的互动关系，但是，教师教育项目对教师的支持力度尚待加大。

从教师问卷来看，题项 T14 "目前的教师教育项目是否为您提供了认知科学或学生学习的相关理论和知识？"，45.54% 的教师选择了"是"，39.60% 的教师选择了"否"，14.85% 的教师选择了"不知道"（见图 4-5）。

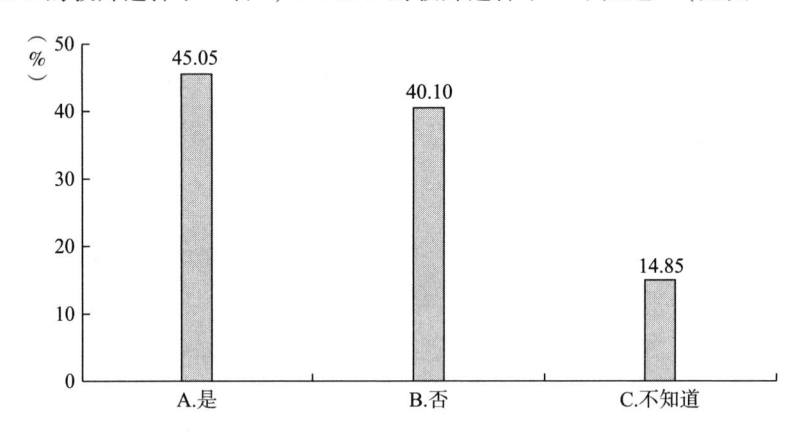

图 4-4 "您认为目前的教师教育项目是否有助于您提升生师互动技巧，以发展与学生的积极关系？"的调查结果

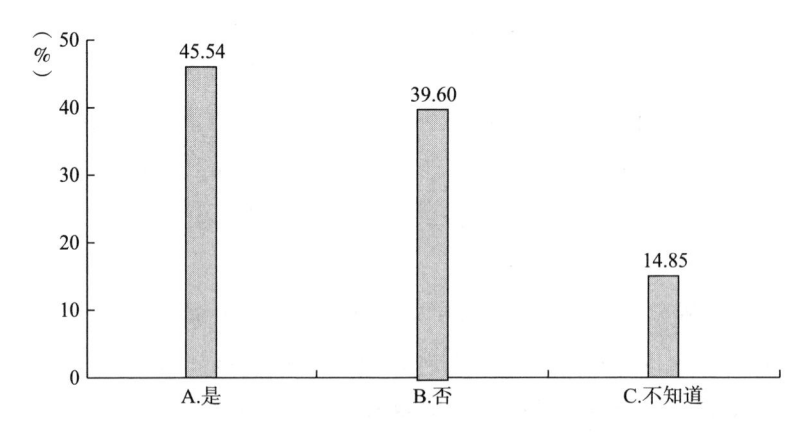

图 4-5 "目前的教师教育项目是否为您提供了认知科学或学生学习的相关理论和知识？"的调查结果

由图 4-5 可知，我国部分高校已开始关注学生的学习，并围绕学生的"学"开展了与之相关的教师教育，为教师服务于学生学习提供了理论支

持。然而，不容乐观的是，调查教师问卷显示，超过 1/3 的教师认为目前的教师教育项目没有为教师提供认知科学或学生学习的相关理论和知识，还有近 1/5 的教师不知道目前的教师教育项目是否为其提供了认知科学或学生学习的相关理论和知识。

（五）高等院校为学生提供教师责任信息的情况

高等院校需要向学生提供关于教师角色和责任的信息，以便让学生更清楚在遇到学习问题或困难时，如何获得教师的支持与帮助。学生问卷中相关题项的调查结果如图 4-6 所示。

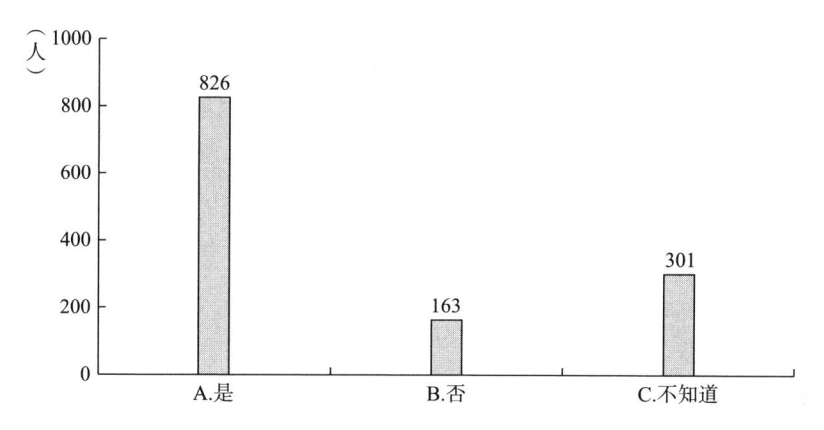

图 4-6 "你所在的大学是否向你提供关于教师角色和责任的信息？"的调查结果

由图 4-6 可知，题项 S13 "你所在的大学是否向你提供关于教师角色和责任的信息？"，64.03% 的学生选择了"是"，12.64% 的学生选择了"否"，23.33% 的学生选择了"不知道"，表明多数学生认为他们所在的大学为他们提供了关于教师角色和责任的信息。

（六）高等院校开放关于学生需求、关注和建议的沟通渠道情况

为了支持和促进大学教学中的生师互动，高等院校必须为学生搭建师生之间的沟通渠道，以便教师时刻关注学生的需求和建议。题项 S9 "你所在的大学是否开放教师与学生之间关于学生需求、关注和建议的沟通渠道？"，66.51% 的学生选择了"是"，11.16% 的学生选择了"否"，仍有 22.33% 的学生选择了"不知道"（见图 4-7）。

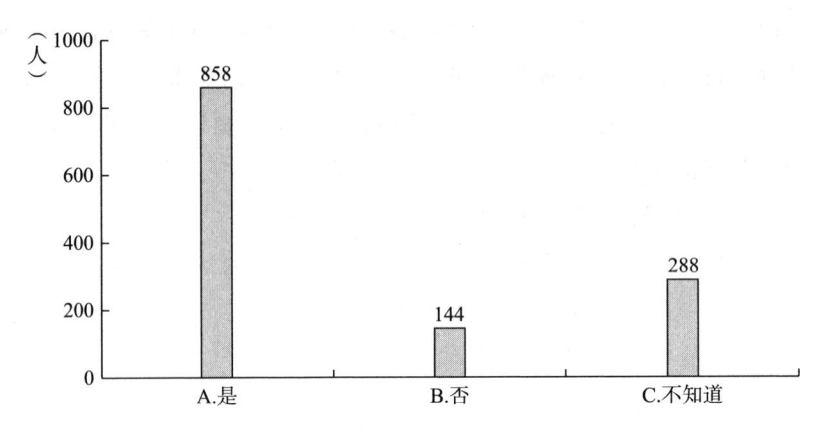

图 4-7 "你所在的大学是否开放教师与学生之间关于学生需求、关注和建议的沟通渠道?"的调查结果

由图 4-7 可知，大多数学生认为他们所在的大学开放了教师与学生之间关于学生需求、关注和建议的沟通渠道，这将为大学教学中的生师互动创造有利条件。

二 高等院校对生师互动的制度支持情况

(一) 教师与学生对大学是否制定生师互动行为规范持相反看法

大学教学中的生师互动行为规范对教师的道德标准、岗位职责、工作内容等做了规定，能够保证生师互动的顺利开展，并有利于提高学习效率和教学效果。关于"大学是否为支持学生学习而制定了生师互动的行为规范?"的问题，教师与学生的回答并不一致（见图 4-8）。

从学生问卷来看，题项 S12"你所在的大学是否为支持学生学习而制定了生师互动的行为规范?"，56.82%的学生选择了"是"，12.71%的学生选择了"否"，30.47%的学生选择了"不知道"。从教师问卷来看，题项 T11"您任教的大学是否为支持学生学习而制定了生师互动的行为规范?"，28.71%的教师选择了"是"，55.45%的教师选择了"否"。由此可知，超过一半的学生认为大学为支持学生学习而制定了生师互动的行为规范，而超过一半的教师却认为大学并没有为支持学生学习而制定有关生师互动的行为规范。

(二) 大多数高校未将生师互动列为任职、考核或晋升的必要条件

教师指导学生学习和发展的动机受到奖励制度、货币资源等因素的影

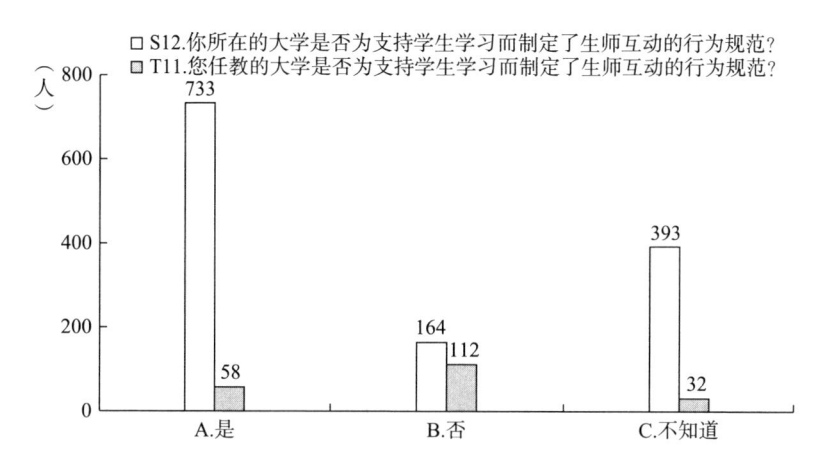

图 4-8 "大学是否为支持学生学习而制定了生师互动的行为规范?"的调查结果

响,奖励制度中的任期和晋升政策也是影响教师指导学生的重要因素。[①] 也就是说,如果将生师互动列为教师任职、考核或晋升的必要条件,那么,教师更有可能将精力和时间投入指导学生,与学生进行密切且富有成效的互动中。题项 T12 是"您任教的大学是否将生师互动列为任职、考核或晋升的必要条件?",其调查结果如图 4-9 所示。

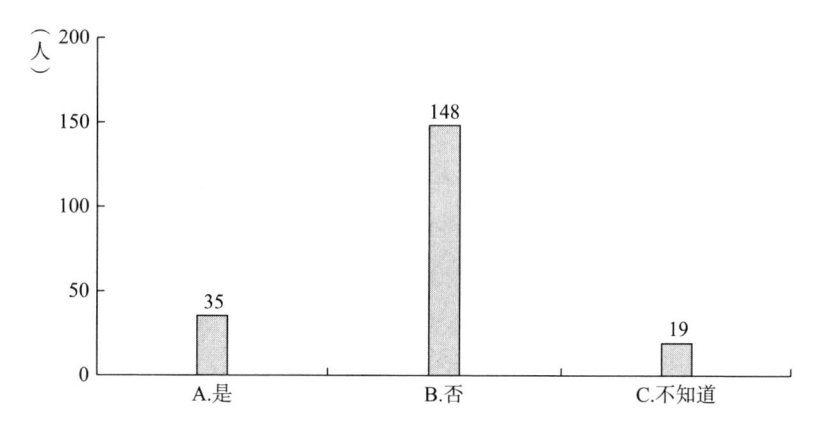

图 4-9 "您任教的大学是否将生师互动列为任职、考核或晋升的必要条件?"的调查结果

[①] D. X. Morales, S. E. Grineski, T. W. Collins, "Faculty Motivation to Mentor Students through Undergraduate Research Programs: A Study of Enabling and Constraining Factors," *Research in Higher Education*, 2017 (5): 520-544.

从教师问卷来看，题项 T12"您任教的大学是否将生师互动列为任职、考核或晋升的必要条件？"，选择"否"的教师占比高达 73.27%，显著高于其他两个选项，这就表明我国大多数高校没有将生师互动列为任职、考核或晋升的必要条件。

三 小结

由调查结果可知，虽然大多数师生认为大学营造了支持学生成长发展的生师互动氛围，大多数学生认为大学已为其开放了关于学生需求、关注和建议的生师沟通渠道，并提供了教师角色和责任的信息，但是，大多数教师却认为，高校未将生师互动列为任职、考核或晋升的必要条件，教师教育项目对大学教学中的生师互动支持效果不显著。而对于大学是否创设生师互动物理空间，是否提供生师互动的工具或资源，是否制定生师互动行为规范等题项，教师与学生持截然相反的看法。

第二节 师生的教学及生师互动观念

教师与学生的生师互动观念与期望是互动行为产生的重要条件。虽然生师互动的质量比数量更重要，但是在教师和学生进行更有意义的互动之前，产生初步的互动是必要的。而教师与学生之间产生初步互动，取决于教师与学生的生师互动观念以及对生师互动的理解。教师与学生如何理解大学中的"教"与"学"，以及教学中的生师互动是学习范式转型的重要前提。从交往教学论的视角来认识大学教学中的生师互动，教师与学生作为两个重要的参与者，应该对"大学教学"达成共同理解，并且，教师与学生也应理解对方的行为意向。这种理解将指导师生双方对大学教学中互动的必要性产生认同。就这一层面而言，理解促进认同，而认同则是大学教学中互动行为能够继续进行的决定性力量。学习范式以建构主义的教与学为理论基础，该理论的核心观点是：教师作为大学环境之一，通过与学生之间的互动，对学生学习与发展产生重要影响。大学教学中的生师互动是学生进行知识建构的重要途径，而学生与教师对生师互动的理解直接影响互动的发起、内容、进程、结果等，进而影响到学生的学习与发展。因此，本节主要对以下内容进行调查：一是学生对建构主义学习的理解；二是教师对建构主义教学的理解;三是师生对大学教学中生师互动的理解;四是师生对大学教学中生师互动的理解。

一 学生对"学"的理解情况

学生只有在对学习做出正确理解时,才能进行更加有效的学习。在学习范式下,学生需要树立一种建构主义学习观。建构主义学习理论认为,学生在真实的情境中学习,有利于理解真实的世界并内化所学知识。从学生调查问卷来看,大多数学生已经初具建构主义的学习观念(见图4-10)。

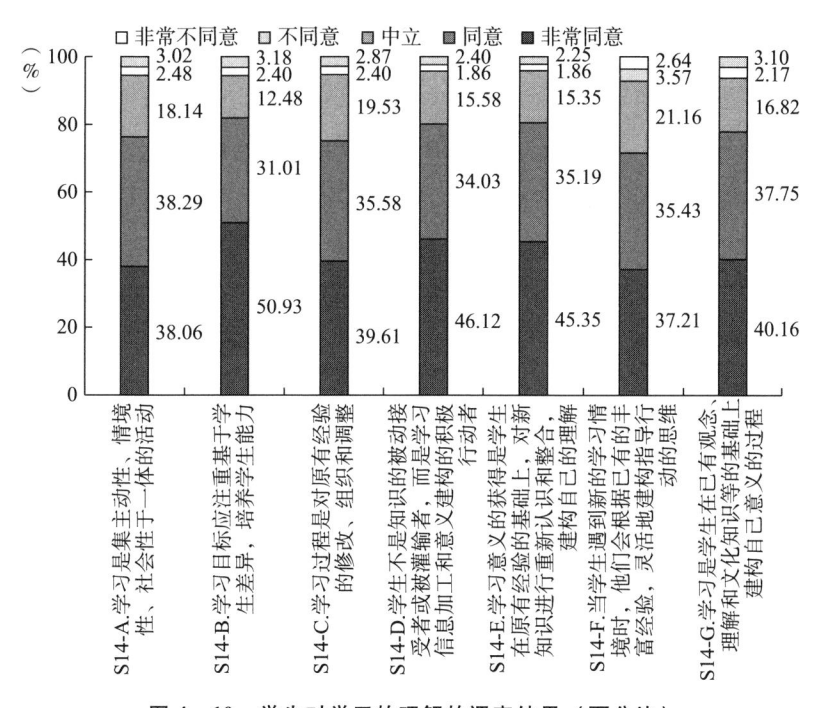

图 4-10 学生对学习的理解的调查结果(百分比)

从图 4-10 的各题项可知,学生选择"非常同意"和"同意"的人数明显多于其他选项,其中题项 S14-B、题项 S14-D 和题项 S14-E 表现得尤为明显。题项 S14-B"学习目标应注重基于学生差异,培养学生能力",选择"非常同意"和"同意"的学生共占比 81.94%。题项 S14-D"学生不是知识的被动接受者或被灌输者,而是学习信息加工和意义建构的积极行动者",选择"非常同意"和"同意"的学生共占比 80.15%。题项 S14-E"学习意义的获得是学生在原有经验的基础上,对新知识进行重新认识和整合，建构自己的理解"，选择"非常同意"和"同意"的学生占比共计达到了80.54%。

从图4-11来看，学生对学习的理解各题项平均分值都在4.0以上，说明大多数学生已经产生了较明确的建构主义学习意识。然而，题项S14-A、题项S14-C、题项S14-F的均值略低于其他几个题项。题项S14-A"学习是集主动性、情境性、社会性于一体的活动"、题项S14-C"学习过程是对原有经验的修改、组织和调整"、题项S14-F"当学生遇到新的学习情境时，他们会根据已有的丰富经验，灵活地建构指导行动的思维"这三个题项是典型的建构主义学习观点，表明可能仍有少数学生并未理解建构主义学习观。

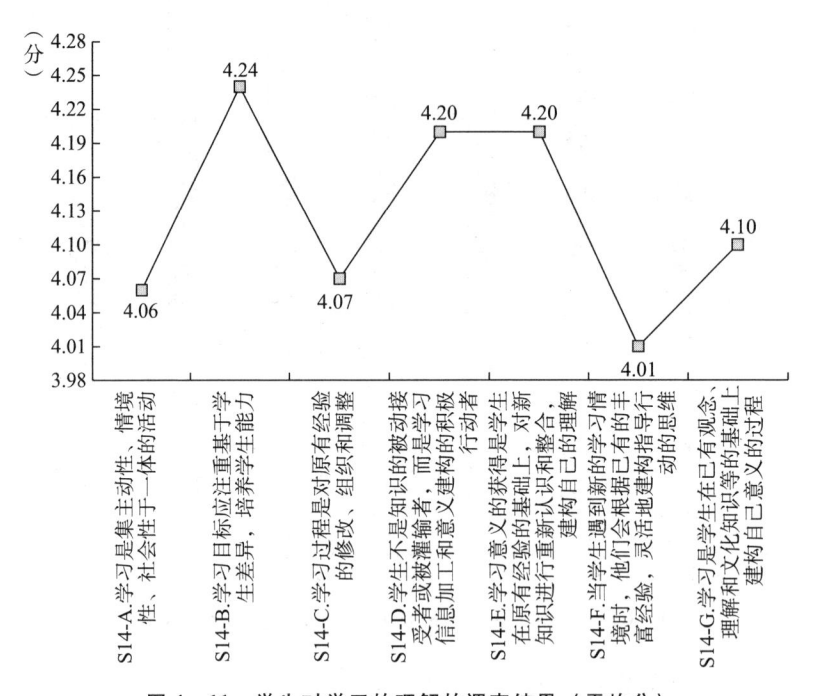

图4-11 学生对学习的理解的调查结果（平均分）

二 教师对"教""学"的理解情况

虽然学习范式强调学生的自主学习，但是学生的学习过程及其结果深受教师的影响。教师对教学和学习的理解直接影响学生的学习。只有当教师准确理解建构主义的"教""学"原理、本质、过程等时，教师才有可能采用建构主义的教学方式和方法，也才更有可能积极投入帮助和促进学生学习的活动中。题项 T15 - A 至题项 T15 - G 均为建构主义教学观，从教师调查问卷来看，大多数教师已经初步具备了建构主义教学观，但是仍有少数教师对建构主义理论可能存在认识不全面或认识错误的情况（见图 4 - 12）。

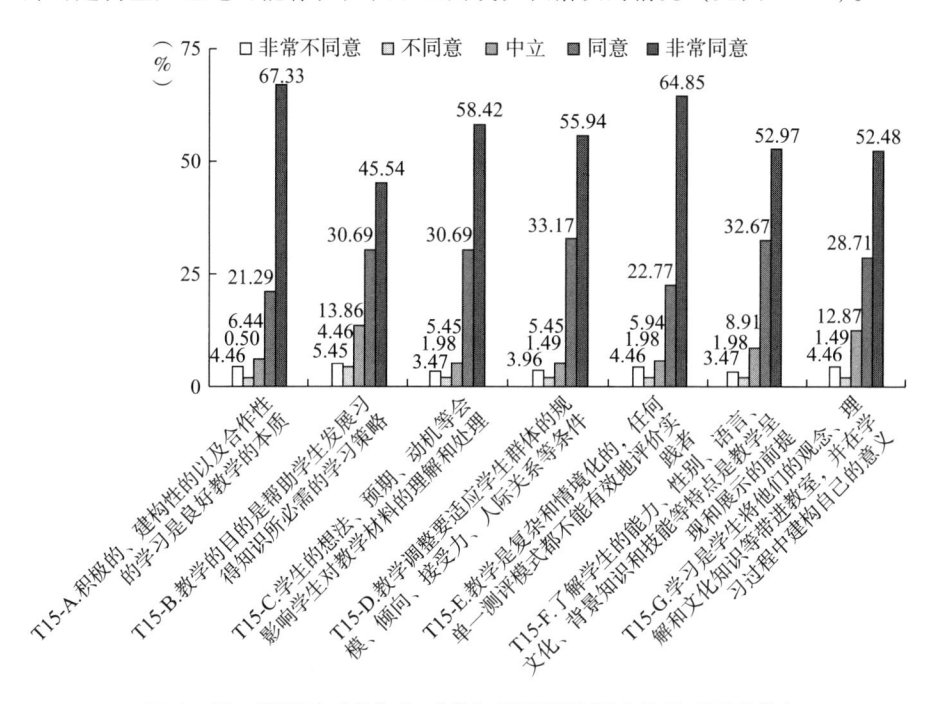

图 4 - 12 教师对"教"与"学"的理解的调查结果（百分比）

由图 4 - 12 可知，教师对各题项的认同度较高。题项 T15 - A "积极的、建构性的以及合作性的学习是良好教学的本质"、题项 T15 - C "学生的想法、预期、动机等会影响学生对教学材料的理解和处理"、题项 T15 - D "教学调整要适应学生群体的规模、倾向、接受力、人际关系等条件"、题项 T15 - E "教学是复杂和情境化的，任何单一测评模式都不能有效地评价实践者"、题项 T15 - F "了解学生的能力、性别、语言、文化、背景知识和技能等特点是教学呈现和展示的前提"、题项 T15 - G "学习是学生将他们的观念、理解和文化知识等带进教室，并在学习过程中建构自己的意义"，教师选择"非常同意"和"同意"的比例均达到 80% 以上。这就充分表明，大部分教师已经意识到教师的教学并非单纯地向学生传递知识，而学生的学习过程并非单纯地接受教师的知识灌输。

由图 4-13 可知，题项 T15-B "教学的目的是帮助学生发展习得知识所必需的学习策略" 得分均值最低，这就表明部分教师可能不认同教学是为了帮助学生发展学习策略。然而，在学习范式下，学生发展学习策略是为了更好地学习，而教师教学的目的也是促进学生发展学习策略，提升学习能力。

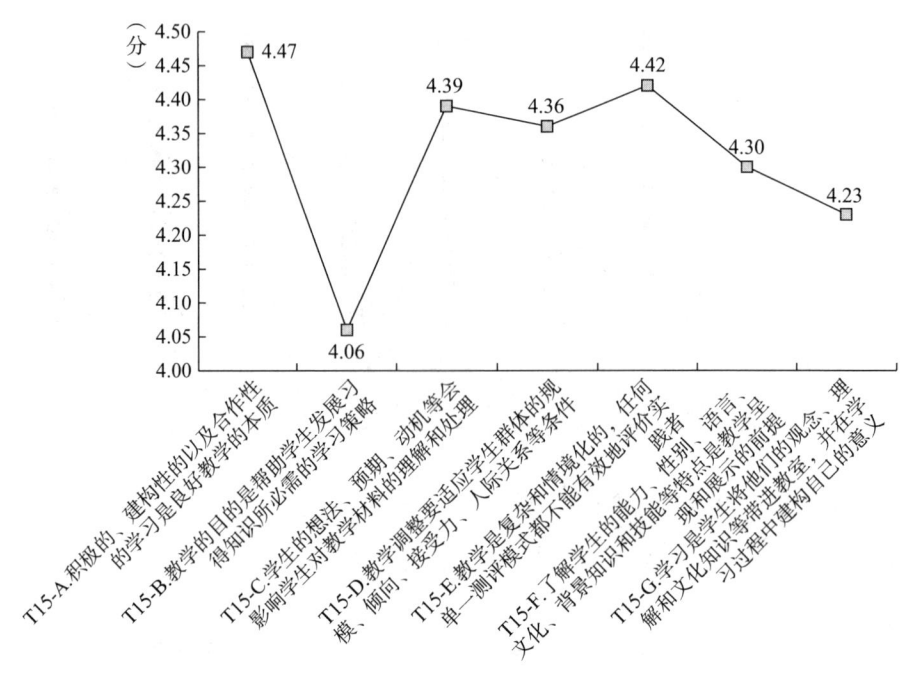

图 4-13 教师对"教"与"学"的理解的调查结果（平均分）

三 师生对大学教学中生师互动价值的理解情况

（一）部分学生能够认识到大学教学中生师互动的重要价值

学生只有正确理解生师互动的价值，才会真正地与教师开展互动。即使许多学生刚开始不知道与教师互动的重要性，但当他们参与生师互动之后，便会非常清楚地认识到生师互动的潜在好处。[①] 本书的调查结果也充分表明：大多数学生已经意识到，无论是课堂之内还是课堂之外，生师互动

---

① S. R. Cotten, B. Wilson, "Student-Faculty Interactions: Dynamics and Determinants," *Higher Education*, 2006 (4): 487–519.

都能够对学生的职业准备和智力发展产生积极的影响。[1] 关于学生对大学教学中生师互动重要价值的认同，具体调查结果如图 4-14 所示。

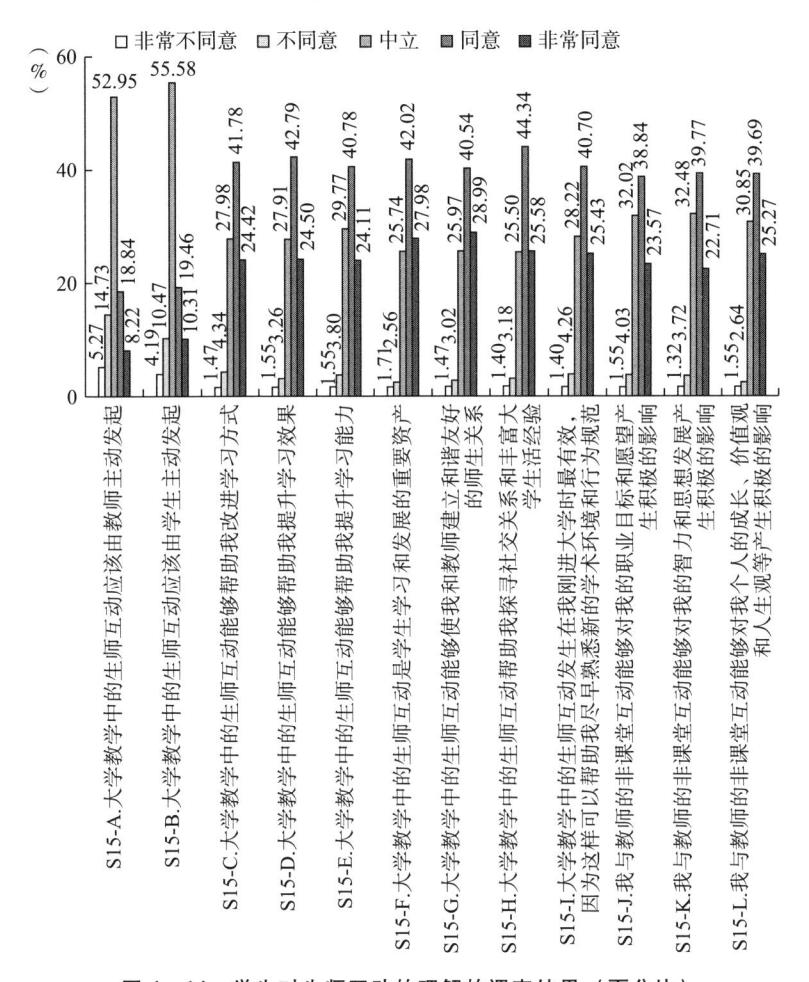

图 4-14 学生对生师互动的理解的调查结果（百分比）

在学生问卷中，被调查学生选择"非常同意"或"同意"的比例分别为：题项 S15-C"大学教学中的生师互动能够帮助我改进学习方式"，66.20%；题项 S15-D"大学教学中的生师互动能够帮助我提升学习效果"，67.29%；题项 S15-E"大学教学中的生师互动能够帮助我提升学习

---

[1] G. D. Kuh, S. Hu, "The Effects of Student-Faculty Interaction in the 1990s.," *Review of Higher Education*, 2001（3）：309-332.

能力",64.89%。这就表明,大多数学生认为大学教学中的生师互动能够对学生的学习与发展起到积极作用。

已有研究表明：学生在与教师的非正式交谈中更有可能发现学习过程是愉快和刺激的,从而更好地为职业发展做好准备。[①] 学生与教师的非正式交谈通常都发生在非课堂情境中,因此,从非课堂生师互动调查题项来看,多数学生已经认识到了非课堂互动的重要价值。题项S15-J"我与教师的非课堂互动能够对我的职业目标和愿望产生积极的影响",被调查学生选择"非常同意"和"同意"的比例为62.41%。题项S15-K"我与教师的非课堂互动能够对我的智力和思想发展产生积极的影响",被调查学生选择"非常同意"或"同意"的比例为62.48%。布鲁纳认为,智力发展依赖于指导者和学习者之间发生的某种有系统的和偶发的相互作用。[②] 此项调查结果也在某种程度上支持了这种观点。另外,题项S15-L"我与教师的非课堂互动能够对我个人的成长、价值观和人生观等产生积极的影响",被调查学生选择"非常同意"和"同意"的比例达64.96%,这就充分说明大多数学生认为,非课堂互动对学生的发展能够产生积极作用。

由上述调查可知,大多数学生认同生师互动的重要价值。一是大多数学生认同生师互动是学生学习和发展的重要资产。题项S15-F"大学教学中的生师互动是学生学习和发展的重要资产",被调查学生选择"非常同意"和"同意"的比例为70.00%。二是大多数学生认同生师互动能够促进和谐友好的师生关系。题项S15-G"大学教学中的生师互动能够使我和教师建立和谐友好的师生关系",被调查学生选择"非常同意"和"同意"的比例为69.53%。三是大多数学生认同生师互动能够帮助学生探寻社交关系和丰富大学生活经验。题项S15-H"大学教学中的生师互动帮助我探寻社交关系和丰富大学生活经验",被调查学生选择"非常同意"和"同意"的比例为69.92%。四是大多数学生认同生师互动发生在新生入学早期最有效。题项S15-I"大学教学中的生师互动发生在我刚进大学时最有效,因

[①] M. Komarraju, S. Musulkin, G. Bhattacharya, "Role of Student-Faculty Interactions in Developing College Students' Academic Self-Concept, Motivation, and Achievement," *Journal of College Student Development*, 2010 (3): 332-342.

[②] 〔美〕J.S. 布鲁纳:《布鲁纳教育论著选》,邵瑞珍等译,人民教育出版社,2018,第90页。

为这样可以帮助我尽早熟悉新的学术环境和行为规范",选择"非常同意"和"同意"的学生比例为66.13%,但是,仍有28.22%的被调查学生对此表示"中立",5.66%的被调查学生表示"不同意"或"非常不同意",这就表明可能有少数学生并未意识到早期互动的重要性,但是,从选择"同意"和"非常同意"的比例来看,多数学生已经看到了早期生师互动的价值。已有研究表明:学生在第一年就了解与教师保持联系和交流的好处,将有助于他们与教师建立良好的师生关系,并在大学结束时获得更大的收益。[1]该调查结果为我国大学新生入学教育中是否应加强生师互动方面的内容提供了决策参考。

(二) 绝大多数教师能够认识到大学教学中生师互动的重要价值

教师只有正确理解生师互动的价值,才会围绕学生学习、学习效果和学生发展,与学生开展互动,也才能够更好地开展教学。从调查结果来看,大多数教师已经意识到大学教学中的生师互动能够对有效教学、学生学习等产生积极影响(见图4-15)。

由教师调查问卷可知,大多数教师能够清楚地认识到大学教学中生师互动的价值,并且,大多数教师认为,大学教学中的生师互动能够促进有效教学。从图4-15可知,题项T16-C"大学教学中的生师互动是有效教学的重要组成部分",90.10%的教师选择了"非常同意"和"同意";题项T16-D"大学教学中的生师互动是学生学习和发展的重要资产",46.53%的教师选择了"非常同意",38.12%的教师选择了"同意",表明多数教师认同生师互动是学生学习和发展的重要资产;题项T16-I"大学教学中的生师互动有助于我更高效地完成课程教学任务",84.65%的教师选择了"非常同意"和"同意";题项T16-J"大学教学中的生师互动能够使我和学生建立和谐友好的师生关系",被调查教师选择"非常同意"和"同意"的比例高达89.60%。从教师与学生两个方面来看生师互动对和谐友好师生关系的影响,教师选择"非常同意"和"同意"的比例显著高于学生69.53%的比例。这也说明教师比学生更加认同大学教学中的生师互动能够

---

[1] M. V. Fuentes, A. R. Alvarado, J. Berdan, et al., "Mentorship Matters: Does Early Faculty Contact Lead to Quality Faculty Interaction?," *Research in Higher Education*, 2014 (3): 288-307.

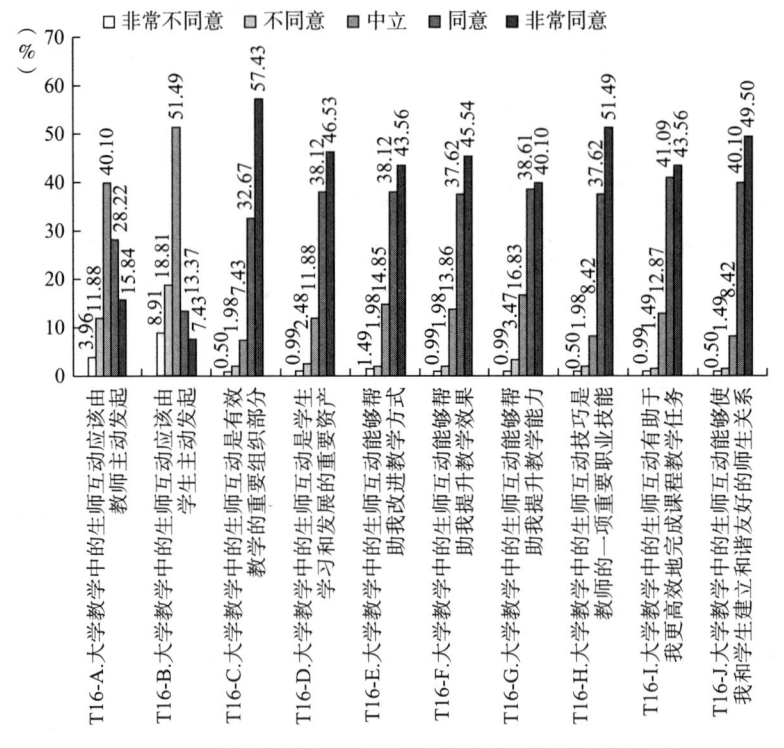

图 4-15　教师对生师互动的理解的调查结果（百分比）

促进和谐友好的师生关系的观点。在以下三个题项，即 T16-E"大学教学中的生师互动能够帮助我改进教学方式"、T16-F"大学教学中的生师互动能够帮助我提升教学效果"、T16-G"大学教学中的生师互动能够帮助我提升教学能力"中，被调查教师选择"非常同意"和"同意"的比例分别为 81.68%、83.16%、78.71%。这也充分表明大多数教师认同大学教学中生师互动的价值。

此外，大学教学中的生师互动技巧是教师的一项重要职业技能，教师对此的认同将有利于大学相关部门通过教师教育项目来帮助教师提升该项职业技能。从教师调查问卷来看，题项 T16-H"大学教学中的生师互动技巧是教师的一项重要职业技能"，89.11% 的被调查教师选择了"非常同意"和"同意"，这就表明多数教师已经认同生师互动是教师的一项重要职业技能。

四　大学教学中的生师互动方式

（一）教师认为最有效的生师互动方式是"课堂之内面谈"

从图4-16可以看出，教师认为最有效的生师互动方式是"课堂之内面谈"，其次是"课堂之外面谈"和"办公室/休闲场所面谈"。"书面交流"得分最低，也就是说，教师认为"书面交流"是最低效的生师互动方式，以"电话/短信"和"电子邮件"为传输媒介的生师互动方式也较低效。由调查结果推断，教师普遍认为最佳的生师互动方式是课堂内外的面谈，地点也可以选择在办公室或者休闲场所。虽然我们身处信息化社会，信息技术能够使教师与学生互动更便捷，但是，这些技术仍然无法取代"面谈"。只有当教师与学生面对面进行互动交流时，生师互动才有可能达到最理想的效果。

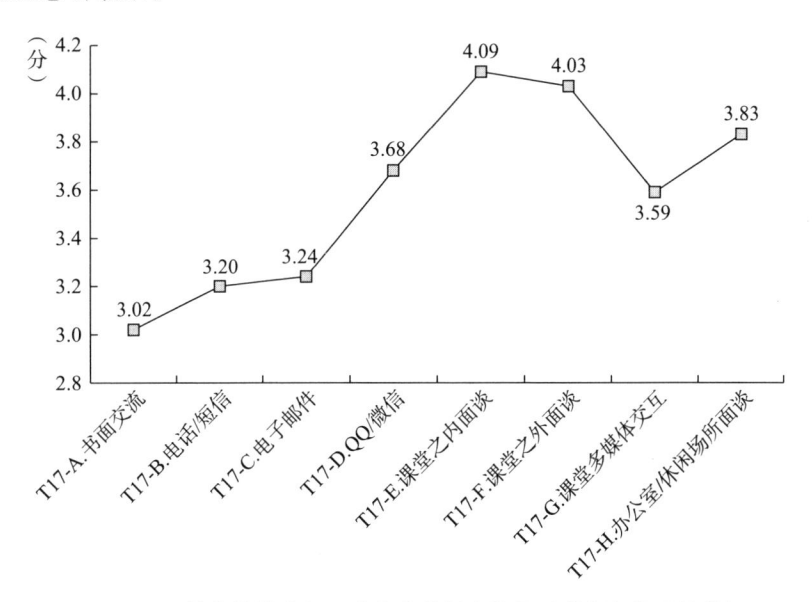

图4-16　最有效的生师互动方式的调查结果（教师问卷平均分）

该题项除了上述给定答案外，还有一个开放式问答，即"T17-I. 其他生师互动方式最有效，如：_____"。以下为题项T17-I的词频调查结果（见图4-17）。

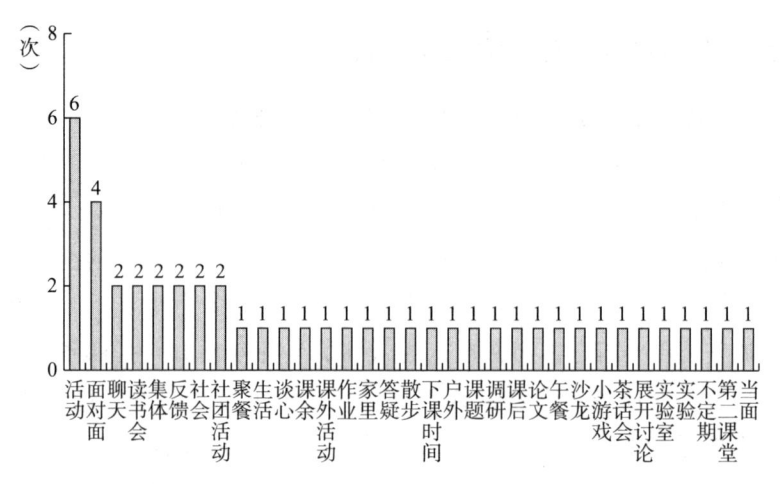

图 4-17　其他最有效的生师互动方式的调查结果（教师问卷词频分析）

由图 4-17 可知，教师认为其他最有效的生师互动方式基本上发生在课堂之外，而且是以"活动"为主要载体的生师互动。具体而言，教师填答的其他最有效的生师互动方式可以分为三大类：一是日常生活化互动，如"聚餐""午餐沙龙""请学生到家里吃饭""吃饭，逛街""散步"；二是以课外活动为载体的互动，如"课余的集体活动""参与学生活动""读书会""茶话会""第二课堂或其他社团活动""做一些小游戏"；三是针对作业、论文等具体问题的互动，如"对作业和提问的反馈，学习相关现实问题的探讨解决""围绕问题展开讨论""基于任务、目标或问题为前提的见面、邮件或语音交流""共同参与一项社会实践或者课题调研""和学生共同修改论文或报告""实验室实验""教学实践中的交流"。

（二）学生认为最有效的生师互动方式是"课堂之外面谈"

从图 4-18 可以看出，学生认为最有效的生师互动方式是"课堂之外面谈"，其次是"QQ/微信"、"课堂之内面谈"以及"办公室/休闲场所面谈"。学生认为的最低效的生师互动方式与教师的调查结果相同，均是"书面交流"。除此之外，以"电话/短信"和"电子邮件"为传输媒介的生师互动方式也被学生认为较低效。由此可以看出，虽然有一部分学生认为最有效的生师互动方式是"QQ/微信"，但是大多数学生仍认为"面谈"才是最有效的生师互动方式。这里的"面谈"不仅包括"课堂之外面谈"，还包括"课堂之内面谈"和"办公室/休闲场所面谈"。

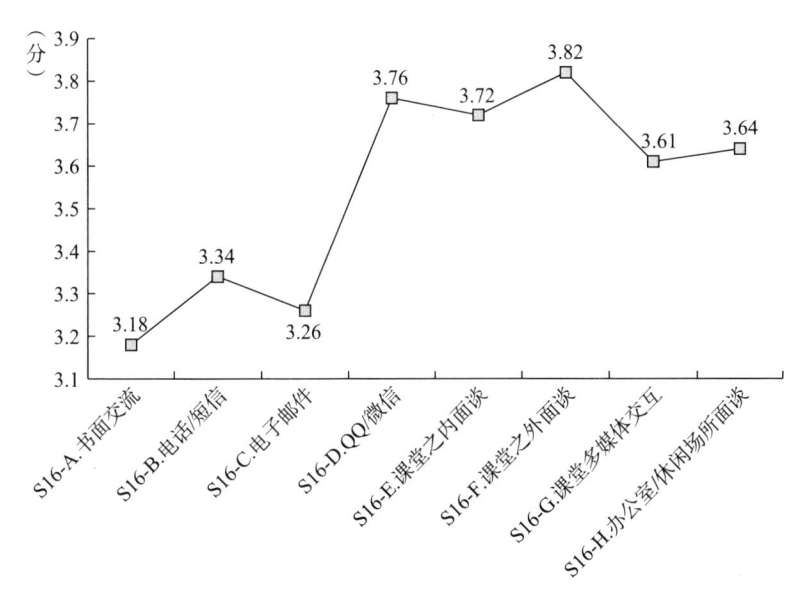

图 4-18　最有效的生师互动方式的调查结果（学生问卷平均分）

关于"最有效的生师互动方式"的调查，除了上述给定答案之外，笔者在学生问卷中还设置了一个开放式问答，即"S16-I. 其他生师互动方式最有效，如：_____"。以下为题项 S16-I 答案的词频调查结果（见图 4-19）。

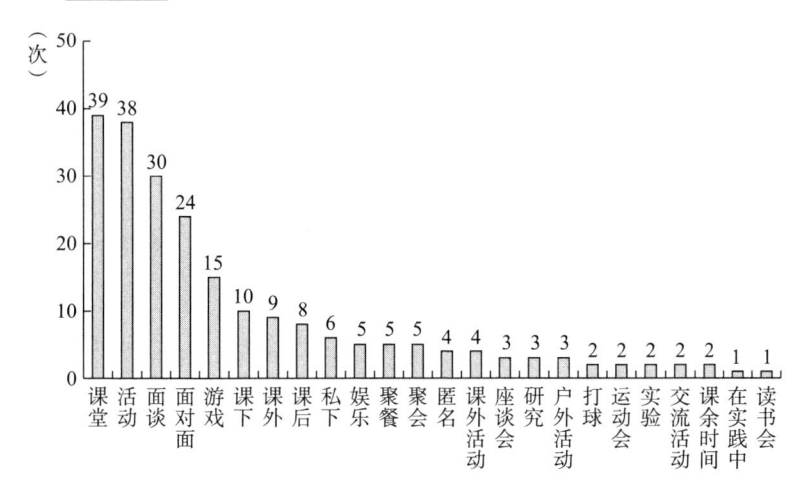

图 4-19　其他最有效的生师互动方式的调查结果（学生问卷词频分析）

由图 4-19 可以看出，学生填答的其他最有效的生师互动方式与教师的填答非常相似，主要分为三大类：一是日常生活化互动，如"聚餐""私下聊天""公园聊天""一起出去玩""面对面讨论""一起打球""喝茶聊天"

"课下娱乐";二是针对具体问题的互动,如"课堂提问""辩论""请教问题""一起分析问题""一起开展研究活动""教师针对学生'讲课'内容进行辅导""有问题时当面交谈""学术讨论""赛事指导交流""在闲暇之余和老师讨论关于自己对于学习的看法还有对知识的梳理情况";三是以课外活动为载体的互动,如"读书会之类的可以加强学生与老师之间知识的融合""实践活动""教师和同学共同完成一项活动""体育活动""游戏""参加班级活动""开展活动,比如运动会、文艺晚会之类"。由此可知,学生认为的上述三大类"其他最有效的生师互动方式"主要集中在课堂之外的活动中。值得注意的是,少数学生认为"匿名聊天"也是一种最有效的生师互动方式。

由上述调查结果可知,不论是教师还是学生,都认为课堂内外互动中的"面对面"或"面谈"是非常有必要的。著名社会学家兰德尔·柯林斯也强调互动时双方的"共同在场",认为当互动双方共同在场时,就会增加对方对彼此的关注,此时,互动更有利于唤醒共同在场人的情感,并且,共同在场人通过面对面的互动也将产生更高水平的情感。[①] 这就表明:虽然在信息化社会背景下,教师与学生可以借助某种信息技术产生互动效应,但是师生"共同在场"进行"面对面互动"有可能产生更高效的互动,而师生的更高效互动主要是指教师与学生在面对面的互动中能够产生更高水平的情感,这将有利于师生之间互动实现"节奏性同步"。

五 大学教学中的生师互动意向

(一) 学生的互动愿意与教师的学识、品质、态度等密切相关

图4-20表明学生愿意与四种教师互动的频率相当,这四种教师分别是"品德高尚、学识渊博的优秀教师""提供高质量指导的教师""在课外讨论对学生有意义和重要问题的教师""为学生提供更多学习反馈的教师"。

为了加强学生与教师互动的积极成果,高等教育机构必须了解促进生师互动质量对学生利益和机构利益最有价值的因素。[②] 因此,了解鼓励学生

[①] 〔美〕乔纳森·特纳、简·斯戴兹:《情感社会学》,孙俊才、文军译,上海人民出版社,2007,第63页。
[②] M. V. Fuentes, A. R. Alvarado, J. Berdan, et al., "Mentorship Matters: Does Early Faculty Contact Lead to Quality Faculty Interaction?," *Research in Higher Education*, 2014 (3): 288 - 307.

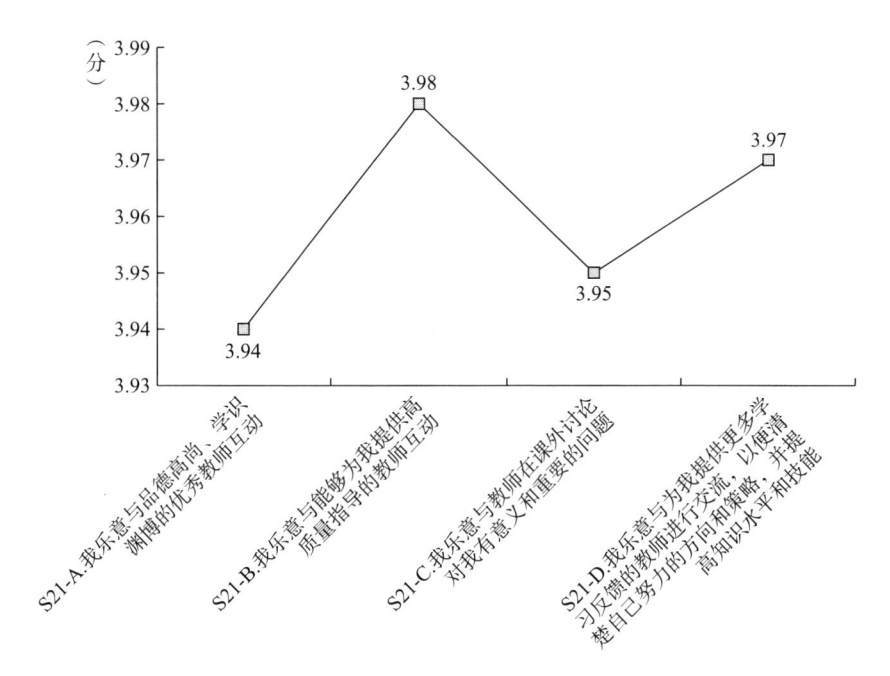

图 4-20　生师互动意向的调查结果（学生问卷平均分）

进行生师互动的因素非常重要，这也从另一层面反映了学生的互动意愿。从学生问卷来看，题项 S29"在大学教学过程中，什么原因鼓励你与教师进行互动？"，系统自动生成的许多关键词都与教师的个人品质、学识和态度等密切相关，如"平易近人""和蔼可亲""专业知识""渊博""热情"等（见图 4-21）。

图 4-21　鼓励生师互动的原因的调查结果（学生问卷词频）

此外，从学生问卷题项 S29 的具体填答来看，教师方面能够鼓励生师互动的原因主要包括："平易近人""和蔼可亲""学识渊博""幽默风趣""理解、鼓励和关心学生""教师具有人格魅力""教师教学充满热情和感染力"。这就表明，教师的个人品质、学识、态度等对学生的互动意向具有较大影响。

（二）教师的互动意愿与学生的学习和成长发展等密切相关

从图 4-22 来看，调查结果显示题项 T21-A 和 T21-D 平均分最高，表明教师更愿意"为每一位学生解答他们感到困惑的问题"（题项 T21-A），"与那些对自己的学习表现不够自信的学生交流，并给予他们鼓励和信心"（题项 T21-D），相比较而言，教师不太愿意"与落后的学生会面，讨论他们的学习习惯、日程安排和其他任务"（题项 T21-C）。

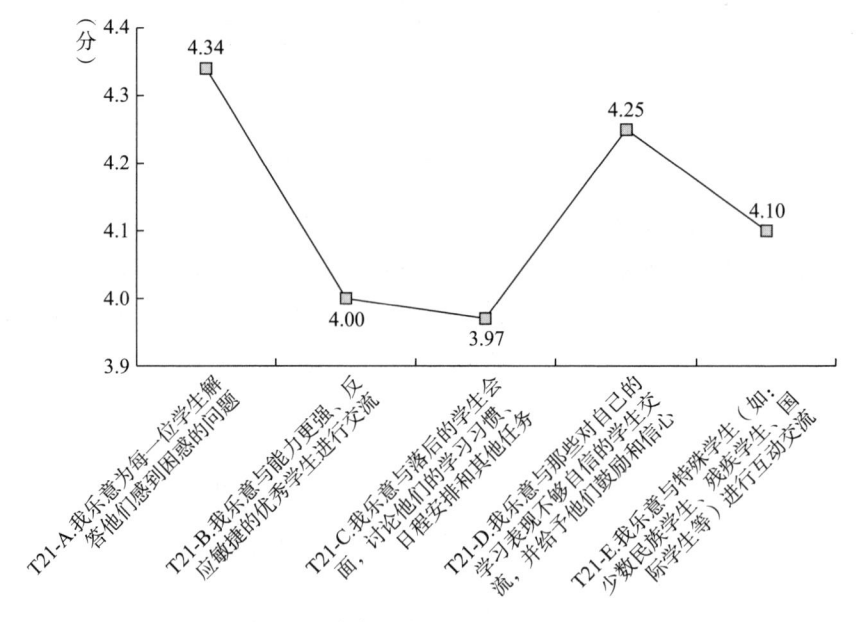

图 4-22 生师互动意向的调查结果（教师问卷平均分）

- T21-A. 我乐意为每一位学生解答他们感到困惑的问题：4.34
- T21-B. 我乐意与能力更强、反应敏捷的优秀学生进行交流：4.00
- T21-C. 我乐意与落后的学生会面，讨论他们的学习习惯、日程安排和其他任务：3.97
- T21-D. 我乐意与那些对自己的学习表现不够自信的学生交流，并给予他们鼓励和信心：4.25
- T21-E. 我乐意与特殊学生（如：国际学生、少数民族学生、残疾学生等）进行互动交流：4.10

从教师问卷来看，题项 T29"在大学教学过程中，什么原因鼓励您与学生进行互动？"，系统自动生成的关键词居于前列的是"学生""教学""教学效果""责任""课堂"等（见图 4-23）。

从图 4-23 来看，"学生"居于突出位置，这就表明，教师认为"学生"是鼓励生师互动的最重要原因。教师的具体填答包括："学生成长需要""学生的学习热情""促进学生学习""了解学生情况"等。由此推断，

图 4－23 鼓励生师互动的原因的调查结果（教师问卷词频）

教师的互动意愿与学生的学习和成长发展等密切相关。

第三节 大学教学中教师与学生角色

　　大学教学互动的过程即教师与学生进行角色扮演的过程。在大学教学中，教师会根据社会和学生对自己的角色期望，判断和领悟自己将要扮演的角色，并据此树立角色意识，不断调节自我行为，努力增强角色实践的效果。同样，学生也会根据社会和教师对自己的角色期望，领悟和揣度自己所扮演的角色，并据此树立角色意识，进行角色扮演。也就是说，教师和学生都会在角色扮演过程中经历期望角色、领悟角色、实践角色这三个同一角色的不同表现形态。这里的期望角色即一种理想角色，实践角色即一种扮演角色，而领悟角色则是一种从理想到实践的中介角色。角色扮演的成功与否直接和教师与学生对角色的领悟密切相关。总体来看，大学教学中的生师互动会经历两个基本环节。第一个环节，形成角色意识。教师和学生应全面认识理想角色，领悟和把握理想角色的核心内容，并根据自己对理想角色的领悟，树立一种角色意识。第二个环节，进行角色扮演。教师和学生根据各自形成的角色意识进行角色扮演。本节将从角色意识与角色扮演两个部分来进行考察。其中，角色意识的考察主要是通过期望角色和领悟角色两个部分呈现，而角色扮演主要是通过实践角色呈现。

一 教师与学生的期望角色

期望角色,也称为理想角色,是社会和个体期望某一角色应该具备的角色规范和行为模式。换言之,期望角色中的"期望"来自外部社会或他人,而这种"期望"又为个体的义务、权利和行为方式等做出了明确的规定。在大学教学中,社会、学校、教师等都会对学生寄予不同的期望,同样,社会、学校、学生等也会对教师寄予不同的期望。本节调查结果主要呈现教师与学生相互之间的期望。

(一) 学生最期望教师成为"学生学习的伙伴"

学生对教师最佳行为模式的理解和认知,建构了他们所期望的教师角色。在大学教学中,学生对教师的期望包括教师的素质、形象、职责、行为等方面的内容。由调查结果可知,学生最期望教师是"学生学习的伙伴"。题项S18"你期望教师在你的学习中扮演什么角色?"的调查结果如图4-24所示。

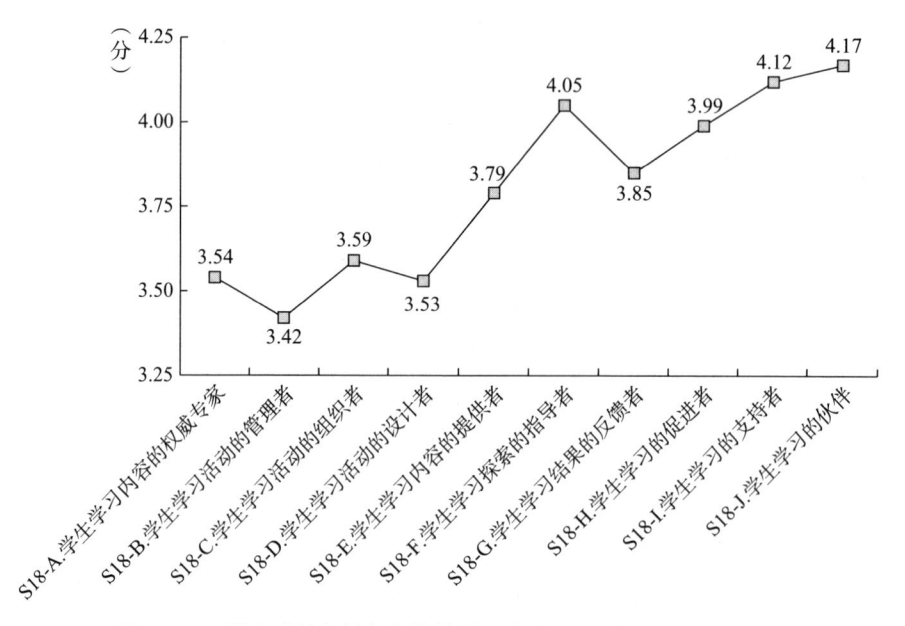

图 4-24 学生对教师的角色期待的调查结果(学生问卷平均分)

从图4-24学生问卷填答的平均分来看,学生期望教师扮演"伙伴""支持者""指导者"的选项得分位居前三,表明学生非常期望教师能扮演这三种角色。相比较而言,学生并不期望教师扮演"学生学习内容的权威专家""学生学习活动的管理者""学生学习活动的组织者""学生学习活动的设计者"等角色。

(二) 教师最期望学生成为"学习责任的承担者"

在教师问卷中,题项 T18"您认为学生应该在他们自己的学习中扮演什么角色?",教师的填答情况如下(见图 4-25)。

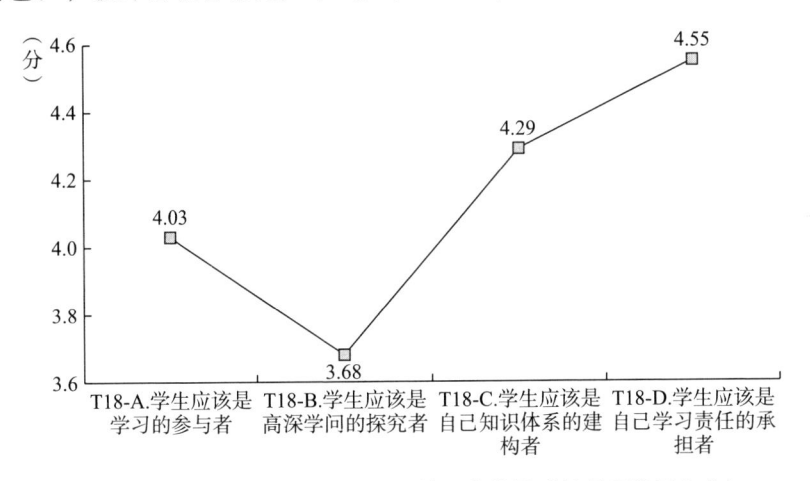

图 4-25 教师对学生的角色期望的调查结果(教师问卷平均分)

从图 4-25 可以看出,教师最期望的学生角色从高至低依次为"学习责任的承担者""知识体系的建构者""学习的参与者""高深学问的探究者"。这表明学生是自己学习责任的承担者已成为大多数教师的共识。然而,调查结果显示,教师对学生成为"高深学问的探究者"的期望最低,表明仍有部分教师并不认同或期望学生扮演"高深学问的探究者"角色。

二 教师与学生的领悟角色

领悟角色是个体对自己所扮演角色的理解,属于角色的认知形态。[①] 教师或学生对各自角色的领悟实质上是一种角色认知过程。领悟角色基于教师与学生的内部认知而产生,是师生形成角色意识的中介。在大学教学中,社会、学校、学生等会对教师角色形成一种期待,而教师领悟角色取决于教师对这种期待的认识和理解;同理,社会、学校、教师等会对学生角色形成一种期待,而学生领悟角色取决于学生对这种期待的认识和理解。

---

① 丁水木、张绪山:《社会角色论》,上海社会科学院出版社,1992,第130页。

（一）学生认为自己最应成为"学习责任的承担者"

题项 S17"你认为你应该在学习中扮演什么角色？"，学生的填答情况如图 4-26 所示。

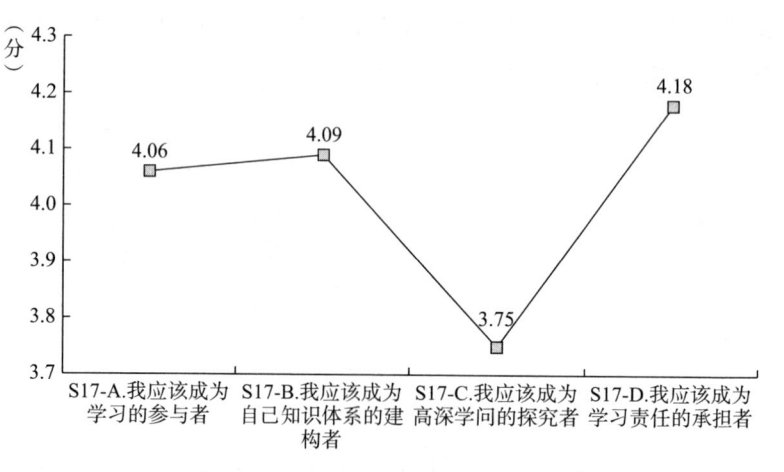

图 4-26　学生的角色领悟的调查结果（学生问卷平均分）

- S17-A.我应该成为学习的参与者：4.06
- S17-B.我应该成为自己知识体系的建构者：4.09
- S17-C.我应该成为高深学问的探究者：3.75
- S17-D.我应该成为学习责任的承担者：4.18

从图 4-26 可以看出，学生的角色领悟得分由高至低分别为"学习责任的承担者""自己知识体系的建构者""学习的参与者""高深学问的探究者"。这就表明，学生最认同自己是"学习责任的承担者"，而不太认同自己应成为"高深学问的探究者"。这种认知也反映出学生对自己角色的权利、义务、规范等的理解。由此可知，虽然大多数学生认为应该为自己的学习承担更多责任，但是他们并不认为自己应该探究高深学问。事实上，学习范式更强调学生对高深学问的探究。

（二）教师认为自己最应该成为"学生学习的支持者"

教师对自己角色的理解和领悟应该非常明确，这样才能使教师在与学生互动时表现出与目标一致的行为。教师问卷中，题项 T19"您认为您应该在学生学习中扮演什么角色？"，教师的填答情况如图 4-27 所示。

从图 4-27 可以看出，"教师的角色领悟"平均分由高至低依次为"学生学习的支持者""学生学习的伙伴""学生学习探索的指导者""学生学习的促进者""学生学习结果的反馈者""学生学习活动的设计者""学生学习活动的组织者""学生学习内容的提供者""学生学习活动的管理者""学生学习内容的权威专家"。由此可以看出，教师对自己是"学生学习内容的权威专家"的认同度最低。该调查结果表明：多数教师领悟到自己应

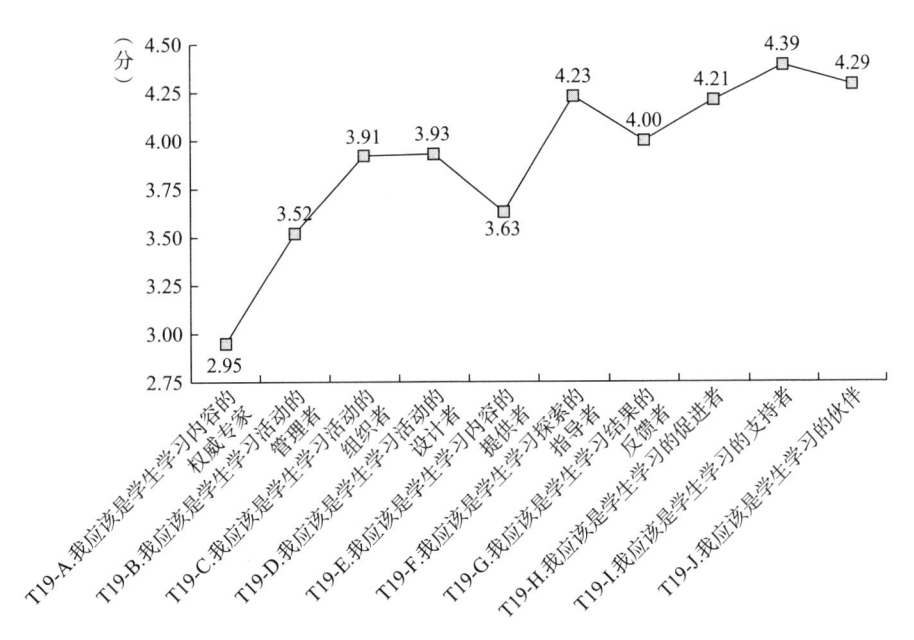

图 4-27 教师的角色领悟的调查结果（教师问卷平均分）

该更多地扮演学生学习活动的"管理者""组织者""提供者""设计者""指导者""反馈者""促进者""支持者""伙伴"等角色，少数教师仍坚持认为自己应该是"学生学习内容的权威专家"，而"学生学习内容的权威专家"是传授范式下的教师角色典型。

三 教师与学生的实践角色

实践角色是个体在角色扮演中所呈现的实际形态。[①] 简言之，实践角色即扮演角色。由上述调查可知，教师和学生都在教学互动中寄予了对对方一定的角色期望，他们中的任何一方也会对期望角色有自己的理解，正是这种期望为教学活动中的教师和学生树立正确的角色意识奠定了基础，也为教师与学生在大学教学中的行为提供了指引。教师与学生会在理解和领悟角色之后，形成一定的角色意识，而这种角色意识又将指导教师与学生遵守角色行为规范，行使角色行为权利，履行角色行为义务。当然，师生

---

① 丁水木、张绪山：《社会角色论》，上海社会科学院出版社，1992，第 131 页。

角色扮演恰当与否也会反过来影响教师与学生的角色认同与调整。在角色扮演过程中，教师和学生会围绕教学目标进行不断调整，其中，教师通过角色扮演来了解和预期学生的反应；学生通过角色扮演来体会教师的态度和行为意向。关于教师与学生的实践角色，调查结果呈现如下。

（一）学生最常扮演的角色是"学习责任的承担者"

学生问卷中，题项S19"在教育实践中，你实际上在自己学习中扮演角色的陈述"，学生的填答结果如下（见图4-28）。

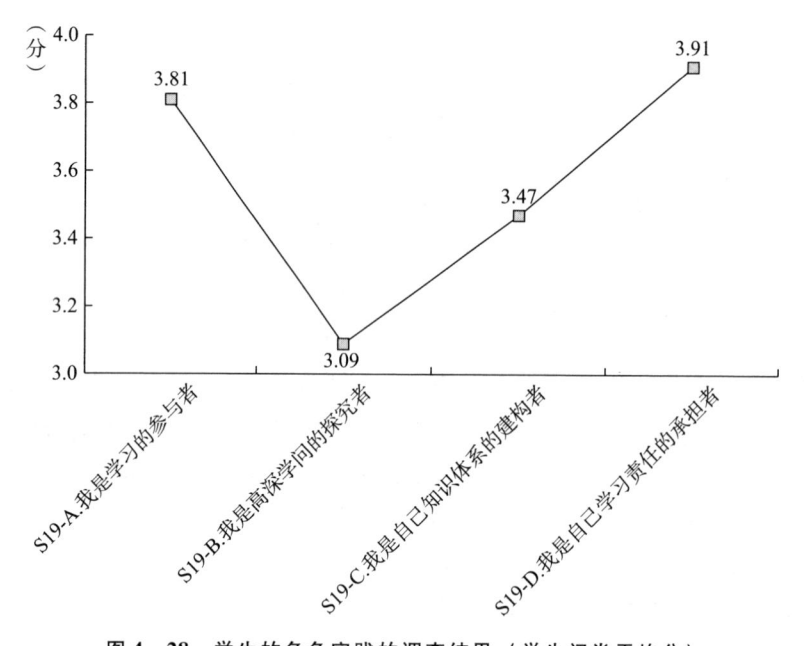

图中数据：
- S19-A.我是学习的参与者：3.81
- S19-B.我是高深学问的探究者：3.09
- S19-C.我是自己知识体系的建构者：3.47
- S19-D.我是自己学习责任的承担者：3.91

图4-28 学生的角色实践的调查结果（学生问卷平均分）

从图4-28看，学生的实践角色按照平均分由高至低依次为"学习责任的承担者""学习的参与者""自己知识体系的建构者""高深学问的探究者"。通常而言，实践角色会受领悟角色的直接影响，而领悟角色又取决于主体的认知水平、经验阅历等。该调查结果也证实了这一点，即学生的实践角色基本与其领悟角色相符。

（二）教师最常扮演的角色是"学生学习的支持者"

教师问卷中，题项T20"在教育实践中，您在学生学习中实际扮演的角色"，以下为教师的填答情况（见图4-29）。

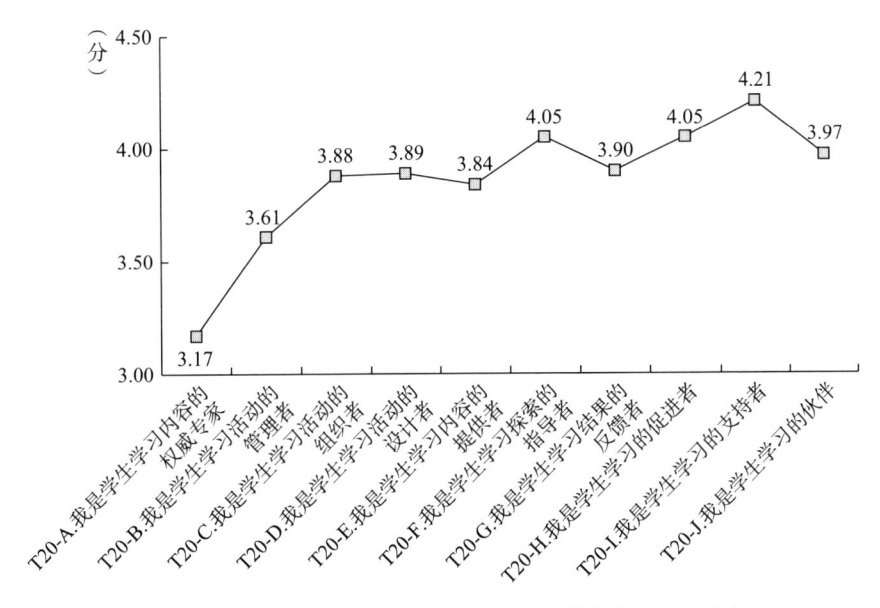

图 4-29 教师的角色实践的调查结果（教师问卷平均分）

从图 4-29 可以看出，教师的角色实践按照得分由高至低依次是"学生学习的支持者""学生学习的促进者""学生学习探索的指导者""学生学习的伙伴""学生学习结果的反馈者""学生学习活动的设计者""学生学习活动的组织者""学生学习内容的提供者""学生学习活动的管理者""学生学习内容的权威专家"。这表明少数教师可能仍然扮演着"学生学习内容的权威专家"的角色。

第四节 学生参与大学教学关键环节

学习范式下的大学教学活动重视学生参与教学的各个关键环节，在这个过程中，教师必须要为学生提供更多参与教学的机会，使学生在轻松愉快的氛围中学习并获得成长与发展。然而，从教师与学生的调查问卷结果可知，教师较少为学生提供参与教学的机会，学生参与大学教学关键环节的频次较低。

一 学生参与教学活动的情况

学生参与教学活动才能对自己的学习拥有更多的主动权，同时也对自己的学习承担更大的责任。然而，调查结果显示，学生参与教学活动的频率都较低（见图4-30）。

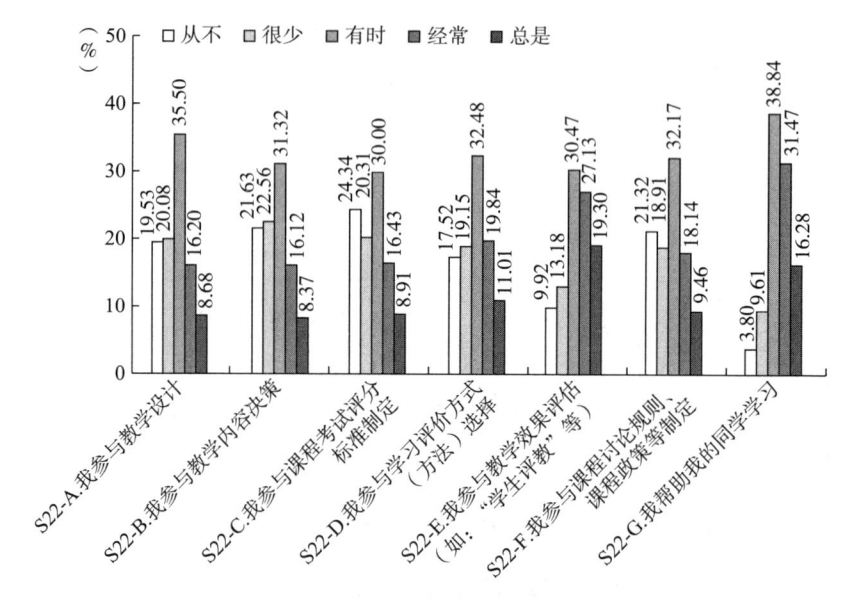

图4-30 大学教学中学生学习的权利与责任的调查结果
（学生问卷百分比）

从图4-30来看，在所有题项中，题项S22-E"我参与教学效果评估（如：'学生评教'等）"选择"总是"的学生比例最高，为19.30%。题项S22-G"我帮助我的同学学习"，选择"总是"的学生比例为16.28%，选择"经常"的学生比例为31.47%。实际上，在学习范式下，帮助同学学习是学生的一项重要责任。调查结果也表明，在目前的大学教学中，多数学生能够为他们的同学提供学习上的支持和帮助。

学生参与教学效果评估是学生对课程教学的直接认识和情感反应，也体现了学生对教师的满意度。① 学生评教即学生参与教学效果评估的典型形式。在图4-31显示的所有关于学生学习的权利与责任的题项中，学生"参与教学效果评估"体验频率居第二位，说明在众多的教学权利中，学生可能仅较多地分享了"教学效果评估"的权利。

---

① 〔美〕琳达·B. 尼尔森：《最佳教学模式的选择与过程控制》（第三版），魏清华、陈岩、张雅娜译，华南理工大学出版社，2014，第369页。

214

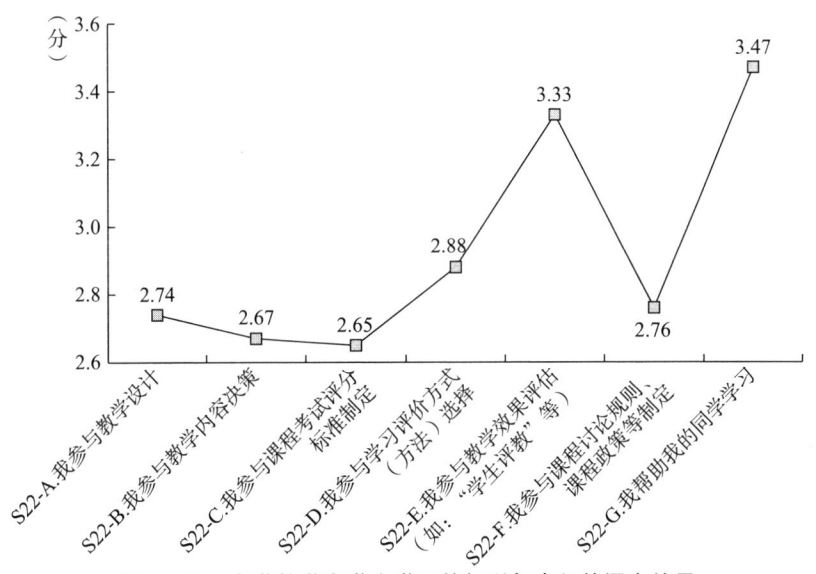

图 4-31 大学教学中学生学习的权利与责任的调查结果
（学生问卷平均分）

二 教师让学生参与教学活动的情况

教师让学生参与大学教学活动，不仅表现为让学生参与教学设计，还表现在让学生参与教学内容决策，评分标准制定，教学效果评估，学习评价方式选择，课程讨论规则、课程政策等制定等方面。参与教学活动不仅让学生与教师更好地分享大学教学权利，也营造了一种和谐友好的生师互动氛围。然而，从调查结果来看，教师让学生参与教学关键环节的频率均较低（见图4-32）。

结合图4-32可以看出，在关于大学教学中的师生权利与责任各题项中，所有教师的体验频率都较低。仅题项T22-D"我让学生参与教学效果评估"，教师选择"总是"的比例略高于其他各题项结果，为17.33%。

从图4-33来看，题项T22-D"我让学生参与教学效果评估"的平均分略高，而其他题项分值均较低。这表明教师仍然对教学设计、教学内容、评价方式等享有主控权，学生可能仅有少量机会与教师分享权利，这一点尤其体现在教师让学生参与评分标准制定（题项T22-C）中。

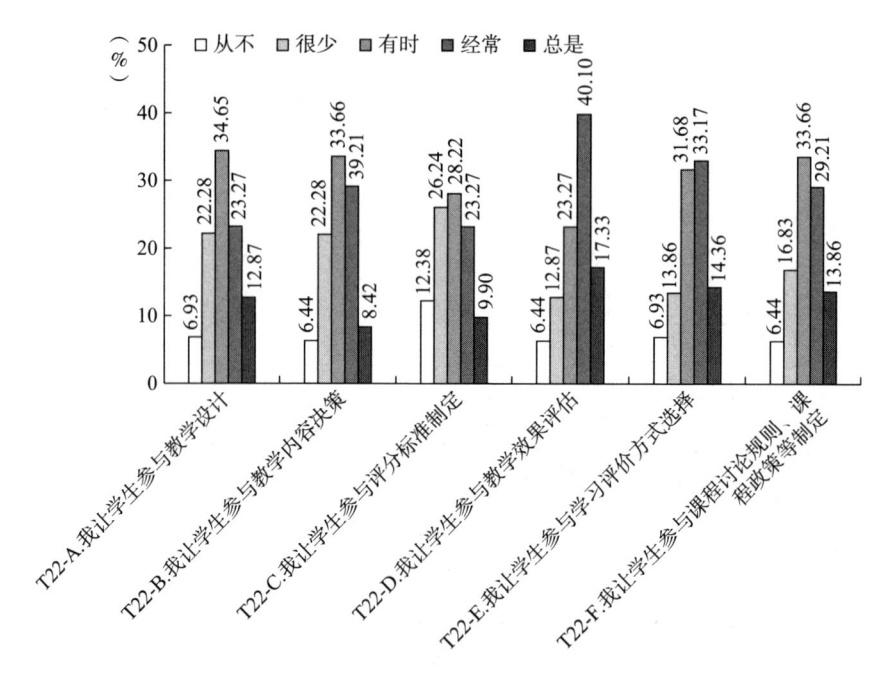

图 4-32 大学教学中的教师权利与责任的调查结果
（教师问卷百分比）

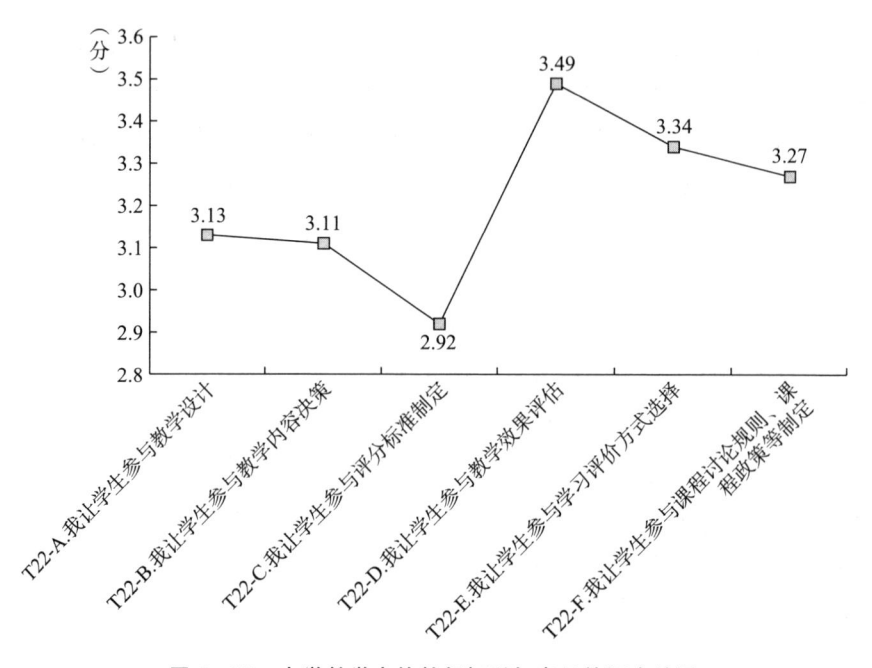

图 4-33 大学教学中的教师权利与责任的调查结果
（教师问卷平均分）

第五节 大学教学中的生师互动体验

一 师生围绕学习目标的互动情况

确定学习目标是学生完成学业任务的第一步。教师不仅要帮助学生根据自己的兴趣、能力、需求等制定具有挑战性的学习目标，还要将学生的学习目标与自己的教学目标相结合，同时要鼓励学生树立完成较高学习目标的信心。建构主义教学依据维果茨基的最近发展区（Zone of Proximal Development，ZPD）理论，认为教师应为学生设定稍高于当前发展状态的目标，以挖掘学生的潜在能力，使其获得更大的发展。教师应该帮助学生将学习兴趣、学习目标、学习任务、学习行为等建立紧密联系，而只有当教师了解学生该学什么时，教师才会更清楚自己该做什么，以使学生更有效率地实现学习目标。题项"大学教学中关于学习目标的生师互动"的调查结果如图4-34至图4-37所示。

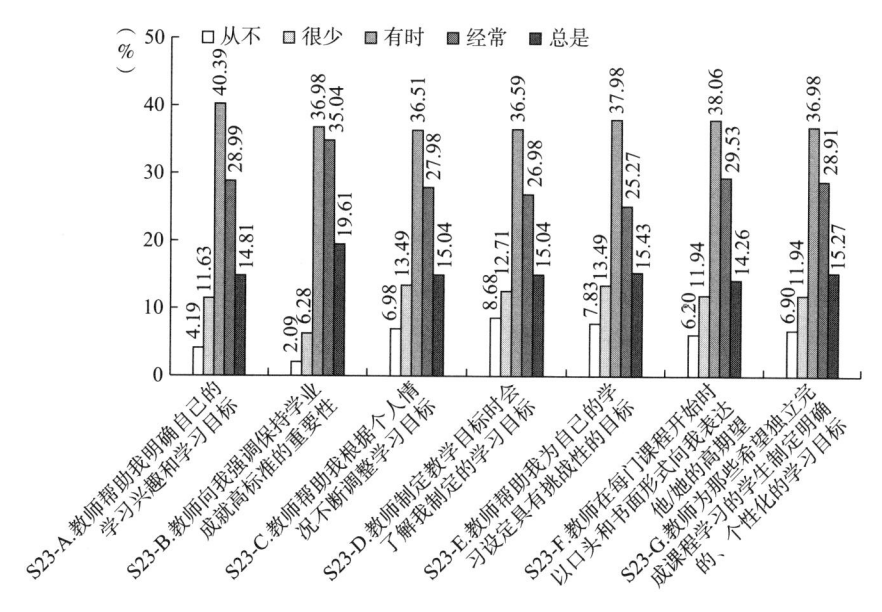

图4-34 大学教学中关于学习目标的生师互动的调查结果
（学生问卷百分比）

关于学习目标的生师互动，学生体验的频率普遍较低。由图4-34可知，在师生围绕学习目标互动的题项中，学生选择"总是"的比例较低，均在15.00%左右。与此同时，学生选择"从不"或"很少"的比例较高。题项S23-B"教师向我强调保持学业成就高标准的重要性"，学生选择"总是"的比例达19.61%，选择"从不"的比例为2.09%。而题项S23-C"教师帮助我根据个人情况不断调整学习目标"、题项S23-D"教师制定教学目标时会了解我制定的学习目标"、题项S23-E"教师帮助我为自己的学习设定具有挑战性的目标"、题项S23-F"教师在每门课程开始时以口头和书面形式向我表达他/她的高期望"、题项S23-G"教师为那些希望独立完成课程学习的学生制定明确的、个性化的学习目标"，学生选择"从不"的比例尤其高，分别达到6.98%、8.68%、7.83%、6.20%、6.90%。

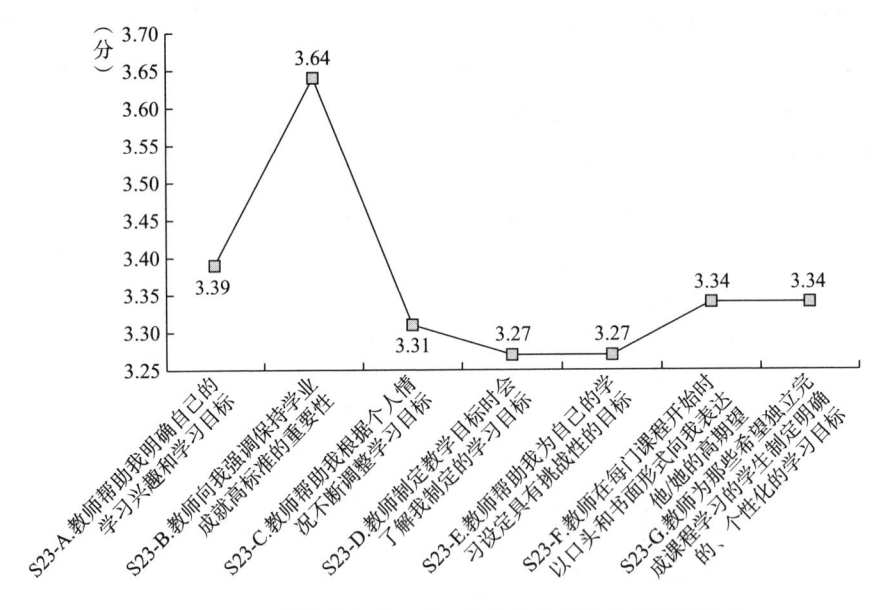

图4-35 大学教学中关于学习目标的生师互动的调查结果
（学生问卷平均分）

教师帮助学生基于兴趣、能力、需求等制定学习目标，可以降低学生学习的盲目性，而学生只有明确了学习目标，才能更清楚自己应该学什么、如何学。由图4-35可知，题项S23-B"教师向我强调保持学业成就高标准的重要性"较其他题项得分略高，但是，从学生调查问卷的整体填答情况可以看出，师生关于学习目标的互动频率较低。

学习目标对学生学习非常重要，而教师在学生学习目标制定及调整过程中也发挥着重要作用。教师不仅要为学生的学习目标制定提供指导，而且要帮助学生根据个人情况不断调整学习目标，促使学生根据最新的学习目标及时调整自己的行为，以便学生在正确的学习道路上做出努力。此外，教师帮助学生制定的学习目标必须具有足够的挑战度，能使学生置于最优挑战空间中，而又不使学生丧失学习信心。关于学习目标的生师互动问卷题项，教师的填答如下（见图4-36、图4-37）。

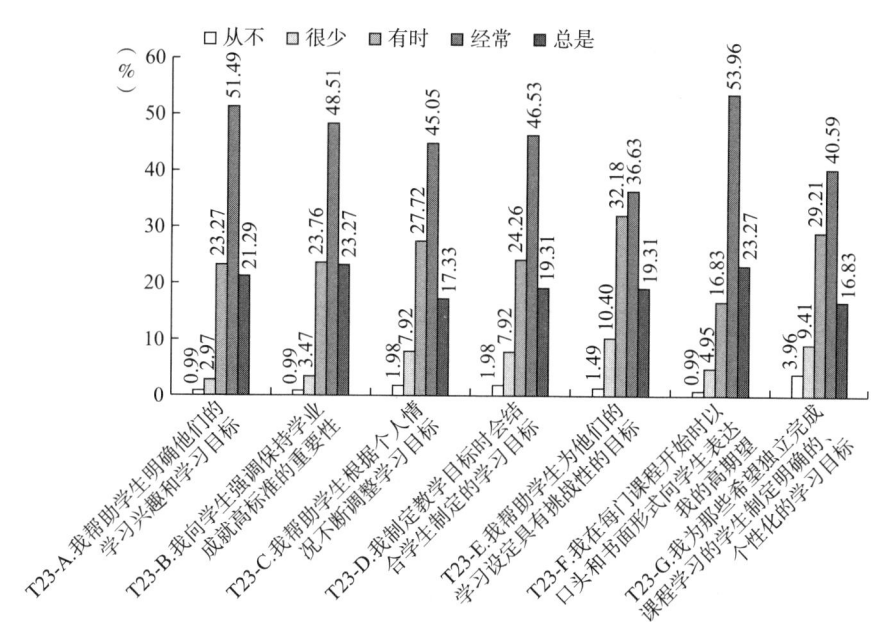

图4-36 大学教学中关于学习目标的生师互动的调查结果
（教师问卷百分比）

由图4-36可以看出，与学生的调查情况一样，教师在此题项上选择"总是"的比例也较低。值得注意的是，教师在"经常"选项上的比例普遍高于学生的选择比例，普遍在45.00%左右。

由图4-37可知，七个题项的得分均不高，且仅题项T23-F"我在每门课程开始时以口头和书面形式向学生表达我的高期望"和题项T23-B"我向学生强调保持学业成就高标准的重要性"的平均分略高于其他题项，而这两项都是教师向学生表达制定较高目标的重要性，非具体的学习目标制定。总体而言，教师与学生关于学习目标的互动频率较低，这就从一定

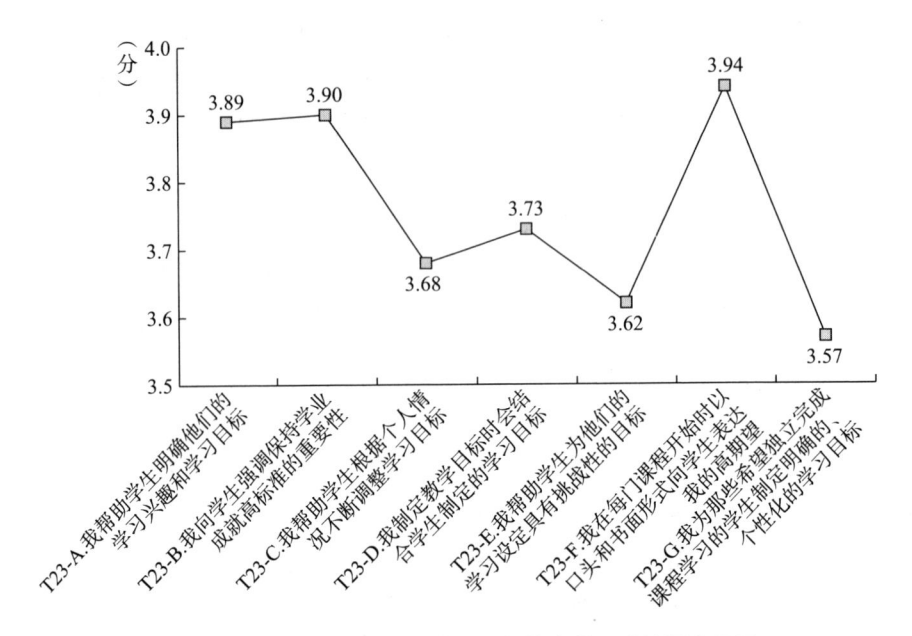

图 4-37 大学教学中关于学习目标的生师互动的调查结果
（教师问卷平均分）

程度上表明部分教师可能很少关注学生的学习目标。

二 师生围绕学习内容的互动情况

在学习范式下的教学活动中，学习内容不是指"新知识"，而是指已有知识与新知识共同形成的一个整体性概念。因此，教师在选择和设计学习内容时应结合学生的知识背景、学习兴趣等因素，使学生建立已有知识与新知识之间的联系。在此过程中，教师应引导学生自主选择学习内容，这样才能够使学习内容变得丰富又有趣，进而促使学生始终充满学习热情，并积极地投入学习内容的学习中。

从图 4-38 可以看出，关于各题项，学生选择"总是"的比例都在 15.00% 左右，这就表明学生与教师关于学习内容的互动频率甚低。同时，在部分题项中，学生选择"从不"的比例较高，如题项 S24-A "教师帮助我选择课程并规划学习"，选择"从不"的学生比例高达 11.86%；题项 S24-E "教师为缺乏必要背景知识或技能的学生提供额外的资料或练习"，选择"从不"的学生比例也达到了 7.98%。

学习范式要求学生拥有知识迁移能力，而教师帮助学生建立已有知识

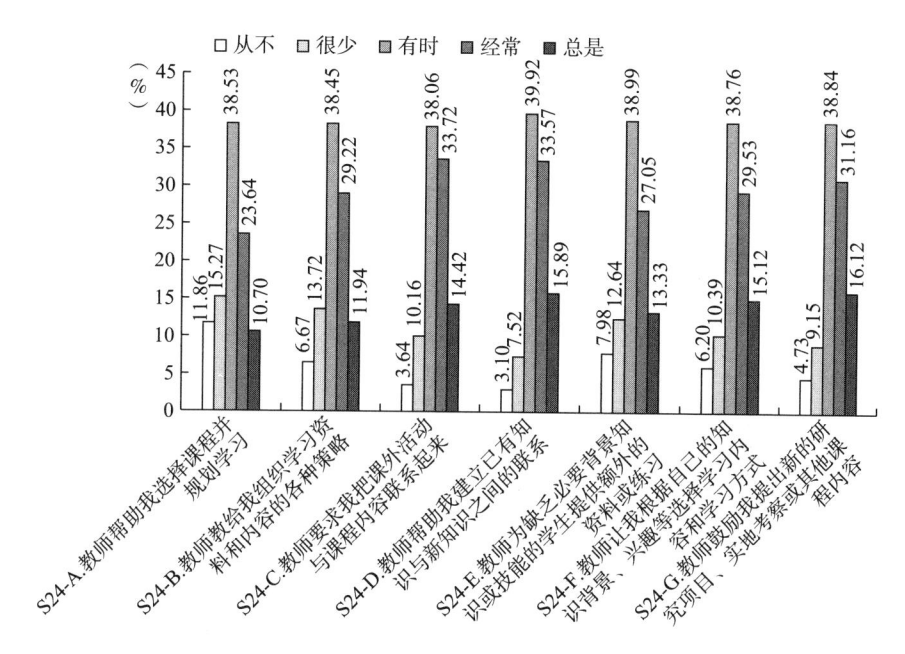

第四章　大学教学中生师互动之样态呈现

图 4-38　大学教学中关于学习内容的生师互动的调查结果
（学生问卷百分比）

与新知识之间的联系则是学习迁移的基础。教师应为学生提供学习内容方面的支持，这就有利于学生提高学业成就，并实现成长与发展。但是，从总体得分情况来看（见图 4-39），关于学习内容的生师互动体验，各题项得分均较低。由图 4-39 可以明显看出，题项 S24-D "教师帮助我建立已有知识与新知识之间的联系" 的平均分略高于其他各题项，而题项 S24-A "教师帮助我选择课程并规划学习" 的平均分最低，其次是题项 S24-E "教师为缺乏必要背景知识或技能的学生提供额外的资料或练习"。

从图 4-40 可知，教师在以上各题项中选择 "总是" 的比例较低，这与学生的调查情况基本一致。在各题项中，尤以题项 T24-A "我帮助学生选择课程并规划他们的学习" 表现最为明显，该题项中仅有 12.38% 的教师选择了 "总是"。就其他题项来看，教师在 T24-C 和 T24-G 两个题项中选择 "总是" 的比例略高，题项 T24-G "我鼓励我的学生提出新的研究项目、实地考察或其他课程内容"，选择 "总是" 的教师比例为 26.73%；题项 T24-C "我帮助学生建立已有知识与新知识之间的联系"，教师选择 "总是" 的比例为 20.79%。

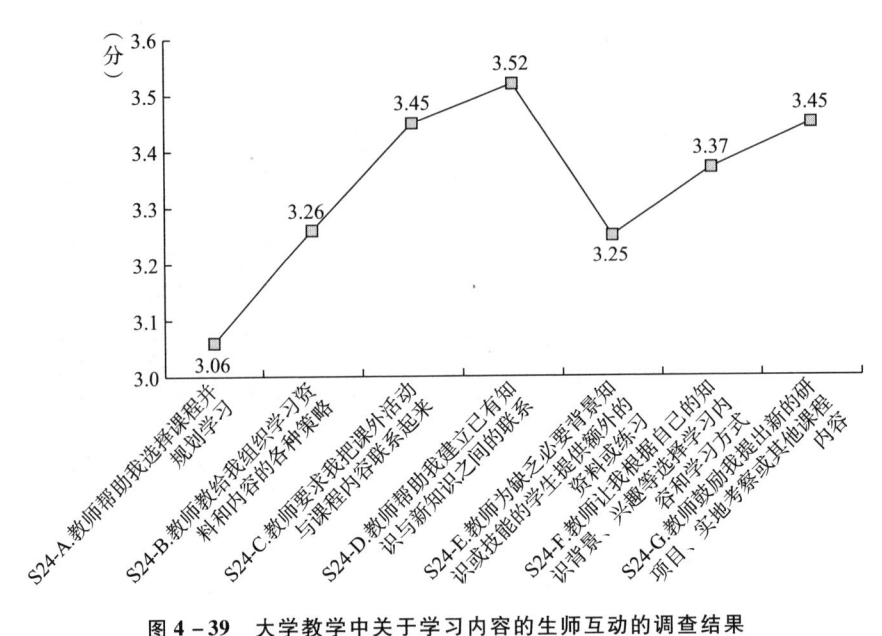

图 4-39 大学教学中关于学习内容的生师互动的调查结果
（学生问卷平均分）

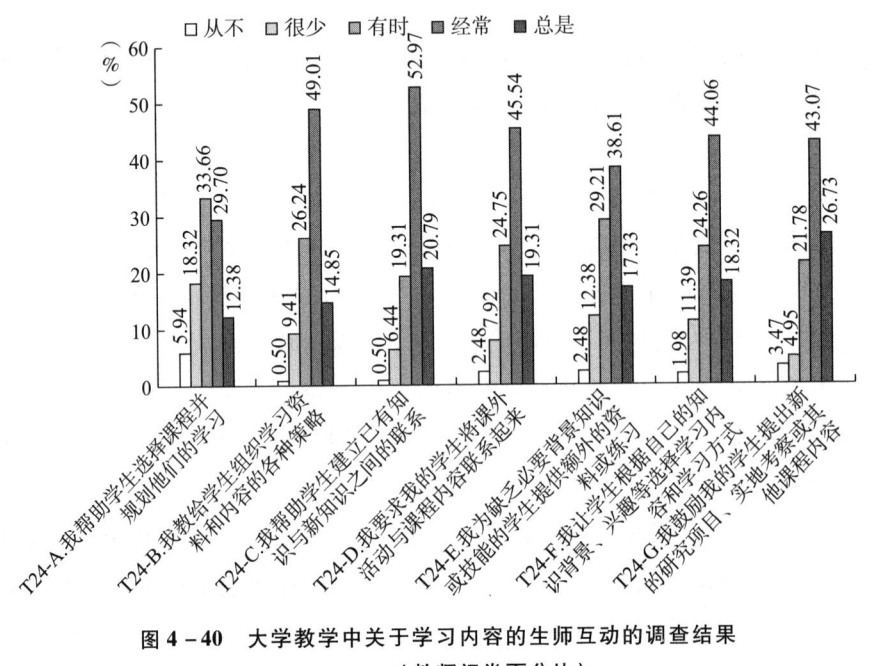

图 4-40 大学教学中关于学习内容的生师互动的调查结果
（教师问卷百分比）

从图 4-41 来看，各题项之间的分值相差甚小，相比较而言，T24-C 和 T24-G 两个题项的平均分略高于其他五个题项。题项 T24-A"我帮助学生选择课程并规划他们的学习"较其他题项而言平均分最低，这与对学生的调查结果完全一致，也就是说，在大学教学中，教师很少帮助学生选择课程并规划学习。

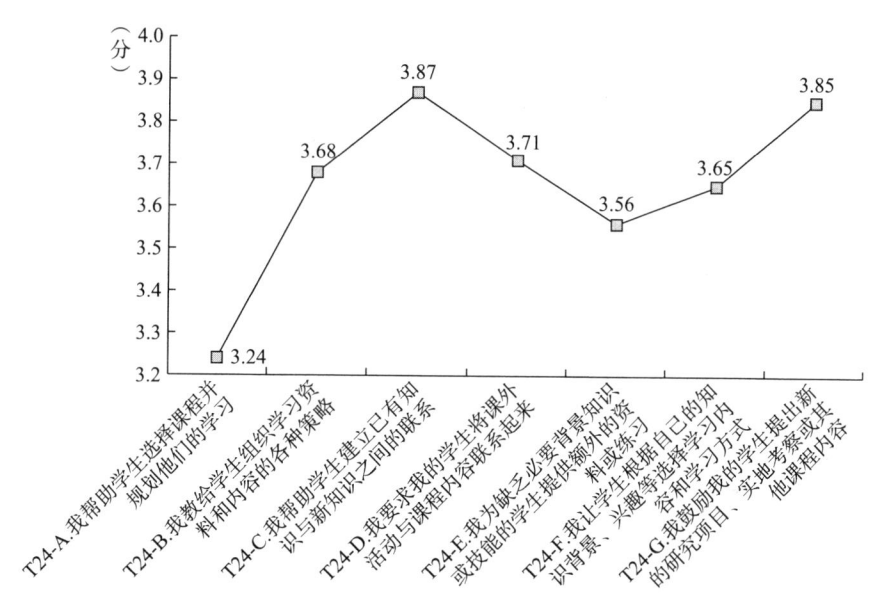

图 4-41　大学教学中关于学习内容的生师互动的调查结果
（教师问卷平均分）

三　师生围绕学习活动的互动情况

教师让学生提出独特想法，总结观点和作品的异同，或是指导学生就特定观点进行辩论，将特定课程概念应用于真实情境中……这些都是教师通过具体的学习活动唤醒和激发学生的学习热情，促进学生进行深刻认识和理解的过程。学生只有在这一过程中才能提升自己的认知水平，并促进自己的智力发展。当学生经过反复训练，并运用已有知识解决实际问题时，学生的思考方式就会发生相应的改变，学生的学习能力也会得到提升。但是，从学生和教师的调查问卷可知，师生之间围绕学习活动的互动频率较低。

从图 4-42 可知，在关于学习活动的生师互动的各题项中，学生选

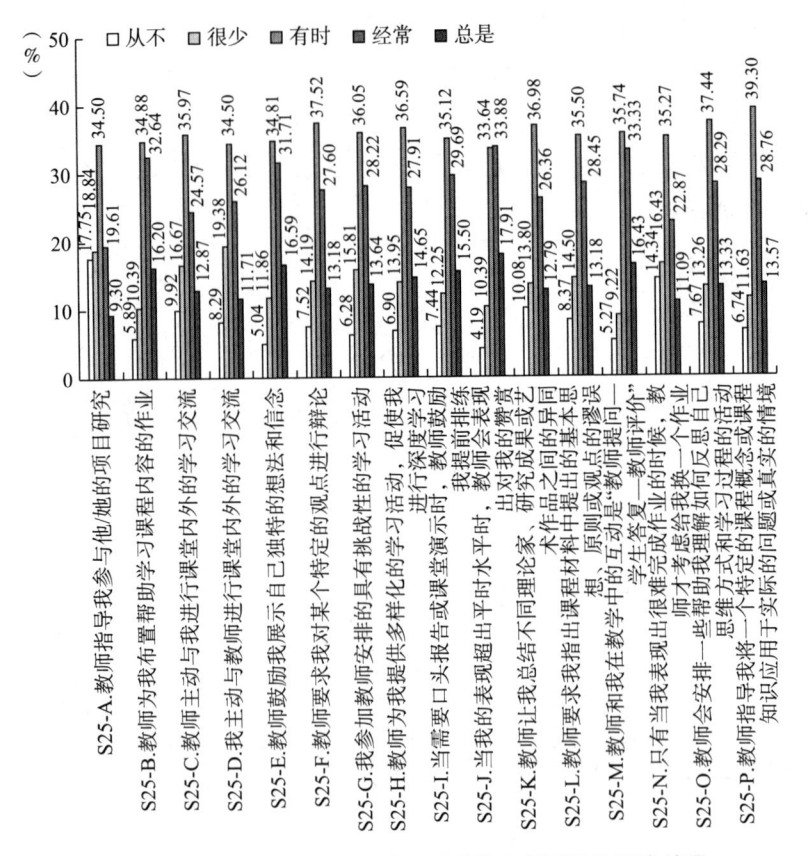

图 4-42 大学教学中关于学习活动的生师互动的调查结果
（学生问卷百分比）

择"总是"的比例很低，而选择"从不"的比例普遍偏高。在各题项中，题项 S25-A 表现得尤为明显。题项 S25-A "教师指导我参与他/她的项目研究"，仅 9.30% 的学生选择了"总是"，选择"从不"的比例却高达 17.75%，这表明我国大学中学生很少有机会参与教师的项目研究。

从图 4-43 可以看出，教师与学生关于学习活动的互动平均分基本在 3.5 以内，这就再次表明：在大学的各项学习活动中，教师与学生的互动频率非常低。在各题项中，按照平均分由高至低排序，居于前五位的题项依次是：S25-J "当我的表现超出平时水平时，教师会表现出对我的赞赏"、S25-M "教师和我在教学中的互动是'教师提问—学生答复—教师评价'"、S25-B "教师为我布置帮助学习课程内容的作业"、S25-E "教师鼓励我展示自己独特的想法和信念"、S25-I "当需要口头报告或课堂演示

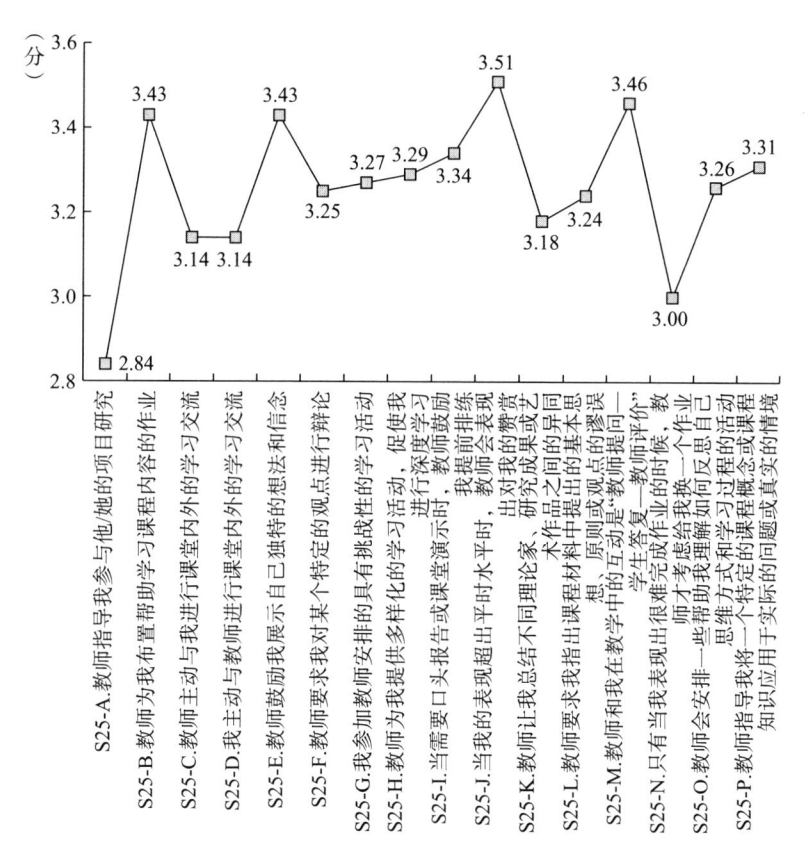

图 4-43 大学教学中关于学习活动的生师互动的调查结果
（学生问卷平均分）

时，教师鼓励我提前排练"。值得注意的是题项 S25-M，大学教学中的生师互动围绕"教师提问—学生答复—教师评价"展开，即教师向学生发起一个他已经知道答案的问题（Initiation），然后是学生的简短回复（Response），最后，教师对学生反应进行评价（Evaluation），简称"I-R-E"。"I-R-E"是教师单向主导的教学互动，在这种机械且呆板的互动中，教师掌控着绝对多数的话语权，而学生仅有较少话语权。在该题项中，选择"总是"的学生占总人数的 16.43%，选择"经常"的占 33.33%，选择"有时"的占 35.74%。这就表明以"I-R-E"为代表的生师互动在我国大学教学中的发生频率较高。

由图 4-44 可知，关于大学教学中学习活动的生师互动，教师与学生的填答结果非常相似，其互动频率都较低。相关题项中，题项 T25-A "我和

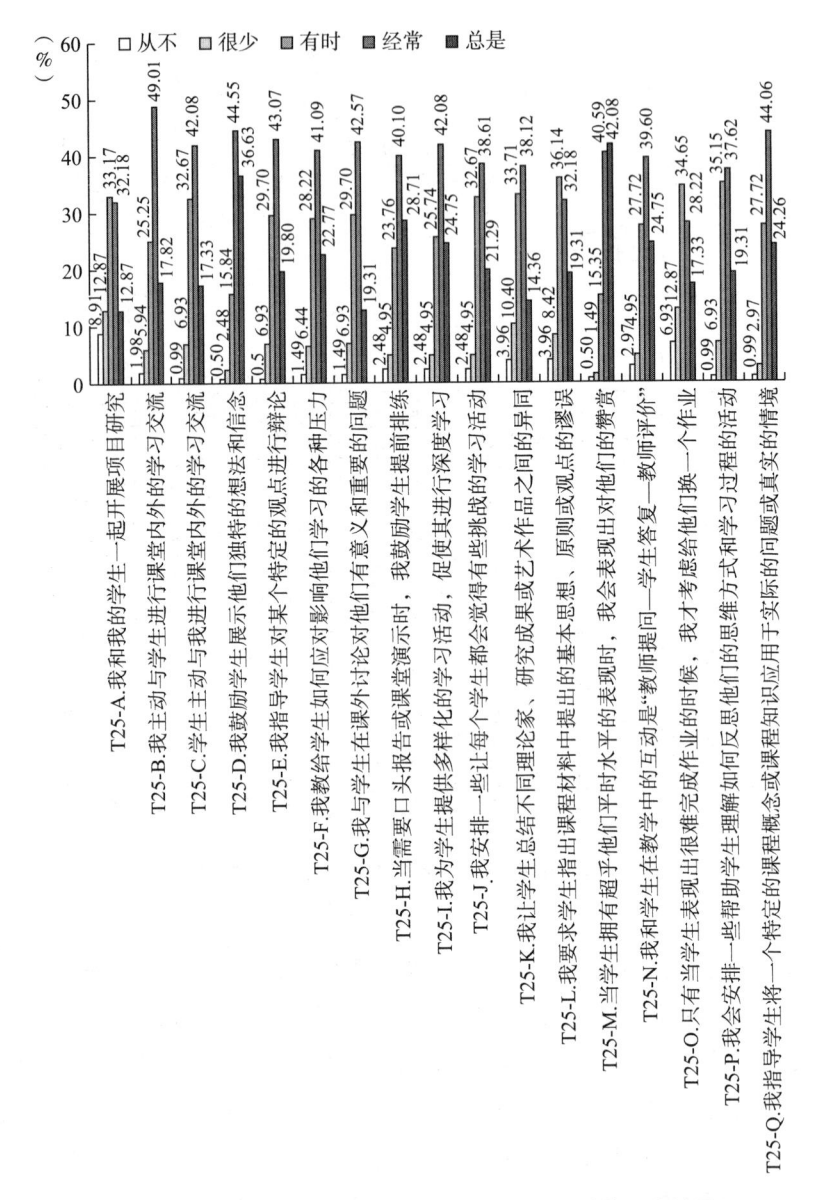

图 4-44 大学教学中关于学习活动的生师互动的调查结果
（教师问卷百分比）

我的学生一起开展项目研究"，教师选择"总是"的比例最小，仅为 12.87%，其次是题项 T25-K "我让学生总结不同理论家、研究成果或艺术作品之间的异同"，教师选择"总是"的比例仅为 14.36%，最后是题项

第四章 大学教学中生师互动之样态呈现

T25-O"只有当学生表现出很难完成作业的时候,我才考虑给他们换一个作业",仅17.33%的教师选择"总是"。

从图4-45可以看出,根据得分由高至低,居前几位的分别是题项

图中数据点（从左至右）：
- T25-A.我和我的学生一起开展项目研究：3.27
- T25-B.我主动与学生进行课堂内外的学习交流：3.75
- T25-C.学生主动与我进行课堂内外的学习交流：3.68
- T25-D.我鼓励学生展示他们独特的想法和信念：4.14
- T25-E.我指导学生对某个特定的观点进行辩论：3.75
- T25-F.我教给学生在课外讨论如何应对影响他们学习的各种压力：3.77
- T25-G.我与学生结合学习中有意义和重要的问题：3.71
- T25-H.当需要口头报告或课堂演示时,我鼓励学生提前排练：3.88
- T25-I.我为学生提供多样化的课堂学习活动,促使其进行深度学习：3.82
- T25-J.我安排一些让每个学生都会觉得有些挑战的学习活动：3.71
- T25-K.我让学生总结出不同理论家、研究成果或艺术作品之间的异同：3.49
- T25-L.我要求学生指出课程材料中提出的基本思想、原则或观点的谬误：3.54
- T25-M.当学生拥有超乎他们平时水平的表现时,我会表现出对他们的赞赏：4.22
- T25-N.我和学生在教学中的互动是"教师提问—学生答复—教师评价"：3.78
- T25-O.只有当学生表现出很难完成作业的时候,我才考虑给他们换一个作业：3.36
- T25-P.我会安排一些帮助学生理解如何反思他们的思维方式和学习过程的活动：3.67
- T25-Q.我指导学生将一个特定的课程概念或课程知识应用于实际的问题或真实的情境：3.88

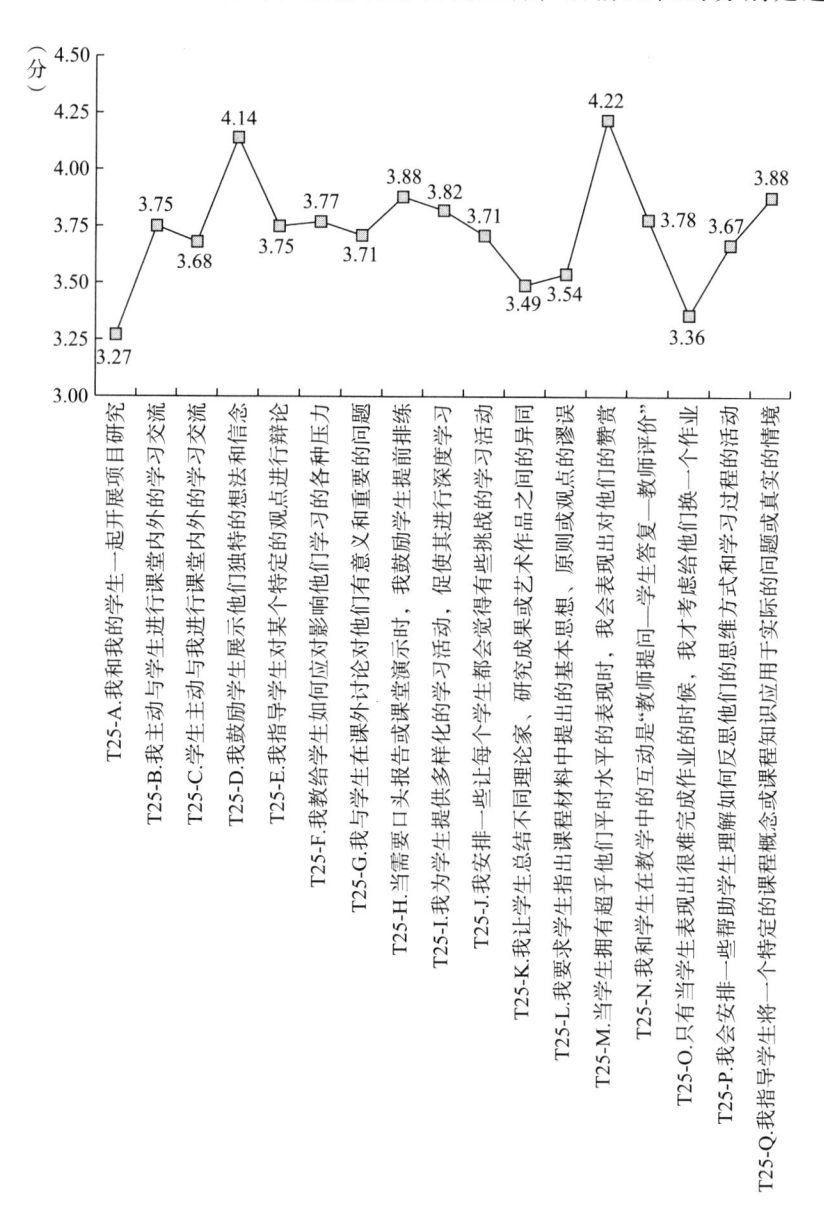

图4-45 教学中关于学习活动的生师互动的调查结果（教师问卷平均分）

227

T25 - M "当学生拥有超乎他们平时水平的表现时，我会表现出对他们的赞赏"、题项 T25 - D "我鼓励学生展示他们独特的想法和信念"、题项 T25 - H "当需要口头报告或课堂演示时，我鼓励学生提前排练"、题项 T25 - Q "我指导学生将一个特定的课程概念或课程知识应用于实际的问题或真实的情境"。由此可知，部分教师已经初步掌握了建构主义的教学方法。但是，他们对建构主义教学的理解尚未深入，所以他们可能还未在教学实践中真正全面运用建构主义教学方法。

值得注意的是，虽然多数学生或教师都认为自己应该主动发起生师互动，但在实际的生师互动体验中，学生或教师主动发起互动的频率都很低。从图 4 - 42 和图 4 - 44 可以看出，"教师主动与学生进行课堂内外的学习交流"（题项 S25 - C 和题项 T25 - B），学生选择"总是"的比例为 12.87%，教师选择"总是"的比例为 17.82%；"学生主动与教师进行课堂内外的学习交流"（题项 S25 - D 和题项 T25 - C），学生选择"总是"的比例为 11.71%，教师选择"总是"的比例为 17.33%。值得注意的是，在之前的一些题项（题项 S15 - A、S15 - B、T16 - A、T16 - B）的调查中，教师与学生均认为自己应该主动发起生师互动，而在实际的生师互动中，教师与学生主动发起生师互动的频率都很低。

四 师生围绕学习反馈的互动情况

教师给予学生及时的、有效的、具体的反馈对学生的学习非常重要。一方面，学生从教师那里获得真实的反馈意见，可以增强自我实现的动力[1]，明确学习目标和方向，同时不断调整学习行为，进而促进学业成就；另一方面，教师可以通过有效的教学反馈，掌握学生的学习情况，调整教学方法，提高教学质量。然而，从问卷调查结果可知，教师与学生围绕学习反馈的互动频率均较低。

从图 4 - 46 可以看出，大学教学中关于学习反馈的生师互动包含四个题项：题项 S26 - A "教师对我的表现提供及时的口头/书面反馈"、题项 S26 - B "教师在学期结束时与我讨论期末考试的结果"、题项 S26 - C "教

---

[1] T. L. Trolian, E. A. Jach, J. M. Hanson, et al., "Influencing Academic Motivation: The Effects of Student-Faculty Interaction," *Journal of College Student Development*, 2016（7）：810 - 826.

师为我提供的学习反馈明确具体,能够让我清楚自己努力的方向和策略,并提高知识水平和技能"、题项 S26 - D "教师在每门课程开始时给我一个预测试并告知其结果,以帮助我了解自己现有的知识、理解以及技能"。学生在这四项中选择"总是"的比例都较低,分别为 13.88%、11.01%、13.64%、13.57%。值得注意的是,在题项 S26 - B "教师在学期结束时与我讨论期末考试的结果"中,仅 11.01% 的学生选择了"总是",而学生选择"从不"的比例却高达 11.71%。

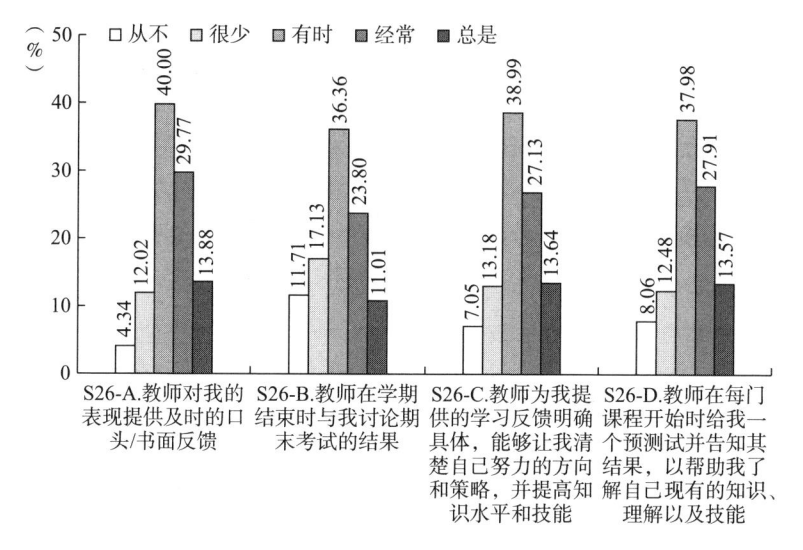

图 4 - 46　大学教学中关于学习反馈的生师互动的调查结果
(学生问卷百分比)

　　来自教师的学习反馈对学生的学习非常重要。一方面,学生若想要知道他们表现得如何以及如何才能做得更好,就必须依据教师的反馈;另一方面,学生及时得到教师的反馈,就有可能在学习探索的正确道路上取得更大的成就,减少个人自学所经历的挫折与风险。已有研究表明,接受即时反馈的学生和没有接受反馈的学生相比,前者能以高于后者三倍的速度掌握该领域的知识,也就是说,即时反馈能够促成更有效率的学习。[1] 但是,从图 4 - 47 可以看出,学生得到各类反馈的频率都较低。

　　为学生提供及时反馈是教师的一项重要职责。仔细观察和分析学生

---

[1] D. C. Merrill, B. J. Reiser, S. K. Merrill, et al., "Tutoring: Guided Learning by Doing," *Cognition and Instruction*, 1995 (3): 315 - 372.

```
(分)
3.40 ┤ 3.37
3.35 ┤ □
3.30 ┤                                    3.27    3.26
3.25 ┤                                    □       □
3.20 ┤
3.15 ┤
3.10 ┤
3.05 ┤        3.05
3.00 ┤        □
     S26-A.教师对我的  S26-B.教师在学期  S26-C.教师为我提  S26-D.教师在每门
     表现提供及时的口  结束时与我讨论期  供的学习反馈明确  课程开始时给我一
     头/书面反馈      末考试的结果     具体，能够让我清  个预测试并告知其
                                     楚自己努力的方向  结果，以帮助我了
                                     和策略，并提高知  解自己现有的知识、
                                     识水平和技能      理解以及技能
```

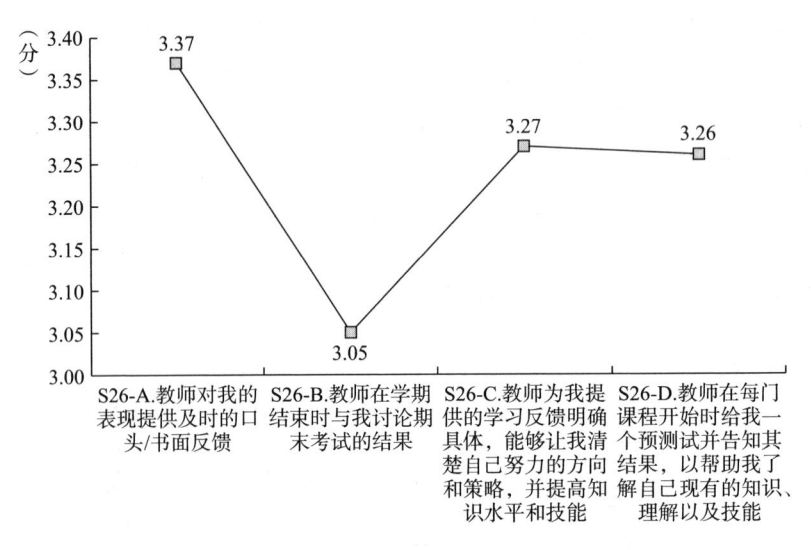

图 4-47　大学教学中关于学习反馈的生师互动的调查结果
（学生问卷平均分）

行为，给予其有提高作用的反馈才能体现一个教师的价值。[①] 然而，从教师问卷的调查结果可知，师生之间围绕学习反馈的互动频率均较低（见图 4-48）。

从图 4-48 可知，题项 T26-A "我对学生表现提供及时的口头/书面反馈"，虽然有 71.78% 的教师选择 "总是" 和 "经常" 为学生提供及时的反馈，但是，在后面几项关于学习反馈的生师互动中，教师选择 "总是" 的比例很低，如题项 T26-B "我在学期结束时与学生讨论期末考试的结果"，教师选择 "总是" 的比例仅为 12.38%；题项 T26-C "我为学生提供的学习反馈明确具体，能够让他们清楚自己努力的方向和策略，并提高知识水平和技能"，仅 15.35% 的教师选择了 "总是"；题项 T26-D "我在每门课程开始时给学生一个预测试并告知其结果，以帮助学生了解他们现有的知识、理解以及技能"，仅 13.37% 的教师选择了 "总是"。

从图 4-49 来看，题项 T26-A "我对学生表现提供及时的口头/书面反馈" 得分最高，而题项 T26-B "我在学期结束时与学生讨论期末考试的结

---

① 〔美〕伊丽莎白·F. 巴克利：《双螺旋教学策略：激发学习动机和主动性》，古煜奎、顾关、唱飞镜等译，华南理工大学出版社，2014，第 24 页。

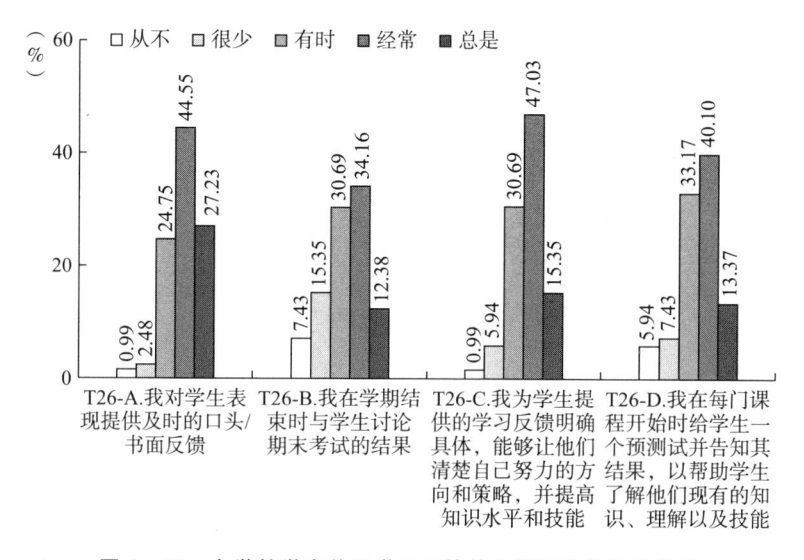

图4-48 大学教学中关于学习反馈的生师互动的调查结果
（教师问卷百分比）

果"得分最低。由此表明，教师问卷的调查结果与学生问卷的调查结果一致：我国大学教师可能很少在学期结束时与学生讨论期末考试的结果。

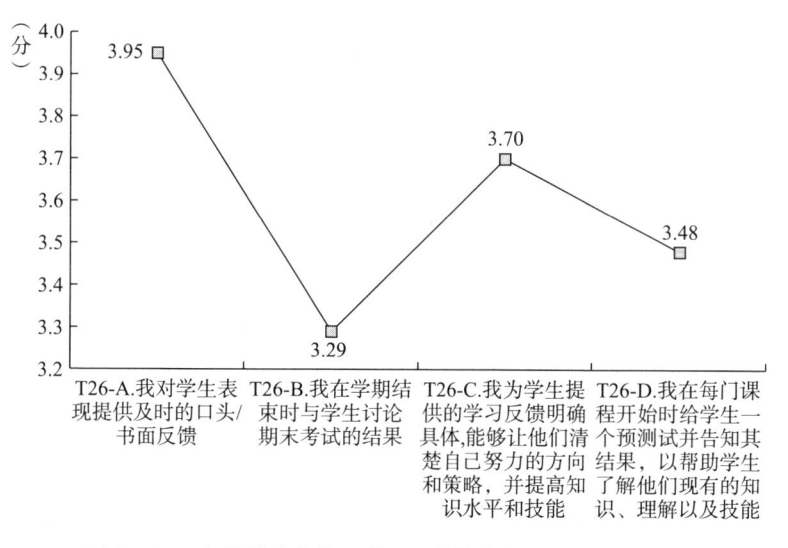

图4-49 大学教学中关于学习反馈的生师互动的调查结果
（教师问卷平均分）

五　教师指导生生互动情况

大学教学中的生生互动是生师互动的重要组成部分。在学习范式下，以学生为中心的教学不仅要求生师互动，而且要求学生能在教师的鼓励和指导下开展生生互动。生生互动的学习方式不仅能够促进学生积极参与学习活动，提升学习效果，还能为生师互动营造良好的氛围。关于教师指导生生互动的情况，学生问卷的调查结果如下（见图4-50，图4-51）。

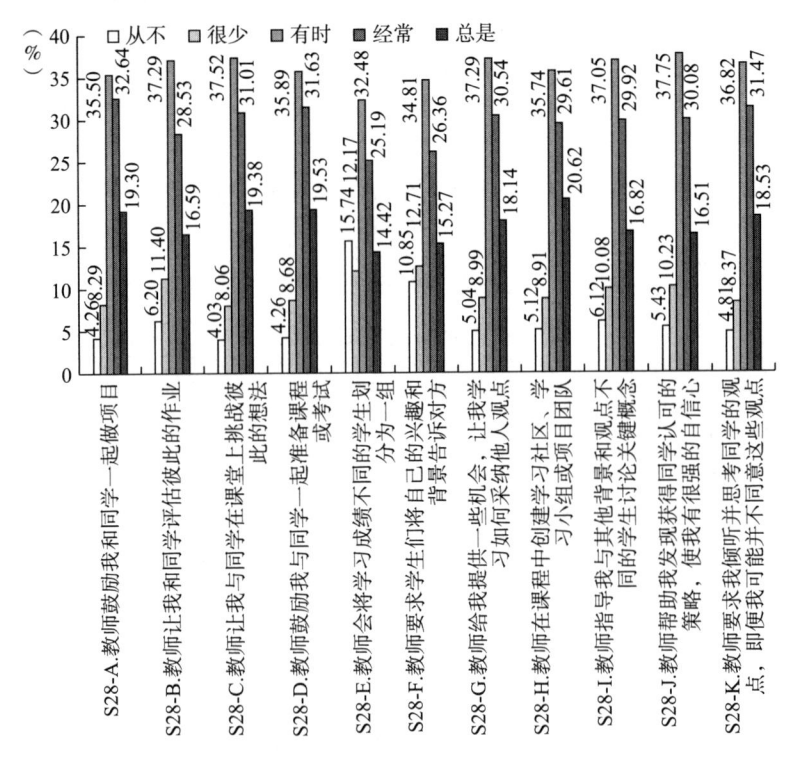

图 4-50　大学教学中教师指导生生互动的情况的调查结果
（学生问卷百分比）

创建学习社区、学习小组或项目团队，可以促使学生在教师的指导下更加积极地参与学习活动。特别是在大班教学的情况下，学习小组或项目团队可以激励学生在小组或团队中积极参与讨论，发表各自的看法，营造学生整体参与的模式。此外，学习社区的营造也可以让学生体会到一种温暖、被支持的感觉。研究表明，不管学生学习何种学科，参与小组学习的学生比不参与的学生所获得的知识更多，记忆更长久，对自己班级的满意度更高。[1] 然而，由图 4-50 可知，题项 S28-H "教师在课程中创建学习社区、学习小组或项目团队"，学生选择"总是"的比例虽然高于其他题项，但也仅有 20.62%，表明教师可能很少在大学教学中创建学习社区、学习小组或项目团队，以促进学生之间的合作学习。此外，其他有关教师鼓励生生互动的行为发生频率也较低。

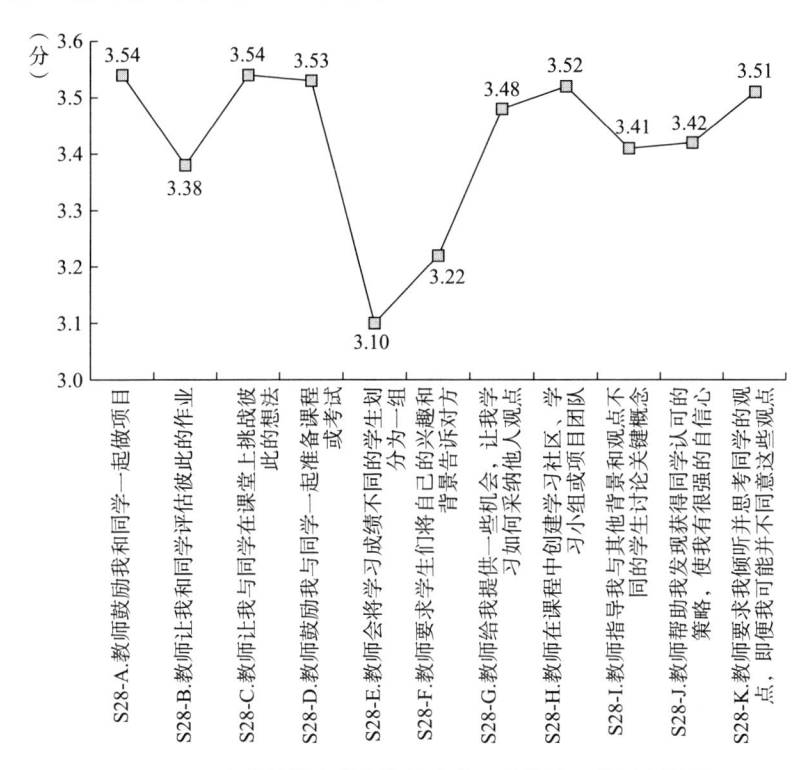

图 4-51 大学教学中教师指导生生互动的情况的调查结果
（学生问卷平均分）

学生之间彼此告诉自己的背景和兴趣，了解同学的兴趣和背景，更有可能建立融洽的伙伴关系，当学生感觉到周围都是朋友时，他们会更愿意参与活动。[2] 实际上，学生彼此之间知道对方的兴趣和背景是合作学习的前提条

---

[1] 〔美〕芭芭拉·格罗斯·戴维斯：《一个好老师必备的教学工具》（第二版），韩金龙、田婧译，华南理工大学出版社，2014，第 171 页。

[2] 〔美〕芭芭拉·格罗斯·戴维斯：《一个好老师必备的教学工具》（第二版），韩金龙、田婧译，华南理工大学出版社，2014，第 91 页。

件。然而，由图 4-51 可知，题项 S28-E "教师会将学习成绩不同的学生划分为一组"平均分最低，题项 S28-F "教师要求学生们将自己的兴趣和背景告诉对方"次之。总体而言，在学生看来，教师指导生生互动的频次较低。

由图 4-52 可以看出，教师在以下两项上的体验频率最高：一是题项 T28-A "我鼓励学生一起做项目"，教师选择"总是"的比例为 29.70%；二是题项 T28-K "我要求学生倾听并思考同学的观点，即便他们可能并不同意这些观点"，教师选择"总是"的比例为 29.21%。学生互评不但可以提供比教师更多样、更直接、更频繁的反馈，而且可以培养学生的交流协作等多项技能。① 然而，在实际的大学教学中，教师很少让学生彼此

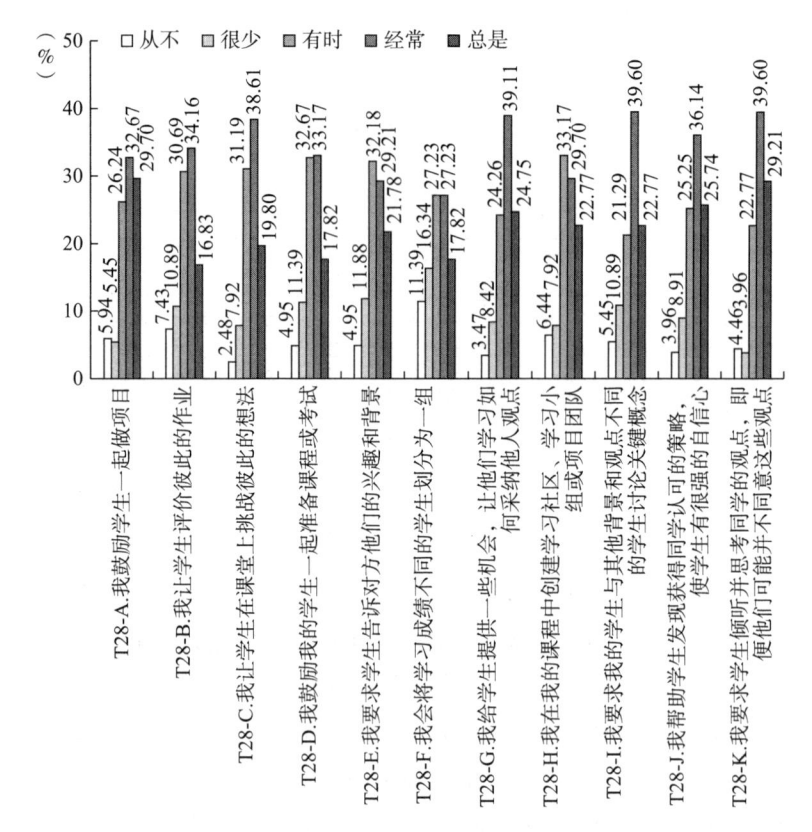

图 4-52 大学教学中教师指导生生互动的情况的调查结果（教师问卷百分比）

---

① [美] 琳达·B. 尼尔森：《最佳教学模式的选择与过程控制》（第三版），魏清华、陈岩、张雅娜译，华南理工大学出版社，2014，第 195 页。

进行作业评价。题项 T28-B"我让学生评价彼此的作业",选择"总是"的教师比例最低,仅为 16.83%,而选择"从不"的教师比例却达到了 7.43%。

由图 4-53 可以看出,题项 T28-F"我会将学习成绩不同的学生划分为一组"得分最低,这与学生问卷调查结果一致。教师鼓励学生倾听并重视别人的观点和评价,向学生强调不同观点的价值,可以有效避免学生群体的讨论垄断行为,营造公正、民主、包容的课堂氛围。同时,多视角的理解有利于学生进行更深入、更灵活的思维活动。[①] 学生在倾听的过程中也

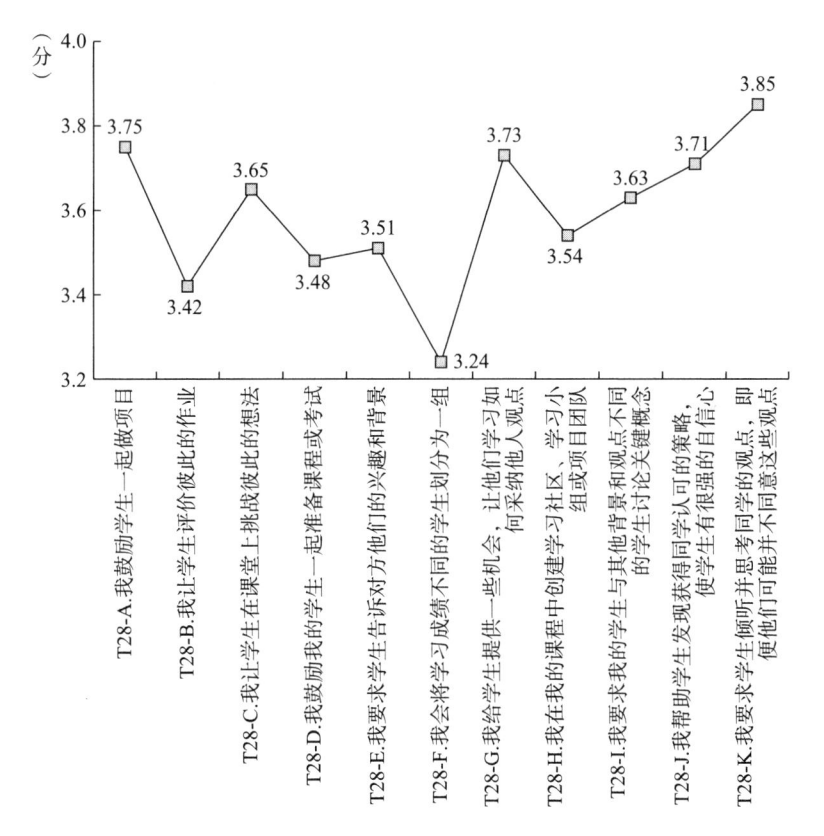

图 4-53 大学教学中教师指导生生互动的情况的调查结果
(教师问卷平均分)

[①] M. J. Hannafin, J. R. Hill, S. M. Land, et al., "Student-Centered, Open Learning Environments: Research, Theory, and Practice," in J. M. Spector, M. D. Merrill, J. Elen, M. J. Bishop, eds., *Handbook of Research on Educational Communications and Technology* (New York: Springer, 2014): 641-651.

能为支持自己观点而收集有效证据。虽然题项 T28-K"我要求学生倾听并思考同学的观点,即便他们可能并不同意这些观点"得分较低,但较其他题项仍略高。

六 大学教学中生师互动学习氛围的营造情况

学生之所以对学习投入,不仅是因为学生看到了学习的价值,而且是因为他们可以将情绪和情感投入学习过程之中。情感可以发动并控制学习。[1] 学生的情感会先于认知控制其注意力,进而对其知识迁移产生重要影响。[2] 如果教师的行为和态度能够使学生感到愉悦,就可以营造积极的学习氛围,而这种学习氛围也将成为一种情感或情绪动力,可能更有利于促进学生的学习和参与。学生验证是通过教师等验证代理人为学生提供激励、肯定等情感支持,营造积极的学习氛围,促进学生学习与发展的一种教育教学活动。学生验证理论认为,教师等验证代理人可以通过有效的学生验证,激发学生的学习热情和动力,使他们获得一种自我存在的价值感。在大学教学中,教师对学生的验证更多的是营造学习氛围,为学生提供一种学习情感支持。题项 S27"教师与学生关于学习氛围的互动",学生的回答情况如下(见图 4-54、图 4-55)。

教师的行为和态度创造的教育氛围能够对学生的学习和参与产生巨大的影响。[3] 学生在受到尊重的时候更愿意投入学习中。[4] 从图 4-54 中有关教师尊重学生的题项上来看,除题项 S27-G"教师熟悉我的姓名,并能够按姓名指出我是谁",选择"总是"的学生比例较低,仅为 16.82% 以外,其他题项选择"总是"的比例都在 20%~30%。其中,题项 S27-A 和题项 S27-J 选择"总是"的学生比例居于前列。题项 S27-A"教师平易近人,尊重学生",选择"总是"的学生比例为 27.91%,题项 S27-J"教师能够与我建立相互尊重、平等、信任、支持的人际关系",选择"总是"的学生比例为 25.81%。

---

[1] 高文、徐斌艳、吴刚主编《建构主义教育研究》,教育科学出版社,2008,第 89 页。
[2] 〔美〕伊丽莎白·F. 巴克利:《双螺旋教学策略:激发学习动机和主动性》,古煜奎、顾关、唱飞镜等译,华南理工大学出版社,2014,第 18 页。
[3] P. D. Umbach, M. R. Wawrzynski, "Faculty do Matter: The Role of College Faculty in Student Learning and Engagement," *Research in Higher Education*, 2005 (2): 153-184.
[4] 〔美〕伊丽莎白·F. 巴克利:《双螺旋教学策略:激发学习动机和主动性》,古煜奎、顾关、唱飞镜等译,华南理工大学出版社,2014,第 33 页。

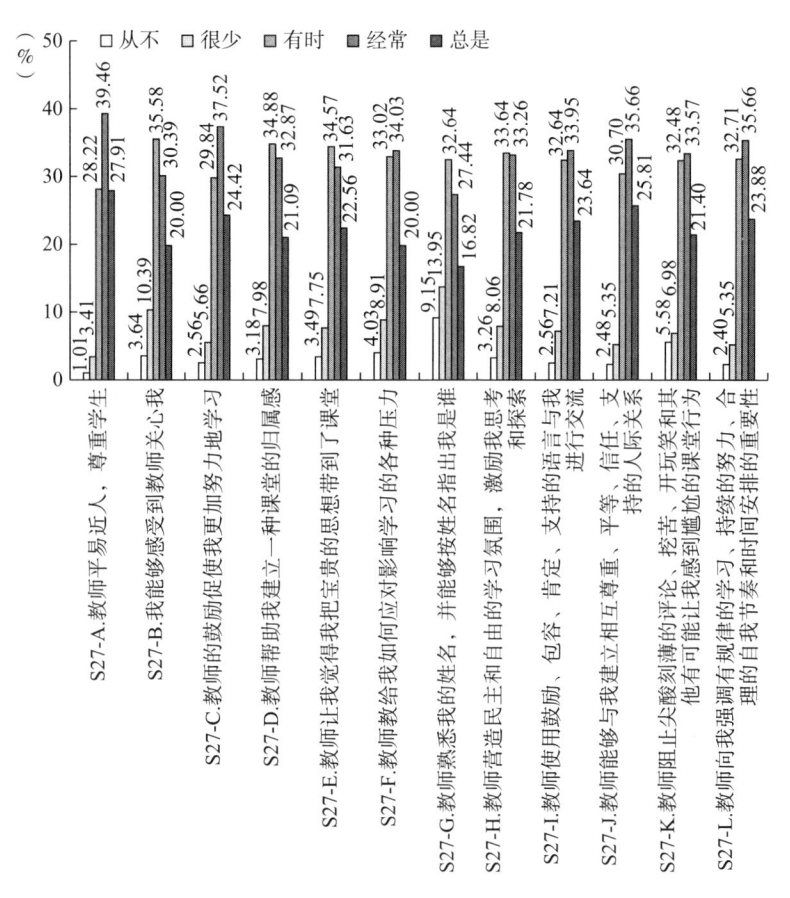

图 4-54 教师与学生关于学习氛围的互动情况的调查结果
（学生问卷百分比）

由图 4-55 可以看出，题项 S27-A "教师平易近人，尊重学生"的平均分较其他题项略高，说明学生体验频率最高的可能是教师平易近人，尊重学生。值得注意的是，学习范式下的学生与教师是一个学习共同体，教师记住学生的姓名是建立学习共同体的基础。但是，在题项 S27-G "教师熟悉我的姓名，并能够按姓名指出我是谁"中，学生的体验得分却最低。

在学生看来，教师记住学生的姓名就意味着教师关心和在乎他们，这样学生的学习动机也会比较强。然而，由图 4-56 可以看出，题项 T27-G "我会花时间熟悉学生的姓名，并按姓名指出学生"，26.24% 的教师选择了"总是"，4.46% 的教师选择了"从不"，说明教师在这一项上的体验频率较低。此外，课堂不文明行为是世界高等教育面临的一个重要问题，而教师有效阻

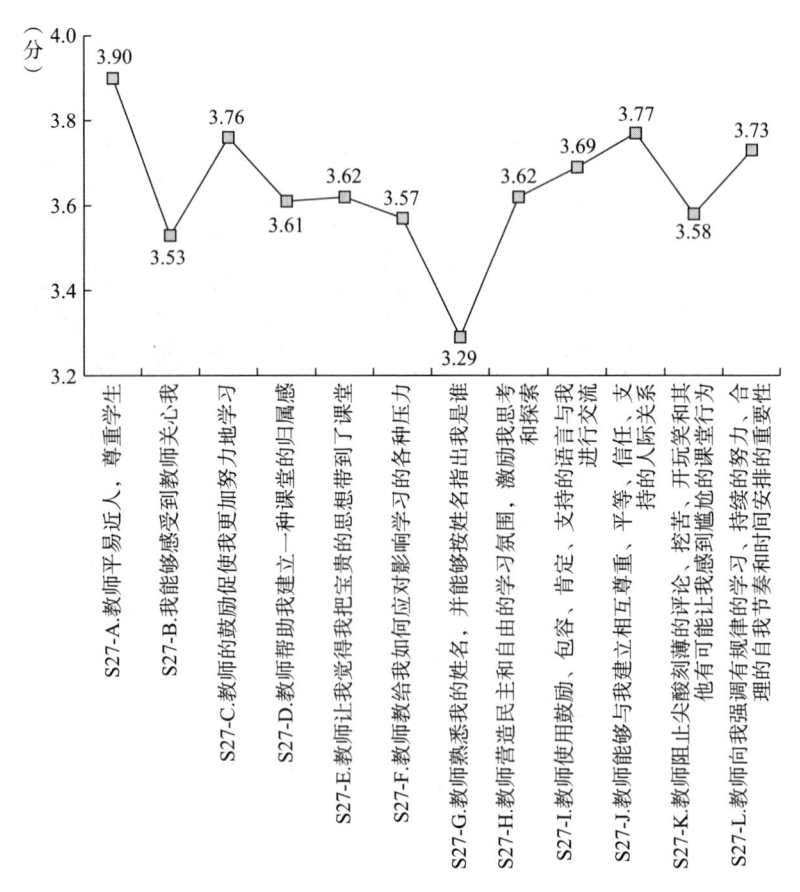

图 4-55 教师与学生关于学习氛围的互动情况的调查结果
（学生问卷平均分）

止和回应不文明行为不仅可以维护有序的课堂环境，还能够建立良好的师生关系。[①] 尖酸刻薄的评论、挖苦、开玩笑等课堂不文明行为可能会影响学生的学习投入，因此，在大学课堂教学中，教师关注学生的需求，阻止让学生感到尴尬的行为，有助于保证学生自由表达真实想法和感受，维护正常的教学秩序。由调查结果可知，题项 T27-K"我阻止尖酸刻薄的评论、挖苦、开玩笑和其他有可能让学生感到尴尬的课堂行为"，选择"总是"和"经常"的教师比例达 83.66%，这表明大多数教师认为他们在这方面做了

[①] 〔美〕琳达·B.尼尔森：《最佳教学模式的选择与过程控制》（第三版），魏清华、陈岩、张雅娜译，华南理工大学出版社，2014，第 57 页。

238

大量工作。

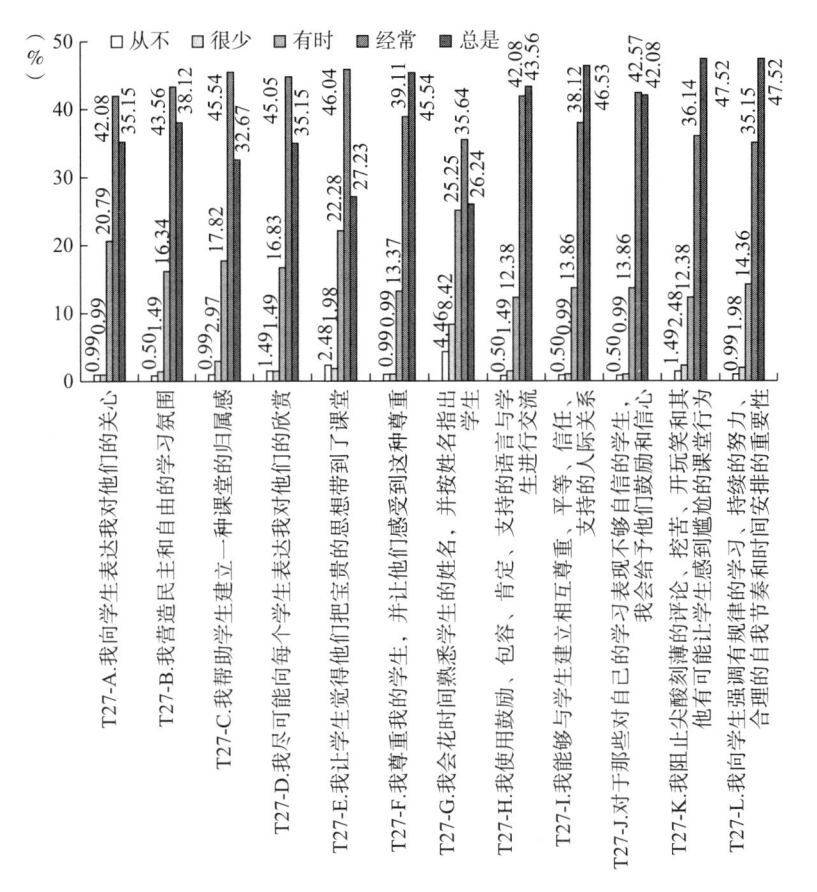

图 4-56 教师与学生关于学习氛围的互动情况的调查结果
（教师问卷百分比）

由图 4-57 可知，题项 T27-G "我会花时间熟悉学生的姓名，并按姓名指出学生"得分最低，再次表明部分教师可能很少会花时间熟悉学生的姓名，并按姓名指出学生。在教师熟悉学生姓名，并按姓名指出学生之后，如果教师能够与学生建立友好的情感联系，就更能促使学生积极地投入学习。从整体得分情况来看，根据平均分从高至低排序，居前三位的题项依次为 T27-I "我能够与学生建立相互尊重、平等、信任、支持的人际关系"、T27-F "我尊重我的学生，并让他们感受到这种尊重"、T27-H "我使用鼓励、包容、肯定、支持的语言与学生进行交流"，表明教师在上述题项上的体验频率较高。

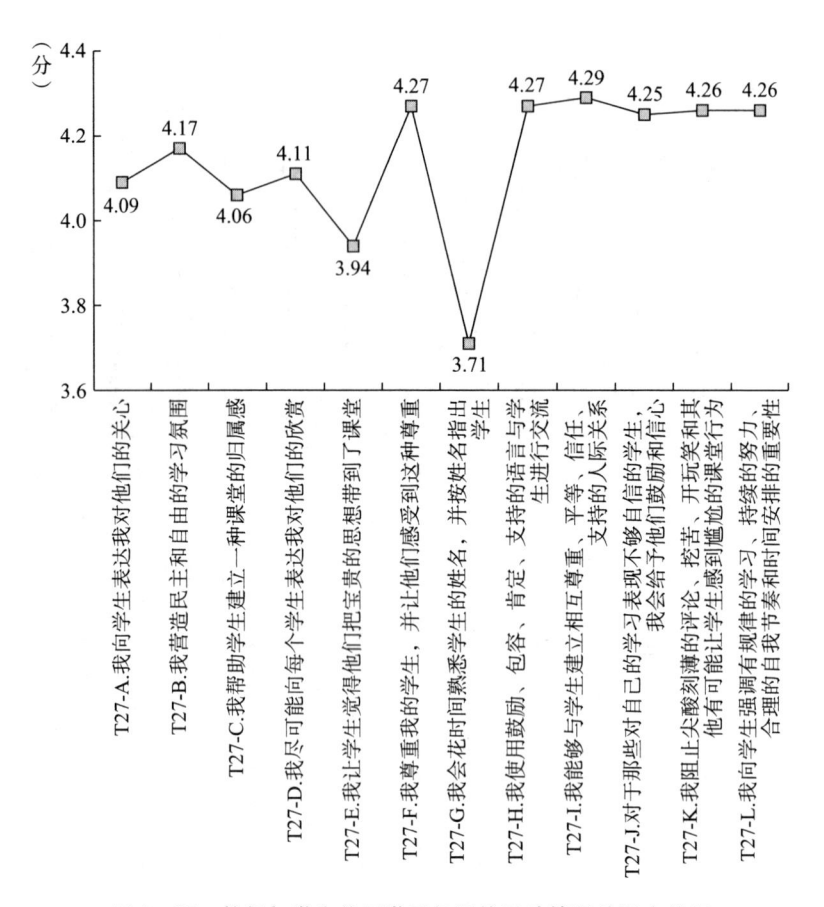

图 4-57 教师与学生关于学习氛围的互动情况的调查结果
（教师问卷平均分）

第五章　大学教学中生师互动之问题揭示

只有在学习范式的背景下，反常的现象才得以显现。[①] 由调查结果可以看出，我们在学习范式的背景下审视大学教学中的生师互动样态，可以发现许多反常现象。总体而言，"反常"表现为：我国大学教学部分已进入今天的数字知识时代，而少部分却仍停留在印刷知识产生以前或印刷知识时代。传授范式是印刷知识产生以前及印刷知识时代盛行的一种教学范式。在印刷知识产生以前或印刷知识时代，大学教学中的生师互动以知识为媒介，知识由教师掌控，大学教学的基本形式为知识传授，生师互动以教师为中心，这无疑不利于学习范式变革及学习范式下大学教学中的生师互动改进。具体来说，目前，我国大学教学中的生师互动大部分仍处于传授范式之中，并主要存在以下五个方面的问题。

第一节　生师互动观念未升至生命交往层次

大学教学中的生师互动不是一种形式化或技术性的活动，而是一种基于生命发展的知识探究活动。换言之，教师与学生在探究知识的同时，也在进行一种生命实践活动。当教师与学生带着各自的精神和情感进入具体的教学情境时，就意味着生师互动不应是为传递知识而被迫产生的行为，此时的生师互动更多的是一种饱含生命热情的师生共同参与的教学交往活动。生命交往层次的生师互动关注教师与学生的积极情感，强调交往的生命意义。只有当教师与学生的互动观念上升至生命交往层次时，教师与学

---

① 〔美〕托马斯·库恩：《科学革命的结构》（第四版），金吾伦、胡新和译，北京大学出版社，2012，第65页。

生才有可能将生师互动视为生命实践活动的重要组成部分，并且，持有生命交往观念的教师与学生才会更加具有互动的热情和信心。而也只有此时，教师才会更愿意帮助学生"实现自我"，学生也才更有可能摆脱压制，获得自由，实现"解放"。如此，教师与学生也才更有可能在享有同等话语权的基础上构建和谐平等的教学交往关系。从调查结果来看，虽然多数教师与学生都认同生师互动对教师教学与学生学习都具有重要价值，但是，大学教学中的生师互动频率较低，其根本原因在于生师互动观念未上升至教学交往的生命高度。

一 教师互动观念未上升至生命交往高度导致教师不可及性提高

无论师生进行何种类型的互动，都会对学生的学习动机及其他发展产生积极的影响。而将生师互动的频率与质量进行比较可以发现，互动质量最具影响力。[①] 然而，虽然生师互动的质量非常重要，但是，如果没有互动机会，就不能发展高质量互动和支持性关系。[②] 简而言之，互动频率是互动质量的前提条件。只有教师与学生能够进行频繁的互动，才有可能促进互动质量的提升，从而对学生产生积极的影响。这里的关键在于教师和学生是否开启了频繁的互动。从学生问卷调查结果来看，生师互动的频率较低，而教师不可及已成为生师互动开启的最大障碍。题项 S20 - A "教师在课外容易接近"，仅 15.04% 的学生选择了"总是"；题项 S20 - D "我至少与大学里的一位教师建立了密切而友好的个人关系"，仅 12.79% 的学生选择了"总是"，而选择"从不"的学生却高达 13.41%；题项 S20 - E "当我在学习中遇到困难时，我能够得到教师的指导或帮助"，学生选择"总是"的比例也较低，为 19.69%。究其实质，"教师不可及"也反映出部分教师可能没有将生师互动视为教学生活的重要组成部分。换言之，在部分教师的教学观念中，他们有可能还未将生师互动上升至生命交往的高度。这就造成

[①] T. L. Trolian, E. A. Jach, J. M. Hanson, et al., "Influencing Academic Motivation: The Effects of Student-Faculty Interaction," *Journal of College Student Development*, 2016 (7): 810 – 826.

[②] G. E. Bongolan, "Perceptions and Expectations of the Initiation of Student-faculty Interaction Outside of Class at a Community College," *Transactions of the Chinese Society for Agricultural Machinery*, 2012 (2): 195 – 210.

教师不可及性提高，具体表现为：多数学生可能很难在课外与教师接触；部分教师可能很少认真对待学生的问题和意见；部分教师可能很少愿意投入时间和精力帮助学生学习；部分学生可能难以与教师建立友好的个人关系；部分学生可能很难在遇到困难时得到教师的指导与帮助。诚然，教师可及性是学生与教师得以互动的前提，如果学生很难与教师建立联系，也就不可能与教师进行更深入的互动。如果师生没有开启足够频次的互动，就更不必谈及提升互动质量了。换言之，教师缺乏对生命层次教学交往的理解会影响大学教学中生师互动的频率和质量。

在问卷调查的开放式问题中，虽然少数教师强调了生命交往的教学观念，如"师生互动是教学生命活动的重要组成部分，直接决定了教学生命的质量以及教学效果"，但是，部分教师却将生师互动作为一种"额外的任务或负担"，认为"工作忙"是阻碍生师互动的重要因素，如："工作太忙、太累""工作负担重""教学任务繁重""教学任务过重，除教学外的杂事太多""科研压力大，无法实现互动教学"……交往的生命层次是将教学交往理解为一种生命与生命之间的交往，并且，生命运动的生生不息促使教师与学生之间的交往变为连续的、自然的习惯。教师的交往行为与其认知观念密切相关，认知指引着教师的交往情感、态度和行动。教师在未树立基于生命交往的教学观念时，可能很难将学生视为与自己一样具有平等人格的主体，并且，可能还会以自己的权威地位和身份支配学生的行为，如此也就不可能将生师互动上升至生命交往层次。而只有教师树立基于生命交往的教学观念，才会促使教学活动服务于学生的学习活动。为了更好地服务于学生学习，教师会让学生在教学中发挥主动性、创造性，并与教师共同设计和决策教学内容，选择学习评价方式，制定课程考试评分标准，制定课程讨论规则和课程政策等，不断促进自我的知识建构与成长发展。学生在生命层次的教学交往中具有主观能动性，并且，他们有权利在一定程度上参与教学活动的各项决策。为了提升教学效果和学习效果，教师也会主动地了解学生的学习背景、学习目标、学习方法、学习进展、学习规律、个体特征、精神状态等信息，真诚地帮助学生解决学习中遇到的问题，全身心地投入促进学生学习与发展的教学活动中。

二 教师互动观念未上升至生命交往高度导致学生很少有机会影响教学活动

教师在选择适用的教学方法方面有相当大的自由度,他们在何种程度上将改革的新教学方法融入课堂实践中,取决于他们的个人观念。[1] 由此推之,教师观念对教学互动行为发挥着主导作用。实质上,师生之间的教学互动应该建立在彼此理解、相互依存、互相信任的基础之上,并且,师生之间的教学互动应融入彼此的生活与生命之中。然而,教师与学生要实现生命层次的教学互动必须以教师的互动观念上升至生命交往高度为前提。只有当教师的互动观念上升至生命交往高度时,教师才会将学生视为生命中不可或缺的一部分,师生彼此的命运才会紧密联系在一起。此时,学生的学习目标与教师的教学目标非常一致,而教师的教学目标会根据学生的学习目标有相应调整,这样,教学过程中的教师才有可能不再独自掌控权威资料,而是与学生个体或学生团体共同分享。与此同时,每位学生都将拥有参与权、决策权、话语权,他们与教师共同选择教学内容和教学方法,并结合学习目标进行教学设计。当学生以小组为单位进行学习时,学生也会在相互依赖的交往环境中形成一种互帮互助而非竞争性的关系,如此,学生就会最大限度地增强学习动机,提升学业成就,实现成长发展。反之,如果教师的互动观念未上升至生命交往高度,师生之间就不可能形成生命层次的教学交往,教师与学生会以独立的个体存在各自投入自己的教学或学习中,由此也会造成教师的"教"与学生的"学"分离。

本次调查结果显示,师生围绕学习目标、学习内容等进行的互动频率普遍较低,而以"I-R-E"形式进行互动的频率最高。实质上,"I-R-E"的对话结构是建立在权威的教育关系之上,并人为地加以组织的一种课堂互动,这种互动很难出现在以学生为中心的教学中,因为以学生为中心的教学注重学生的话语表达和自主探究,以及师生之间的深入讨论。[2] 本次调查结果证实了如下观点:尽管学生在人数上占了绝大多数,但在决策或权利分享时却处于绝对的弱势地位,或许在多数教师的理解中,学生应该

---

[1] S. Hoidn, "The Pedagogical Concept of Student-Centred Learning in the Context of European Higher Education Reforms," *European Journal of Scientific Research*, 2016 (28): 439-458.
[2] 〔日〕佐藤学:《课程与教师》,钟启泉译,教育科学出版社,2003,第110页。

是被制服、教导或控制的群体，是学校各项决策的"局外人"。[①] 该调查结果也表明，正因为教师的互动观念未上升至生命交往层次，所以，教师仍然在大学教学中掌控着绝大多数权利，而学生则很少有机会参与教学设计、教学内容决策、课程考试评分标准制定、学习评价方式选择、教学效果评估制定、课程讨论规则和课程政策制定等。

（一）多数学生没有参与教学设计，教学内容决策，课程考试评分标准制定，学习评价方式（方法）选择，课程讨论规则、课程政策等制定

学习范式要求教师必须认识到学生的多样性特点，在此前提下，学生对学习的期望必须与教师的教学目标相结合，教师不仅要为学生创造学习的环境，还要让给学生一定的教学设计、决策和评价等权利，使学生成为教学的重要参与者和决策者。如此，学生才更有可能挖掘自己的学习潜力，积极地参与学习，促进学习和教学的统一，进而增强学习效果。然而，从问卷调查结果可知，学生在教师教学设计、教学内容决策、课程考试评分标准制定、学习评价方式（方法）选择、课程讨论规则和课程政策等制定方面的参与率很低。题项 S22-A "我参与教学设计"、题项 S22-B "我参与教学内容决策"、题项 S22-C "我参与课程考试评分标准制定"、题项 S22-F "我参与课程讨论规则、课程政策等制定"，学生选择"从不"的比例甚高，分别为 19.53%、21.63%、24.34% 和 21.32%。这就表明，当前的大学教学仍然是教师中心样态，教师在各项教学活动中占据主导地位，而这是传授范式的具体表现。在传授范式的教学中，教师可能会较少考虑学生的个性特点、学习背景、想法经验等，而学生则可能会较多地依赖于教师的教学安排，这就有可能使学生在自己的学习中丧失主观能动性，仅是被动地接收教师提供的外部信息。此外，在传授范式下，教师可能习惯于在教师中心的教学理念指导下开展研究和教学，这可能导致教师为了将积累的学科知识转移给学生而牢牢掌握话语权，随之，学生在教学中的话语权减少，也就不可能实现"以学生为中心"的教学及互动。在这种情况下，教师也不可能让学生参与教学设计、教学内容决策、课程考试评分标准制定、学习评价方式（方法）选择、课程讨论规则和课程政策制定等。

---

① 〔美〕珍妮·H. 巴兰坦、弗洛伊德·M. 海默克：《教育社会学——系统的分析》（第六版），熊耕、王春玲、王乃磊译，中国人民大学出版社，2011，第122页。

由此导致的结果是，学生不可能实现个性化的学习。

（二）虽然大部分学生已经参与教学效果评估，但参与频次较低

从问卷调查结果来看，题项 S22 – E "我参与教学效果评估（如：'学生评教'等）"，学生"总是"参与教学效果评估的频率为 19.30%，"经常"参与教学效果评估的频率为 27.13%，仍有 9.92% 的学生"从不"参与教学效果评估。由此可知，虽然大部分学生已经参与教学效果评估，但是学生参与教学效果的频次较低。近几年，我国大部分高校开展了"学生评教"活动，促使多数学生在此活动中体验到作为学生所拥有的极为有限的权利，并真实地参与了教学效果评估的过程，促进了有意义的生师互动。"学生评教"活动的背后是大学教学效果评估制度的支持，这就意味着制度的有效引导可以促使教师将一部分权利让给学生。

第二节 师生对教学互动内涵价值缺乏理解

学习范式以建构主义教学理论为指导，教师与学生之间进行频繁且高效的互动是建构主义教学的重要特征。然而，从教师对"教"和"学"的理解，以及学生对"学"的理解的调查情况来看，多数教师与学生可能并未对学习范式下的"教"和"学"形成准确认识，部分师生可能仍未准确理解生师互动的重要价值。

一 少数教师没有准确理解建构主义教与学

（一）少数教师可能未准确理解建构主义教学理论

建构主义教学理论强调学生主体的建构过程，反对教师向学生直接灌输知识。因此，教师在教学过程中必须考虑学生已有的能力、经验、知识等，这是教师进行教学的基础，只有这样做才能使学生重新对已有知识进行建构，达到学习并消化新知识的目的。本研究调查结果显示，部分教师可能并不十分认同开展教学的前提是必须了解学生的能力、性别、语言、文化、背景知识和技能等特点，也不认同教师在教学时要根据学生群体的规模、倾向、接受力、人际关系等条件进行调整。在题项 T15 – D "教学调整要适应学生群体的规模、倾向、接受力、人际关系等条件"和题项 T15 – F "了解学生的能力、性别、语言、文化、背景知识和技能等特点是教学呈现和展示的前提"中,仍有少数教师选择了"非常不同意"和"不同意",这部分教师占总人数的5.00%左右。虽然在这两个题项中,选择"非常同意"和"同意"的教师占比较多,分别达到89.11%和85.64%,但不容乐观的是,还有少数教师选择"中立",这表明少数教师可能还未准确理解建构主义教学理论。

(二) 少数教师可能未准确理解建构主义学习理论

建构主义理论强调学习的"社会性",要求学生与同伴或与教师进行基于知识建构的互动。然而,从教师问卷来看,虽然大多数教师认同大学教学中的生师互动能够帮助教师改进教学方式,提升教学效果和教学能力,高效完成课程教学任务,以及与学生建立和谐友好的师生关系等,但是仍有10.00%左右的教师对此保持中立,也有极少部分教师选择了"非常不同意"和"不同意",占总人数的3.00%左右,这就表明部分教师可能仍未准确理解建构主义学习理论。

建构主义强调以学生为中心,因此,教师的教学目的是使学生获得学习策略或学习能力,这样才能使学生在遇到新的学习情境或学习问题时,可以灵活地将自己原有的丰富经验进行组织和调整,灵活地建构起指导学习活动的思维。然而,从调查结果可知,部分教师并不接受这一观点。题项T15-B"教学的目的是帮助学生发展习得知识所必需的学习策略",9.91%的教师选择了"非常不同意"和"不同意",13.86%的教师保持"中立"。实质上,学习策略是一种帮助人们提取大脑中的储藏信息,并不断获取新信息,同时将新信息与已有信息进行整合的方法和行为。[①] 迁移、想象、提炼、类比等都是重要的学习策略,而教学的目的是帮助学生学习,学生如果掌握了这些学习策略,则更有可能促进其有效学习。此外,建构主义的学习过程与学生的已有经验密切相关。但是,从调查结果可知,仍有少数教师对此持反对态度。以下题项都表明了学生已有经验对学习的重要作用,而少数教师的填答结果并不理想。题项T15-C"学生的想法、预期、动机等会影响学生对教学材料的理解和处理",3.47%的教师表示"非常不同意",1.98%的教师表示"不同意",5.45%的教师持"中立"态度;

---

① 〔美〕伊丽莎白·F.巴克利:《双螺旋教学策略:激发学习动机和主动性》,古煜奎、顾关、唱飞镜等译,华南理工大学出版社,2014,第82页。

题项 T15 - G "学习是学生将他们的观念、理解和文化知识等带进教室,并在学习过程中建构自己的意义",4.46%的教师表示"非常不同意",1.49%的教师表示"不同意",12.87%的教师持"中立"态度。这就表明少数教师可能还未意识到学生已有经验对学生学习的重要意义,如此也就不可能准确理解建构主义学习理论。然而,在学习范式下,学生的学习过程也是学生实现知识迁移的过程,此时,学生必须在教师的指导下将已有知识创造性地、灵活性地运用到不同的情境、活动和问题中,以此来建立已有知识与新知识之间的联系。教师只有在准确理解建构主义"教"与"学"的前提下,才会改变教学方法,并在新的建构主义观念下为学生安排学习任务,提供学习支持。

二 多数学生可能未全面理解建构主义学习

建构主义学习观认为,在真实的学习情境中,学生必须主动地将所学知识与真实任务相结合,以解决复杂的情境问题,实现对已有知识的重构,而在学生建构知识的过程中,"社会"的媒介作用也非常重要。[①] 也就是说,建构主义的学习包括三个关键内容,即学生学习的主动性、学习活动的情境性和社会性。但从调查结果来看,部分学生有可能还未意识到这一点。题项 S14 - A "学习是集主动性、情境性、社会性于一体的活动",仅38.06%的学生表示"非常同意",38.29%的学生表示"同意",3.02%的学生表示"非常不同意"。题项 S14 - D "学生不是知识的被动接受者或被灌输者,而是学习信息加工和意义建构的积极行动者",虽然选择"非常同意"和"同意"的学生占总人数的80.15%,但是也有15.58%的学生对此保持"中立",并且有4.26%的学生选择了"非常不同意"和"不同意"。

与教师调查结果相似,部分学生可能未全面理解建构主义学习理论。题项 S14 - C "学习过程是对原有经验的修改、组织和调整",选择"非常同意"和"同意"的学生占总人数的75.19%,选择"非常不同意"和"不同意"的学生占总人数的5.27%,仍有19.53%的学生选择了"中立"。题项 S14 - E "学习意义的获得是学生在原有经验的基础上,对新知识进行

---

① 高文、徐斌艳、吴刚主编《建构主义教育研究》,教育科学出版社,2008,第77~78页。

重新认识和整合，建构自己的理解"，虽然有80.54%的学生选择了"非常同意"和"同意"，但是仍有15.35%的学生选择了"中立"。题项S14-F"当学生遇到新的学习情境时，他们会根据已有的丰富经验，灵活地建构指导行动的思维"，选择"非常同意"和"同意"的学生占总人数的72.64%，选择"中立"的学生占21.16%。题项S14-G"学习是学生在已有观念、理解和文化知识等的基础上建构自己意义的过程"，选择"非常同意"和"同意"的学生占总人数的77.91%，选择"中立"的学生占16.82%。

建构主义学习观注重个性化教育，因此，在建构主义学习过程中，不同的学生都应基于各自差异，开展个性化的知识建构，以提升自身能力。然而，仍有部分学生可能对此并不认同。题项S14-B"学习目标应注重基于学生差异，培养学生能力"，12.48%的学生表示"中立"，5.58%的学生表示"非常不同意"和"不同意"。该调查结果也反映出少数学生可能没有接触过建构主义学习观，仍然将学习理解为记住事实，并通过回忆进行识别性测试的过程，所以他们对此题项表示"不同意"或"非常不同意"。显然，学生在没有树立建构主义学习观之前，很有可能将学习寄托于传统的讲授式教学中。虽然讲授式教学可能是向大量学生传授知识的有效途径，但这种教学方法并不能充分地激发学生的学习兴趣，并吸引学生学习。在这种情况下，部分学生就不可能将已有知识经验与新材料、新信息、新情境等建立联系，并将自己的想法、知识应用于具体情境中。

建构主义学习理论认为，教师在学生的学习与发展中发挥着重要作用，学生应认识到生师互动的价值，并能够在教师的引导和帮助下提升学习能力。然而，从学生问卷结果来看，部分学生可能仍未认识到生师互动的价值。在题项S15-C、S15-D和S15-E中，近三分之一的学生都对此持"中立"态度，也就是说，部分学生可能并不认同大学教学中的生师互动能够帮助他们改进学习方式、增强学习效果和提升学习能力等。从学生对非课堂教学中生师互动的理解来看，学生的认同度则更低。题项S15-J"我与教师的非课堂互动能够对我的职业目标和愿望产生积极的影响"，选择"中立"的学生比例为32.02%；题项S15-K"我与教师的非课堂互动能够对我的智力和思想发展产生积极的影响"，选择"中立"的学生比例为32.48%；题项S15-L"我与教师的非课堂互动能够对我个人的成长、价值观和人生观等产生积极的影响",选择"中立"的学生比例为 30.85%,而在这三个题项中,选择"非常不同意"和"不同意"的学生均在 4.00% 以上。这就表明多数学生可能对建构主义学习理论了解甚少。

第三节 师生的角色意识和角色扮演不准确

教师与学生的观念、所处环境、经验、理解等因素会影响他们的角色意识,而不同的角色意识又会在具体的角色扮演中不断改变和延续。学习范式赋予教师与学生新角色,因此,教师与学生必须树立学习范式的角色意识,并以正确的角色意识来指导角色扮演。然而,从问卷调查结果来看,目前大学教学中的教师与学生均未能树立学习范式的角色意识,导致教师与学生都没能准确扮演学习范式下的新角色。

一 教师与学生未能树立学习范式的角色意识

角色意识的形成主要包括两方面:一方面,教师与学生会根据社会、学校等对自己的期望来进行角色领悟,并在此基础上形成一定的角色意识;另一方面,教师与学生会根据对方对自己的期望来进行角色领悟,并在此基础上形成一定的角色意识。然而,从调查结果来看,师生的角色期望出现偏差,且角色领悟不准确,这就导致教师与学生不可能树立学习范式的角色意识。

(一) 教师与学生的角色期望出现偏差

第一,学生未对教师形成正确的角色期望。学习范式下的教师应扮演学生学习活动的"管理者"、"组织者"、"设计者"以及学生学习结果的"反馈者"等辅助学生学习的角色,而问卷调查结果显示,学生对此的认同度较低。值得一提的是,仍有一些大学生坚持认为教师应该作为"学生学习内容的权威专家"。然而,如果要让学生的认识发生转变,必须使学生意识到以下两个方面的内容。一方面,随着信息社会的到来,教师已经不能只负责知识传播,这就决定了教师不可能再是"学生学习内容的权威专家",而应在学生的学习过程中扮演"伙伴""支持者""指导者"等角色,以帮助学生学习;另一方面,学生调查结果也反映出学生对学习范式下教师角色的认识和理解不足。学生对大学教师角色的无知也可能导致学生和教师的期望不符合，使师生双方都感到沮丧。[1]

第二，教师未对学生形成正确的角色期望。从调查问卷可知，教师对题项"学生应该是高深学问的探究者"认同度最低，这表明部分教师还未充分认识和理解学习范式下的学生角色。在学习范式下，学生必须准备好为自己的学习承担更大的责任，也就是说，学生应成为自己学习责任的承担者，并在教师的指导和帮助下，逐渐认识到以学生为中心的教学方法的好处，只有这样，学生才有可能主动根据自己的学习兴趣选择合适的学习方式，最终形成自己的认知模式和学习风格。在学生学习的过程中，学生不是只获得知识，而是在获得知识的同时，培养更深入的理解和批判性思维等能力，这就决定了学生的知识获得不应仅停留在接受知识的导引阶段，而是应该进入高级阶段，甚至专家阶段，也意味着学生必须成为"高深学问的探究者"。已有研究表明，人们之间的期望会有意或无意地影响人们对互动的认知、动机和后续行为。[2] 因此，教师对学生的角色期望会通过教师的行为模式传递给学生。教师将学生视为"学习责任的承担者"、"知识体系的建构者"和"学习的参与者"时，就会将这些"标签"贴在学生的身上。而教师要想实现期望，必然会花费较长时间与学生互动，帮助学生成为他们期望中的角色。只有当教师和学生的互动模式朝着一个方向时，教师的期望才能清楚地传递给学生，学生的行为才会和教师的期望一致。当然，教师对学生的期望不可能是始终如一的。即使是教师对学生的期望保持不变，教师也不一定会通过同样的行为传递给学生，在这种情况下，教师正确的期望也不一定能自我实现。另外，当学生不认同教师的期望时，可能会采取一些方式来改变教师期望，甚至会和教师的期望发生对抗，阻止教师期望的自我实现。[3] 因此，教师对学生的角色期望并非一成不变，为了形成正确的角色期望，教师也需要不断地进行角色学习。

---

[1] S. R. Cotten, B. Wilson, "Student-Faculty Interactions: Dynamics and Determinants," *Higher Education*, 2006 (4): 487–519.

[2] M. Snyder, A. A. Stukas Jr, "Interpersonal Processes: The Interplay of Cognitive, Motivational, and Behavioral Activities in Social Interaction," *Annual Review of Psychology*, 1999 (1): 273–303.

[3] 张人杰主编《国外教育社会学基本文选》（修订版），华东师范大学出版社，2009，第446~459页。

(二) 教师与学生的角色领悟不准确

不同的个体会对各自的角色义务、权利和行为规范等形成不同的理解，并据此产生不同的领悟角色，因此，领悟角色亦是一种角色的认知形态。[①] 大学教学情境中的"重要他人"以及引导生师互动的期望结构，如学习范式的角色规范、角色要求、角色价值等都是教师与学生获得自我形象的依据。为了更好地理解大学情境中的师生行为，教师和学生都要努力地从学习范式的角色要求以及对方的期望中理解对方的行动可能性，而这就是师生进行角色领悟的过程。学习范式所呈现的教师角色是"学生学习活动的设计者""学生学习探索的指导者""学生学习的促进者""学生学习的支持者""学生学习结果的反馈者"等，与此同时，学习范式所呈现的学生角色则是"学习的参与者""知识体系的建构者""高深学问的探究者""学习责任的承担者"等。然而，由调查结果可知，多数教师与学生可能未在学习范式的立场和观点上，结合对方的角色期望形成正确的领悟角色（见图 5-1）。

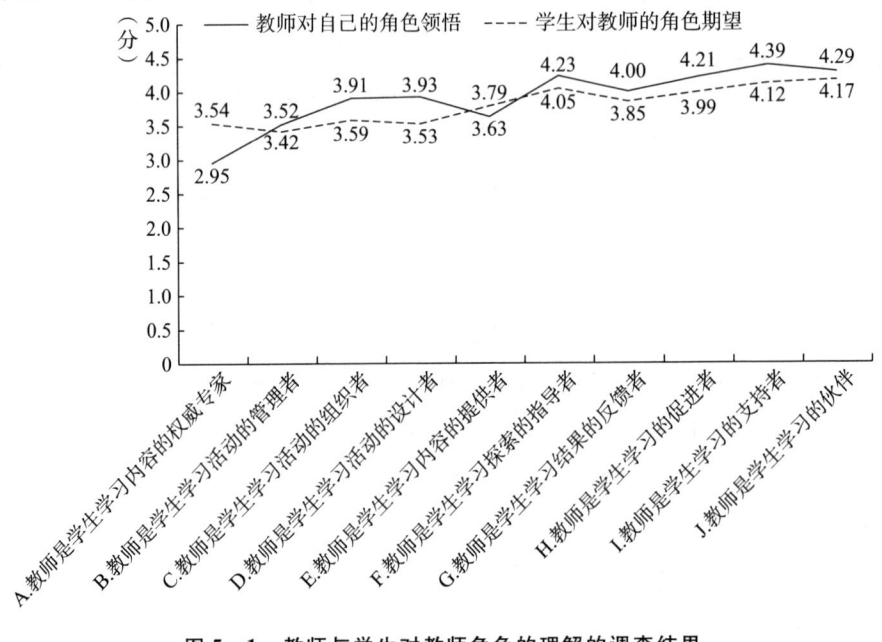

图 5-1 教师与学生对教师角色的理解的调查结果
（教师问卷、学生问卷平均分）

---

① 丁水木、张绪山：《社会角色论》，上海社会科学院出版社，1992，第 130 页。

从图 5-1 来看，除了"教师是学生学习内容的权威专家"是传授范式的教师角色外，其余几项均为学习范式下的教师角色。由调查结果可知，学生对教师的角色期望与教师对自己的角色领悟在多个选项上呈现明显差异。选项"教师是学生学习内容的权威专家"，教师与学生对此的理解差异最大，两者平均分相差0.59分，学生对教师的角色期望的平均分值明显高于教师对自己的角色领悟的平均分值，这说明许多教师可能已经意识到，随着信息社会的到来，以及学生获取信息能力的不断提升，自己作为"权威专家"的角色已不太合适，相比较而言，较多学生仍然认为教师应该是"学生学习内容的权威专家"。另有三个选项，即"教师是学生学习活动的组织者""教师是学生学习活动的设计者""教师是学生学习的支持者"，从这三项的平均分差值来看，教师对自己的角色领悟的均值略高于学生对教师的角色期望的均值。也就是说，教师认为自己应该是"学生学习活动的组织者""学生学习活动的设计者""学生学习的支持者"，而学生可能并不认为教师的这三种角色是他们非常期望的。另外，选项"教师是学生学习内容的提供者"，学生的期望值高于教师的领悟值，这也说明了在我国目前的大学教学中，学生可能仍对教师存在较强的学习依赖性。

虽然教师对"学生学习内容的权威专家"角色的认同度最低，但是据调查结果可知，题项T19-A"我应该是学生学习内容的权威专家"，仍有7.92%的教师"非常同意"自己在学生学习中应扮演"学生学习内容的权威专家"这一角色。这就表明：一方面，多数大学教师已经转变了角色观念，特别是随着信息时代的到来，教师明显意识到自己不能仅是信息提供者，也不可能因为自己是专业领域的专家，就能做好教学；另一方面，教师对学习范式下的教师角色有所认同，但角色领悟的清晰程度可能还不够。通常情况下，教师的领悟角色受教师自身的认知经验、价值观念、周围环境、个性人格等的影响。由问卷调查结果可知，关于学习范式的教师角色，目前有很多教师可能缺乏清晰认知，因此，他们对自己在学习范式下所应该扮演的角色也可能缺乏透彻领悟。而教师角色的领悟直接影响其采用的教学方法。传授范式下的教师教学以内容为导向，学习的过程是教师向学生传递知识的过程。当教师认为自己应该是"学生学习的支持者""学生学习的伙伴"时，其教学目标的制定也将是促进学生学习的。实际上，当学生努力投入学习时，教师的实质工作量反而会减少。因此，为了增强学生的学习效果，教师会尝试以学生为中心的教学方法，并且，教师也会为服务学生学习而建构或调整目前的学习环境，促使学生在学习上更具生产力。

调查结果显示，教师对学生的角色期望与学生对自己的角色领悟在"学生是学习的参与者""学生是自己知识体系的建构者""学生是高深学问的探究者"多个选项上呈现较小差异，仅在选项"学生是学习责任的承担者"上，学生对自己的角色领悟与教师对学生角色期望呈现较大差异，且教师对学生的角色期望均值明显高于学生对自己的角色领悟均值。这就表明教师期望学生在学习中承担更大的责任，而在学生的角色领悟中，他们可能并不认为自己应该承担教师所期望的责任（见图 5-2）。

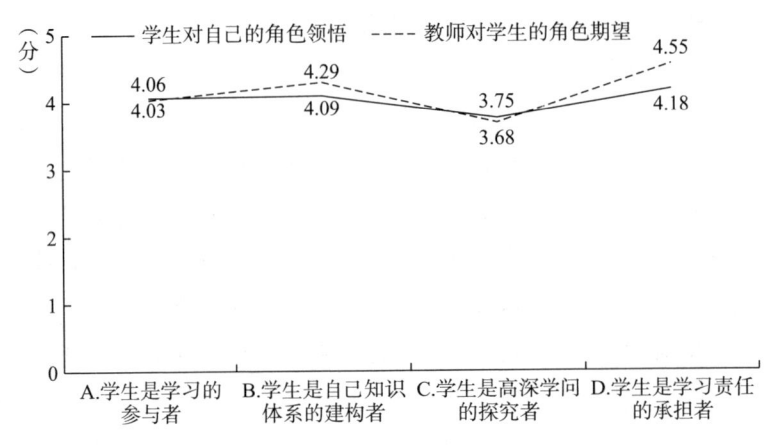

图 5-2 教师与学生对学生角色的理解的调查结果
（教师问卷、学生问卷平均分）

由问卷调查结果可知，学生对"学习的参与者"、"自己知识体系的建构者"以及"学习责任的承担者"三种角色的认同度较高。与此相反，学生最不认同"高深学问的探究者"角色。通常而言，学生对上述三种角色的认同度较高，他们也就更有可能扮演与认同角色相一致的角色。由此推之，学生更有可能扮演"学习的参与者""自己知识体系的建构者""学习责任的承担者"角色，而不会扮演"高深学问的探究者"角色。当然，学生的"强大信念"往往受到他们"幼稚的"和"不完整的"日常经验的影响。[①] 同时，学生对角色的领悟也会受到教师的影响。从教师问卷调查中可

---

① 〔美〕戴维·H. 乔纳森、苏珊·M. 兰德主编《学习环境的理论基础》（第二版），徐世猛、李洁、周小勇译，华东师范大学出版社，2015，第 11 页。

以看出，教师对学生作为"高深学问的探究者"的认同度也是最低的。实际上，学习范式下的学生不只应该成为自己学习的参与者、知识体系的建构者、学习责任的承担者，更应该成为高深学问的探究者。因为在学习范式下，以学生为中心的教学设计通常是真实的、开放的、复杂的、情境性的，学生的学习不会停留在记忆事实阶段，而更需要在已有经验的基础上进行知识建构，这一过程本身就要求学生进入深层次学习阶段，不断探究未知领域。

（三）不准确的角色期望与角色领悟影响师生树立正确的角色意识

角色意识不但与角色期望相关，而且与起中介作用的角色领悟密切相关。师生树立角色意识的依据不但包括社会或他人的角色期望，而且包括师生对各自应当扮演角色的领悟。当师生认识和理解期望角色后，他们会对各自的角色进行领悟，这一过程也会促使教师与学生树立基于自己认识和理解的角色意识。在学习范式下，教师与学生需要立足于他们自身学习范式下的特定位置，在此基础上形成一种角色意识。只有当教师与学生从学习范式的视角全方位、整体性地理解角色，并结合彼此的角色期待，最终达成共同态度时，教师与学生才能树立学习范式的角色意识。同时，正确且清晰的角色意识是师生恰当地扮演学习范式中各类角色的前提。但是，由调查结果可知，教师与学生的角色期望出现偏差，其角色领悟也不准确，这就导致师生未能树立正确的角色意识。

二 教师和学生未能恰当扮演学习范式下的师生角色

角色期望、角色领悟会通过角色意识，最终作用于角色扮演。这就意味着教师与学生总是在对各自的角色进行深入领悟的情况下进行角色扮演。因此，师生的角色扮演直接反映了师生对各自角色的理解和认同。在角色扮演的过程中，师生为了做出与对方反映或社会要求一致的行为模式，需要借助自己的主观能力，同时，师生会在扮演过程中进一步调适和确认自己的角色行为，以强化自己对角色的领悟。由调查结果可知，师生可能未正确领悟学习范式下的师生角色，如此也就未能树立学习范式下的角色意识，因此，师生难以恰当地扮演各自的角色（见图5-3、图5-4）。

从图5-3可以看出，教师的领悟角色与实践角色差值甚小，这一方面说明教师的实践角色深受领悟角色的影响，另一方面也表明教师的领悟角

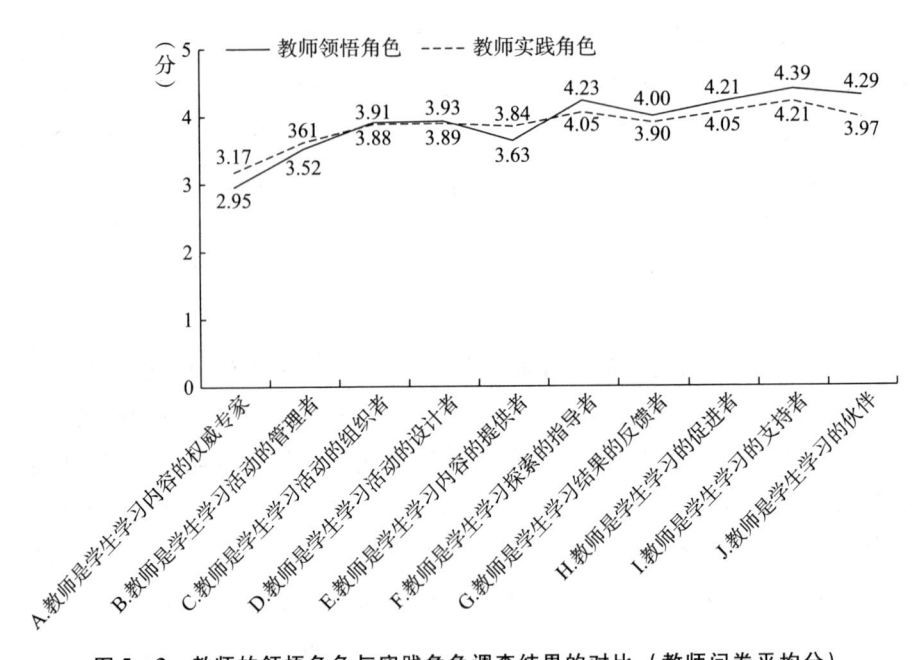

图 5-3 教师的领悟角色与实践角色调查结果的对比（教师问卷平均分）

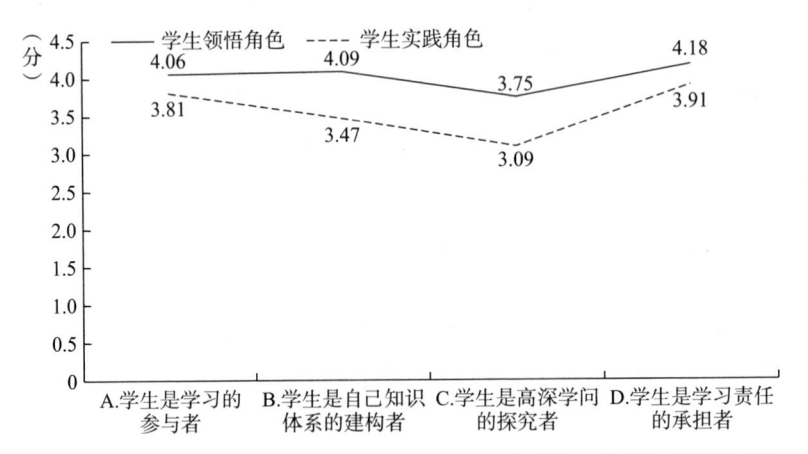

图 5-4 学生的领悟角色与实践角色调查结果的对比（学生问卷平均分）

色与实践角色可能会对学生的行为模式产生影响。如果教师认为自己是学生学习的促进者、支持者、伙伴等角色，并积极采取与之相应的行动，他们很可能会将更多的主动权让位于学生，也会选择与其角色领悟相匹配的行为，采取更多的以学生为中心的教学方法。

从图 5-4 可以看出，学生的领悟角色与实践角色存在明显差距，特别是在中间两项，即"学生是自己知识体系的建构者"和"学生是高深学问的探究者"上，两者差距较大，平均分差分别为 0.62 分和 0.66 分。也就是说，虽然学生对这两种角色的认同度很高，愿意去建构自己的知识体系，探究高深学问，但在实际的角色扮演中，学生有可能并未遵从自己的学习意愿真正扮演这两种实践角色。追根溯源，可能是因为目前的大学教学模式受传授范式影响较深，教师依然居于主导地位。虽然我国多数高校提出"以学生为中心""以生为本"等口号，但在部分教学处于传授范式下的情况中，一些教师可能仍会在大学教学中占据主导地位，而学生只能扮演被动的角色，不可能按照其意愿改变行为模式。对于该问题的其他两个选项，即"学生是学习的参与者"和"学生是学习责任的承担者"，调查结果显示，学生的期望角色与实践角色相差较小，平均分差分别为 0.25 分和 0.27 分。究其原因，可能是学生在"学习的参与者"或"学习责任的承担者"两种领悟角色上更具主动权，能够通过主观努力进行与领悟角色相符的角色实践。

第四节 师生围绕学生学习发展的互动不足

建构主义认为每一个主体都在用自己的方式对世界进行意义建构，这种建构必将产生一种差异，而正因为主体建构存在差异，所以生师互动或生生互动变得尤为重要。生师互动或生生互动能够促使主体通过与他人的合作与交流来理解世界，并对世界进行多种意义的构建。[①] 这里的"意义建构"更多地指向促进学生的学习与发展。然而，从调查结果来看，大学教学中围绕学生学习发展的生师互动频次明显不足。

一 师生围绕学习目标的互动不足

清晰明了的学习目标不但可以帮助教师了解学生的学习活动，而且能够促使教师在学生实现特定学习目标的过程中为学生提供支持和帮助。学习范式下的学习目标不应该仅仅是记住事实，更应该是强调学生对知识的理解、迁移等。从调查结果来看，在大学教学中，教师与学生围绕学习目标进行的互动频率甚低。

---

① 张华：《课程与教学论》，上海教育出版社，2000，第 476 页。

(一) 部分教师可能很少帮助学生明确他们的学习兴趣和学习目标

在开始教学前,教师必须让学生明确自己的学习兴趣和学习目标,这样才能促使学生主动学习,并承担学习责任。题项"教师帮助学生明确他们的学习兴趣和学习目标"(题项 T23-A 和题项 S23-A),教师与学生选择"总是"的比例分别仅为 21.29% 和 14.81%,这就表明部分教师可能较少帮助学生明确自己的学习兴趣和学习目标。学生的学习效果很大程度上取决于学生的学习兴趣和学习目标。对于学生而言,只有明确学习目标和学习兴趣,他们才能找到努力的方向,才能够做出负责任的学习选择,否则,他们很可能会盲目地浪费时间,也就不可能很好地投入有目的的有效学习中。

(二) 部分教师可能很少向学生强调保持学业成就高标准的重要性

由调查问卷可知,部分教师向学生强调保持学业成就高标准的重要性,而学生在此项上的体验频率不高。题项 S23-B "教师向我强调保持学业成就高标准的重要性"和题项 T23-B "我向学生强调保持学业成就高标准的重要性",学生与教师选择"总是"的比例分别仅为 19.61% 和 23.27%。如果教师很少向学生强调保持学业成就高标准的重要性,那么,学生就有可能降低对学习的功效期待。

(三) 部分教师可能很少帮助学生根据个人情况不断调整学习目标

学生需要根据不同阶段的学习情况进而调整学习目标,然而,在题项 T23-C 和题项 S23-C 中,选择"总是"的教师与学生比例分别仅为 17.33% 和 15.04%,这表明部分教师很少根据学生的学习情况帮助学生调整学习目标。在学生学习的过程中,学习动机最能激发学生长期投入学习,反而言之,学生越努力地投入学习就越有可能产生动机效果。美国著名心理学家阿尔伯特·班杜拉(Albert Bandura)认为,动机效果来自人们对自己行为做出评价性反应的行动,而目标为肯定性自我评价规定了条件性要求。[1] 从学习动机的角度来看,学生的学习目标与自我满足密切相关。当学生达到之前确定的学习目标后,这个学习目标就有可能不再对学生产生动机效果。由此推之,一个固定的学习目标不可能带给学生持久性的满足。

---

[1] 〔美〕阿尔伯特·班杜拉:《社会学习理论》,陈欣银、李伯黍译,中国人民大学出版社,2015,第140页。

这就意味着，当学生达到某项学习目标之后，如果教师不及时帮助其调整学习目标，学生的肯定性自我评价就有可能无法与学习目标建立关联，学生也就有可能不再坚持努力学习。

（四）部分教师可能很少在制定教学目标时考虑学生的学习目标

教师教学目标的实现要以学生学习目标的实现为前提。在题项T23-D和题项S23-D中，教师与学生选择"总是"的比例分别为19.31%和15.04%。这就意味着部分教师可能并没有从学生目标的角度考虑自己的教学，因此，他们难以激发学生积极且有效的学习，更不可能使学生达到学习目标。如果教师在制定教学目标时并未深入分析学生的学习目标，也就不可能帮助学生达到学习目标，这样的教学目标本身也是毫无意义的。

（五）部分教师可能很少为学生设定具有挑战性的学习目标

调查结果显示，虽然一部分被调查教师认为自己总是或经常为学生设定具有挑战性的目标，但是其频率较低，从题项T23-E和题项S23-E可知，教师与学生选择"总是"的比例分别为19.31%和15.43%。具有挑战性的学习目标有助于激发学生的学习动机，使学生维持努力状态。如果教师长期为学生设定过低或过高的学习目标，就会导致学生降低学习动机。值得注意的是，具有挑战性的学习目标必须建立在学生能够控制或达到的范围内，太高的学习目标有可能使学生在屡次挫败中丧失学习信心和学习兴趣，如此也会降低学生对努力学习的功效期待，进而导致学生放弃努力学习。

（六）部分教师可能很少在每门课程开始时以口头和书面形式向学生表达高期望

学生表现极大地受到教师期望的影响[①]，因此，教师在课程开始时向学生表达高期望，能够使学生增强学习动机，从而提高学业成就。然而，由调查结果可知，虽然部分教师认为他们在每门课程开始时以口头和书面形式向学生表达了高期望，但是，学生感受到教师给予高期望的频率甚少，在题项T23-F和题项S23-F中，教师与学生选择"总是"的比例分别为23.27%和14.26%。这种现象产生的一个重要原因可能是教师的"高期望"

---

① 〔美〕芭芭拉·格罗斯·戴维斯：《一个好老师必备的教学工具》（第二版），韩金龙、田婧译，华南理工大学出版社，2014，第251页。

标准并未满足学生的心理需求,学生并未感受到这种高期望,也有可能是教师的"高期望"标准太高,并不符合实际。

(七) 部分教师可能很少为那些希望独立完成课程学习的学生制定明确的、个性化的学习目标

不同的学生会选择不同的学习方式和学习时间进行学习,而个性化的学习目标不但能使每一位学生在学习活动中获得个性化的学习体验,而且能使每一位学生取得最优的学习效果。从题项T23-G和S23-G的调查结果来看,关于个性化学习目标的互动,教师和学生选择"总是"的比例分别仅为16.83%和15.27%,这就意味着部分教师可能没有根据明确的个性化目标因材施教,也就难以从学生的各自差异出发,最大限度地实现学生的个性化发展。

二 师生围绕学习内容的互动不足

从调查结果来看,教师与学生关于学习内容的互动频率非常低,教师对学生学习的支持明显不足。

(一) 部分教师可能很少帮助学生选择课程并规划学习

教师帮助学生选择课程并规划学习是一项重要内容,然而,在题项T24-A和题项S24-A中,选择"总是"的教师和学生比例分别为12.38%和10.70%,而选择"从不"的学生比例却高达11.86%,选择"从不"的教师比例也达到了5.94%,这就表明部分教师可能并没有帮助学生选择课程并规划学习。

(二) 部分教师可能很少教给学生组织学习资料和内容的各种策略

在信息化不断发展的今天,人类知识的急剧增加迫使教育无法将所有知识传授给学生,教学的目的则应该变为"帮助学生发展习得知识所必需的认知工具和学习策略"。在题项"教师教给学生组织学习资料和内容的各种策略"(题项T24-B和题项S24-B)中,选择"总是"的教师和学生比例分别为14.85%、11.94%,表明教师为学生提供学习策略的支持明显不足,这显然与学习范式的要求不符。学习范式下的学习更多地强调学生学习能力的培养,而教师教给学生组织学习资料和内容的各种策略,则更有利于发展学生的各种学习能力。反之,如果教师未能帮助学生发展习得知识所必需的认知工具和学习策略,学生则有可能无法进行有效学习和思考,更不利于提升学习能力。

(三) 部分教师可能很少要求学生把课外活动与课程内容联系起来

题项"教师要求学生把课外活动与课程内容联系起来"（题项 T24 – D 和题项 S24 – C）中，选择"总是"的教师和学生比例分别为 19.31%、14.42%，表明多数教师或许没有要求学生把课外活动与课程内容联系起来。对学生而言，课外活动也是一种学习情境，学生将课程内容应用于课外活动，即对课程内容的强化，有助于学生加强对课程内容的理解和探究。对教师而言，教学的最终目标是促使学生将课程学习内容迁移到课堂之外的现实情景中，解决现实情景中的问题。如果教师没有或较少将课外活动与课程内容联系起来，学生探究能力和理解能力的发展就有可能会受到影响。

(四) 部分教师可能很少帮助学生建立已有知识与新知识之间的联系

建构主义教学观要求学生在面对新的学习情境时，能够将已经学到的知识应用于新的情境中，解决在新的学习情境中面临的问题。此时，学生需要掌握一种最关键的迁移能力，教师则需要帮助学生建立已有知识与新知识之间的联系，以提升学生的迁移能力。然而，在题项"教师帮助学生建立已有知识与新知识之间的联系"（题项 T24 – C 和题项 S24 – D）中，选择"总是"的教师和学生比例分别为 20.79% 和 15.89%，表明部分教师可能很少帮助学生建立新旧知识之间的联系，这将非常不利于学生进行建构主义学习。

(五) 部分教师可能很少为学生提供个性化的教学内容

不同的学生在学习能力、学习风格等方面存在明显差异，个性化的教学内容更有利于学生根据各自需求来发展能力。然而，在有关个性化教学内容的调查中，部分教师可能很少为学生提供个性化的教学内容。题项"教师为缺乏必要背景知识或技能的学生提供额外的资料或练习"（题项 T24 – E 和题项 S24 – E）中，选择"总是"的教师和学生比例分别为 17.33%、13.33%；题项"教师让学生根据自己的知识背景、兴趣等选择学习内容和学习方式"（题项 T24 – F 和题项 S24 – F）中，选择"总是"的教师和学生比例分别为 18.32% 和 15.12%，这就表明：一方面，部分教师可能很少为缺乏必要背景知识或技能的学生提供额外的资料或练习；另一方面，部分教师可能很少让学生根据自己的知识背景、兴趣等选择学习内容和学习方式。

（六）部分教师可能很少鼓励学生提出新的研究项目、实地考察或其他课程内容

题项"教师鼓励学生提出新的研究项目、实地考察或其他课程内容"（题项 T24-G 和题项 S24-G）中，选择"总是"的教师和学生比例分别为 26.73% 和 16.12%，表明部分教师可能很少鼓励学生挑战新的学习内容。在教学实践中，教师鼓励学生提出新的研究项目、实地考察或其他课程内容，有利于学生运用已有知识或经验构建新的理解，也有利于学生提升迁移能力。学生在教师的指引下更容易将以前所学知识与新内容联系起来，并形成一种连贯性理解。如果教师很少鼓励学生提出新的研究项目、实地考察或其他课程内容，学生的学习很有可能始终停留在记忆阶段，而无法上升至更高层次。

三 师生围绕学习活动的互动不足

由调查结果可知，师生关于学习活动的互动明显不足。

（一）部分教师指导学生参与项目研究的频率不足

本科生参与教师的项目研究能够使教师与学生均从中获益：一方面，本科生在参与教师研究项目的过程中，能够加深对学科知识的理解，并提高批判思维、沟通分析等能力；另一方面，教师与本科生一起完成研究项目，可以促使教师反思或提出新的研究方向，同时提高课堂教学效果。[1] 然而，从调查结果来看，我国大学本科生参与教师研究项目的频率明显较低，在学生问卷中，仅 9.30% 的学生选择了"总是"，而选择"从不"的学生比例高达 17.75%，而从教师问卷来看，教师选择"总是"的比例为 12.87%，选择"从不"的比例为 8.91%。也就是说，部分教师可能很少给予学生参与项目研究的机会，这就造成学生在项目研究方面的体验频率也非常低。

（二）部分教师指导学生对某个特定的观点进行辩论的频率不足

教师问卷题项 T25-E"我指导学生对某个特定的观点进行辩论"和学生问卷题项 S25-F"教师要求我对某个特定的观点进行辩论"中，选择

---

[1] 〔美〕芭芭拉·格罗斯·戴维斯：《一个好老师必备的教学工具》（第二版），韩金龙、田婧译，华南理工大学出版社，2014，第 220 页。

"总是"的教师和学生比例分别为19.80%和13.18%，这种辩论频率的不足可能会导致学生对特定的观点缺乏清晰、明确的认识，而仅将这些观点进行强化记忆，不利于培养学生的思辨能力。

（三）部分教师为学生提供多样化的学习活动，促使其进行深度学习的频率不足

题项"教师为学生提供多样化的学习活动，促使学生进行深度学习"（题项T25-I和题项S25-H）中，选择"总是"的教师和学生比例分别为24.75%和14.65%，意味着有些教师或许没有为不同的学生提供不同的思维训练活动，这种学习活动安排肯定影响学生的深度学习。

（四）部分教师安排挑战性学习活动的频率不足

学生要将简单思维发展为复杂思维，就必须通过一些能够被测试、证实和提炼的表现性挑战来完成。[1] 然而，从题项T25-J"我安排一些让每个学生都会觉得有些挑战的学习活动"和题项S25-G"我参加教师安排的具有挑战性的学习活动"来看，教师选择"总是"的比例为21.29%，而学生选择"总是"的比例仅为13.64%。这就表明，有些教师可能为学生提供挑战性学习活动的机会不多。维果茨基提出最近发展区理论，认为学生的实际发展水平与潜在发展水平之间存在一定的差距，需要教师针对学生的实际发展水平挖掘学生的潜在发展水平。也就是说，要想学生获得更好的发展，教师必须为学生提供一些挑战。反之，如果教师没有或较少为学生安排具有挑战性的学习活动，学生则有可能表现出冷漠、焦虑等情绪，学习也会缺少投入度。

（五）部分教师让学生总结不同理论家、研究成果或艺术作品之间异同的频率不足

在学习范式下，教师最重要的一项职责是为学生创设关联性的问题，以训练学生的大脑，发展学生的思维。教师让学生总结不同理论家、研究成果或艺术作品之间的异同正是一种有效的教学实践。然而，题项T25-K"我让学生总结不同理论家、研究成果或艺术作品之间的异同"中，教师选择"总是"的比例为14.36%；题项S25-K"教师让我总结不同理论家、

---

[1] 〔美〕格兰特·威金斯、杰伊·麦克泰格：《追求理解的教学设计》（第二版），闫寒冰、宋雪莲、赖平译，华东师范大学出版社，2017，第85页。

研究成果或艺术作品之间的异同"中，仅 12.79% 的学生选择"总是"，同时有 10.08% 的学生选择了"从不"，这就表明教师与学生在此项上的体验频率都较低。实际上，如果教师较少或没有让学生总结不同理论家、研究成果或艺术作品之间的异同，就可能难以为学生发展清晰的审辩式思维提供足够支持。

（六）部分教师要求学生指出课程材料中提出的基本思想、原则或观点的谬误的频率不足

教师要求学生指出某些思想或观点的谬误，有助于帮助学生实现智力发展由低阶向高阶的转变。然而，从教师问卷题项 T25 - L 和学生问卷题项 S25 - L 来看，教师和学生选择"总是"的比例分别为 19.31% 和 13.18%，这就表明部分教师可能仍在通过"刺激强化"促进学生"反复记忆"，而这种学习是传授范式中教学文化的基本精神，不利于促进学生智力发展。

（七）当学生表现出很难完成作业的时候，部分教师考虑给他们换一个作业的频率不足

建构主义学习重视根据学生的个体差异情况，安排学习任务。在教师问卷题项 T25 - O 中，仅 17.33% 的教师选择了"总是"；在学生问卷题项 S25 - N 中，选择"总是"的学生也仅为 11.09%，另有 14.34% 的学生选择了"从不"，表明部分教师在为所有学生安排作业时，可能并未考虑学生的个体差异因素。

（八）部分教师安排一些帮助学生理解如何反思自己思维方式和学习过程的活动的频率不足

题项"教师会安排一些帮助学生理解如何反思他们的思维方式和学习过程的活动"（题项 T25 - P 和题项 S25 - O）中，选择"总是"的教师与学生比例分别为 19.31%、13.33%，表明部分教师可能很少帮助学生反思他们的思维方式，也可能很少为学生反思学习过程创造机会。事实上，在教学过程中，教师不但要积极探究学生的思维活动，而且要创建课堂任务和条件揭示学生思维，以帮助学生在最初概念的基础上更正确地建构学科知识。① 由此推之，如果教师没有帮助学生创设发展思维的课堂任务和条件，

---

① 〔美〕约翰·D. 布兰思福特等编著《人是如何学习的：大脑、心理、经验及学校》（扩展版），程可拉等译，华东师范大学出版社，2013，第 17~18 页。

那么学生将很难从最初的概念中走出来，也就难以更正确地理解基于最初概念的学科知识。

（九）部分教师鼓励学生为口头报告或课堂演示而进行提前排练的频率不足

学生学习前的各项准备是其增强学习效果的关键，特别是在学习范式下，学生的学习责任不断强化，因此，学生必须为自己的学习投入更多的时间与精力。然而，从教师调查问卷题项T25-H和学生调查问卷题项S25-I来看，教师选择"总是"的比例为28.71%，学生选择"总是"的比例为15.50%，表明部分教师可能很少要求学生做好学习准备，以使学生明确自己的学习责任。

（十）部分教师指导学生将一个特定课程概念或课程知识应用于实际的问题或真实的情境的频率不足

课程概念或课程知识是智力发展的基础，是提升知识迁移能力的工具和材料；而只有当概念和知识应用于实际问题或真实情境中时，智力发展才有可能实现，并且，当学生学会应用这些概念或知识时，知识才会变得更有意义，更有价值，功能也会更强大。从教师问卷题项T25-Q和学生问卷题项S25-P来看，选择"总是"的教师与学生比例分别为24.26%、13.57%，表明教师很少将一个特定的课程概念或课程知识应用于实际的问题或真实的情境中，这可能导致学生对"课程概念"或"课程知识"的认识与真实的情境或实际问题脱节，影响学生提升知识迁移能力。

四 师生围绕学习反馈的互动不足

当学习反馈与学生行动建立关联时，学习反馈就具有了奖赏性作用。具体而言，当学生获得肯定性反馈时，他们就会提升自我满足感，通过持续努力强化之前的学习行为；当学生获得否定性反馈时，他们就会及时调整偏离正确方向的学习行为，朝正确的方向努力。从调查问卷来看，虽然大多数教师为学生学习提供了反馈，但是反馈的频率还较低。

（一）部分教师对学生表现提供及时的口头或书面反馈的频率不足

题项"教师对学生表现提供及时的口头/书面反馈"中，从教师问卷题项T26-A来看，27.23%的教师选择了"总是"，表明部分教师可能较少为学生表现提供及时反馈；从学生问卷题项S26-A来看，13.88%的学生选择了"总是",表明有些学生可能很少体验到教师给予的及时反馈。在学习范式下,教师经常给予学生及时的口头或书面反馈就是一种形成性评价,有助于学生修正或提炼思维。该调查结果表明,部分教师可能未向学生提供及时的口头或书面反馈,这显然不利于学生的思维发展。

(二) 部分教师在学期结束时与学生讨论期末考试结果的频率不足

虽然期末考试是一种终结性评价,关注的是分数这一结果,但是教师对学生的反馈仍非常重要。从题项"教师在学期结束时与学生讨论期末考试的结果"(题项 T26 - B 和题项 S26 - B)的问卷调查情况来看,12.38%的教师和11.01%的学生选择了"总是",表明教师可能将给予学生分数视为教师的权利,学生可以对自己的分数保留异议,但很少有机会能够与教师对此进行讨论,学生不敢或不愿就考试结果展开与教师的互动。

(三) 部分教师为学生提供明确具体的学习反馈的频率不足

题项 T26 - C "我为学生提供的学习反馈明确具体,能够让他们清楚自己努力的方向和策略,并提高知识水平和技能",选择"总是"的教师比例为15.35%,而在学生问卷题项 S26 - C 中,学生选择"总是"的比例为13.64%,由此可知,部分教师可能没有为学生提供明确具体的学习反馈,这将不利于学生清楚自己努力的方向和策略,也不利于学生提高知识水平和技能。

(四) 部分教师在每门课程开始时为学生进行预测试并告知其结果的频率不足

学生先前的知识水平会对他们获取新知识产生重大影响,这就要求教师在教学时必须将学生的已有知识作为自己教学和学生学习的起点,帮助学生实现从非正式思维至正式思维的转变,如此才能帮助学生更好地建构知识体系,促使学生进行有效学习。从这一层意义而言,在每门课程开始时,教师通过"预测试"了解学生现有的知识、理解及技能是非常有必要的,因为"预测试"也能帮助教师聚焦教学方向。然而,题项"教师在每门课程开始时给学生一个预测试并告知其结果,以帮助学生了解他们现有的知识、理解以及技能"(题项 T26 - D 和题项 S26 - D)中,选择"总是"的教师与学生比例相差很小且都很低,分别为13.37% 和13.57%,表明部分教师可能未帮助学生充分了解他们的已有知识、理解和技能,这就可能导致部分教师不会根据学生的学习发展情况及时调整教学方法,而如果部分学生无法清楚了解目前的学习状态与理想的学习状态之间的差距,也就不可能根据自己的学习发展情况提升学习效率和学习效果。

五 师生围绕生生互动的互动不足

学习范式下的教学活动就是教师将更多的时间交给学生,使学生从学习内容的接受者转变成学习意义的主动建构者。在学习意义的建构过程中,学生之间围绕学习活动进行的互动是教学活动的主要组成部分,而教师应该为生生互动提供指导、帮助和支持。从调查结果来看,生生互动各题项得分较低,表明教师对生生互动的支持不足。

(一) 部分教师让学生彼此评估作业、在课堂上挑战彼此的想法的频率不足

在教师让学生彼此评估作业和在课堂上挑战彼此的想法的两个题项中,学生问卷题项 S28 - B 和 S28 - C,学生选择"总是"的比例分别为 16.59% 和 19.38%,而教师问卷题项 T28 - B 和 T28 - C,教师选择"总是"的比例分别为 16.83% 和 19.80%,表明部分教师很少帮助学生培养评价能力。以学生为中心的教学要求学生不但要对自己的学习进行评价,而且要对同学的学习结果进行客观评价。在学生相互评价的过程中,学生可以对作业内容形成深刻的理解。如果没有学生之间的相互评估、质疑与解惑,学生的有效学习也就不能得到促进。

(二) 部分教师让学生一起做项目、准备课程或考试的频率不足

学生之间的合作学习有利于学生学会向他人清晰准确地传达自己的想法和观点,进而学会与他人进行有效的沟通与交流。此外,学生也能够在合作学习的氛围中增进彼此之间的联系,并提升学习效果。虽然教师可能不直接参与学生的合作学习,但是教师可以为学生的合作学习提供支持,比如:教师可以让学生了解合作学习的优点,鼓励学生进行各种合作学习的尝试,帮助学生解决合作学习中遇到的问题,辅导学生掌握合作学习的有效技巧等。在教师问卷题项 T28 - A "我鼓励学生一起做项目"和 T28 - D "我鼓励我的学生一起准备课程或考试"中,教师选择"总是"的比例分别为 29.70% 和 17.82%;在学生问卷题项 S28 - A "教师鼓励我和同学一起做项目"和 S28 - D "教师鼓励我与同学一起准备课程或考试"中,学生选择"总是"的比例较低,分别为 19.30% 和 19.53%,表明部分教师可能很少鼓励学生进行合作学习。

(三) 部分教师将学习成绩不同的学生划分为一组的频率不足

不同的学生有不同的经验背景、学习方式和吸收模式,他们之间的差异正是学生进行知识建构的财富。只有不同成绩的学生聚焦在一起合作学习,才能实现更理想的学习效果。然而,从题项"教师会将学习成绩不同的学生划分为一组"来看,选择"总是"的教师和学生比例分别仅为 17.82% 和 14.42%,表明多数教师可能没有意识到这一点,所以也没有为此付诸实践,由此也会产生一种马太效应,即成绩好的学生会形成一个"圈子",并且他们会相互影响,成绩可能越来越好,相反,成绩坏的学生也同样形成一个"圈子",他们彼此之间更多地受不良风气的影响,成绩也有可能越来越坏。

(四) 部分教师要求学生彼此关注各自不同观念或想法的频率不足

不同背景的学生会对课程教学中的关键概念有不同的观念、观点或理解。学生在接受和质疑他人观点的同时,也发展了自己的思维能力。在题项"教师要求学生们将自己的兴趣和背景告诉对方"中,选择"总是"的教师与学生比例分别为 21.78% 和 15.27%。另外,从教师问卷题项 T28-I 和学生问卷题项 S28-I 来看,22.77% 的教师和 16.82% 的学生认为教师"总是"指导具有不同背景和观点的学生讨论关键概念。从教师问卷题项 T28-K 和学生问卷题项 S28-K 来看,29.21% 的教师和 18.53% 的学生认为教师"总是"要求学生倾听并思考同学的观点,即便他们可能并不同意这些观点。这就表明教师在教学过程中很少考虑为学生提供多样化的视角、资源、陈述,也就很难促使学生通过合作进行深层次学习。

(五) 部分教师让学生学习如何采纳他人观点的频率不足

教师在为学生提供采纳他人观点的机会时,也能够使学生学会欣赏他人的观点。由教师问卷题项 T28-G 和学生问卷题项 S28-G 可知,24.75% 的教师和 18.14% 的学生认为教师"总是"给学生提供一些机会,让学生学习如何采纳他人观点,这就意味着教师可能很少为学生提供采纳他人观点的机会,如此,学生就不可能在批判和质疑他人观点的同时发展自己的思维能力。

(六) 部分教师帮助学生发现获得同学认可策略的频率不足

综合教师问卷题项 T28-J"我帮助学生发现获得同学认可的策略,以使学生有很强的自信心"和学生问卷题项 S28-J"教师帮助我发现获得同学认可的策略,使我有很强的自信心"来看,25.74%的教师和16.51%的学生选择了"总是",由此可知,教师可能较少帮助学生发现获得同学认可的策略,因而较少能以此使学生树立自信心。

(七)部分教师在课程中创建学习社区、学习小组或项目团队的频率不足

当具有不同背景和能力的小组成员一起学习时,成员之间更易于使用对方理解的语言进行交流,因此,这种教学方式下产生的学习效果优于传统教学方式下产生的学习效果。① 然而,在题项"教师在课程中创建学习社区、学习小组或项目团队"(题项 S28-H 与题项 T28-H)中,仅22.77%的教师和20.62%的学生选择了"总是",与此同时,选择"从不"的比例均达到5.00%以上,表明教师可能并没有在课程中创建学习社区、学习小组或项目团队,也就不可能使学生彼此之间形成协作或合作关系。在这种情况下,学生之间还有可能形成一种竞争关系。

第五节 教师对生师互动情感氛围营造不够

学习动机是学生成长与发展的重要源泉。教师主要通过两种途径来增强学生的学习动机:一是让学生加深对学习价值的认识;二是让学生持有积极乐观的期望。② 从这一层面来理解,情感应该是学习动机增强的驱动力,而教师增强学生学习动机的过程也是增强学生验证的过程。学生验证研究者认为,教师应该激励、肯定和支持学生,促进学生的学术和人际关系发展。而在这一过程中,教师需要做出"额外的努力",以鼓励学生分享自己的生活经历,例如,了解学生的名字,鼓励学生参与学校活动,或表明学生被接受为有能力的学习者等。实质上,教师对学生进行验证的过程也是教师为学生营造积极情感氛围的过程。然而,从调查结果来看,教师对学生的验证还不足。

---

① 〔美〕琳达·B. 尼尔森:《最佳教学模式的选择与过程控制》(第三版),魏清华、陈岩、张雅娜译,华南理工大学出版社,2014,第181页。
② 〔美〕伊丽莎白·F. 巴克利:《双螺旋教学策略:激发学习动机和主动性》,古煜奎、顾关、唱飞镜等译,华南理工大学出版社,2014,第12页。

一 教师对学生的学习验证不足

为学生提供学习验证是学生验证理论的重要观点之一。学习验证就是教师为学生学习营造鼓励、肯定和支持的情感氛围,促使学生乐意在学习中投入更多的精力与时间。已有研究表明,教师的积极鼓励和更多的互动式教学能够使学生感到更加舒适,使学生乐意接触教师。[①] 然而,本研究调查的结果却不容乐观。

(一) 教师鼓励学生展示其"宝贵的思想"的频率不足

教师鼓励学生展示其"宝贵的思想"是对学生学习成果的肯定,也是促使学生努力投入学习的方法。然而,在题项"教师让学生觉到把宝贵的思想带到了课堂"(题项 T27-E 和题项 S27-E)中,教师和学生选择"总是"的比例均不高,分别为 27.23% 和 22.56%,这就在一定程度上表明部分教师可能对学生的学习验证还不够。

(二) 教师的鼓励可能还不足以促使学生更加努力地学习

教师的鼓励是促进学生自主学习的重要因素。然而,从调查结果来看,教师的鼓励可能还不足以促使学生更加努力地学习。题项 S27-C "教师的鼓励促使我更加努力地学习"中,24.42% 的学生选择了"总是",2.56% 的学生选择了"从不",这就表明:一方面,部分教师对学生的鼓励可能还不够;另一方面,部分教师的鼓励可能是不当的,因此也就未能促使学生更加努力地投入学习。

(三) 教师对学习氛围的营造不足

教师营造良好的学习氛围有利于挖掘学生的最大潜能,促使学生在学习上投入更多的努力。但是,从调查结果来看,教师营造学习氛围的频率仍较低。题项"教师营造民主和自由的学习氛围"(题项 T27-B 和题项 S27-H)中,教师与学生选择"总是"的比例分别为 38.12% 和 21.78%。题项"教师帮助学生建立一种课堂的归属感"(题项 T27-C 和题项 S27-D)中,32.67% 的教师和 21.09% 的学生选择了"总是",也就是说,虽然一部分教师可能会帮助学生建立课堂归属感,但仍有少数学生可能还未体

[①] S. R. Cotten, B. Wilson, "Student-Faculty Interactions: Dynamics and Determinants," *Higher Education*, 2006 (4): 487-519.

验到教师帮助他们建立的这种课堂归属感。

(四) 部分教师可能很少向学生强调有规律的学习、持续的努力、合理的自我节奏和时间安排的重要性

有规律的学习、持续的努力、合理的自我节奏和时间安排，对于有效学习及学习效果的提升非常重要。从题项 T27 - L 和题项 S27 - L 的调查结果来看，教师和学生选择"总是"的比例分别为 47.52%、23.88%。由此可以看出，虽然部分教师认为他们已经较频繁地向学生强调有规律的学习、持续的努力、合理的自我节奏和时间安排的重要性，但是学生的体验频率却很低，这就表明教师的"强调"可能还不足以帮助学生树立良好的学习意识，提高对学业成功的期待。

(五) 教师帮助学生学会应对学习压力的频率不足

如今，学生面对日益复杂而多变的学习内容，其学习难度也在逐渐增加，与之相伴的是学生的学习压力也越来越大，而这种学习压力很有可能成为学生学习的阻力。此时，教师更应该教给学生应对学习压力的策略，这样才有可能减少甚至消除压力给学生学习带来的困扰。然而，从题项 S27 - F 的调查结果可知，仅 20.00% 的学生选择了"总是"。换言之，教师"总是"帮助学生学会应对学习压力的频率很低。这就意味着当学生面对巨大的学业挑战时，许多教师可能不会给予学生足够的学习支持，导致学生不能成功地应对学习压力，产生积极的学习结果，并且，有些学生可能还会因此产生厌学情绪。

二 教师对学生的人际关系验证不足

为了更好地促进学生的学习与发展，教师应与学生形成学习共同体。在学习共同体中，教师与学生能够建立持续的联系。从问卷调查情况来看，虽然教师认为自己给予学生的关心和支持频率较高，但是，学生体验到的教师关心和支持的频率却较低。

(一) 部分教师可能向学生表达关心的频率不足

诚然，教师应该关心学生，但是调查结果却不容乐观。在题项 T27 - A 和题项 S27 - B 中，35.15% 的教师选择"总是"向学生表达关心，而只有 20.00% 的学生选择"总是"能够感受到教师的关心，与此同时，选择"从不"的学生达 3.64%。这就表明部分教师可能没有向学生表达关心，或是部分学生并未感受到教师的关心。教师对学生表达关心对于学习氛围的营造非常重要,特别是当学生遇到学习困难时,如果他们没有感受到教师的关心,就有可能降低学习积极性,也有可能不再全身心地投入学习中。

(二) 部分教师可能尚未熟悉学生的姓名

教师的验证也表现在一些"额外的努力"中,例如,记住学生的名字,鼓励学生参与校园生活,或表明学生被接受为有能力的学习者。[①] 然而,题项"教师熟悉学生的姓名,并能够按姓名指出学生"(题项 T27 - G 和题项 S27 - G)中,选择"总是"的教师与学生比例分别为 26.24%、16.82%,表明部分教师可能忽略了这种最普通的人际关系验证。事实上,针对大学新生,熟悉其姓名并按姓名指出学生是教师为学生提供早期验证的最重要组成部分。教师为新生提供的早期验证可以让学生及时与教师建立联系,尽早熟悉大学的学术环境和行为规范,并顺利实现大学第一年的过渡。

(三) 部分学生可能较少体验到教师使用鼓励、包容、肯定、支持的语言与其交流

教师在与学生进行沟通时始终使用鼓励、包容、肯定、支持的语言,将会使学生提升学习兴趣和信心。题项"教师使用鼓励、包容、肯定、支持的语言与学生进行交流"(题项 T27 - H 和题项 S27 - I)中,选择"总是"的教师与学生比例分别为 43.56%、23.64%,这就表明,虽然多数教师能够使用鼓励、包容、肯定、支持的语言与学生进行交流,但是学生体验的频率却较低。

(四) 部分学生可能较少体验到教师能够与其建立相互尊重、平等、信任、支持的人际关系

题项"教师能够与学生建立相互尊重、平等、信任、支持的人际关系"(题项 T27 - I 和题项 S27 - J)中,选择"总是"的教师与学生比例分别为 46.53%、25.81%,表明多数教师可能"总是"与学生建立相互尊重、平等、信任、支持的人际关系,但是学生的体验可能较少。另外,在题项 T21 - C "我乐意与落后的学生会面,讨论他们的学习习惯、日程安排和其他任务"中,选择"总是"的教师比例并不高,为 29.21%,表明部分教师

[①] E. A. Barnett, "Validation Experiences and Persistence among Urban Community College Students," *Review of Higher Education*, 2011 (2): 193 - 230.

可能为弱势学生提供的验证较少。在大学教学过程中,教师应该主动了解所有学生的学习背景和学习能力等信息,特别是要关注和理解弱势大学生群体,如贫困大学生等,这样才能与学生建立相互尊重、平等、信任和支持的人际关系。如果部分学生,特别是弱势大学生群体没有体验到教师的验证,他们就很有可能认为自己的经验和想法是没有价值的,因而也就不能树立表达想法的自信心。

(五) 部分学生可能较少体验到教师阻止不良的课堂行为

教师应为学生创造合作和有利的学习环境,阻止不利于学生学习的行为发生,这将有利于维护学生的学习权利,使学生更好地融入快速变化的大学。然而,调查结果却不容乐观。题项"教师阻止尖酸刻薄的评论、挖苦、开玩笑和其他有可能让学生感到尴尬的课堂行为"(题项T27-K和题项S27-K)中,虽然教师选择"总是"的比例为47.52%,但是学生选择"总是"的比例仅为21.40%,选择"从不"的学生比例却达到了5.58%,这表明虽然多数教师能够"总是"阻止课堂尖酸刻薄的评论、挖苦、开玩笑和其他有可能让学生感到尴尬的课堂行为,但是部分学生可能对此体验较少。

第六章　大学教学中生师互动问题之成因探讨

由前文可知，我国大学教学及教学中的生师互动的大部分仍处于传授范式之中，并且，传授范式下的大学教学及教学中的生师互动已经出现了许多问题。那么，出现这些问题的本质原因是什么？笔者认为，探究问题的本质是解决问题的有效途径。因此，以下将对上述问题的主要原因进行探讨。

第一节　传授文化限制教学场域

"范式"的概念揭示了目前大学教学的传授本质，同时，范式的"优先性"和"约束力"为大学教学提供了更细致、更精确、更深入的指导。由调查结果可知，我国大学教学大部分仍处于传授范式之中。传授范式孕育了一种传授文化，它既包含作为"理论实体"的传授文化，也包含"理论"引导下"自然事实"的传授文化，两者的合力进一步限定了大学教学的场域，导致教师与学生的"教""学"权利结构失衡，权利分配呈现不均的样态。

一　传授范式孕育一种传授文化

传授式教学文化又称传授文化。传授文化根植于传授范式，是影响大学教学及大学教学中生师互动的重要根源，更是理解传授范式下生师互动行为及过程的背景。传授文化的形成与我国学校教学的客观条件密切相关。在知识印刷时代或知识印刷之前的时代，教师与学生因为书籍的稀有而理所当然地选择了传授式教学，从而促进了一种传授文化的萌芽与发展。在过去的十年中，我国逐步推行了高校扩招政策，大学的学生入学人数迅猛增加，迫使多数大学为满足大量学生对高等教育的消费需求，只能采用工厂流水线式的生产模式向学生传递知识，根本无暇顾及学生的个性化教育。在这种情况下，大学教学进一步加深了对传授文化的依赖。

（一）传授文化注重学生的共性化发展而忽视个性化发展

受传授文化影响，中国教育长期以来强调人的共性，忽视人的个性，在教育学生的过程中，教师也试图用一种共性要求完成个性铸造。[①] 传授文化促使教师忽视为学生选择课程，规划学习，也不可能让学生参与教师的教学设计。值得注意的是，传授文化对学生考试结果方面的影响尤为突出。在传授文化的影响下，我国大学教学一直以来都注重"标准答案"，这也深深制约着学生的个性化发展。正因为传授文化忽视学生之间的差异性，所以教师根本不会考虑基于考试结果与学生进行互动，更不可能放弃以标准式填答来判断学生的学习效果，而学生对问题的个性化思考则被认为是与"标准答案"相背离的一种表现。当然，师生基于学生考试结果的互动也与考试内容密切相关。一般而言，考试结果的反馈效果在很大程度上受考试内容设计的影响。如果考试题目设计的大多是记忆性的知识，学生可能仅停留在智力发展的最低层次，即记忆事实性知识，此时，教师对学生的反馈过程可能就是给予"标准答案"的过程，而如果考试内容强调学生对知识的应用、分析、整合、审辩与创造，那么教师在给予学生反馈时也将更能促进学生思考，从而实现个性化发展。由此可以看出，传授文化是从共性的层面，以一种统一要求来安排教学活动，这种安排影响了教学活动的各个方面。在这种情况下，个性化教育没有生存空间，学生的个性化学习需求被抑制，学生也就不可能得到自由的个性化发展。

（二）传授文化关注教师的教授而非学生的学习

传授文化承认知识是既定的、客观的，不需要学生对未知进行探索。因此，传授文化将教师视为教学的主体，充分发挥了教师的主导作用，忽视了学生的主体地位以及学生在学习中的主动建构过程。在受传授文化影响的教学活动中，教师以自己的权威身份支配学生的学习行为，学生的任务就是被动地接受和服从教师指令，按照教师的意思和规则行动。即便学

---

① 鲁洁主编《教育社会学》，人民教育出版社，1990，第 142~143 页。

生对教师的决定存在异议，也只能保持沉默。在这种境况下，学生极少有机会参与教师的教学设计及教学内容和教学方法的选择等。传授文化的根深蒂固也会促使教师既有的个人观念发生作用，为其"不改变"提供各类客观理由。

（三）传授文化营造的舆论环境促使我国大学教学中的师生关系呈现非民主、非平等性

传授文化制造了一种舆论环境，使教师利用自己的权利操纵并控制学生成为"理所当然"，与此同时，学生则失去了自由发表个人意见或看法的权利，于是教师与学生由此建立起一种非民主型的师生关系。在非民主型的师生关系中，教师是主体，学生是客体，教学内容等即客观知识，不容辩驳，教学活动即即掌握了客观知识的教师向学生传递客观知识的过程，在此情况下，学生要无条件地服从教师的指令，教师做出任何教学决策都不需要考虑学生的意愿。如此，教师不会为学生选择课程或规划学习，同时，学生也不可能形成自己的独特理解，更不可能成为学习的主人，也无法与教师共享教学权利。实质上，如果教师与学生能够共同分享权利，并在此基础上形成民主、平等的师生关系，不仅可以影响大学的教学氛围，还可以增强学生和教师的舒适感。当学生拥有更多获得成功所需要的行动掌控权，能够按照自己的意愿学习时，他们更有可能相信自己有能力实现目标，也会更有动力投入有意义的学习中。

二 传授文化限定了教学场域的教学活动

大学教学场域实质是一个经过深思熟虑而创造的师生教学行为空间。在传授范式的影响下，教师与学生会按照传授文化的要求进行大学教学场域的互动实践。

（一）传授文化的教学场域使教师实现对"资本"和"力量"的绝对拥有

在传授文化的教学场域中，教师凭借其拥有的"资本"和"力量"占据了绝对优势和重要位置，并实现对教学场域的控制。与之相反的是，学生在此场域中拥有极少的"资本"和"力量"，这就使其始终处于从属地位，这导致教师与学生分别扮演着"支配者"与"被支配者"的角色。教师因拥有"资本"和"力量"而具有权威知识，这也促使教师加速资本积聚并因此掌控更多权利，在这里，"资本"和"力量"的拥有是教师实现自上而下控制教学场域的核心。在教师对"资本"和"力量"占据绝大多数份额的场域结构中，学生也因失去"资本"和"力量"而放弃反抗和辩驳，并甘于按照教师的意志进行"学习"，此时，教师也就以自己的权威身份，成功实现平定或压制学生真实意愿的目的，这也导致师生地位的进一步等级化。

（二）传授文化的教学场域是师生对"教"与"学"权利空间的争夺

场域既是一个力量的空间，也是一个争夺的空间，而争夺的目的在于维持或改变"力量的构型"。[①] 在传授文化的教学场域中，教师与学生凭借各自的力量会形成一个"争夺的空间"，而在这场"争夺"中，教师为了维护其权威身份，"争夺"部分本该属于学生的学习权利。诚然，"争夺的空间"导致师生之间"教"与"学"的权利结构明显失衡，教师在这个空间中占据绝对优势，而学生则较少有机会参与教学，这将不利于学生的学习与发展。受传授文化影响，教师始终将自己视为知识权威的拥有者，认定教学设计、评分标准制定等是教师的权利，并且，这些权利是不可能与学生分享的。在教师看来，教师就应该是教学的中心，学生必须成为"听话的学生"，学生的任务就是配合教师，并按照教师的理解不断重复。如果教师将教学权利让给学生，就意味着教师将失去知识权威，学生将不再会按照教师的意志决定学习的重点、内容和方法等。而在多数学生看来，"教"是教师的事情，仅需教师一方努力，学生对教师的"教"无任何权利可言，只能将"教"与"学"的权利都让给教师，并按照教师的教学要求和规定，被动地参与各项教学活动。由此可知，传授文化的大学教学场域没有为师生分享权利提供充足的"土壤"。实质上，如果教师能够主动将"教"与"学"的权利让给学生，学生则会有更多机会参与教学相关决策，而这种参与又会进一步促使学生增加学习动力，并通过努力学习来提高学业成就。

第二节　教学环境制约师生行为

大学教学中的生师互动在很大程度上取决于大学教学环境的支持，而

---

① 〔法〕皮埃尔·布迪厄、〔美〕华康德：《实践与反思——反思社会学导引》，李猛、李康译，中央编译出版社，1998，第139页。

营造大学教学环境就是为了服务于一定的教学目的和教学实践。在注重生师互动的大学教学中，教学环境必须对有利于生师互动的要素进行选择、设计和组织，并集中地、系统地、全面地促进大学教学中的生师互动。然而，在本项调查中，笔者发现，大学物理空间、教师教育项目、大学教学工具及资源条件等教学环境因素制约着师生的教学互动行为。换言之，大学教学环境对生师互动缺乏充分支持，导致大学教学中的生师互动不足。

一　大学物理空间制约生师互动行为

由调查结果可知，学生和教师一致认为"面谈"是最有效的生师互动方式。随着现代通信技术的发展，电子邮件、QQ、微信等已经成为教师与学生互动的重要媒介，而且基于现代社交媒介而产生的生师互动方式更方便且快捷。但是，这种方式并不一定适用于所有的互动内容。有些互动内容可能会涉及复杂的、隐私的、敏感的问题，仅通过电子邮件、QQ、微信等互动可能不会得到满意的结果。此时，师生在面对面的情况下进行互动，效果可能更好。既然学生和教师都倾向于以面谈为主的生师互动，大学就必须创设合理的物理空间，以满足学生和教师的相应需求。目前，我国大学的物理空间按功能划分，主要分为两大部分，即教学物理空间和生活物理空间。然而，从问卷调查结果可知，我国大学可能没有创设足够的有利于生师互动的物理空间。

（一）我国大学的教学物理空间深受传授范式影响

就我国高校最典型的教学物理空间——教室而言，其设计极大地受到传授范式的影响。目前，我国大学中的相当一部分教室仍是"秧田式"桌椅设计，且大部分桌椅无法移动。为了突出教师在教学中的主导地位，讲台通常会摆放在教室的显眼位置，并且讲台后面的黑板下方会设计得高于学生座位区的台阶。这种设计非常适合对讲座式教学有着强烈依赖的教师，便于教师在教学活动中占据"优势地位"，居高临下地对学生实施全面控制。

（二）我国大学的生活物理空间与教学物理空间未能整体融通

我国大学绝大多数学生宿舍和餐厅仅服务于学生的饮食起居，与大学教学物理空间的设计风格截然不同，学生可以在课上课下呈现完全不同的精神状态。除辅导员、班主任等具有特殊身份的教师会在学校的安排下进入学生的生活物理空间外，其他教师很少有机会进入学生的生活物理空间中，即使有些教师愿意进入学生的生活物理空间，与学生进行互动交流，也会因没有相应的生师互动物理空间，只能短暂停留。在这种境况下，教师不可能在生活物理空间就学生的学习与成长等问题与学生进行互动。换言之，如果大学教学物理空间和生活物理空间未能较好地整合，就不可能将学校营造成为一个"学习社区"，也就不可能实现生师互动的课上课下衔接，更不可能实现教师全面支持学生学习。值得注意的是，对于我国大学教学中的物理空间设计及安排，大多数教师无权掌控，他们只能在学校指定或安排的教室授课。而且，高校后勤等相关部门在进行物理空间设计及安排时，也很少征求一线教师的意见或建议。除此之外，我国许多高校面对学生规模不断扩大的现状，逐渐将学生的宿舍管理、饮食服务等从后勤管理部门剥离出来，交给社会物业公司管理，这就造成高校后勤发展与学生学习服务的方向相脱离的局面。在此情况下，高校方面很难形成一体化的学生学习支持服务体系，也就从根本上难以整体打造融教师教学、学生学习、学生生活等为一体的生师互动物理空间。综上可知，目前，我国大学教学中的物理空间设计对生师互动支持不够，这是大学教学中生师互动不足的重要原因之一。

二 大学教学工具及资源条件制约生师互动行为

如今，我国高等教育正逐步进入普及化阶段，随着学生人数的增加和班级规模的扩大，除了教师与学生的面对面互动外，以信息技术为支持的教学工具及资源为生师互动创造了更多的机会和条件。然而，由调查结果可知，目前多数大学在教学工具及资源方面缺少对生师互动的支持，明显不能满足学生的学习需求。笔者认为，大学教学中的工具及资源的配备与学校的教学文化密切相关，如果一所大学受传授文化的影响较深，那么，这所大学肯定会将传递知识作为其教学理念。一般而言，教学理念指导教学实践，教师在此教学理念的指导下，会以传递知识的方式来实践教学。此时，学生对于教师而言，仅是被动的知识接受者，教师可以不用过多地关注学生是否理解和掌握知识，而仅以终结性考试来检测学生学到了多少知识。基于这种认识，教师在具体的大学活动中，可以不考虑与学生互动，或仅需与学生进行少量互动，并且，这种互动通常以"I-R-E"的模式出现。在这种情况下，高校是否配备支持生师互动的教学工具及资源对教学活动的开展没有太大影响，因此，多数高校也不会为此付出更多努力。但是，如果是在学习文化的教学中，那么，所有的学生学习都要以生师互动为基础，支持生师互动的工具和资源将直接影响到教师的教学效果和学生的学习效果。因此，学校为了保证教学质量，增强学习效果，必须配置优质的教学工具及资源，以支持大学教学中的生师互动。

三 教师教育项目不足以支持生师互动行为

学习范式下大学教学中的生师互动实践是一场高等教育教学改革，但是，多数教师在没有改变观念之前，无法接受这种改革。在传统教育观念根深蒂固的情况下，教师总会觉得改革就是教学工作量的增加以及官僚任务的施压等，而学生则可能会认为学习范式下的学习使他们的学习任务加重，责任也更大。总之，教师和学生的想法和信念可能会难以适应学习范式下的学习和教学模式。由上可知，部分教师没有形成以学生为中心的教学理念，究其原因，教师还未真正理解以学生为中心的"教"和"学"。笔者认为，教师对"教"和"学"的理解主要通过两种途径形成，一是长期教学实践，二是教师教育项目。当两者做比较时，教师教育项目对教师的"教""学"理解影响更大，具体言之，教师教育项目不仅可以帮助教师正确理解"教"和"学"，进而形成正确的教学理念，还可以通过教学理念间接影响教学实践。从问卷调查结果来看，虽然目前的教师教育项目已经为一部分教师提供了认知科学或学生学习的相关理论和知识，但仍有部分教师没有受到这种教育，另有少数教师对此一无所知。这就表明，目前的教师教育项目可能未对教师的正确教学理念提供足够支持。以往的研究也表明：目前的教师教育与课堂组织或情感支持之间缺乏联系。因此，教师教育项目对于教师如何发展与学生的积极关系或制定有效的管理策略几乎没有作用。[①]

笔者认为，认知科学和学生学习的相关理论与知识是开展以学生为中心的教学的基础。在本项调查的学生样本中，有1239名学生年龄在18～24

---

① B. K. Hamre, R. C. Pianta, J. T. Downer, et al., "Teaching through Interactions: Testing a Developmental Framework of Teacher Effectiveness in over 4000 Classrooms," *Elementary School Journal*, 2013 (4): 461 – 487.

岁，占被调查学生总数的 96.05%。根据认知与认知发展的相关研究可知，18~24 岁的大学生处在一个特殊发展期，即"成人呈现期"（Emerging Adulthood，EA）。[①] 大学生在"成人呈现期"的基本任务是成长身体、完善心智。教师是大学生"成人呈现期"的重要影响人物，可以帮助大学生完成"成人呈现期"的任务，使他们获得学习成就和成长发展。但是，如果部分教师没有学习和掌握认知科学或学生学习的相关理论和知识，他们就不可能树立帮助大学生获得学习与发展的意识，也更不可能在教学中采用以学生为中心的教学方法。

第三节 制度供给难以满足需求

从问卷调查情况来看，学生和教师都有生师互动的需求，学生的回答如"希望有更多的互动""应该多鼓励学生与教师互动""深入了解学生，多通过课外活动互动""学生和老师之间应加强联系""师生应该多进行互动，加强了解""学校要加强老师与学生的互动，即使课程不太多，也要让学生体会到老师的关怀，体会到并没有放弃自己""师生应该有更多的交流时间和平台，并能积极推动生师互动""老师在课外应该更多地与学生交流，而不是仅限于课堂"……教师的回答如"希望学生主动些""学生需要老师的关心、鼓励、引导""学习需要互动"……但是，问卷结果也反映出既有的高等教育教学制度在规定、约束或激励大学教学中生师互动行为时已显示出其局限性，部分教师指出，无法实现生师互动的原因主要体现在制度方面，如"学校教学制度（约束）""教学管理制度的钳制"等。这就表明，现行的有关大学教学的生师互动制度对教师与学生行为的约束和激励效力非常有限，也可以说，现行的生师互动制度结构并非处于最优状态，或仍处于一种滞后状态。总之，目前大学关于生师互动的制度供给完全不能满足制度需求，这就有可能造成一种生师互动的"桎梏"，影响大学教学中的生师互动改进和大学教学改革。

---

① 赵炬明：《打开黑箱：学习与发展的科学基础（上）——美国"以学生为中心"的本科教学改革研究之二》，《高等工程教育研究》2017 年第 3 期，第 31~52 页。

一 教学制度供给难以有效约束大学教学中的生师互动行为

虽然大部分教师可以在没有制度约束的情况下为学生营造学习投入的环境，掌握学生的学习情况，提升学生的学习效果，但是，如果没有生师互动制度的约束，部分教师仅凭个人的价值信仰、伦理规范、道德观念等的指引，很有可能不会为提升学生的学习效果而主动接触学生，花费精力和时间与学生互动。值得注意的是，即使有相关制度可以约束大学教学中的生师互动行为，但是如果制度约束效力有限，也可能会产生这样一种结果：虽然帮助学生"学会如何学习"和"如何开展学习"是教师的一项重要教学任务，但是这项教学任务被普遍忽略。[1] 实质上，生师互动制度效力有限也增强了教师的不可及性。从"教师可及性"的整体问卷调查结果来看，目前，学生体验到的"教师可及"频率较低，此结果也从某种层面上反映出我国大学教学中生师互动制度的供给问题。诚然，当学生与教师建立友好而密切的个人关系时，学生可能会更加轻松愉悦地参与学习活动中，但是，如果学生没有机会与教师见面，就不可能进行互动，更不可能与教师建立友好而密切的个人关系。这表明在缺乏生师互动约束制度的情况下，教师不会因为缺少生师互动行为而产生违约成本或承担惩罚，因此，教师就理所当然地选择其他制度所鼓励的行为，如更多地投入科研等活动。

在教师问卷调查中，一位教师也说到制度对生师互动行为的约束作用："师生互动对于学生成长有非常高的价值，这种价值不低于课堂授课，但这种互动更多依靠教师的兴趣、态度与教学水平，缺乏如英美高校寄宿学院制、导师制等制度性保障，导致在科研主导的大学评价制度中，教师对本科教学就不重视，更不用说花心思在师生互动上。"事实上，这位教师提到的导师制等曾被我国部分大学移植，并且，近几年，我国多数大学的管理者已经意识到生师互动的重要价值，部分大学为鼓励生师互动，已经在制度层面进行了一些尝试，如规定生师互动的频率、时长等内容，但效果并不十分理想。究其原因，可能是这些制度缺乏效力。虽然制度可以作为一种约束生师互动行为的框架，允许教师和学生在规定的制度空间中活动，

---

[1] 〔美〕格兰特·威金斯、杰伊·麦克泰格：《追求理解的教学设计》（第二版），闫寒冰、宋雪莲、赖平译，华东师范大学出版社，2017，第64页。

但是，如果这种制度所允许的师生活动空间太小，就会使教师与学生的互动行为表现得过于机械或呆板，完全不能发挥教师与学生的主动性和积极性，显然，这种制度也将得到事与愿违的结果。

二 教学制度供给难以激励大学教学中的生师互动行为

制度效力的大小取决于制度是否符合人们所追求的利益，通常情况下，人们会选择"最大收益的行为"。[1] 在大学教学中，任期和晋升政策是重要的奖励制度，能够影响教师对本科生的指导动机。[2] 如果大学将生师互动列入教师任期、考核或晋升政策等，教师就可能会更容易、更有效地投入大学教学中的生师互动。但是，如果现行生师互动制度供给不具有效力或效力有限，则有可能无法推动教育教学实践，也就不可能呈现更美好的生师互动样态。从调查结果来看，制度供给效力有限直接影响了大学教学中的生师互动行为，我国现行的大学制度导致部分教师可能不愿与学生围绕学生学习进行互动。在部分教师看来，"科研任务占据教学较多时间""科研与考核压力大"等是阻碍大学教学中生师互动的重要原因。近几年，我国各高校都加大了科研经费投入力度，并以各类奖励性制度鼓励教师投入科研工作，而当教师按照学校科研制度导向行动时，他们就不可能形成帮助学生学习的意识，也就更不可能在生师互动上投入精力和时间。对于教师而言，高校对教师的论文篇数、课题级别等都有明确规定，并给予配套经费及相应奖励，教师完成这些制度性规定的内容是硬性要求，并且，奖励性制度也会鼓励教师在科研方面不断投入精力和时间。相反，目前，我国大多数高校并没有对大学教学中的生师互动做出强制性规定，如要求教师必须与学生开展哪些内容的互动，互动频次达到多少等，此外，大多数高校也未根据大学教学中的生师互动情况给予教师适当的奖励，这就造成了教师往往凭个人意识或兴趣等与学生进行教学互动。特别是当教师面临科研、教学、服务等多项压力时，教师就不可能在生师互动上投入大量的精力和时间。

---

[1] 卢现祥主编《新制度经济学》，武汉大学出版社，2004，第143页。
[2] D. X. Morales, S. E. Grineski, T. W. Collins, "Faculty Motivation to Mentor Students through Undergraduate Research Programs: A Study of Enabling and Constraining Factors," *Research in Higher Education*, 2017 (5): 520–544.

第七章　学习范式下大学教学中的生师互动之路径选择

在知识印刷以前的时代和知识印刷时代，教育研究者和实践者一直将传授范式的具体方法应用于各类教育教学问题的解决之中，取得了一些成就。如今，知识生产已从知识印刷时代迈入知识数字化时代，在知识生产改变的背景下，如果仍停留在传授范式的框架下解决各类教育教学问题，很有可能会遭受挫败。在知识数字化时代，传授范式下的大学教学及教学中的生师互动危机必将动摇传授范式的支配地位，人们必须抛弃传授范式，才有可能终止传授范式指导的理念、文化、结构、政策、规定和教学实践活动。与此同时，大学教学也将发生范式变革，以全新的学习范式来界定教学理念、教学文化、教学问题和解题标准，为成功解决各类教育教学问题提供指导。笔者认为，大学教学中的生师互动困境应置于学习范式的框架下进行探究，以大学教学中的生师互动改变为突破口，推动教学范式的变革及学习范式的形成。具体应从学习文化入手，通过建立学习支持系统，在学习范式的教学场域中开展建构主义教学，从而突破大学教学中的生师互动困境，并以此来推进我国大学教学的范式变革（具体思路见图 7-1）。

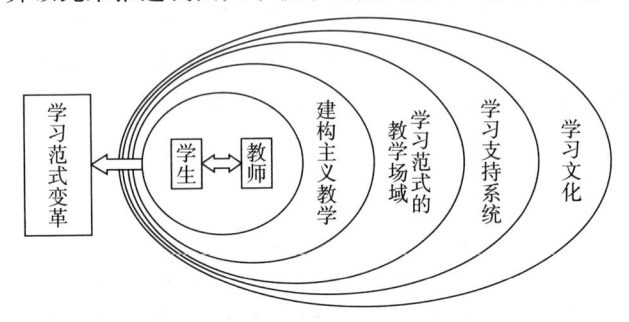

图 7-1　学习范式下大学教学中的生师互动改进思路

第一节 创建大学学习文化

学习范式的转向趋势是高等教育的文化历史积淀的结果,在这种范式下,教学被赋予了新的内涵和本质。学习范式作为一种全新的教学范式,孕育了一种全新的教学文化,即学习文化。学习文化既是学生与教师在学习共同体中彼此互动而形成的信仰、表达、价值观念等的集合体,也是能够影响或制约学习共同体成员的观念、表达等要素的动力系统。学习文化以一种非正式形式规范着教师与学生的"教""学"行为,并对大学教学中的各个层面产生深刻影响。笔者认为,学习范式下的学习文化应该是文化丛,包括个性化学习文化、交往型学习文化、合作型文化和探索型学习文化,它们组成了学习范式下的学习文化系统。因此,创建大学学习文化又可具体从创建个性化学习文化、创建交往型学习文化、创建合作型学习文化和创建探索型学习文化着手。

一 创建个性化学习文化

不同的学生在智力水平、知识背景、学习兴趣等方面存在较大差异,而学生之间的"差异"既是教学活动的"起点",又是教学活动中的"资源"。[1] 因此,大学应创建差异型学习文化,通过深入挖掘学生的差异性"资源",保障具有不同背景、能力、兴趣的学生顺利融入校园生活并更好地参与各类教学活动,提高教学质量。笔者认为,创建个性化学习文化需要大学、教师和学生的共同努力。

(一)大学应以包容的态度接纳学生的个性化差异

随着我国高等教育逐步进入普及化阶段,高等教育机构将会迎接更多的特殊学生群体,主要包括学习困难的学生、家庭贫困的学生、国际学生、少数民族学生等。此时,大学管理者应该清醒地认识到学生客观存在的差异性,通过提高管理和服务水平,增强不同学生融入校园的归属感。

(二)教师应开展个性化的教学活动

对于教师而言,其任务是帮助学生激发求知欲,提升判断力,使学生

---

[1] 曾继耘:《差异发展教学研究》,首都师范大学出版社,2006,第145页。

能够运用理论知识应对复杂环境及特殊事件。[①] 因此，教师应改变传授范式下以"灌输"或"强迫"等为主的教学方式，做到针对不同学生的个性特点、学习能力和智力水平等，充分发挥学生差异性"资源"的重要作用，进行差异化的教学设计和教学活动，使学生体验到"量体裁衣式"的教学评价。

（三）不同学生根据自身情况开展个性化的学习活动

学生应该认识到自己的家庭背景、智力水平等与其他同学之间存在"差异"，并且了解到这种客观存在的"差异"会在一定程度上影响他们的学习态度、学习动机和学习效果等。因此，一方面，学生应善于表达个性化的想法和观念，以便教师根据不同学生的学习进度开展个性化的指导；另一方面，学生应在参与教师组织的教学活动过程中，发挥主观能动性，思考并总结出适合自己的学习方法，使自身获得个性化的学习体验，进而不断完善自我和发展自我。

二　创建交往型学习文化

学习范式下的教师与学生需要以"理解""共情"为前提，围绕信息的传递和反馈等进行教学交往。教学交往是交往教学的重要组成部分，交往教学是教学过程、师生交往过程以及师生整体生命活动的统一体。[②] 交往教学的特点包括互为主体性、社会性、民主性、情感性等。创建交往型学习文化就是以交往教学论为基础，从关注作为教学主体的教师与学生的立场出发，创建有利于大学教学中的师生进行整体生命活动的学习文化。笔者认为，创建交往型学习文化应做到以下四点。

（一）教师与学生被共同视为交往教学的主体

交往教学中的教师与学生具有独立的人格，能够积极主动并富有创造性地参与教学活动。教师与学生的主体性是相对的，对于教学方式、教学方法、学生已有能力和水平等客体而言，教师是主体；对于学习内容、学习方法以及学生自身已有能力和水平等客体而言，学生是主体。[③] 因此，创建交往型学习文化应发挥双主体的作用，促使教师在交往教学中更加关注

---

① 〔英〕怀特海：《教育的目的》，庄莲平、王立中译，文汇出版社，2012，第9页。
② 田汉族：《交往教学论》，湖南师范大学出版社，2002，第19页。
③ 田汉族：《交往教学论》，湖南师范大学出版社，2002，第303页。

学生的主体认知活动，促进教和学的共同发展。

（二）教师与学生应共处于民主平等的师生关系中

交往型学习文化创建应以民主平等的师生关系为背景。在民主平等的师生关系中，教师与学生相互尊重，互相学习，共同进步。为了让学生感到自己被重视、有力量、有价值，教师应将以往完全由自己掌控的教学权利转让给学生，使学生在教学目标、教学方法、教学形式等方面拥有更多的选择权和决定权，同时解除参与生师互动的恐惧感和压迫感。

（三）教师与学生进行平等对话

教师与学生的交往主体性不仅体现在非语言符号，如体态、表情等层面上，也体现在语言符号层面上。教师与学生基于语言符号的交往即一种对话交往。在对话交往中，教师应让学生拥有更多的话语机会，使学生能够对教学活动中涉及的思想或问题表达更多的感受和想法。同时，教师也要给予学生更多的指导，使学生通过对话来理解教学资料，解读疑难问题，主动建构自己的知识体系。此外，教师在与学生进行对话时要注意言语的使用，一方面，教师应使用温和委婉的言语取代命令指责的言语；另一方面，教师的言语使用应以激发学生的学习兴趣并支持学生学习为目的。

（四）教师重视与学生的情感交流

交往教学关注人的"生命"，交往教学活动即师生的"整体生命活动"，这种活动离不开教师与学生之间的"情感"作用。师生情感交往的基础是"理解"。"理解"作为师生情感交往的"生产力"，促使师生消除误解与冲突，体会学生的进步价值。因此，在交往教学中，教师与学生应以"理解"为目标，通过换位思考与情感交流，体验"共情"的理想交往状态。

三 创建合作型学习文化

合作型学习文化的创建以学生和教师组成学习共同体为前提。合作可以增强学习共同体的内部团结，提高学习共同体的凝聚力。学习共同体中的教师与学生既分工明确，又彼此依赖，两者在共同遵守合作原则的过程中开展"教"与"学"的合作性活动。这里的"合作"包括师生之间的合作和学生之间的合作。因此，创建合作型学习文化既包括创建师生之间的合作型学习文化，也包括创建学生之间的合作型学习文化。

(一) 创建师生之间的合作型学习文化

师生之间的合作型学习文化以非对抗、非敌意等为基本特征。合作型学习文化要求教师与学生之间彼此信任、相互配合、互相协作，以实现共同的学习目标。当教师与学生的观点不一致时，两者就应通过深度的交流与探讨达成最佳的解决办法或解决方案。此外，合作型学习文化对教师的职责做了明确规定：教师应激发学生的合作动机，提升学生的合作技巧，促进学生的合作学习。[1]

(二) 创建学生之间的合作型学习文化

合作型学习文化强调学生之间为了共同的学习目标，通过共同的努力，取得共同的进步和发展。因此，学生之间的合作型学习文化具有非竞争性、非排他性等基本特征。合作型学习文化不以分数为学习效果的最终评判标准。学生之间的合作应以整合彼此的不同想法为出发点，以形成最新的结论为落脚点。合作的目的在于促进所有学生的智力发展。

四 创建探索型学习文化

"探索"是学习范式的一个重要"基因"，学习范式下的教师与学生因共同探索而与传授范式的单向灌输彻底决裂。探索型学习文化是一种自由的、开放的、民主的、创新的文化，它包括一整套工具和习惯，直接或间接地满足学习范式下的师生需求。探索型学习文化促使学生通过探索而形成对事物或问题的深层次认识，有利于培养学生的科学精神和科学态度，提高学生的逻辑思维能力、解决问题的能力和知识创新能力。

(一) 创建探索型学习文化以生成探索行为模式

文化促使一个组织中的不同个体反复发生某种行为，而这种"反复发生的行为模式"即文化。[2] 学习文化中的"反复行为"剔除了传授范式的"灌输"行为，规定了"探索"作为学习范式的标准行为。在学习范式下，学生自主建构知识的过程即探索知识的过程，而在探索知识的过程中，学生自主决定探索的目标、主题和内容，自主选择探索的方式和方法。学生的自由探索离不开教师的指引。教师应通过向学生提出疑问、提供线索、

---

[1] 吴康宁主编《课堂教学社会学》，南京师范大学出版社，1999，第192页。
[2] 〔美〕菲利普·巴格比：《文化：历史的投影——比较文明研究》，夏克、李天纲、陈江岚译，上海人民出版社，1987，第99页。

指明方向等，使学生从低阶探索顺利进入像科学家一样的高阶探索阶段。创建探索型学习文化就是要培养学生积极探索的行为习惯，促使学生和教师共同生成一致的探索行为模式。

（二）创建探索型学习文化以提高教与学的效率

探索型学习文化是学习范式中的各种元素经过累积和有序组合之后形成的产物，学习范式的元素包括思想、精神、价值、信仰、情感、态度、意愿等，它们具有行动的力量。创建探索型学习文化就是要将这种"行动的力量"作用于师生的心理和行为，并使师生在心理和行为上发生改变，同时，要将这种"行动的力量"用于协调学习范式中的各种关系，助力于师生提高教与学的效率。

（三）创建探索型学习文化以提升学生的创造力

探索型学习文化在满足学生学习需要的同时，也在激发学生产生一种新的需要，而这种需要正是学生生成和提升创造力的源泉。创建探索型学习文化就是遵循探索型文化的特质，将一切能够促进学生探索的文化集结在一起，为学生提供开放的学习空间和成长空间，使学生在探索的过程中不断扩展新的思维方式和行为方式，进而拥有更强大的创造力。

第二节 构建互动支持系统

在库恩的"范式"理论的指导下，"科学共同体成员所共有的东西"一直是人们关注的焦点。这里的"共有的东西"既指"共有的观念""共有的规则""共同的符号"，也指"共有的话语""共同的行动"等。这些"共有的东西"成为"范式"的支持系统，共同支持着"范式"中的各类活动。同理，高等教育机构需要培养和创造一种鼓励和支持生师互动的环境，以支持和服务于学生的学习。[①] 因此，如果在学习范式下思考生师互动的意愿或行动，高等教育机构就应从"范式"的层面出发营造一个良性循环的生态系统，为教师与学生提供持续的互动机会和全方位的支持。这里的支持系统由话语体系、物理空间、学习机构、教师教育、制度创新等组成。

---

① N. Zepke, L. Leach, "Improving Student Engagement: Ten Proposals for Action," *Active Learning in Higher Education*, 2010 (11): 167-177.

一 话语体系支持

语言的性质和功能以及由语言建构的话语体系影响着教师与学生的理解与沟通及师生之间的合作。在学习范式下，学习文化指引着话语体系的建构，而话语体系又支持着学习范式的"教"与"学"。教师与学生会因为"话语"而达成一定的"承诺"，并在学习范式话语的指导下进入恰当的"行动"中。然而，只有当师生不但理解学习范式下的话语意义，而且开展学习范式的话语实践时，大学教学向学习范式的成功转型才更有可能实现。就此而言，学习范式话语体系的构建能够为大学教学中的生师互动营造合理的舆论环境。笔者认为，构建学习范式的话语支持体系应该从以下三个方面做起。

（一）从中国传统文化教育语境中构建学习范式的话语体系

构建学习范式下的话语体系应从中国传统文化教育的语境中汲取营养。在中国传统教育语境中，"学"比"教"的历史更悠久，内涵更丰富，"以学论教"普遍存在。[①] 就某种意义而言，学习范式下的话语体系构建是对中国教育传统以"学"为核心的话语复归。在学习范式下，构建以中国传统教育思想为指导的话语体系，就是要以"学"的概念为核心，用"学"的话语表达和拓展"教"的话语，使中国传统教学中"学"的思想得以延续和创新，为学习范式下的"教"和"学"提供充满中国元素的话语支持和实践指导。

（二）在世界高等教育向学习范式转型的大背景下构建学习范式的话语体系

学习范式下的话语体系扎根于世界高等教育向学习范式转型的大背景之中，为特定历史阶段的学习范式的话语生成提供了条件，同时也对学习范式的话语体系构建提出了要求。学习范式下的话语体系应以学习范式下的"专门术语"为核心进行构建。在学习范式下，高等教育的利益相关者应使用学习范式允许或规定的"专门术语"进行表述，如此才能在语言一致的基础上领会以美国为首的学习范式先行者的思想和体验，也才能将作

---

① 杜成宪：《以"学"为核心的教育话语体系——从语言文字的视角谈中国传统教育思想的重"学"现象》，《华东师范大学学报》（教育科学版）2010年第3期，第75~80页。

为语言规范的"专门术语"转化为指导行为实践的"活的语言"。

(三) 在摒弃传授范式话语体系的前提下构建学习范式的话语体系

传授范式所呈现的危机加快了高等教育向学习范式转型的步伐,与此同时,学习范式先行者的理论与实践也为高等教育实现范式转型开辟了一条新道路。在这种情况下,以往传授范式下的话语体系已经不能适应新范式的要求,甚至可以说,学习范式下的话语体系与传授范式下的话语体系表现出完全割裂的状态。因此,范式的转换必将引起话语及话语体系的转换,而构建学习范式下的话语体系必须与传授范式下的话语体系完全割裂。在新的学习范式下,高等教育利益相关人员应尝试用"学习质量""学习计划""学习成果"等语词来替代"教学质量""教学计划""教学交付"等语词。[1] 此外,学习范式的话语体系构建不仅要求高等教育利益相关者完全摒弃传授范式下的语言,还要创造出适应学习范式的崭新语言,并使这一崭新的语言最终形成崭新的学习范式话语体系,为学习范式下的大学教学变革提供话语支持。

二 物理空间支持

大学应该充分发挥地域中每一个"地方"的价值,这些"地方"可能是人造的,也可能是天然的,然而不管怎样,大学应将这些具有独特的建筑、布局和地理位置的"地方"打造成潜在的学习环境,不断为学生提供学习机会,尽可能地吸引各类学生活跃在大学学习生活中。大学的建筑和场所是一种物理空间,应该以各种形态发挥其独特功能,为教师和学生聚集在一起开展特定活动服务,满足师生之间的教学互动需要。大学在建筑空间布局上,要充分考虑并设计生师互动的物理空间,使这些空间为学生与教师之间的互动创造机会。更进一步说,大学应在物理空间上为生师互动创造条件,教师应学会利用物理空间来支持学生的学习过程,引导学生在舒适的氛围中参与互动。总之,若要实现高等教育向学习范式的转型,大学物理空间的支持非常重要。笔者认为,大学应从以下两个方面入手来对教学物理空间进行设计和创新。

---

[1] R. B. Barr, J. Tagg, "From Teaching to Learning: A New Paradigm for Undergraduate Education," *Change*, 1995 (6): 12-25.

（一）创新以教室为代表的教学物理空间

学习范式以服务学习为根本宗旨，因此，为了增加学生的学习兴趣，确保有用的、富有成效的谈话产生，学习范式下的学习应该不局限于教室，高校后勤部门应重新审视教室等教学物理空间的功能，使其发挥最大效用。具体而言，高等教育机构可以按照教学功能对物理空间进行归类，并进行重新设计和安排。

第一类是生师讨论空间。学生课桌、座椅等物理空间的安排都会影响生师互动的模式和氛围。[①] 因此，这类教室必须配备移动桌椅和移动黑板。除此基本设施外，多媒体交互工具也是非常有必要的。学校教务管理部门不仅应为每间教室配备投影仪、电脑等现代教学设备，还应在教室四壁增加黑板或白板，以及多媒体交互平台，供学生与教师进行及时沟通与交流。这样的设置可以让教师与学生有更多的交流机会，也方便教师对学生进行理论阶段的指导。

第二类是真实情境空间。学习范式更强调学生在真实的、具有开放性和挑战性的学习情境中学习。高校必须以建构主义理论为指导，创建更多真实的学习情境，让学生学会解决真实的问题，丰富学生的学习体验。高校不但要在校内创建各类真实情境空间，而且要借助校外资源，为学生在校外创建真实情境空间，这样才能使学生将自己的想法、知识应用于具体情境中，同时展示其理解程度。教师也应通过真实情境空间有目的地教导学生如何应用已有知识。

第三类是辅助教学空间。在学习范式下，图书馆、实验室、教学楼平台、教学楼群附近的空地等都是教学辅助空间，同样也需要精心设计，可在这些地方增设圆桌、木椅、石凳，配置与教室互动平台相通的网络接口，方便学生随时随地实现课上课下学习的衔接。

（二）创新以宿舍和餐厅为代表的生活物理空间

学生的学习不仅仅发生在课堂教学中，也发生在他们生活的校园中。生活空间的设计也体现了学校对学生的服务。学生的宿舍和餐厅等生活空间是大学物理空间的重要组成部分，也是教学空间的延伸。学校应将其打

---

① 〔美〕珍妮·H.巴兰坦、弗洛伊德·M.海默克：《教育社会学——系统的分析》（第六版），熊耕、王春玲、王乃磊译，中国人民大学出版社，2011，第151页。

造成学习社区，与教学空间形成一体，促进学生课上课下学习的有效衔接。具体而言，宿舍物理空间可以按功能细分，设置学生休息区、学生讨论区、学生自习区、学生阅读区等。餐厅物理空间不能局限于学生就餐的功能，还应增加服务学生学习的功能，在桌椅摆放上，突破两张或四张桌椅密集摆放的传统，同时设计圆形、长方形、U形就餐区，并配备舒适的餐桌椅、长沙发。除此之外，餐厅天花板或墙壁适当应用植物或鲜花等进行装饰，尽量营造温馨、自由、轻松的就餐与交流环境。这样的餐厅既可以为师生或生生提供就餐时间的服务，也可以在就餐时间之外向学生和教师开放，方便教师和学生在任何需要交流的时候都能寻找到合适的场地。

总之，我国大学管理部门应在系统性思维的指导下规划和设计大学物理空间。不管是教学物理空间，还是生活物理空间，都应该为学生的学习和成长服务。作为大学物理空间设计的重要牵头人——高校后勤管理部门，不仅要注意在设计大学物理空间时广泛征求教师和学生的意见，还要结合教育空间研究者对大学物理空间的最新研究成果，将建构主义理念融入大学物理空间整体设计中，使大学物理空间更为人性化、多样化、系统化。值得注意的是，除了创新学习范式下的物理环境，我们还应该增强教师利用物理环境的意识。早在1958年，桑德斯就曾做过一项研究：教师在一间教室上课，这间教室中75%的物品均可在两分钟之内实现轻松移动，然而，研究结果显示教师几乎从不移动教室物品。[1] 该研究向我们传达了这样一种观点：教师利用物理空间的意识将对物理空间创新及教学效果产生重要影响。因此，学会利用学习范式下的物理空间也是教师的一项重要任务。

三 学习机构支持

学习范式下的高等教育的主要职责是为大学生提供学习支持和帮助，特别是要在课堂之外为更多的学生提供更好的服务。因此，我国高校应尽快建立"学生学习支持中心"等相关机构，为学生提供学习和交流的空间，从而保证生师互动的频率和质量，满足不同学生的合理期待，促使学生充分发挥自己的学习潜力。

---

[1] 田慧生：《教学环境论》，江西教育出版社，1996，第259页。

（一）配备专业的学习支持中心团队

"学生学习支持中心"的工作人员应包括同伴工作人员和专业工作人员两种类型。专业工作人员主要是指辅导员、本科生导师、研究生导师等，他们不但具有学科知识背景和较强的专业能力，而且能够尊重学生在学习中的主体地位，热情地为不同类型的学生提供各种高品质支持。同伴工作人员主要是指本科生、硕士研究生或博士研究生。他们不但要保证自己的学习成绩优秀，而且要有充足的时间参加特定的培训项目，以保证自己能够为寻求帮助的同学提供高效服务。

（二）规范学习支持中心的服务内容

高校学习支持机构要负责学生的学习策略咨询，包括一般学术咨询和特殊课程信息咨询等内容。一是帮助学生及其相关者全面了解大学学习。对于刚进入大一的新生及其家庭成员，学习支持中心应向他们提供大学的学位类型、学位课程、学生奖学金体系等详细信息，使新生及其家庭成员对大学的学习生活形成初步印象。二是帮助学生建立学术自我效能感。学术自我效能是人们认为自己能够完成学术任务或目标的能力。[1] 学习支持中心应向学生介绍关于脑科学、学习科学、学习心理学等方面的知识，使每一位学生通过了解学习原理，从而建立学术自我效能感。三是帮助学生实现学习至工作的过渡。学习支持中心通过召开职业发展研讨会，培训职业技能，教授简历写作，提供面试准备方案等，帮助学生打通学校与社会之间的通道。四是提供个性化的学习服务。对于个别不能主动参与学习的学生，如大学一年新生、学习困难的学生、家庭经济困难的学生、已婚学生、少数民族学生等特殊学生群体，学习支持中心应为他们提供特定的主题辅导。

（三）创新学习支持中心的运行模式

高校为了适应不断变化的学生群体，促使学生进行有效学习，也需要不断创新学习支持中心的运行模式。笔者认为，应通过以下方式创新学习支持中心的运行模式。一是运用学习测评量表等了解不同学生的学习需求及学习进度。学习支持中心应通过学习测评量表等工具，了解每一位学生的学习背景，掌握学生的学习表现和学习进度，最大限度地挖掘学生的学

---

[1] M. A. Gnoleba, Examining Relationships among Faculty-Student Interactions, Academic Self-Efficacy, Self-Regulation, and Academic Achievement of Undergraduate Students (Ph. D. diss., VA: George Mason University, 2015): 2–3.

习潜能。此外，学习支持中心要特别注重在大学新生入学早期开展调查研究，促使新生尽早进入学术角色并提升归属感。二是以研究项目为载体促进学生学业成就。学习支持中心的专业工作人员应通过反复论证，确定促进学生学习的多样化研究项目。在研究项目的实施过程中，学习支持中心必须以学生已有知识为基础，关注学生的学习过程，探索不同学生参与学习活动的特点，并据此选择学习任务和材料，为学生提供合适的研究项目，使学生在参与研究项目的过程中发现和建构自己的知识体系。三是借助学习辅助技术为学生提供及时的学习反馈。学习支持中心应借助以信息技术为支撑的学习辅助技术，引导学生与教师进行各种线上互动、讨论和反馈等实践活动，促进学生的深度学习，提高学生的认知水平，使学生取得更多的学术成就。

四 教师教育支持

教师教育能够为大学教师提供一张简明的学习范式地图，使大学教师快速了解学习范式的轮廓，明确学习范式下的大学教学以及学习范式下大学教学中的生师互动等内容和要求。如此，大学教师才能致力于运用学习范式中的新规则、新理论等革新大学教学。具体而言，大学教师教育应围绕以下两个方面的内容开展，以应对学习范式的变革。

（一）围绕学生学习理论开展教师教育

学生学习的相关理论是学习范式"教"和"学"的行动基础。针对目前大学教师教育的薄弱环节，大学应从以下两方面加以强化。

第一，大学教师教育应充实认知心理学、脑科学、学习科学等理论知识。学习范式的核心是坚持以学生为中心的教学，而以学生为中心的教学的理论基础是学习科学、脑科学、认知心理学等。这些理论知识可以使教师认识到，以前仅关注"教"存在许多局限和不足，应该从"学什么""怎样学""学得如何"等层面提升"教"的质量。因此，大学教师必须从了解人脑的特点、构成、运行原理等着手，深入探索人类认知的过程和学习发生的过程。大学教师教育应时刻追踪认知心理学、脑科学、学习科学等理论的发展，为大学教师传递学术前沿资讯，并通过多种形式帮助大学教师进行理论内化。

第二，大学教师教育应拓展青春期理论及学生发展理论等内容。多数大学生正处于青春期,青春期的大学生在认知、生理、道德等方面逐渐走向成熟。然而,并非所有大学生都能顺利度过青春期,相反,大部分大学生都会在青春期感到迷茫和困惑,这种状态也会直接影响他们的学习状态和学习效果。因此,大学教师教育必须从关注学生学习与发展的角度,为教师开展青春期理论和学生发展理论等培训,使教师真正体会到以学生为中心的重要意义和价值。大学教师教育应结合最新学术研究成果,为教师提供全面且系统的青春期理论和学生发展理论,帮助大学教师全面理解不同时代青春期大学生的成长特点,助力于大学生的学习与发展。

(二) 围绕教学实践活动开展教师教育

学习范式下的大学教学以生师互动为主要形式,教师与学生进行互动是教师工作最重要的方面。[①] 因此,教师必须掌握生师互动的技巧,以及与学生进行情感交流的技能。

第一,教师应学习并掌握生师互动技巧。教师要想促进学生在更深层次和更复杂的层面上对学习材料的思考和理解,就需要更加努力地学习有效的生师互动技巧。高校应围绕生师互动技巧,开展专门的教师教育,促进教师提升互动技巧,积极参与生师互动,进而提升生师互动质量,营造对学生学习有重大影响的高校环境。掌握生师互动技巧的教师可以运用一定的生师互动技巧,为学生提供更多的学习机会和经验,激发学生的学习兴趣,进而增强学生的行为、社会、情感和认知等能力。教师教育关于生师互动技巧的内容主要包括:哪种问题更能激发哪类学生的互动兴趣,教师应该在何时向学生提出问题,教师应该何时给予学生学习反馈,教师应该在何时更正学生的错误并允许学生分析,等等。总之,教师教育应在尽可能广泛地了解学习范式下大学教学中生师互动的复杂性的基础上,通过对教师开展各种互动技巧的训练,推动生师互动对学生产生正向影响,促使学生在教师的专业指导下取得更多更好的学业成就。

第二,教师应学习并掌握师生情感交流的技能。情感在教师职业中扮演着行为调整器的角色,能有效调节教育活动中的教师情感运作。教师应通过教师教育提升情感交流能力,使学生获得更多的正性情感体验。关于

---

① B. K. Hamre, R. C. Pianta, J. T. Downer, et al., "Teaching through Interactions: Testing a Developmental Framework of Teacher Effectiveness in over 4000 Classrooms," *Elementary School Journal*, 2013 (4): 461 – 487.

师生情感交流技能的教师教育实施应从以下几个方面着手。首先,教师教育应告知教师有关师生情感交流的各类规范。教师通过教师教育了解各类规范之后,才能遵守社会规则和学校规范,控制或调节自己的内心体验和感受,促使外在情感运作与职业性质相符,并最终形成一种特定的职业表现和敬业精神。其次,教师教育要引导教师的职业情感培养。教师教育要让教师学会将情感的真实状态经过控制、调整,转换成情感的应然性状态,增加正性情感能量的储备,同时,促使教师灵活运作情感能量,不断提升情感交流能力。教师更应在教师教育的引导下,注重日常教学中自我职业情感的培育和积累,从自我深层精神结构中调动主体能动性,努力从提升学生学习效果的角度与学生开展积极的情感交流。最后,教师教育应指导教师学会处理师生情感交流中遇到的问题或困惑。教师教育应引导教师自觉抵制社会不良情感消费风气的影响,理性参与师生情感交流活动,同时不断创新师生情感消费模式。特别值得注意的是,教师教育应注重具体方法训练,以提升教师面对师生情感交流问题的处理能力。如当学生需要与教师进行情感交流,而教师因工作繁忙或不便参与生师情感互动时,教师教育能为教师提供正确的指导,做到既不影响后续的师生情感交流,又避免过度的师生情感消费现象发生。

五 制度创新支持

大学教学中的生师互动改进需要高效制度的辅佐,因此,为了创造有利于生师互动的教学条件,更好地促进大学教学中的生师互动行为,高校应通过制度创新来解决现行教育教学制度供给不足的问题。换言之,高校应不断扩大符合师生利益的有效制度供给,满足师生对生师互动制度的需求。在大学教学活动中,制度创新能为大学教学中的生师互动改进提供更有利的空间和条件,促使教师与学生的利益实现最大化。同时,制度创新更能促使教师充分遵守一定的规则,并按照学生所期待的互动愿景做出行动,从而推动高等教育教学质量的整体提升。

(一) 高校管理者应树立正确的制度意识

制度为合作双方提供达成合作的"共识"。[①] 制定互动制度的目的是使

[①] 卢现祥:《西方新制度经济学》(修订版),中国发展出版社,2003,第60页。

教师与学生形成一致的合作行为，而"共识"则是师生达成合作行为的基础，这里的"共识"就是一种意识，能够降低师生执行制度的成本。实质上，在高等教育范式变革中，一线教师对其的影响甚小，教育领导者与管理者才是真正推动以学生为中心的教育变革的决定性力量。[①] 因此，高校管理者应在新的互动制度建立之前，树立主体意识、系统意识、规则意识、创新意识，以保障制度制定的合理性和可行性。

第一，高校管理者应树立主体意识。高校教师是教学的主体，而学生是学习的主体，教师的教学目的是促进学生的学习。高校管理者应在保障学生拥有学习自主权的同时，促使教师充分调动学生的学习动机，挖掘学生的学习潜力，让学生投入自由学习的过程中。因此，高校管理者在制定支持学生学习的生师互动的相应制度之前应树立主体意识，深入了解学生与教师对生师互动的看法和期望，慎重制定制度，如果处理不当，则很有可能遭到学生和教师的软性抵制，进而影响制度执行效果，甚至可能会产生适得其反的结果。

第二，高校管理者应树立系统意识。大学教学中的生师互动制度不是单一的制度，它涉及高校学生管理制度、教师职称评聘制度等一整套制度系统，因此，高校管理者应树立系统意识，并在系统性思维的框架下对大学教学中的生师互动制度进行整体把握，同时，推进与之相关的各项工作协调发展。

第三，高校管理者应树立规则意识。高校管理者应形成一种规则意识，如果高校目前的规则与学习范式的规则相矛盾，就必须取消目前的规则并建立新的学习范式的规则，而规则意识能够指引教师与学生拥有共同信念，提高其对学习范式规则的认同程度，使教师与学生形成"可为"和"不可为"的行动"共识"，并做出学习范式的规则所允许的互动行为。

第四，高校管理者应树立创新意识。制度创新的目的在于为师生发挥主观能动性、积极性和创造性提供相应的空间，同时，促使教师与学生转换大学教学中的生师互动模式，或将从来未曾有过的互动模式纳入大学教学过程中，不断提升大学教学中生师互动的频率和质量，进而提升大学教

[①] 刘妍、顾小清、顾晓莉等：《教育系统变革与以学习者为中心的教育范式——再访国际教学设计专家瑞格鲁斯教授》，《现代远程教育研究》2017年第1期，第13~20页。

学质量和人才培养质量。也就是说，制度创新意味着教师与学生都能获得更多的利益。因此，高校管理者必须树立创新意识，这样才能推动现行互动制度发生变革，更有利于新的互动制度建立，进而促使教师与学生在新的制度供给中产生潜在收益行为。

（二）高校应推进制度创新以满足制度需求

制度创新是选择、创造、新建、优化社会规范体系的过程，包括制度调整、制度完善、制度改革、制度更替等内容。[①] 因此，高校管理部门应通过新建制度、完善制度、改革制度等来推进制度创新，满足教师与学生等的制度需求。

第一，高校管理部门应建立新的生师互动相关制度。新的制度能促使学生与教师各自重新选择一种行动，并将他们选择的行动组合在一起，使他们在大学教学过程中呈现一种新的生师互动样态。因此，为了激励教师与学生自觉产生高频高质的互动行为，同时约束和规范教师与学生的互动行为，高校应新建以下生师互动制度。

首先，建立教师参与新生入学指导的问责制度。在新生进校之初，教师应为新生提供明确的学习与生活线索。为了保证教师能充分参与新生互动过程，高校应通过制度规范来引导教师参与新生入学指导计划，并向教师表明这是自然和公认的规范，如果教师不履行职责将承担相应的责任。

其次，建立学生学习权利保障制度。大学生的认知水平和能力等允许其在大学教学中与教师分享知情权、建议权、决策权等权利。在学习范式下，学生是自己理论和实践的创造者，他们对自己的发展理论和实践具有所有权和解释权。同时，他们也必须对自己的理论和想法负责。在学习范式下的大学教学过程中，学生应该有权利参与大部分的教学实践，这样就可以让学生将他们获取的知识、自己的理解和思想顺利地应用于解决具有挑战性问题的过程中。因此，高校管理部门应建立学生学习权利保障制度，使其在告知学生学习范式下的具体学生权利时，有意识地引导学生有目的地行使自己的权利，承担必要的责任。一方面，高等教育机构应建立学生学习权利保障制度，促使高等教育机构相关部门全面参与和支持学生学习

[①] 卢现祥主编《新制度经济学》，武汉大学出版社，2004，第144页。

权利保障。学生学习权利保障不只是学生管理部门或教务管理部门的工作，高等教育机构也应统筹和凝聚各部门的力量，结合学生学习权利的落实情况，有针对性地制定保障学生学习权利的措施或制度，保证学生学习权利的落实。另一方面，高等教育机构应建立学生学习权利保障制度，从经费、资源、宣传等方面保障学生学习权利。高等教育机构应在学生学习权利保障制度中，明确保障经费的来源、支配方式、支出项目等内容，以保障学生学习权利的顺利落实。

最后，建立生师互动评估制度。高校应从学生和教师的角度出发，增加生师互动评估制度，对学生与教师之间的互动数量和质量进行评估。建立生师互动评估制度的目的在于让教师了解何时开始进行生师互动，哪些互动环节需要改进或改变，如何追踪学生的最新动态和需求来促进持续互动。生师互动评估制度的建立也将促使高校相关部门对大学教学中的生师互动情况进行定期检查，以确保生师互动的做法与学生的需求相一致。

第二，高校管理部门应完善大学教学中的生师互动问责制度。高校应建立和完善问责制的制度环境，促使教师在学生学习与发展中发挥积极作用，有效改善大学教学中的生师互动。问责制度主要具有四种功能，即惩戒、监督、教育、预防。① 高等教育机构应发挥问责制度的四种功能作用，建立学生成长关键期的生师互动问责制度。具体而言，在学生进入新课程学习之初，高校管理部门必须以制度的形式对教师必须告知学生的信息做出规定，如规定教师必须告诉学生自己的联系方式、责任角色等信息，这就能够让学生在遇到学习困难时，及时与教师取得联系，提高教师的易达性和生师互动的有效性。对于不履行职责的教师，高校管理部门要在制度层面体现惩罚的内容，其目的在于促使教师履行生师互动义务。

第三，高校管理部门应改革大学教学中的生师互动激励制度。个体行为是动机的外在表现，通常情况下，个体为了实现不同的目的而做出不同的互动行为。② 虽然教师与学生有可能因为不同的需求和倾向进行互动，但

---

① 韩志明：《中国问责：十年风雨路》，新华出版社，2013，第19~20页。
② R. B. Rubin, E. M. Perse, C. A. Barbato. "Conceptualization and Measurement of Interpersonal Communication Motives," *Human Communication Research*, 1988（4）: 602–628.

是，教学制度的激励更有可能使教师或学生发生需求倾向的改变。[①] 有效的生师互动激励制度能够形成一股巨大的激励力量，促使教师与学生之间发生频繁且高质的互动。因此，我国高校应改革教师激励制度，促使教师产生与学生互动的动力，并主动以生师互动质量提升为目标而付诸行动。教师参与生师互动的动机可能受到情境或环境因素的影响，而重要的情境因素包括机构奖励系统、互动机会和货币资源。[②] 高校可制订教师指导奖励计划，并以绩效、晋升、聘任等形式发放奖励给那些悉心指导学生学习和发展的教师。对于我国已经实施导师制的部分高校而言，其相关职能部门应对导师制实施情况进行调查研究，特别要了解教师在工作时间之外发生的导师经历，这些调查研究应为进一步完善导师制提供科学决策基础。与此同时，实施导师制的高校也应及时总结经验和教训，并发挥辐射和联动效应，为其他准备实施导师制的高校提供参考。

（三）高校应促进新生师互动制度有效运行

既有大学教学中的生师互动制度在经过制度创新之后剔除了旧制度中消极的不合理因素，形成了新的均衡制度体系。然而，为了促进新的生师互动制度的有效运行，高校还应发挥制度的各项功能，推动大学教学中的生师互动按照理想的状态发展，以满足教师与学生的互动利益追求。

第一，高校应发挥制度的导向功能，推进大学教学中生师互动的有效性发展。高校管理部门应充分预见大学教学中生师互动制度创新所产生的潜在利益，并充分运用绩效、奖金、晋升等措施激励教师行为，引导教师更好地获得这种潜在利益。

第二，高校应发挥制度的规范功能，推进大学教学中生师互动的合理性发展。大学教学中的生师互动制度是规范教师与学生行为的准则。高校管理部门应在一个新的生师互动制度框架下，促使教师与学生按照新制度的行为规则和规范采取行动。

第三，高校应发挥制度的稳定功能，推进大学教学中生师互动的持续

---

① 谢维和：《教育活动的社会学分析：一种教育社会学的研究》，教育科学出版社，2000，第89页。
② D. X. Morales, S. E. Grineski, T. W. Collins, "Faculty Motivation to Mentor Students through Undergraduate Research Programs: A Study of Enabling and Constraining Factors," *Research in Higher Education*, 2017（5）：520 – 544.

性发展。制度的稳定功能可以帮助人们预期未来生活，减少不确定性因素。① 高校管理部门应充分发挥制度的稳定功能，保障师生之间互动交流的持续稳定进行。

第三节 重构大学教学场域

"场域"即"一个空间"，它能够最大限度地发挥"场域效果"，而当"场域效果"超出一定的边界时，这种效果就会停止。② 在学习范式下，我们应重构一个能够充分发挥场域效果的空间，使教师与学生卷入这个特定的场域中，并按照学习范式的逻辑和规则，促进大学教学中的生师互动发生质的飞跃。

一 构建具有学习范式资本和力量的教学场域

每一种场域都存在一种特定的资本形式、原动力、逻辑、禀赋等"特殊力量"，它们共同决定了场域的结构形式。因此，我们在构建学习范式的教学场域时，必须对这些"特殊力量"进行甄别和分析。

（一）甄别各种资本来构建学习范式的教学场域

教育行为依赖于各类资本而产生学术性收益。③ 然而，只有当一种资本与场域密切相关时，资本才能存在并发挥作用。④ 因此，我们在研究教育行为时必须从资本与场域的角度进行思考。在构建场域的过程中，我们必须辨别和掌握场域中的特有资本形式及特定逻辑。⑤ 传授范式的教学场域与学习范式的教学场域一样，都拥有特定的资本和逻辑，这就要求我们在对两

---

① 卢现祥主编《新制度经济学》，武汉大学出版社，2004，第162页。
② 〔法〕皮埃尔·布迪厄、〔美〕华康德：《实践与反思——反思社会学导引》，李猛、李康译，中央编译出版社，1998，第138页。
③ 包亚明主编《文化资本与社会炼金术——布尔迪厄访谈录》，包亚明译，上海人民出版社，1997，第194页。
④ 包亚明主编《文化资本与社会炼金术——布尔迪厄访谈录》，包亚明译，上海人民出版社，1997，第147页。
⑤ 〔法〕皮埃尔·布迪厄、〔美〕华康德：《实践与反思——反思社会学导引》，李猛、李康译，中央编译出版社，1998，第147页。

者进行比较和校验的基础上，甄别新型学习范式教学场域的特有资本形式及特定逻辑，努力使学习范式特有的资本形式和逻辑附着于其教学场域，使其更好地服务于学习范式的教学场域。

（二）挑选"最恰当的力量"来构建学习范式的教学场域

场域是各种力量在斗争中形成的不断变化的场所。① 由此可知，教学场域肯定存在各种不同的力量，并且，这些力量中很可能存在一些有利于学习范式运作的潜在因素。因此，我们在构建学习范式的教学场域之前，必须将一些服务于学习范式教学场域的活跃力量挑选出来，并从各种活跃力量中确定最恰当的力量，使其引导教学场域中的行动者朝向学习范式进行表达与实践。

（三）通过生成性分析来构建学习范式的教学场域

教师与学生并非自然地进入教学场域中进行"教"和"学"，他们必须同各类教学范式进行斗争，通过利用各种资本并运用最恰当的力量来占据学习范式的教学场域。因此，就这一层意义而言，学习范式的教学场域是一种生成性过程，其最终目标是实现学生的发展。而为了更好地构建学习范式的教学场域，我们必须对学习范式的教学场域进行生成性分析。

二 利用学习范式教学场域的效应促使师生合理支配"教""学"力量

场域是一个发挥场域效应的空间。② 虽然外在的决定因素会间接影响场域中的行动者，但是，场域内的特有形式和特有力量才是直接影响行动者的因素。③ 在从传授范式至学习范式的转变过程中，教学场域必须发生力量构型上的改变，以实现对教学场域的重新构建。一方面，构建学习范式的教学场域时必须将各种资本科学地分配给教师与学生，以使其形成合理的权利分配结构。通常而言，教师和学生在一定的教学场域中会因各自拥有的资本而拥有他们各自的地位和权利等。在学习范式的教学场域中，教师

---

① 包亚明主编《文化资本与社会炼金术——布尔迪厄访谈录》，包亚明译，上海人民出版社，1997，第149页。
② 包亚明主编《文化资本与社会炼金术——布尔迪厄访谈录》，包亚明译，上海人民出版社，1997，第146页。
③ 〔法〕皮埃尔·布迪厄、〔美〕华康德：《实践与反思——反思社会学导引》，李猛、李康译，中央编译出版社，1998，第144页。

与学生应处于同样重要的位置,他们应共同拥有教学资源、信息等构成的"特定资本",并且,他们也应有权对"特定资本"进行支配,以形成合理的师生权利分配结构。另一方面,在构建学习范式的教学场域时应均衡教师与学生的权利,并促使教学场域围绕学生的学习与发展而运作。构建学习范式教学场域的目的之一在于促使教师和学生的权利达到平衡状态,这样才能更好地维护教师和学生的利益,也能使教师更好地服务于学生的学习与发展。而为了促进学习范式教学场域中的师生权利均衡,首先,教师与学生应了解教学场域的知识;其次,学生应在掌握一定权利的基础上占据特定的教学位置,并不断增强对自己学习进行控制的"力量",逐渐成长为教学场域中的积极行动者;最后,教师与学生应共同制定教学场域中的活动规则,促使教学场域以一种有利于学生学习与发展的方式运作。

三 促使学生的自由学习行为合法化地进入学习范式教学场域

学习范式的教学场域应该为学生提供一个自由的、高效的学习空间,使学生能够通过"外部力量"的作用而获得学习的自由。如何做到这一点,笔者认为应从以下两个方面实现。

第一,重新分配教学资本,促使教师的权威逐渐消解。权威由若干权利构成,权利是权威的基础和条件,而权利的形成是资本积累的结果。在学习范式的教学场域中,教师应转让给学生适度的教学资本,使学生能够对一定的教学资本加以控制,并完成对学习权利的再生产过程,真正从争夺性的权利关系中解脱出来。

第二,重新制定教学规则,促使学生形成自由学习的惯习。在学习范式的教学场域中,自由学习应成为学生基于个体性情倾向而形成的一种生成性能力。虽然场域能够实现对教学空间的形塑,但是,为了更好地促进学生形成自由学习的惯习,大学应在学习范式的教学场域中制定对应的规则,以促使学生在教师的指导和帮助下投入积极的学习实践,从而强化教学场域的形塑功能。也就是说,自由学习的惯习生成需要以教学规则调整为前提,并且,教学规则将摒弃以成绩、排名等衡量学生学习效果的做法,而以支持和激励学生主动地、深入地学习为出发点和落脚点取而代之。

第四节　推进建构主义教学

我们在评价什么是好的教学,以及了解如何有效地进行教学和学习时,必须充分考虑教师的教学理念。[①] 虽然学生、学校管理者和教育研究者等都是教学改革的参与者,但是,教师在教学实践和改革中发挥主导作用。教师应树立建构主义教学理念,并通过建构主义教学实践,帮助学生树立建构主义学习理念。在建构主义教学过程中,教师必须帮助学生学会并运用学习策略,以便学生更好地组织和管理自己的学习。教师为学生设计积极的学习策略,参与学生构建知识的过程,不仅能够改善学生的学习状态,还能提高学生的学业成就。笔者认为,推进建构主义教学应以师生树立建构主义"教""学"理念为前提,除此之外,还应从以下三个方面来推进建构主义教学。

一　改进大学教学设计

(一) 大学教学设计应结合学生的学习特点

学习范式以建构主义教学理论为基础,而建构主义教学理论将"学"置于核心地位。因此,学习范式下的大学教学设计要全面服务于学生的学习。学习范式下的教学设计应以学生的学习能力、经验、背景等信息为基础,以学生的主动建构活动为主要内容,以激发不同学生的学习动机和学习兴趣为目标。

(二) 大学教学设计应考虑学生的学习情境

学习范式下的学习情境和知识建构是密不可分的。真实的学习情境不但可以影响学生的学习,而且可以提升学生的学习效果。关于学习情境的教学设计能够指导学生揭示隐藏在知识表象背后的事实或真相,产生有意义的学习。大学教师在教学设计时应充分考虑学习情境,使学生能够运用所学知识或技能解决情境中遇到的实际问题。

(三) 培养教学设计师开展专业的教学设计

在学习范式转型的进程中,一线教师需要更专业的教学设计指导和服

[①] S. Hoidn. *Student-Centered Learning Environments in Higher Education Classrooms* (New York: Springer Nature, 2017): 115.

务,因此,高等教育机构必须加快培养专业的教学设计师,并设置教学设计师岗位。① 我国大学可以在每个学科中挑选一位教师担任教学设计师,并借鉴和创新美国大学教学设计师的培养模式,对这部分教师进行专业化的教学设计培训。这部分教师在接受专业培训之后,不但可以了解最新的教学研究和实践,将其运用于符合本学科知识特点的教学设计中,而且可以通过教学实践、和同行研讨等形式,及时总结教学设计的经验和不足,不断改进本学科的教学设计。

二　改变大学教学方法

我国高等教育要实现向学习范式转型必须改变现有的大学教学方法。第一,减少讲座式教学,增加参与式教学。传授范式中普遍采用的讲座式教学体现教师对教材内容的传递或反映教师对世界的看法,能够在短时间内将多数学生聚集在一起,使他们接收教师传递的信息。但是,这种方法未能充分发挥学生的主观能动性。因此,为了使学生真正成为学习的主人,大学必须增加参与式教学方法,使学生在探索中生成和建构知识体系。第二,借助教育技术,创新教学方法。信息时代的到来推动了教育技术的发展,在信息时代的背景下,教育技术应以学习范式下的"教""学"理论为基础,通过运用最新的信息技术成果,实现优质教学资源的开发和利用,为教学方法改革与创新提供有力支持。第三,创建一体化教学,融通课堂内外。我国大学一定要改变以往将课内教学与课外教学完全分离的做法,打破课内、课外隔离的围墙,使课堂之内的教学活动与课堂之外的教学活动进行有效融通,促进学生的全方位和全过程学习。

三　完善大学教学评价

为了增强学生的学习能力和学习效果,大学教学评价也应不断完善,以便更好地适应以学生为中心的教学改革。具体教学完善措施主要包括以下三个方面的内容。

---

① 高筱卉、赵炬明:《大学教学设计:历史、实践与管理——美国经验研究》,《中国高教研究》2019年第4期,第47~54页。

（一）重视形成性评价

学习成果的持续评价是学习范式的重要组成部分，必须在教学评价中占据中心地位。[1] 教师应通过对学生学习情况的持续反馈，为学生的学习提供及时指引。首先，教师必须在教学之初向学生阐明形成性评价的方法和标准。教师可以通过与学生共同谈判来决定评估的方法和标准。这样做能够使学生明确什么是必要的学习，什么时候达到课程的目标。通过这种方式，学生对自己的学习有更大的控制权和更强的责任感。其次，教师在学生学习的过程中及时提供具有针对性的学习反馈。形成性评估的最大特点在于不是仅仅以分数的形式来评判学生的学习效果，而是更多地帮助每一位学生认识学习差距，不断进行反思，进一步发展自己的想法。在形成性评估的要求下，教师应对学生的各类课程作业进行及时的具有针对性的反馈，以引导学生向具有挑战性的学习目标迈进，不断提升学生的理解、批判思维等能力。最后，教师应注意形成性评价的语言使用。形成性评价的目的在于鼓励学生改进学习，因此，教师在对学生进行形成性评价时，其评语要尽量避免"你真棒""不错"等模糊不清的词语表达。建议采用具有个性化的、准确的、具体的评语，以使学生清楚哪些地方需要完善，哪些地方需要更正。

（二）创建评价量表

教师可以创建学习评价量表，使复杂且具有挑战性的作业通过评价量表清晰地展示出来。教师的评价量表应包含四个部分，即任务描述、任务成分、每项任务所对应的学习表现范围描述、评价尺度。[2] 对照学习评价量表，学生便能清楚地知道自己目前的学习水平到底处于哪个层次，以及自己今后的努力方向。教师则可以根据评价量表规范评价标准，节省批改作业的时间。

（三）增加学生互评

在目前大学规模和班级规模不断扩大的情况下，教师可以增加学生互评环节。在学生互评之前，教师应为学生设计好互评量表，规定具体的评

---

[1] M. Harris, R. Cullen, "Observing the Learner-Centered Class," *Florida Journal of Educational Administration & Policy*, 2008 (1): 57-66.
[2] 〔美〕伊丽莎白·F. 巴克利：《双螺旋教学策略：激发学习动机和主动性》，古煜奎、顾关、唱飞镜等译，华南理工大学出版社，2014，第90页。

价项目，规范评价流程及评价标准，指导学生随机为不同的同学做出反馈，这样可以保证反馈的及时性、客观性、公正性、正确性和有效性。

第五节 重塑师生教学角色

一 进行学习范式下的角色学习

在世界高等教育向学习范式转型的大背景下，我国教师与学生必须主动积极地适应外部变化，并且按照学习范式的要求和标准来领悟角色。为了正确认识自己所承担新角色的地位、义务、权利、价值、态度等，学习范式下的教师与学生必须进行新角色的学习。只有学习新角色，才能认同新角色，进而树立学习范式的角色意识。学习范式下的角色学习就是对学习范式下的理想角色进行学习。学习范式下的理想角色学习主要应该包括以下两个方面的内容。

（一）学习关于学习范式的各种角色的权利、义务和规范

教师与学生要努力掌握学习范式下理想角色的行为规范、准则、技巧，提升角色认知水平，缩小实践角色与理想角色之间的差距。学习范式对教师和学生的理想角色做出了规定，教师和学生必须学习理想角色规定的行为规范和行为模式。教师与学生所扮演的角色性质不同，对学生学业成就和生师互动质量则会产生不同的影响。因此，在大学教学转向学习范式之际，教师或学生必须在正确角色意识的指引下，努力学习角色知识和扮演技能，以积极主动的姿态进行角色扮演，并使自己的角色扮演与对方的反应、反馈，以及学习范式的学校情境相契合。教师和学生必须在分析和认识新角色的同时，进一步了解学习范式下教师与学生的角色行为规范和角色行为模式，明确自己按照规定应该享有的权利、承担的责任。学生必须清楚地知道：教师是学生学习的支持者，而不是实际操作者，学生必须对自己的学习负责。教师在学生学习中扮演所有角色的目的是为学生提供广泛的指导，以支持学生的学习。当学生在学习过程中遇到困难时，教师应帮助学生找到替代路径或资源，而不是直接代替学生解决困难。

（二）学习关于学习范式的角色所应具备的各种能力

教师和学生正确理解学习范式下的新角色是他们恰当地扮演学习范式

下各自角色的前提。在米德看来，感受他人态度和意向而行动的能力是互动行为中的一种基本能力。① 换言之，领悟角色是师生双方进行有效互动的一种基本能力。领悟角色可以帮助教师和学生通过解读对方的角色，预期对方的行为而实现对自己行为的控制。因此，教师与学生应学会如何正确地领悟学习范式下的师生新角色。然而，在角色扮演中，除了角色领悟会对其产生影响外，知识、技术、社交等角色能力，以及其他主客观条件也会影响角色扮演的效果。② 学习范式使教师与学生摒弃了机械化的教学与学习模式，学习范式下的教学更强调"情感"和"沟通"，而在这一过程中则更强调教师与学生掌握一定的社交能力。因此，教师和学生要深入剖析学习范式的角色情感、态度和沟通方法等，逐步将学习范式要求的教师与学生的角色行为模式加以内化，以增强教师与学生的角色扮演效果，形成良好的角色形象。

二 树立学习范式的角色意识

教师与学生树立正确的角色意识主要有两条途径：一是通过主观努力理解新角色而树立正确的角色意识，二是通过社会、学校等对个体的熏陶和培养而树立正确的角色意识。因此，学习范式下的师生角色意识形成需要从以下两个方面努力。

（一）教师与学生应通过主动理解新角色树立学习范式的角色意识

在学习范式下，学生最期望教师成为"学生学习的伙伴"，教师最期望学生成为"学习责任的承担者"。因此，教师应以"学生学习的伙伴"作为自己的角色参照，同时，学生应以"学习责任的承担者"作为自己的角色参照。为了进一步理解学习范式下的理想角色，教师应该将学生期望的"学生学习的伙伴"角色与学习范式下的教师理想角色进行内化，使之成为一种自我观念形态。同时，学生也应将教师期望的"学习责任的承担者"与学习范式下的学生理想角色进行内化，使之成为学生的一种自我观念形态。此外，因为教师与学生最终是否能形成正确的角色意识，不但与社会需求、教师职业特点、学生学习态度等密切相关，而且与其个人对角色的

---

① 〔美〕乔纳森·特纳：《社会学理论的结构》（第六版）（下），邱泽奇等译，华夏出版社，2001，第23页。
② 丁水木、张绪山：《社会角色论》，上海社会科学院出版社，1992，第131~132页。

认同以及为其付诸的努力密不可分，所以，在实践角色阶段，教师与学生也应该将彼此的期望角色作为调节自己角色行为的参考。总之，教师与学生只有在对各自的角色不断认同并形成正确的角色意识后，才能做出恰当的行为表现。

（二）社会和学校应通过培养和熏陶促使师生树立学习范式的角色意识

在学习范式下，大学教学中的师生角色重塑应以师生平等交往为前提条件。教师应将学生视为有情感、有思想、有个性的生命体，将自己视为促进学生成长与发展的人；学生应该将教师视为引导、支持他们进行知识探究的人。研究表明，当个体的某一认同居于显要序列中的高阶位置时，个体的角色扮演也将同与这一认同相关联的预期趋于一致。[1] 因此，大学应采取措施来加强师生对学习范式下的新角色认同，这将有利于促进师生做出与期望角色相符的角色扮演行为，而当师生对认同的角色承担更多责任时，也会进一步强化这种认同，这就有利于学习范式的师生角色意识形成。值得注意的是，在社会和学校促进师生树立学习范式的角色意识的过程中，必须让教师发挥主导作用。只有教师拥有正确的认知和态度，发展主导和合作的行为模式，才能更好地影响学生对学习角色的重新理解和认识，使学生超越传统的学习和互动模式，同时树立符合学习范式的正确角色意识。

三 进行学习范式下的角色重塑

教育教学活动具有复杂性、丰富性等特点，这就决定了教师和学生在大学教学中成功扮演角色的艰巨性。对于教师和学生而言，调整和适应角色的过程是角色转换的过程。教师或学生应根据学习范式的认可和反馈情况进行角色调适，以实现师生的良性互动与合作，实现共同发展的目标。教师与学生的角色期望随着大学教学范式的变化和发展，逐渐由教师主导的模式转向以学生学习需要为指向的生师互动模式。学习范式下大学教学中的生师互动需要教师和学生扮演好各自的新角色。新角色的扮演主要表现在学习和教学的微观层面。合适的角色扮演会对高等教育改革和实践起到促进作用。

---

[1] 〔美〕乔纳森·特纳：《社会学理论的结构》（第六版）（下），邱泽奇等译，华夏出版社，2001，第40页。

（一）重塑教师角色

在学习范式的背景下，教师应以学生为中心，多向学生询问他们在学习范式下需要教师的何种帮助，帮助学生找到他们自己角色扮演的不足和差距。在学习范式下，教学效果取决于学习效果，而调动学生的主观能动性和积极参与性是提升学生学习效果的关键。[1] 通常情况下，教师对新角色的扮演情况主要取决于学生对该角色的认同程度。因此，教师应该重视学生的想法和感受。当教师的新角色获得学生更多积极的反应和评价时，教师就应提升对这一角色的认同层级，不断进行角色内化，进行符合学生学习和发展需要的角色扮演。值得注意的是，对教学改革的抵制一方面源自教师对教与学的信念，另一方面是由于教师角色的改变可能会造成不适和焦虑。[2] 在大学教学中，教师要调节自己的不适或焦虑状态，深刻认识学习范式下的教师角色，使自己的角色认同更加合法化，并成为支持自己角色扮演的驱动力。这一过程需要学生对教师角色扮演的角色支持。而为了寻求这种角色支持，促使教师顺利完成角色转换，教师必须认可学生占据"学习主人"这一重要位置的权利，以及在此位置上所做出的行动。

（二）重塑学生角色

学习范式下的学生主要关注"如何理解""如何内化"，此时，学生必须主动对自己的学习负责。学习范式强调了学生的主观能动性，这就意味着学生必须成为积极的行动者，只有这样才能获得更好的成长与发展。为了让学生能够正确理解学习范式下的学生角色，一方面，高等教育机构应向学生提供关于教师角色和责任的信息，以及关于教师研究的更多细节，以增加多数学生的教育经验[3]；另一方面，学生必须理解以学生为中心的教育理念，真正从内心接受这种教学方法，并且主动学习和实践新角色。

---

[1] 应惠兰、何莲珍、周颂波：《大学公共英语教学改革——以学生为中心的主题教学模式》，《外语教学与研究》1998 年第 4 期，第 22~26 页。

[2] S. Hoidn, "The Pedagogical Concept of Student-Centred Learning in the Context of European Higher Education Reforms," *European Journal of Scientific Research*, 2016 (28): 439-458.

[3] S. R. Cotten, B. Wilson, "Student-Faculty Interactions: Dynamics and Determinants," *Higher Education*, 2006 (4): 487-519.

第六节　达成交往理性行为

学校改革的核心问题并不是课程、班级规模、成果评估，而是教师在多大程度上支持与学生互动，并与他们建立联系，使他们有机会学习和发展。[1] 由此推之，大学改革的出发点和落脚点应是生师互动。同时，只有从交往理性的视角去理解生师互动，才会更有利于助推学习范式转型并增强学习范式的解题能力。哈贝马斯认为，交往行为的合理性涉及言语和行为两个方面，当具有言语能力和行为能力的主体提出"经过论证的断言"，并做出"行之有效的行为"时，则表明其交往具有合理性。[2] 在师生交往行为关系中，高标准的交往理性将更有利于师生之间形成共识，调解行为冲突，达成交往理性行为。而要达成交往理性行为，教师与学生就必须做出合乎理性的表达和规范调节的行为。

一　师生应合乎理性表达

教师与学生通过合理表达才能促进交往、达成共识，并且，合理有效的表达能够使师生之间所达成的共识得到维持与更新。在大学教学过程中，合理有效的表达主要表现在教师对学生做出的评价性表达和情感性表达中。评价性表达主要是教师为了更好地促进学生学习与发展而做出的合理评价，情感性表达则主要是学生为了诉诸学习与发展愿望而做出的合理欲求。

（一）学生应向教师提出合理的学习诉求

学生应该将自己的学习意愿、想法等加以澄清，这里的澄清更多的是一种诉求。合理的诉求不是对教师话语的妥协，而是表达学生真实的、恰当的、可理解的意愿或想法，便于教师对学生进行客观的评价反馈。

第一，学生应提出真实的学习诉求。教师有时可能对学生的学习意愿不甚了解，此时，学生就需要向教师提出真实的学习诉求，让教师通过理

---

[1] R. C. Pianta, B. K. Hamre, J. P. Allen, "Teacher-Student Relationships and Engagement: Conceptualizing, Measuring, and Improving the Capacity of Classroom Interactions," in Christenson and Sandra, eds., *Handbook of Research on Student Engagement* (US: Springer, 2012): 365 – 386.

[2] 〔德〕尤尔根·哈贝马斯:《交往行为理论》（第一卷）《行为合理性与社会合理化》，曹卫东译，上海人民出版社，2018，第33页。

解和分析学生的学习现状，给予学生最有效的评价反馈。学生的真实学习诉求来自他们对学习所形成的信念或看法，或许在有些时候，这种信念或看法与合理性是不相容的，此时就更需要学生从假定合理性的视角出发，表明自己的立场和观点，以使教师了解他们最本真的诉求，从而站在学生的立场上加以解答，并做出评价和反馈。

第二，学生应提出有效的学习诉求。有效的学习诉求是真实学习诉求的更高层次。提出有效的学习诉求的前提是，学生必须放弃原来对学习的错误性、盲目性判断。学生的有效学习诉求必然与非合理性不相容。学生在提出有效学习诉求之前，必然要进行不断反思，而他们在提出学习诉求时也要遵循普遍有效性原则，通过思维推理的方式，向教师层层剖析自己的想法，使教师在理解他们的基础上，从系统的角度给予他们评价。学生提出有效的学习诉求将更有利于学生突破固有观念，从传统的思维体系中走出来，进入更高层次的思维体系中获益。

（二）教师应对学生做出客观的评价反馈

教师及时、准确、高效地给予学生评价，能够提升大学教学中的生师互动质量，促进教育教学质量的提升。教师可以通过客观的评价反馈，对学生的表达做出批判检验性的表达。

第一，教师应将总结性评价与形成性评价相结合。在学习范式下，大学教学通常采用两种评价方式，分别是总结性评价和形成性评价，前者关注学习结果，后者关注学生发展。传统考试更注重前者，而学习范式下的反馈虽然重视将两种评价方式结合，但更多地倾向于后者。教师采用形成性反馈，以帮助学生调整目前的学习状态或任务，增强其学习效果。教师提供有关学生表现的反馈信息，可以通过告知他们的教学实践情况，帮助他们进行课程设计与修改。教师的指导是基于开放式作业和形成性评价相结合完成的。在形成性评价中，教师收集学生的反馈信息，了解学生的学习进度，并根据学生的学习效果与预期效果之间的差距，调整下一步的教学和学习计划。教师在评估学生作业、掌握学生学习情况的同时，捕捉学生的思维，为学生的选择留出空间，并定期向学生反馈学习进展，以便进入下一个教学计划。形成性评价是推动学生实现自主学习的关键因素。这种模式鼓励学生与教师之间进行学习交流，帮助教师完善他们的教学方法，促进学生积极参与自己的学习，最后提供及时的形式反馈，以磨炼学生的学习技巧。

第二，教师应给予学生个性化评价。为了促进学生的学习，教师应对每一位学生的评价进行量身定制，一方面，这种评价应能促使学生在以学生为中心的学习环境中得到更多支持，并不断反思他们的学习成果；另一方面，教师应通过评价来审视教与学的过程，思考如何促进学生的知识建构，并为学生提供有效的指引。教师为学生提供的个性化评价应该是一种高效评价，这种个性化评价不仅要向学生提供具体的正确答案，还要让学生了解如何得到正确的答案，以及引导他们将自己目前的表现与更远大的目标相结合。[①] 因此，为了给学生提供丰富和个性化的高效评价，教师可以在每门课程开始时进行"预测试"，以了解每一位学生的知识水平、兴趣、技能等情况，并帮助学生调整和修正目前的学习状态。这里的"预测试"即一种诊断性评价，能促使教师建立学生学习的"起点"与"终点"之间的联系，从而引导学生分析错误并积极修正，促使学生在个性化评价中观察到实质性认知和动机优势，进而帮助学生进入最理想的学习状态。

第三，教师应学会使用激励评价。教师给予学生正面或负面评价都有可能对学生的积极性产生影响，但是学生更容易受具体的正面评价的影响。[②] 教师可以先扬后抑的方式，肯定学生表现好的方面，同时，帮助学生理解自己的观点存在的不足之处，或告诉学生有一些观点在逻辑上更强于他们提出的观点，以此来激励学生继续努力投入学习。

二 师生应规范调节行为

在学习范式下，教师与学生都是具有言语能力和行为能力的主体。教师为了助力学生的学习与发展，必须与学生建立起一种相互理解的人际关系，以实现与学生的更有效的沟通与交流。在这种相互理解的人际关系中，教师与学生按照共同的价值取向做出规范调节的行为。

[①] R. C. Pianta, B. K. Hamre, J. P. Allen, "Teacher-Student Relationships and Engagement: Conceptualizing, Measuring, and Improving the Capacity of Classroom Interactions," in Christenson and Sandra, eds., *Handbook of Research on Student Engagement* (US: Springer, 2012): 365 – 386.

[②] 〔美〕芭芭拉·格罗斯·戴维斯：《一个好老师必备的教学工具》（第二版），韩金龙、田婧译，华南理工大学出版社，2014，第254页。

(一) 教师的规范调节行为应以能力提升为基础

第一,教师应开展教学学术研究,提升教育教学能力。教师的教学目的在于帮助学生深入理解,而非表层记忆知识。因此,教师应持续开展教学学术研究,以提升自身教学设计、教学评价、教学决策等方面的能力。一方面,教师应该开展教学学术研究,以科学的理论指导教学实践活动;另一方面,教师在进行教学设计时要考虑让学生通过关键概念而逐渐接近概念的核心内涵,使学生在行动中反复思考与探索关键概念问题。在教学过程中,教师必须充分考虑学生的需求,允许学生参与教学设计、教学内容的选择和决策等,并根据学生的需求不断调整教学计划。

第二,教师应学习信息技术,提升技术应用能力。信息技术能够促进学生努力学习并提高学业成就,[1] 而教师对信息技术的学习和掌握能够帮助他们更好地辅助学生学习,因此,教师应提升信息技术的实际应用能力。一方面,教师应在深入理解"教"、"学"及"生师互动"原理的基础上,将自己的教学设计想法与软件工程师进行充分的沟通,促使软件工程师围绕教师的教学思路开发更多服务于学生学习的交互系统,更好地组织和支持大学教学中的生师互动。另一方面,教师应深入了解和应用各类已经开发的有助于学生学习的软件,并鼓励学生参与新软件的应用与实践,如教师应学会使用录像、演示、模拟等信息技术软件,将真实的情境展现在教学活动中,便于学生运用已有知识和经验解决真实情境中遇到的问题;教师应学会运用信息技术,为学生提供反馈和"支架式"帮助。值得注意的是,教师在应用信息技术的过程中要随时关注学生对新技术的接受情况,并根据学生的接受情况及时调整信息技术在教学中的介入方式。

(二) 学生的规范调节行为应以师生共同制定规则为前提

哈登(R. M. Harden)和克罗斯比(J. Crosby)强调学生应该通过"做"来完成学习任务,因此,以学生为中心的学习关注的是"学生做什么",而不是"教师做什么"。[2] 在学习范式下,教师需要树立以学生为中心的教学理念,设计以学生为中心的教学活动,进而推动以学生为中心的教学改革。

---

[1] 〔美〕约翰·D. 布兰思福特等编著《人是如何学习的:大脑、心理、经验及学校》(扩展版),程可拉等译,华东师范大学出版社,2013,第184页。

[2] R. M. Harden, J. Crosby. "AMEE Guide No 20: The Good Teacher Is More than a Lecturer-the Twelve Roles of the Teacher," *Medical Teacher*, 2000 (4): 334 - 347.

教师可以与学生分享制定教学规则的权利，与学生共同维护课堂秩序。只有当学生有机会自己制定课堂行为规则和惩罚时，他们才有可能在课堂上更加遵守纪律，更加举止文明。① 教师与学生应共同制定教学行为准则，在赋予学生权利的同时，规定学生的责任。具体而言，学生有权要求教师充分备课、合理安排教学内容和组织教学活动，而学生也必须履行与之对应的义务：做好充分的课前准备，积极参与教师安排的各项学习活动。

（三）师生的规范调节行为应以师生共同遵守规范为旨归

在大学教学中，生师互动是所有教师与学生的权利和责任。因此，不管是教师还是学生，都应服从有效规范，并调整各自的行为。哈贝马斯认为，规范是社会群体形成的共识，只有服从规范才能满足社会群体的普遍行为期待。② 因此，教师不仅要引导学生合理表达观点和想法，还要及时制止教学活动中垄断发言的学生，以便为其他学生提供表达和互动的机会。对于垄断发言的学生，教师可采用以下两种方法。一是提示时间限制。教师告知垄断发言的学生已经超出规定的时间范围，应将发言机会留给下一位学生。二是巧妙纠正垄断发言学生的错误。教师应先对垄断发言的学生给予积极的、肯定的评价，最后委婉地指出学生观点中的错误，帮助学生看到自己错误的同时，也使学生终止了垄断发言。就学生方面而言，学生应站在符合规范的立场上，主动与教师进行沟通，以达到规范行为的目的。

（四）师生的规范调节行为应以实现生命交往为目标

交往教学论中的师生交往包括教师对学生的教授、批评与赞扬，以及学生对教师的态度与行为的反应。③ 也就是说，教学中的师生交往不是单纯为了完成教学任务而进行的单一性教学活动，而是将"教"和"学"融为一体的整体性活动。生命层次的教学交往是教学交往的最深层次和最高境界，具有整体性、共生性、动态性等特点。因此，教师与学生的教学交往应以实现生命层次的交往为最高目标，使师生之间的交往变为一种探寻生命意义的过程，此时，生命之流穿梭于师生之间，教师则将生师互动视为

---

① 〔美〕芭芭拉·格罗斯·戴维斯：《一个好老师必备的教学工具》（第二版），韩金龙、田婧译，华南理工大学出版社，2014，第41页。
② 〔德〕尤尔根·哈贝马斯：《交往行为理论》（第一卷）《行为合理性与社会合理化》，曹卫东译，上海人民出版社，2018，第114页。
③ 顾明远、孟繁华主编《国际教育新理念》，海南出版社，2001，第234页。

教学活动中不可或缺的组成部分。在这种境况下，教师从整体上把握生命之流的运动状态，实现对学生的精神和思想引领，进而实现学生的自由学习与发展目标。为了实现生命层次的教学交往，教师应将自己视为学生的学习伙伴、合作者、共同探索者，应将学生视为教学活动的参与者、决策者。同时，学生应将自己视为学习责任的承担者、高深学问的探究者、自己知识体系的建构者。在生命层次的教学交往中，教师应随时关注学生的学习目标，并根据自己的教学目标和教学安排开展教学活动。当学生需要教师的帮助时，教师不仅要为学生提供整体性和连续性的反馈或指导，还要对学生表露出正面的情绪情感，以鼓励学生与教师进行持续性交往。

参考文献

中文参考文献

1. 中文专著

包亚明主编《文化资本与社会炼金术——布尔迪厄访谈录》，包亚明译，上海人民出版社，1997。

丁水木、张绪山：《社会角色论》，上海社会科学院出版社，1992。

费孝通：《文化与文化自觉》，群言出版社，2010。

高文、徐斌艳、吴刚主编《建构主义教育研究》，教育科学出版社，2008。

李秉德主编《教学论》，人民教育出版社，1991。

李爽、陈丽编著《"以学生为中心"的教学原理与实践指南》，中央广播电视大学出版社，2011。

李其龙编著《德国教学论流派》，陕西人民教育出版社，1993。

黎民、张小山主编《西方社会学理论》，华中科技大学出版社，2005。

卢现祥主编《新制度经济学》，武汉大学出版社，2004。

鲁洁主编《教育社会学》，人民教育出版社，1990。

田国秀：《学校师生冲突的成因分析与对策研究——以微观政治社会学为理论视角的研究》，首都师范大学出版社，2012。

田汉族：《交往教学论》，湖南师范大学出版社，2002。

谢维和：《教育活动的社会学分析：一种教育社会学的研究》，教育科学出版社，2000。

吴康宁：《教育社会学》，人民教育出版社，1998。

张华：《课程与教学论》，上海教育出版社，2000。

赵健：《学习共同体——关于学习的社会文化分析》，华东师范大学出版社，2006。

〔丹〕克努兹·伊列雷斯：《我们如何学习：全视角学习理论》，孙玫璐译，教育科学出版社，2014。

〔德〕马丁·布伯：《我与你》，陈维纲译，生活·读书·新知三联书店，1986。

〔德〕斐迪南·滕尼斯：《共同体与社会——纯粹社会学的基本概念》，林荣远译，商务印书馆，1999。

〔德〕雅斯贝尔斯：《什么是教育》，邹进译，生活·读书·新知三联书店，1991。

〔德〕尤尔根·哈贝马斯：《交往行为理论》（第一卷）《行为合理性与社会合理化》，曹卫东译，上海人民出版社，2018。

〔法〕雷蒙·布东：《社会学的方法》，殷世才译，商务印书馆，1995。

〔法〕皮埃尔·布迪厄、〔美〕华康德：《实践与反思——反思社会学导引》，李猛、李康译，中央编译出版社，1998。

〔美〕阿尔伯特·班杜拉：《社会学习理论》，陈欣银、李伯黍译，中国人民大学出版社，2015。

〔美〕爱德华·L. 桑代克：《人类的学习》，李月甫译，浙江教育出版社，1998。

〔美〕芭芭拉·格罗斯·戴维斯：《一个好老师必备的教学工具》（第二版），韩金龙、田婧译，华南理工大学出版社，2014。

〔美〕布鲁斯·乔伊斯、玛莎·韦尔、艾米莉·卡尔霍恩：《教学模式》（第八版），兰英等译，中国人民大学出版社，2014。

〔美〕戴维·乔纳森等：《学会用技术解决问题——一个建构主义者的视角》（第二版），任友群、李研、施彬飞译，教育科学出版社，2007。

〔美〕戴维·H. 乔纳森、苏珊·M. 兰德主编《学习环境的理论基础》（第二版），徐世猛、李洁、周小勇译，华东师范大学出版社，2015。

〔美〕米德：《心灵、自我与社会》，霍桂桓译，华夏出版社，1999。

〔美〕格兰特·威金斯、杰伊·麦克泰格：《追求理解的教学设计》（第二版），闫寒冰、宋雪莲、赖平译，华东师范大学出版社，2017。

〔美〕乔纳森·特纳：《社会学理论的结构》（第六版）（下），邱泽奇等译，华夏出版社，2001。

〔美〕莱斯利·P. 斯特弗等主编《教育中的建构主义》，高文等译，华东师范大学出版社，2002。

〔美〕L. W. 安德森：《教育大百科全书（教学）》，郭华、綦春霞译，西南师范大学出版社，2011。

〔美〕泰利·道尔：《如何培养终身学习者：创建以学习者为中心的教学环境》，周建新译，华南理工大学出版社，2014。

〔美〕拉尔夫·泰勒：《课程与教学的基本原理》（英汉对照版），罗康、张阅译，中国轻工业出版社，2014。

〔美〕琳达·B. 尼尔森：《最佳教学模式的选择与过程控制》（第三版），魏清华、陈岩、张雅娜译，华南理工大学出版社，2014。

〔美〕索耶主编《剑桥学习科学手册》，徐晓东等译，教育科学出版社，2010。

〔美〕舒尔曼：《实践智慧：论教学、学习与学会教学》，王艳玲等译，华东师范大学出版社，2014。

〔美〕塔尔科特·帕森斯：《社会行动的结构》，张明德、夏翼南、彭刚译，译林出版社，2003。

〔美〕托马斯·库恩：《科学革命的结构》（第四版），金吾伦、胡新和译，北京大学出版社，2012。

〔美〕伊丽莎白·F. 巴克利：《双螺旋教学策略：激发学习动机和主动性》，古煜奎、顾关、唱飞镜等译，华南理工大学出版社，2014。

〔美〕约翰·D. 布兰思福特等编著《人是如何学习的：大脑、心理、经验及学校》（扩展版），程可拉等译，华东师范大学出版社，2013。

〔美〕珍妮·H. 巴兰坦、弗洛伊德·M. 海默克：《教育社会学——系统的分析》（第六版），熊耕、王春玲、王乃磊译，中国人民大学出版社，2011。

〔日〕野家启一：《库恩——范式》，毕小辉译，河北教育出版社，2002。

〔日〕佐藤学：《课程与教师》，钟启泉译，教育科学出版社，2003。

〔苏〕维果茨基：《维果茨基教育论著选》，余震球译，人民教育出版社，2005。

〔苏〕尤·克·巴班斯基：《教学过程最优化——一般教学论方面》，张定璋等译，人民教育出版社，2007。

〔英〕弗雷德·英格利斯：《文化》，韩启群等译，南京大学出版社，2008。

〔英〕怀特海：《教育的目的》，庄莲平、王立中译，文汇出版社，2012。

〔英〕伊拉雷·拉卡托斯、艾兰·马斯格雷夫：《批判与知识的增长——1965年伦敦国际科学哲学会议论文汇编》（第四卷），周寄中译，华夏出版社，1987。

2. 期刊论文

邹琴：《20世纪80年代以来美国"以学生为中心"本科教学改革研究》，硕士学位论文，湖南师范大学，2014。

蔡宗模、毛亚庆：《范式理论与高等教育理论范式》，《复旦教育论坛》2014年第6期。

车丽娜、徐继存：《我国师生关系研究70年：历程与反思》，《河北师范大学学报》（教育科学版）2019年第4期。

陈琦、张建伟：《建构主义与教学改革》，《教育研究与实验》1998年第3期。

陈凡：《以学生为中心的教学何以可能——基于51所大学本科课堂现状的实证研究》，《高等教育研究》2017年第10期。

陈晓云、朱新卓：《师生关系：从主客体之争到以学生为中心》，《现代大学教育》2015年第3期。

陈旭远、杨宏丽：《论交往教学》，《教育研究》2006年第9期。

程晓樵、吴康宁、吴永军等：《学生课堂交往行为的主体差异研究》，《南京师大学报》（社会科学版）1995年第3期。

崔乃文、李梦云：《困境与出路："以学生为中心"的本科教学改革何以可能》，《现代大学教育》2017年第4期。

丁笑炳：《关于以学生为中心的教学理论与实践的反思——来自西方的经验》，《全球教育展望》2005年第11期。

杜成宪：《以"学"为核心的教育话语体系——从语言文字的视角谈中国传统教育思想的重"学"现象》，《华东师范大学学报》（教育科学版）2010年第3期。

段作章：《课程改革与教学模式转变》，《教育研究》2004年第6期。

冯向东：《高等教育研究中的"范式"与"视角"辨析》，《北京大学教育评论》2006 年第 3 期。

冯建军：《他者性：超越主体间性的师生关系》，《高等教育研究》2016 年第 8 期。

傅维利、张恬恬：《关于师生互动类型划分的研究》，《教育理论与实践》2007 年第 5 期。

高文：《建构主义学习的评价》，《外国教育资料》1998 年第 2 期。

辜胜阻：《变革传统教学模式的实践探索》，《教育研究》2003 年第 8 期。

郭裕建：《"学与教"的社会建构主义观点述评》，《心理科学》2002 年第 1 期。

郝文武：《主体间师生关系及其教师责任》，《教育发展研究》2019 年第 10 期。

何克抗：《关于建构主义的教育思想与哲学基础——对建构主义的反思》，《中国大学教学》2004 年第 7 期。

何旭明、陈向明：《学生的学习投入对学习兴趣的影响研究》，《全球教育展望》2008 年第 3 期。

贺武华：《"以学习者为中心"理念下的大学生学习力培养》，《教育研究》2013 年第 3 期。

贺兆林：《现代教学模式的发展趋势浅议》，《中国教育学刊》1991 年第 6 期。

洪艺敏：《构建"以学生为中心"的本科教学质量标准》，《中国大学教学》2017 年第 10 期。

黄爱华：《高等教育教学模式的演进、研究与变革》，《高校教育管理》2017 年第 1 期。

蒋华林、张玮玮：《生师互动：提高本科教育质量的有效途径》，《清华大学教育研究》2012 年第 5 期。

金生鈜：《超越主客体：对师生关系的阐释》，《西南师范大学学报》（哲学社会科学版）1995 年第 1 期。

靳玉乐、张家军：《论理解型师生关系的建构》，《教育研究》2004 年第 11 期。

靖国平：《重构知识教学：一种交往价值的走向》，《高等教育研究》2002 年第 4 期。

参考文献

亢晓梅：《师生课堂互动行为类型理论比较研究》，《比较教育研究》2001年第4期。

李保强：《师生互动的本质特点与外部表征》，《教育评论》2001年第2期。

李谨瑜：《试论影响师生关系的若干因素》，《西北师大学报》（社会科学版）1994年第2期。

李其龙：《交往教学论学派》，《外国教育资料》1989年第6期。

李枭鹰：《以学生为中心的本科人才培养思考》，《中国高等教育》2012年第20期。

刘海燕：《向"学习范式"转型：本科教育的整体性变革》，《高等教育研究》2017年第1期。

刘献君：《论"以学生为中心"》，《高等教育研究》2012年第8期。

刘黎明：《在交往中建构个体——教育交往审思》，《华东师范大学学报》（教育科学版）2002年第6期。

刘要悟、柴楠：《从主体性、主体间性到他者性——教学交往的范式转型》，《教育研究》2015年第2期。

卢家楣：《论情感教学模式》，《教育研究》2006年第12期。

陆宏、刘强：《建立以学生为中心的网络教学环境》，《外国教育资料》1999年第3期。

罗刚、佘雅斌：《"我和你"师生关系及其建构——信息对称环境下的新型师生关系探究》，《电化教育研究》2010年第8期。

马万华：《建构主义教学观对大学教学改革的启示》，《高等教育研究》1999年第5期。

马维娜：《大学师生互动结构类型的社会学分析》，《江苏高教》1999年第3期。

蒲蕊：《师生交往在学校教育中的深层意义》，《教育研究》2002年第2期。

邱绪襄：《也谈教学过程中师生双方的地位、作用及其相互关系》，《高等教育研究》1994年第1期。

乔建中、李星云、夏云等：《学习目标和任务难度对学生投入意愿的影响》，《南京师大学报》（社会科学版）1998年第1期。

饶燕婷：《欧洲国家高等教育质量保障中的学生参与政策》，《教育发展研究》2012年第11期。

尚俊杰、裴蕾丝、吴善超：《学习科学的历史溯源、研究热点及未来发展》，《教育研究》2018 年第 3 期。

石芳华：《本科教育质量评价改革新视角：学习投入度》，《现代教育管理》2010 年第 5 期。

史静寰、文雯：《清华大学本科教育学情调查报告 2010》，《清华大学教育研究》2012 年第 1 期。

史静寰、李一飞、许甜：《高校教师学术职业分化中的生师互动模式研究》，《教育研究》2012 年第 8 期。

孙苏：《基于"以学生为中心"的高校学业指导体系探究》，《江苏高教》2017 年第 2 期。

孙俊三、晏福宝：《师生同游互动：学问与人生的双重境界——研究生培养过程的基本特征》，《大学教育科学》2015 年第 6 期。

田汉族：《交往教学论的特征及理论价值》，《教育研究》2004 年第 2 期。

王东方：《信息时代教师角色的转变——从师生关系的视角看》，《江苏高教》1999 年第 6 期。

王卉、周序：《虚无的对立与事实上的统一——论"教师中心"与"学生中心"的关系》，《现代大学教育》2019 年第 3 期。

王嘉毅、马维林：《再论"以学生为中心"的教学意蕴与实践样态》，《中国教育学刊》2015 年第 8 期。

王洪才：《何谓"学生中心主义"?》，《大学教育科学》2014 年第 6 期。

王丽娟：《从文化因素审视"以学生为中心"的教学内涵》，《外语电化教学》2012 年第 1 期。

王升：《论学生主体参与教学》，《教育研究》2001 年第 2 期。

王文涛：《"以学生为中心"的高职教育课程建设新范式》，《中国高教研究》2014 年第 12 期。

王文静：《中国教学模式改革的实践探索——"学为导向"综合型课堂教学模式》，《北京师范大学学报》（社会科学版）2012 年第 1 期。

卫建国：《英国大学以学生为中心的优质教学探析》，《高等教育研究》2016 年第 10 期。

吴全华：《现代教育交往的缺失、阻隔与重建》，《教育研究》2002 年第 9 期。

吴康宁：《学生仅仅是"受教育者"吗？——兼谈师生关系观的转换》，《教育研究》2003 年第 4 期。

吴立爽：《地方本科院校多元化本科生导师制探析》，《中国高教研究》2014 年第 5 期。

吴海荣：《国外学生教学参与的影响因素研究述评及启示》，《外国教育研究》2011 年第 6 期。

吴远宁：《论教师在"以学习者为中心"的课堂教学中的角色——以语言教学为例》，《现代大学教育》2003 年第 5 期。

吴岳军：《论主体间性视角下的师生关系及其教师角色》，《教师教育研究》2010 年第 2 期。

肖川：《论教学与交往》，《教育研究》1999 年第 2 期。

谢幼如：《新型教学模式的研究》，《电化教育研究》2000 年第 1 期。

邢以群、鲁柏祥、施杰等：《以学生为主体的体验式教学模式探索——从知识到智慧》，《高等工程教育研究》2016 年第 5 期。

徐波：《高校学生投入：从理论到实践》，《教育研究》2013 年第 7 期。

徐飞：《国内外课堂互动研究状况述评》，《国外外语教学》2005 年第 2 期。

闫寒冰：《以学生为中心教学的评价方法》，《全球教育展望》2001 年第 11 期。

杨院、李艳娜、丁楠：《大学生学习投入类型及其与学习收获关系的实证研究》，《高教探索》2017 年第 3 期。

杨彩霞、邹晓东：《以学生为中心的高校教学质量保障：理念建构与改进策略》，《教育发展研究》2015 年第 3 期。

姚梅林：《从认知到情境：学习范式的变革》，《教育研究》2003 年第 2 期。

叶子、庞丽娟：《师生互动的本质与特征》，《教育研究》2001 年第 4 期。

于文浩：《学习范式的嬗变：工作方式演化的视角》，《开放教育研究》2018 年第 3 期。

余胜泉、杨晓娟、何克抗：《基于建构主义的教学设计模式》，《电化教育研究》2000 年第 12 期。

张广君：《本体论视野中的教学与交往》，《教育研究》2000 年第 8 期。

张红霞：《建构主义对科学教育理论的贡献与局限》，《教育研究》2003 年第 7 期。

张建琼：《国内外课堂教学行为研究之比较》，《外国教育研究》2005年第3期。

张建伟、陈琦：《简论建构性学习和教学》，《教育研究》1999年第5期。

张金磊、王颖、张宝辉：《翻转课堂教学模式研究》，《远程教育杂志》2012年第4期。

张紫屏：《师生互动教学的困境与出路》，《教育发展研究》2015年第6期。

张忠华：《论影响我国大学教学模式变革的因素及对策》，《河北师范大学学报》（教育科学版）2011年第8期。

章士嵘：《认知科学与库恩的"范式"》，《自然辩证法通讯》1989年第3期。

赵蒙成：《建构主义教学的条件》，《高等教育研究》2002年第3期。

赵炬明：《论新三中心：概念与历史——美国SC本科教学改革研究之一》，《高等工程教育研究》2016年第3期。

赵炬明：《打开黑箱：学习与发展的科学基础（上）——美国"以学生为中心"的本科教学改革研究之二》，《高等工程教育研究》2017年第3期。

赵炬明：《打开黑箱：学习与发展的科学基础（下）——美国"以学生为中心"的本科教学改革研究之二》，《高等工程教育研究》2017年第4期。

赵炬明：《聚焦设计：实践与方法（下）——美国"以学生为中心"的本科教学改革研究之三》，《高等工程教育研究》2018年第3期。

赵炬明：《助力学习：学习环境与教育技术——美国"以学生为中心"的本科教学改革研究之四》，《高等工程教育研究》2019年第2期。

赵炬明、高筱卉：《关于实施"以学生为中心"的本科教学改革的思考》，《中国高教研究》2017年第8期。

周光礼、黄容霞：《教学改革如何制度化——"以学生为中心"的教育改革与创新人才培养特区在中国的兴起》，《高等工程教育研究》2013年第5期。

周寄中：《对范式论的再思考》，《自然辩证法通讯》1984年第1期。

外文参考文献

A. W. Astin, "Student Involvement: A Developmental Theory for Higher Education," *Journal of College Student Development*, 1984 (4): 297-308.

A. W. Astin, "What Matters in College? Four Critical Years Revisited. Jossey-Bass Higher and Adult Education Series," *Journal of Higher Education*, 1993 (8): 482.

A. W. Astin, Achieving Educational Excellence: A Critical Assessment of Priorities and Practices in Higher Education (San Francisco: Jossey-Bass, 1985).

A. Attard, I. E. Di, K. Geven, et al., "Student-Centred Learning: Toolkit for Students, Staff and Higher Education Institutions," *European Students Union*, 2010 (99): 55.

R. B. Barr, J. Tagg, "From Teaching to Learning: A New Paradigm for Undergraduate Education," *Change*, 1995 (6): 12-25.

R. B. Barr, "Obstacles to Implementing the Learning Paradigm——What It Takes to Overcome Them," *About Campus*, 1998 (4): 18-25.

E. A. Barnett, "Validation Experiences and Persistence among Urban Community College Students," *Review of Higher Education*, 2011 (2): 193-230.

G. E. Bongolan, "Perceptions and Expectations of the Initiation of Student-faculty Interaction Outside of Class at a Community College," *Transactions of the Chinese Society for Agricultural Machinery*, 2012 (2): 195-210.

E. D. Corte, "Constructive, Self-Regulated, Situated, and Collaborative Learning: An Approach for the Acquisition of Adaptive Competence," *Journal of Education*, 2011 (2/3): 33-47.

S. R. Cotten, B. Wilson, "Student-Faculty Interactions: Dynamics and Determinants," *Higher Education*, 2006 (4): 487-519.

B. E. Cox, O. Elizabeth, "Faculty-Student Interaction Outside the Classroom: A Typology from a Residential College," *The Review of Higher Education*, 2007 (4): 343-362.

R. M. Chory, E. H. Offstein, "'Your Professor will Know You as a Person': Evaluating and Rethinking the Relational Boundaries Between Faculty and Students," *Journal of Management Education*, 2017 (1): 9-38.

R. M. Harden, J. Crosby. "AMEE Guide No 20: The Good Teacher Is More than a Lecturer-the Twelve Roles of the Teacher," *Medical Teacher*, 2000 (4):

334 - 347.

NCEE, "A Nation at Risk: The Imperative for Educational Reform," *The Elementary School Journal*, 1983 (2): 112 - 130.

D. Fox, "Personal Theories of Teaching," *Studies in Higher Education*, 1983 (2): 151 - 164.

W. Doyle, "Paradigms for Research on Teacher Effectiveness," *Review of Research in Education*, 1977 (1): 163 - 198.

N. J. Evans, D. S. Forney, F. M. Guido, et al., *Student Development in College: Theory, Research, and Practice* (San Francisco: Jossey-Bass, 1998).

M. V. Fuentes, A. R. Alvarado, J. Berdan, et al., "Mentorship Matters: Does Early Faculty Contact Lead to Quality Faculty Interaction?," *Research in Higher Education*, 2014 (3): 288 - 307.

N. L. Gage, "The Paradigm Wars and Their Aftermath: A 'Historical' Sketch of Research on Teaching since 1989," *Educational Researcher*, 1989 (7): 4 - 10.

B. K. Hamre, R. C. Pianta, J. T. Downer, et al., "Teaching through Interactions: Testing a Developmental Framework of Teacher Effectiveness in over 4000 Classrooms," *Elementary School Journal*, 2013 (4): 461 - 487.

M. J. Hannafin, J. R. Hill, S. M. Land, et al., "Student-Centered, Open Learning Environments: Research, Theory, and Practice," in J. M. Spector, M. D. Merrill, J. Elen, M. J. Bishop, eds., *Handbook of Research on Educational Communications and Technology* (New York: Springer, 2014).

M. Harris, R. Cullen, "Observing the Learner-Centered Class," *Florida Journal of Educational Administration & Policy*, 2008 (1): 57 - 66.

E. A. Henninger, M. N. Hurlbert, "The Seven Principles for Good Practice in Undergraduate Education," *New Directions for Teaching & Learning*, 1991 (47): 63 - 69.

S. Hoidn. *Student-Centered Learning Environments in Higher Education Classrooms* (New York: Springer Nature, 2017).

S. Hoidn, "The Pedagogical Concept of Student-Centred Learning in the Context of European Higher Education Reforms," *European Journal of Scientific Re-*

search, 2016 (28): 439 – 458.

D. Hester, Influences of Faculty Validation on Community College STEM Students' Persistence and Success (Ph. D. diss., California State University, 2011).

A. Hsu, F. Malkin, "Shifting the Focus from Teaching to Learning: Rethinking the Role of the Teacher Educator," *Contemporary Issues in Education Research*, 2011 (4): 43 – 49.

J. A. Fredricks, P. C. Blumenfeld, A. H. Paris, "School Engagement: Potential of the Concept, State of the Evidence," *Review of Educational Research*, 2004 (1): 59 – 109.

J. L. Wood, S. T. Caroline, "Black Males and the Community College: Student Perspectives on Faculty and Academic Success," *Community College Journal of Research and Practice*, 2010 (1 – 2): 135 – 151.

J. B. Biggs, "What the Student Does: Teaching for Enhanced Learning," *Higher Education Research & Development*, 1999 (1): 57 – 75.

S. R. Johnson, K. J. Finlon, R. Kobak, et al., "Promoting Student-Teacher Interactions: Exploring a Peer Coaching Model for Teachers in a Preschool Setting," *Early Childhood Education Journal*, 2017 (4): 461 – 470.

D. Kember, "A Reconceptualisation of the Research into University Academics' Conceptions of Teaching," *Learning and Instruction*, 1997 (3): 255 – 275.

M. Klemenčič, "From Student Engagement to Student Agency: Conceptual Considerations of European Policies on Student-Centered Learning in Higher Education," *Higher Education Policy*, 2017 (1): 69 – 85.

M. Komarraju, S. Musulkin, G. Bhattacharya, "Role of Student-Faculty Interactions in Developing College Students' Academic Self-Concept, Motivation, and Achievement," *Journal of College Student Development*, 2010 (3): 332 – 342.

G. D. Kuh, N. Vesper, "A Comparison of Student Experiences with Good Practices in Undergraduate Education Between 1990 and 1994," *Review of Higher Education*, 1997 (1): 43 – 61.

G. D. Kuh, "Assessing What Really Matters to Student Learning Inside the National Survey of Student Engagement," *Change the Magazine of Higher Learning*, 2001 (3): 10 –17.

G. D. Kuh, S. Hu, "The Effects of Student-Faculty Interaction in the 1990s," *Review of Higher Education*, 2001 (3): 309 –332.

Y. K. Kim, L. J. Sax, "Student-Faculty Interaction in Research Universities: Differences by Student Gender, Race, Social Class, and First-Generation Status," *Research in Higher Education*, 2009 (5): 437 –459.

Y. K. Kim, L. J. Sax, "The Impact of College Students' Interactions with Faculty: A Review of General and Conditional Effects," in L. W. Perna, ed., *Higher Education: Handbook of Theory and Research* (Switzerland: Springer International Publishing, 2017).

S. J. Lea, D. Stephenson, J. Troy, "Higher Education Students' Attitudes to Student-Centred Learning: Beyond 'Educational Bulimia'?," *Studies in Higher Education*, 2003 (3): 321 –334.

J. Liu, P. L. P. Rau, B. Schulz, "Culture and Student-Faculty Communication in Higher Education: Implications for the Design of Educational Communication Tools," in International Conference on Cross-Cultural Design (Berlin: Springer, 2014).

L. Marioara, "The Education Change for in Need Student-centred Learning," *Procedia-Social and Behavioral Sciences*, 2015 (191): 2342 –2345.

M. A. Gnoleba, Examining Relationships among Faculty-Student Interactions, Academic Self-Efficacy, Self-Regulation, and Academic Achievement of Undergraduate Students (Ph. D. diss., VA: George Mason University, 2015).

D. P. Martin, S. E. Rimm-Kaufman, "Do Student Self-Efficacy and Teacher-Student Interaction Quality Contribute to Emotional and Social Engagement in Fifth Grade Math?," *Journal of School Psychology*, 2015 (5): 359 –373.

D. C. Merrill, B. J. Reiser, S. K. Merrill, et al., "Tutoring: Guided Learning by Doing," *Cognition and Instruction*, 1995 (3): 315 –372.

J. Mehta, "How Paradigms Create Politics: The Transformation of American Educational Policy, 1980 –2001," *American Educational Research Journal*, 2013 (2): 285 –324.

J. Mezirow, "Contemporary Paradigms of Learning," *Adult Education Quarterly*, 1996 (3): 158–172.

D. X. Morales, S. E. Grineski, T. W. Collins, "Faculty Motivation to Mentor Students through Undergraduate Research Programs: A Study of Enabling and Constraining Factors," *Research in Higher Education*, 2017 (5): 520–544.

S. Munoz, L. Rendon, "Revisiting Validation Theory: Theoretical Foundations, Applications, and Extensions," *Enrollment Management Journal*, 2011 (5): 12–33.

C. Pauli, K. Reusser, "Expertise in Swiss Mathematics Instruction," in Y. Li, G. Kaiser, eds., *Expertise in Mathematics Instruction* (New York: Springer US, 2011).

E. T. Pascarella, P. T. Terenzini, *How College Affects Students* (San Francisco: Jossey-Bass, 2005).

R. C. Pianta, B. K. Hamre, "Conceptualization, Measurement, and Improvement of Classroom Processes: Standardized Observation can Leverage Capacity," *Educational Researcher*, 2009 (2): 109–119.

R. C. Pianta, B. K. Hamre, J. P. Allen, "Teacher-Student Relationships and Engagement: Conceptualizing, Measuring, and Improving the Capacity of Classroom Interactions," in Christenson and Sandra, eds., *Handbook of Research on Student Engagement* (US: Springer, 2012).

G. R. Pike, G. D. Kuh, "A Typology of Student Engagement for American Colleges and Universities," *Research in Higher Education*, 2005 (2): 185–209.

J. V. D. Pol, M. Volman, J. Beishuizen, "Scaffolding in Teacher-Student Interaction: A Decade of Research," *Educational Psychology Review*, 2010 (3): 271–296.

L. I. Rendon, "Validating Culturally Diverse Students: Toward a New Model of Learning and Student Development," *Innovative Higher Education*, 1994 (1): 33–51.

L. I. Rendon, R. J. Jalomo, "Validating Student Experience and Promoting Progress, Performance, and Persistence through Assessment," *Academic Achievement*, 1995 (2): 1 – 29.

S. Richardson, A. Radloff, "Allies in Learning: Critical Insights into the Importance of Staff-Student Interactions in University Education," *Teaching in Higher Education*, 2014 (6): 603 – 615.

K. L. Roberts, "Student-Faculty Interaction in the First Year of College: Exploring the Effects of Policy on Student Engagement," *Dissertations & Theses-Gradworks*, 2014 (4): 1174 – 1190.

D. L. Roorda, H. M. Y. Koomen, J. L. Spilt, et al., "The Influence of Affective Teacher-Student Relationships on Students' School Engagement and Achievement: A Meta-Analytic Approach," *Review of Educational Research*, 2011 (4): 493 – 529.

R. B. Rubin, E. M. Perse, C. A. Barbato. "Conceptualization and Measurement of Interpersonal Communication Motives," *Human Communication Research*, 1988 (4): 602 – 628.

B. M. Saulnier, J. P. Landry, H. E. Longenecker, et al., "From Teaching to Lea-rning: Learner-Centered Teaching and Assessment in Information Systems Education," *Journal of Information Systems Education*, 2008 (2): 169 – 174.

M. Snyder, A. A. Stukes Jr, "Interpersonal Processes: The Interplay of Cognitive, Motivational, and Behavioral Activities in Social Interaction," *Annual Review of Psychology*, 1999 (1): 273 – 303.

J. E. Stefaniak, M. W. Tracey, "An Exploration of Student Experiences with Learner-Centered Instructional Strategies," *Contemporary Educational Technology*, 2015 (2): 95 – 112.

T. L. Trolian, E. A. Jach, J. M. Hanson, et al., "Influencing Academic Motivation: The Effects of Student-Faculty Interaction," *Journal of College Student Development*, 2016 (7): 810 – 826.

P. D. Umbach, M. R. Wawrzynski, "Faculty do Matter: The Role of College Faculty in Student Learning and Engagement," *Research in Higher Education*, 2005 (2): 153 – 184.

W. R. Watson, S. L. Watson, "Redesigning Higher Education: Embracing a New Paradigm," *Educational Technology*, 2014 (3): 47-52.

M. Weimer, *Learner-Centered Teaching: Five Key Changes to Practice* (San Francisco, CA: Jossey-Bass, 2002).

R. C. Wilson, L. Woods, J. G. Gaff, "Social-Psychological Accessibility and Faculty-Student Interaction Beyond the Classroom," *Sociology of Education*, 1974 (1): 74-92.

附录1　大学教学中的生师互动调查（学生问卷）

大学教学中的生师互动调查（学生问卷）

亲爱的同学：

你好！

为了了解我国大学教学中的生师互动现状，促进学生更好地学习和发展，我们在全国高校开展了这项调查。本项调查仅供研究使用，请你根据自己的实际情况填答（如没有特别说明，每题都只选一个答案）。遇到有下划线"_____"的问题，请直接在"_____"中填写。

感谢你的支持与合作！

第一部分　基本信息

S1. 你的年龄_____岁。［填空题］

S2. 你的民族_____。［填空题］

S3. 你的性别是？［单选题］

○A. 男

○B. 女

S4. 你来自哪里？［单选题］

○A. 城市

○B. 农村

S5. 你是大学几年级？［单选题］

○A. 一年级

○B. 二年级

○C. 三年级

○D. 四年级

○ E. 五年级

○ F. 其他_____

S6. 你所在大学是_____？［单选题］

○ A. 985 高校

○ B. 211 高校

○ C. 普通本科

○ D. 专科

○ E. 其他_____

S7. 你的任意一方父母是大学生吗？［单选题］

○ A. 都不是

○ B. 仅母亲是大学生

○ C. 仅父亲是大学生

○ D. 父母都是大学生

○ E. 不知道

第二部分　院校支持

S8. 你所在的大学是否营造了支持学生成长与发展的生师互动氛围？［单选题］

○ A. 是

○ B. 否

○ C. 不知道

S9. 你所在的大学是否开放教师与学生之间关于学生需求、关注和建议的沟通渠道？［单选题］

○ A. 是

○ B. 否

○ C. 不知道

S10. 你所在的大学是否创设了有利于大学教学中生师互动的物理空间（如：设计生师互动的场地、桌椅等）？［单选题］

○ A. 是

○ B. 否

○ C. 不知道

S11. 你所在的大学是否提供了有利于大学教学中生师互动的工具或资

源（如：交互式电子白板系统、反馈器等）？［单选题］

○A. 是

○B. 否

○C. 不知道

S12. 你所在的大学是否为支持学生学习而制定了生师互动的行为规范？［单选题］

○A. 是

○B. 否

○C. 不知道

S13. 你所在的大学是否向你提供关于教师角色和责任的信息？［单选题］

○A. 是

○B. 否

○C. 不知道

第三部分　学生观念

（以下陈述，请表明你同意/不同意的程度：1. 非常不同意；2. 不同意；3. 中立；4. 同意；5. 非常同意）

S14. 以下是你对学习的理解。（1. 非常不同意；2. 不同意；3. 中立；4. 同意；5. 非常同意）［矩阵量表题］

	1. 非常不同意	2. 不同意	3. 中立	4. 同意	5. 非常同意
S14 - A. 学习是集主动性、情境性、社会性于一体的活动	○	○	○	○	○
S14 - B. 学习目标应注重基于学生差异，培养学生能力	○	○	○	○	○
S14 - C. 学习过程是对原有经验的修改、组织和调整	○	○	○	○	○
S14 - D. 学生不是知识的被动接受者或被灌输者，而是学习信息加工和意义建构的积极行动者	○	○	○	○	○
S14 - E. 学习意义的获得是学生在原有经验的基础上，对新知识进行重新认识和整合，建构自己的理解	○	○	○	○	○
S14 - F. 当学生遇到新的学习情境时，他们会根据已有的丰富经验，灵活地建构指导行动的思维	○	○	○	○	○

续表

	1. 非常不同意	2. 不同意	3. 中立	4. 同意	5. 非常同意
S14-G. 学习是学生在已有观念、理解和文化知识等的基础上建构自己意义的过程	○	○	○	○	○

S15. 以下是有关生师互动的观念。(1. 非常不同意;2. 不同意;3. 中立;4. 同意;5. 非常同意)[矩阵量表题]

	1. 非常不同意	2. 不同意	3. 中立	4. 同意	5. 非常同意
S15-A. 大学教学中的生师互动应该由教师主动发起	○	○	○	○	○
S15-B. 大学教学中的生师互动应该由学生主动发起	○	○	○	○	○
S15-C. 大学教学中的生师互动能够帮助我改进学习方式	○	○	○	○	○
S15-D. 大学教学中的生师互动能够帮助我提升学习效果	○	○	○	○	○
S15-E. 大学教学中的生师互动能够帮助我提升学习能力	○	○	○	○	○
S15-F. 大学教学中的生师互动是学生学习和发展的重要资产	○	○	○	○	○
S15-G. 大学教学中的生师互动能够使我和教师建立和谐友好的师生关系	○	○	○	○	○
S15-H. 大学教学中的生师互动帮助我探寻社交关系和丰富大学生活经验	○	○	○	○	○
S15-I. 大学教学中的生师互动发生在我刚进大学时最有效,因为这样可以帮助我尽早熟悉新的学术环境和行为规范	○	○	○	○	○
S15-J. 我与教师的非课堂互动能够对我的职业目标和愿望产生积极的影响	○	○	○	○	○
S15-K. 我与教师的非课堂互动能够对我的智力和思想发展产生积极的影响	○	○	○	○	○
S15-L. 我与教师的非课堂互动能够对我个人的成长、价值观和人生观等产生积极的影响	○	○	○	○	○

S16. 你认为以下哪种生师互动方式最有效?(1. 非常不同意;2. 不同意;3. 中立;4. 同意;5. 非常同意)[矩阵量表题]

	1. 非常不同意	2. 不同意	3. 中立	4. 同意	5. 非常同意
S16 – A. 书面交流	○	○	○	○	○
S16 – B. 电话/短信	○	○	○	○	○
S16 – C. 电子邮件	○	○	○	○	○
S16 – D. QQ/微信	○	○	○	○	○
S16 – E. 课堂之内面谈	○	○	○	○	○
S16 – F. 课堂之外面谈	○	○	○	○	○
S16 – G. 课堂多媒体交互	○	○	○	○	○
S16 – H. 办公室/休闲场所面谈	○	○	○	○	○

S16 – I. 其他生师互动方式最有效，如：_____［填空题］

S17. 你认为你应该在学习中扮演什么角色？（1. 非常不同意；2. 不同意；3. 中立；4. 同意；5. 非常同意）［矩阵量表题］

	1. 非常不同意	2. 不同意	3. 中立	4. 同意	5. 非常同意
S17 – A. 我应该成为学习的参与者	○	○	○	○	○
S17 – B. 我应该成为自己知识体系的建构者	○	○	○	○	○
S17 – C. 我应该成为高深学问的探究者	○	○	○	○	○
S17 – D. 我应该成为学习责任的承担者	○	○	○	○	○

S17 – E. 我应该在学习中扮演其他角色，如：_____［填空题］

S18. 你期望教师在你的学习中扮演什么角色？（1. 非常不同意；2. 不同意；3. 中立；4. 同意；5. 非常同意）［矩阵量表题］

	1. 非常不同意	2. 不同意	3. 中立	4. 同意	5. 非常同意
S18 – A. 学生学习内容的权威专家	○	○	○	○	○
S18 – B. 学生学习活动的管理者	○	○	○	○	○
S18 – C. 学生学习活动的组织者	○	○	○	○	○
S18 – D. 学生学习活动的设计者	○	○	○	○	○
S18 – E. 学生学习内容的提供者	○	○	○	○	○

续表

	1. 非常不同意	2. 不同意	3. 中立	4. 同意	5. 非常同意
S18 - F. 学生学习探索的指导者	○	○	○	○	○
S18 - G. 学生学习结果的反馈者	○	○	○	○	○
S18 - H. 学生学习的促进者	○	○	○	○	○
S18 - I. 学生学习的支持者	○	○	○	○	○
S18 - J. 学生学习的伙伴	○	○	○	○	○

S18 - K. 我期望教师在我的学习中扮演其他角色，如：_____ ［填空题］

第四部分　学生体验

（以下陈述，请表明您经历的频次：1. 从不；2. 很少；3. 有时；4. 经常；5. 总是）

S19. 在教育实践中，你实际上在自己学习中扮演角色的陈述。（1. 从不；2. 很少；3. 有时；4. 经常；5. 总是）［矩阵量表题］

	1. 从不	2. 很少	3. 有时	4. 经常	5. 总是
S19 - A. 我是学习的参与者	○	○	○	○	○
S19 - B. 我是高深学问的探究者	○	○	○	○	○
S19 - C. 我是自己知识体系的建构者	○	○	○	○	○
S19 - D. 我是自己学习责任的承担者	○	○	○	○	○

S19 - E. 我在自己的学习中实际扮演其他角色，如：_____ ［填空题］

S20. 以下是关于教师可及性的陈述。（1. 从不；2. 很少；3. 有时；4. 经常；5. 总是）［矩阵量表题］

	1. 从不	2. 很少	3. 有时	4. 经常	5. 总是
S20 - A. 教师在课外容易接近	○	○	○	○	○
S20 - B. 教师认真对待我的问题和意见	○	○	○	○	○
S20 - C. 教师愿意花费时间和精力来帮助我理解学习资料	○	○	○	○	○

	1. 从不	2. 很少	3. 有时	4. 经常	5. 总是
S20 - D. 我至少与大学里的一位教师建立了密切而友好的个人关系	○	○	○	○	○
S20 - E. 当我在学习中遇到困难时，我能够得到教师的指导或帮助	○	○	○	○	○

S21. 以下是学生与教师的互动意向的陈述。（1. 从不；2. 很少；3. 有时；4. 经常；5. 总是）［矩阵量表题］

	1. 从不	2. 很少	3. 有时	4. 经常	5. 总是
S21 - A. 我乐意与品德高尚、学识渊博的优秀教师互动	○	○	○	○	○
S21 - B. 我乐意与能够为我提供高质量指导的教师互动	○	○	○	○	○
S21 - C. 我乐意与教师在课外讨论对我有意义和重要的问题	○	○	○	○	○
S21 - D. 我乐意与为我提供更多学习反馈的教师进行交流，以便清楚自己努力的方向和策略，并提高知识水平和技能	○	○	○	○	○

S22. 以下是学生学习的权利和责任的陈述。（1. 从不；2. 很少；3. 有时；4. 经常；5. 总是）［矩阵量表题］

	1. 从不	2. 很少	3. 有时	4. 经常	5. 总是
S22 - A. 我参与教学设计	○	○	○	○	○
S22 - B. 我参与教学内容决策	○	○	○	○	○
S22 - C. 我参与课程考试评分标准制定	○	○	○	○	○
S22 - D. 我参与学习评价方式（方法）选择	○	○	○	○	○
S22 - E. 我参与教学效果评估（如："学生评教"等）	○	○	○	○	○
S22 - F. 我参与课程讨论规则、课程政策等制定	○	○	○	○	○
S22 - G. 我帮助我的同学学习	○	○	○	○	○

S23. 以下是大学教学中关于学习目标的生师互动。（1. 从不；2. 很少；3. 有时；4. 经常；5. 总是）［矩阵量表题］

	1. 从不	2. 很少	3. 有时	4. 经常	5. 总是
S23 – A. 教师帮助我明确自己的学习兴趣和学习目标	○	○	○	○	○
S23 – B. 教师向我强调保持学业成就高标准的重要性	○	○	○	○	○
S23 – C. 教师帮助我根据个人情况不断调整学习目标	○	○	○	○	○
S23 – D. 教师制定教学目标时会了解我制定的学习目标	○	○	○	○	○
S23 – E. 教师帮助我为自己的学习设定具有挑战性的目标	○	○	○	○	○
S23 – F. 教师在每门课程开始时以口头和书面形式向我表达他/她的高期望	○	○	○	○	○
S23 – G. 教师为那些希望独立完成课程学习的学生制定明确的、个性化的学习目标	○	○	○	○	○

S24. 以下是大学教学中关于学习内容的生师互动。(1. 从不；2. 很少；3. 有时；4. 经常；5. 总是）[矩阵量表题]

	1. 从不	2. 很少	3. 有时	4. 经常	5. 总是
S24 – A. 教师帮助我选择课程并规划学习	○	○	○	○	○
S24 – B. 教师教给我组织学习资料和内容的各种策略	○	○	○	○	○
S24 – C. 教师要求我把课外活动与课程内容联系起来	○	○	○	○	○
S24 – D. 教师帮助我建立已有知识与新知识之间的联系	○	○	○	○	○
S24 – E. 教师为缺乏必要背景知识或技能的学生提供额外的资料或练习	○	○	○	○	○
S24 – F. 教师让我根据自己的知识背景、兴趣等选择学习内容和学习方式	○	○	○	○	○
S24 – G. 教师鼓励我提出新的研究项目、实地考察或其他课程内容	○	○	○	○	○

S25. 以下是大学教学中关于学习活动的生师互动。(1. 从不；2. 很少；3. 有时；4. 经常；5. 总是）[矩阵量表题]

	1. 从不	2. 很少	3. 有时	4. 经常	5. 总是
S25 – A. 教师指导我参与他/她的项目研究	○	○	○	○	○
S25 – B. 教师为我布置帮助学习课程内容的作业	○	○	○	○	○

续表

	1. 从不	2. 很少	3. 有时	4. 经常	5. 总是
S25 - C. 教师主动与我进行课堂内外的学习交流	○	○	○	○	○
S25 - D. 我主动与教师进行课堂内外的学习交流	○	○	○	○	○
S25 - E. 教师鼓励我展示自己独特的想法和信念	○	○	○	○	○
S25 - F. 教师要求我对某个特定的观点进行辩论	○	○	○	○	○
S25 - G. 我参加教师安排的具有挑战性的学习活动	○	○	○	○	○
S25 - H. 教师为我提供多样化的学习活动，促使我进行深度学习	○	○	○	○	○
S25 - I. 当需要口头报告或课堂演示时，教师鼓励我提前排练	○	○	○	○	○
S25 - J. 当我的表现超出平时水平时，教师会表现出对我的赞赏	○	○	○	○	○
S25 - K. 教师让我总结不同理论家、研究成果或艺术作品之间的异同	○	○	○	○	○
S25 - L. 教师要求我指出课程材料中提出的基本思想、原则或观点的谬误	○	○	○	○	○
S25 - M. 教师和我在教学中的互动是"教师提问—学生答复—教师评价"	○	○	○	○	○
S25 - N. 只有当我表现出很难完成作业的时候，教师才考虑给我换一个作业	○	○	○	○	○
S25 - O. 教师会安排一些帮助我理解如何反思自己思维方式和学习过程的活动	○	○	○	○	○
S25 - P. 教师指导我将一个特定的课程概念或课程知识应用于实际的问题或真实的情境	○	○	○	○	○

S26. 以下是大学教学中关于学习反馈的生师互动。（1. 从不；2. 很少；3. 有时；4. 经常；5. 总是）[矩阵量表题]

	1. 从不	2. 很少	3. 有时	4. 经常	5. 总是
S26 - A. 教师对我的表现提供及时的口头/书面反馈	○	○	○	○	○
S26 - B. 教师在学期结束时与我讨论期末考试的结果	○	○	○	○	○
S26 - C. 教师为我提供的学习反馈明确具体，能够让我清楚自己努力的方向和策略，并提高知识水平和技能	○	○	○	○	○

续表

	1. 从不	2. 很少	3. 有时	4. 经常	5. 总是
S26 – D. 教师在每门课程开始时给我一个预测试并告知其结果，以帮助我了解自己现有的知识、理解以及技能	○	○	○	○	○

S27. 以下是教师与学生关于学习氛围的互动。（1. 从不；2. 很少；3. 有时；4. 经常；5. 总是）[矩阵量表题]

	1. 从不	2. 很少	3. 有时	4. 经常	5. 总是
S27 – A. 教师平易近人，尊重学生	○	○	○	○	○
S27 – B. 我能够感受到教师关心我	○	○	○	○	○
S27 – C. 教师的鼓励促使我更加努力地学习	○	○	○	○	○
S27 – D. 教师帮助我建立一种课堂的归属感	○	○	○	○	○
S27 – E. 教师让我觉到我把宝贵的思想带到了课堂	○	○	○	○	○
S27 – F. 教师教给我如何应对影响学习的各种压力	○	○	○	○	○
S27 – G. 教师熟悉我的姓名，并能够按姓名指出我是谁	○	○	○	○	○
S27 – H. 教师营造民主和自由的学习氛围，激励我思考和探索	○	○	○	○	○
S27 – I. 教师使用鼓励、包容、肯定、支持的语言与我进行交流	○	○	○	○	○
S27 – J. 教师能够与我建立相互尊重、平等、信任、支持的人际关系	○	○	○	○	○
S27 – K. 教师阻止尖酸刻薄的评论、挖苦、开玩笑和其他有可能让我感到尴尬的课堂行为	○	○	○	○	○
S27 – L. 教师向我强调有规律的学习、持续的努力、合理的自我节奏和时间安排的重要性	○	○	○	○	○

S28. 以下是大学教学中教师指导生生互动的情况。（1. 从不；2. 很少；3. 有时；4. 经常；5. 总是）[矩阵量表题]

	1. 从不	2. 很少	3. 有时	4. 经常	5. 总是
S28 – A. 教师鼓励我和同学一起做项目	○	○	○	○	○
S28 – B. 教师让我和同学评估彼此的作业	○	○	○	○	○

续表

	1. 从不	2. 很少	3. 有时	4. 经常	5. 总是
S28 - C. 教师让我与同学互相解释困惑的想法	○	○	○	○	○
S28 - D. 教师鼓励我与同学一起准备课程或考试	○	○	○	○	○
S28 - E. 教师会将学习成绩不同的学生划分为一组	○	○	○	○	○
S28 - F. 教师要求学生们将自己的兴趣和背景告诉对方	○	○	○	○	○
S28 - G. 教师给我提供一些机会,让我学习如何采纳他人观点	○	○	○	○	○
S28 - H. 教师在课程中创建学习社区、学习小组或项目团队	○	○	○	○	○
S28 - I. 教师指导我与其他背景和观点不同的学生讨论关键概念	○	○	○	○	○
S28 - J. 教师帮助我发现获得同学认可的策略,使我有很强的自信心	○	○	○	○	○
S28 - K. 教师要求我倾听并思考同学的观点,即便我可能并不同意这些观点	○	○	○	○	○

第五部分 学生感受

S29. 在大学教学过程中,什么原因鼓励你与教师进行互动?(请具体说明)[填空题]

S30. 在大学教学过程中,什么原因阻碍你与教师进行互动?(请具体说明)[填空题]

S31. 关于大学教学中的生师互动,你还想说些什么?(如:你如何看待大学教学中生师互动的价值;你与教师进行互动时的感受等)[填空题]

附录2　大学教学中的生师互动调查（教师问卷）

大学教学中的生师互动调查（教师问卷）

尊敬的老师：

您好！

为了了解我国大学教学中的生师互动现状，帮助老师更好地改进生师互动，促进有效教学，我们在全国高校开展了这项调查。本项调查仅供研究使用，请您根据自己的实际情况填答（如没有特别说明，每题都只选一个答案）。遇到有下划线"_____"的问题，请直接在"_____"中填写。

感谢您的支持与合作！

第一部分　基本信息

T1. 您的年龄_____岁。［填空题］

T2. 您所教授的学科专业是_____。［填空题］

T3. 您的大学教学经验有_____年。［填空题］

T4. 您的性别是？［单选题］

○A. 男

○B. 女

T5. 您的学历是_____？［单选题］

○A. 大学本科

○B. 硕士研究生

○C. 博士研究生

○D. 其他_____

T6. 您的职称是_____？［单选题］

○A. 教授

○B. 副教授

○C. 讲师

○D. 助教

○E. 其他_____

T7. 您任教的大学是_____？［单选题］

○A. 985 高校

○B. 211 高校

○C. 普通本科

○D. 专科

○E. 其他_____

第二部分　院校支持

T8. 您任教的大学是否营造了支持学生成长与发展的生师互动氛围？［单选题］

○A. 是

○B. 否

○C. 不知道

T9. 您任教的大学是否创设了有利于大学教学中生师互动的物理空间（如：设计生师互动的场地、桌椅等）？［单选题］

○A. 是

○B. 否

○C. 不知道

T10. 您任教的大学是否提供了有利于大学教学中生师互动的工具或资源（如：交互式电子白板系统、反馈器等）？［单选题］

○A. 是

○B. 否

○C. 不知道

T11. 您任教的大学是否为支持学生学习而制定了生师互动的行为规范？［单选题］

○A. 是

○B. 否

○C. 不知道

T12. 您任教的大学是否将生师互动列为任职、考核或晋升的必要条件？[单选题]

○A. 是

○B. 否

○C. 不知道

T13. 您认为目前的教师教育项目是否有助于您提升生师互动技巧，以发展与学生的积极关系？[单选题]

○A. 是

○B. 否

○C. 不知道

T14. 目前的教师教育项目是否为您提供了认知科学或学生学习的相关理论和知识？[单选题]

○A. 是

○B. 否

○C. 不知道

第三部分　教师观念

（以下陈述，请表明您同意/不同意的程度：1. 非常不同意；2. 不同意；3. 中立；4. 同意；5. 非常同意）

T15. 以下是您对教学与学习的理解。（1. 非常不同意；2. 不同意；3. 中立；4. 同意；5. 非常同意）[矩阵量表题]

	1. 非常不同意	2. 不同意	3. 中立	4. 同意	5. 非常同意
T15 - A. 积极的、建构性的以及合作性的学习是良好教学的本质	○	○	○	○	○
T15 - B. 教学的目的是帮助学生发展习得知识所必需的学习策略	○	○	○	○	○
T15 - C. 学生的想法、预期、动机等会影响学生对教学材料的理解和处理	○	○	○	○	○
T15 - D. 教学调整要适应学生群体的规模、倾向、接受力、人际关系等条件	○	○	○	○	○

续表

	1. 非常不同意	2. 不同意	3. 中立	4. 同意	5. 非常同意
T15 - E. 教学是复杂和情境化的，任何单一测评模式都不能有效地评价实践者	○	○	○	○	○
T15 - F. 了解学生的能力、性别、语言、文化、背景知识和技能等特点是教学呈现和展示的前提	○	○	○	○	○
T15 - G. 学习是学生将他们的观念、理解和文化知识等带进教室，并在学习过程中建构自己的意义	○	○	○	○	○

T16. 以下是有关生师互动的观念。（1. 非常不同意；2. 不同意；3. 中立；4. 同意；5. 非常同意）［矩阵量表题］

	1. 非常不同意	2. 不同意	3. 中立	4. 同意	5. 非常同意
T16 - A. 大学教学中的生师互动应该由教师主动发起	○	○	○	○	○
T16 - B. 大学教学中的生师互动应该由学生主动发起	○	○	○	○	○
T16 - C. 大学教学中的生师互动是有效教学的重要组成部分	○	○	○	○	○
T16 - D. 大学教学中的生师互动是学生学习和发展的重要资产	○	○	○	○	○
T16 - E. 大学教学中的生师互动能够帮助我改进教学方式	○	○	○	○	○
T16 - F. 大学教学中的生师互动能够帮助我提升教学效果	○	○	○	○	○
T16 - G. 大学教学中的生师互动能够帮助我提升教学能力	○	○	○	○	○
T16 - H. 大学教学中的生师互动技巧是教师的一项重要职业技能	○	○	○	○	○
T16 - I. 大学教学中的生师互动有助于我更高效地完成课程教学任务	○	○	○	○	○
T16 - J. 大学教学中的生师互动能够使我和学生建立和谐友好的师生关系	○	○	○	○	○

T17. 您认为以下哪种生师互动方式最有效？（1. 非常不同意；2. 不同意；3. 中立；4. 同意；5. 非常同意）［矩阵量表题］

附录2 大学教学中的生师互动调查（教师问卷）

	1. 非常不同意	2. 不同意	3. 中立	4. 同意	5. 非常同意
T17 - A. 书面交流	○	○	○	○	○
T17 - B. 电话/短信	○	○	○	○	○
T17 - C. 电子邮件	○	○	○	○	○
T17 - D. QQ/微信	○	○	○	○	○
T17 - E. 课堂之内面谈	○	○	○	○	○
T17 - F. 课堂之外面谈	○	○	○	○	○
T17 - G. 课堂多媒体交互	○	○	○	○	○
T17 - H. 办公室/休闲场所面谈	○	○	○	○	○

T17 - I. 其他生师互动方式最有效，如：_____［填空题］

T18. 您认为学生应该在他们自己的学习中扮演什么角色？（1. 非常不同意；2. 不同意；3. 中立；4. 同意；5. 非常同意）［矩阵量表题］

	1. 非常不同意	2. 不同意	3. 中立	4. 同意	5. 非常同意
T18 - A. 学生应该是学习的参与者	○	○	○	○	○
T18 - B. 学生应该是高深学问的探究者	○	○	○	○	○
T18 - C. 学生应该是自己知识体系的建构者	○	○	○	○	○
T18 - D. 学生应该是自己学习责任的承担者	○	○	○	○	○

T18 - E. 学生应该在自己的学习中扮演其他角色，如：_____［填空题］

T19. 您认为您应该在学生学习中扮演什么角色？（1. 非常不同意；2. 不同意；3. 中立；4. 同意；5. 非常同意）［矩阵量表题］

	1. 非常不同意	2. 不同意	3. 中立	4. 同意	5. 非常同意
T19 - A. 我应该是学生学习内容的权威专家	○	○	○	○	○
T19 - B. 我应该是学生学习活动的管理者	○	○	○	○	○
T19 - C. 我应该是学生学习活动的组织者	○	○	○	○	○
T19 - D. 我应该是学生学习活动的设计者	○	○	○	○	○

续表

	1. 非常不同意	2. 不同意	3. 中立	4. 同意	5. 非常同意
T19-E. 我应该是学生学习内容的提供者	○	○	○	○	○
T19-F. 我应该是学生学习探索的指导者	○	○	○	○	○
T19-G. 我应该是学生学习结果的反馈者	○	○	○	○	○
T19-H. 我应该是学生学习的促进者	○	○	○	○	○
T19-I. 我应该是学生学习的支持者	○	○	○	○	○
T19-J. 我应该是学生学习的伙伴	○	○	○	○	○

T19-K. 我应该在学生学习中扮演其他角色，如：_____ ［填空题］

第四部分　教师体验

（以下陈述，请表明您经历的频次：1. 从不；2. 很少；3. 有时；4. 经常；5. 总是）

T20. 在教育实践中，您在学生学习中实际扮演的角色。（1. 从不；2. 很少；3. 有时；4. 经常；5. 总是）［矩阵量表题］

	1. 从不	2. 很少	3. 有时	4. 经常	5. 总是
T20-A. 我是学生学习内容的权威专家	○	○	○	○	○
T20-B. 我是学生学习活动的管理者	○	○	○	○	○
T20-C. 我是学生学习活动的组织者	○	○	○	○	○
T20-D. 我是学生学习活动的设计者	○	○	○	○	○
T20-E. 我是学生学习内容的提供者	○	○	○	○	○
T20-F. 我是学生学习探索的指导者	○	○	○	○	○
T20-G. 我是学生学习结果的反馈者	○	○	○	○	○
T20-H. 我是学生学习的促进者	○	○	○	○	○
T20-I. 我是学生学习的支持者	○	○	○	○	○
T20-J. 我是学生学习的伙伴	○	○	○	○	○

T20-K. 我在学生学习中实际扮演其他角色，如：_____ ［填空题］

T21. 以下是教师与学生的互动意向的陈述。（1. 从不；2. 很少；3. 有时；4. 经常；5. 总是）［矩阵量表题］

附录2 大学教学中的生师互动调查（教师问卷）

	1. 从不	2. 很少	3. 有时	4. 经常	5. 总是
T21 - A. 我乐意为每一位学生解答他们感到困惑的问题	○	○	○	○	○
T21 - B. 我乐意与能力更强、反应敏捷的优秀学生进行交流	○	○	○	○	○
T21 - C. 我乐意与落后的学生会面，讨论他们的学习习惯、日程安排和其他任务	○	○	○	○	○
T21 - D. 我乐意与那些对自己的学习表现不够自信的学生交流，并给予他们鼓励和信心	○	○	○	○	○
T21 - E. 我乐意与特殊学生（如：少数民族学生、残疾学生、国际学生等）进行互动交流	○	○	○	○	○

T22. 以下是教师与学生分享权利的陈述。（1. 从不；2. 很少；3. 有时；4. 经常；5. 总是）[矩阵量表题]

	1. 从不	2. 很少	3. 有时	4. 经常	5. 总是
T22 - A. 我让学生参与教学设计	○	○	○	○	○
T22 - B. 我让学生参与教学内容决策	○	○	○	○	○
T22 - C. 我让学生参与评分标准制定	○	○	○	○	○
T22 - D. 我让学生参与教学效果评估	○	○	○	○	○
T22 - E. 我让学生参与学习评价方式选择	○	○	○	○	○
T22 - F. 我让学生参与课程讨论规则、课程政策等制定	○	○	○	○	○

T23. 以下是大学教学中关于学习目标的生师互动。（1. 从不；2. 很少；3. 有时；4. 经常；5. 总是）[矩阵量表题]

	1. 从不	2. 很少	3. 有时	4. 经常	5. 总是
T23 - A. 我帮助学生明确他们的学习兴趣和学习目标	○	○	○	○	○
T23 - B. 我向学生强调保持学业成就高标准的重要性	○	○	○	○	○
T23 - C. 我帮助学生根据个人情况不断调整学习目标	○	○	○	○	○
T23 - D. 我制定教学目标时会结合学生制定的学习目标	○	○	○	○	○
T23 - E. 我帮助学生为他们的学习设定具有挑战性的目标	○	○	○	○	○

续表

	1. 从不	2. 很少	3. 有时	4. 经常	5. 总是
T23-F. 我在每门课程开始时以口头和书面形式向学生表达我的高期望	○	○	○	○	○
T23-G. 我为那些希望独立完成课程学习的学生制定明确的、个性化的学习目标	○	○	○	○	○

T24. 以下是大学教学中关于学习内容的生师互动。(1. 从不；2. 很少；3. 有时；4. 经常；5. 总是)[矩阵量表题]

	1. 从不	2. 很少	3. 有时	4. 经常	5. 总是
T24-A. 我帮助学生选择课程并规划他们的学习	○	○	○	○	○
T24-B. 我教给学生组织学习资料和内容的各种策略	○	○	○	○	○
T24-C. 我帮助学生建立已有知识与新知识之间的联系	○	○	○	○	○
T24-D. 我要求我的学生将课外活动与课程内容联系起来	○	○	○	○	○
T24-E. 我为缺乏必要背景知识或技能的学生提供额外的资料或练习	○	○	○	○	○
T24-F. 我让学生根据自己的知识背景、兴趣等选择学习内容和学习方式	○	○	○	○	○
T24-G. 我鼓励我的学生提出新的研究项目、实地考察或其他课程内容	○	○	○	○	○

T25. 以下是大学教学中关于学习活动的生师互动。(1. 从不；2. 很少；3. 有时；4. 经常；5. 总是)[矩阵量表题]

	1. 从不	2. 很少	3. 有时	4. 经常	5. 总是
T25-A. 我和我的学生一起开展项目研究	○	○	○	○	○
T25-B. 我主动与学生进行课堂内外的学习交流	○	○	○	○	○
T25-C. 学生主动与我进行课堂内外的学习交流	○	○	○	○	○
T25-D. 我鼓励学生展示他们独特的想法和信念	○	○	○	○	○
T25-E. 我指导学生对某个特定的观点进行辩论	○	○	○	○	○
T25-F. 我教给学生如何应对影响他们学习的各种压力	○	○	○	○	○

续表

	1. 从不	2. 很少	3. 有时	4. 经常	5. 总是
T25 – G. 我与学生在课外讨论对他们有意义和重要的问题	○	○	○	○	○
T25 – H. 当需要口头报告或课堂演示时,我鼓励学生提前排练	○	○	○	○	○
T25 – I. 我为学生提供多样化的学习活动,促使其进行深度学习	○	○	○	○	○
T25 – J. 我安排一些让每个学生都会觉得有些挑战的学习活动	○	○	○	○	○
T25 – K. 我让学生总结不同理论家、研究成果或艺术作品之间的异同	○	○	○	○	○
T25 – L. 我要求学生指出课程材料中提出的基本思想、原则或观点的谬误	○	○	○	○	○
T25 – M. 当学生拥有超乎他们平时水平的表现时,我会表现出对他们的赞赏	○	○	○	○	○
T25 – N. 我和学生在教学中的互动是"教师提问—学生答复—教师评价"	○	○	○	○	○
T25 – O. 只有当学生表现出很难完成作业的时候,我才考虑给他们换一个作业	○	○	○	○	○
T25 – P. 我会安排一些帮助学生理解如何反思他们的思维方式和学习过程的活动	○	○	○	○	○
T25 – Q. 我指导学生将一个特定的课程概念或课程知识应用于实际的问题或真实的情境	○	○	○	○	○

T26. 以下是大学教学中关于学习反馈的生师互动。(1. 从不;2. 很少;3. 有时;4. 经常;5. 总是)[矩阵量表题]

	1. 从不	2. 很少	3. 有时	4. 经常	5. 总是
T26 – A. 我对学生表现提供及时的口头/书面反馈	○	○	○	○	○
T26 – B. 我在学期结束时与学生讨论期末考试的结果	○	○	○	○	○
T26 – C. 我为学生提供的学习反馈明确具体,能够让他们清楚自己努力的方向和策略,并提高知识水平和技能	○	○	○	○	○
T26 – D. 我在每门课程开始时给学生一个预测试并告知其结果,以帮助学生了解他们现有的知识、理解以及技能	○	○	○	○	○

T27. 以下是教师与学生关于学习氛围的互动。（1. 从不；2. 很少；3. 有时；4. 经常；5. 总是）［矩阵量表题］

	1. 从不	2. 很少	3. 有时	4. 经常	5. 总是
T27-A. 我向学生表达我对他们的关心	○	○	○	○	○
T27-B. 我营造民主和自由的学习氛围	○	○	○	○	○
T27-C. 我帮助学生建立一种课堂的归属感	○	○	○	○	○
T27-D. 我尽可能向每个学生表达我对他们的欣赏	○	○	○	○	○
T27-E. 我让学生觉得他们把宝贵的思想带到了课堂	○	○	○	○	○
T27-F. 我尊重我的学生，并让他们感受到这种尊重	○	○	○	○	○
T27-G. 我会花时间熟悉学生的姓名，并按姓名指出学生	○	○	○	○	○
T27-H. 我使用鼓励、包容、肯定、支持的语言与学生进行交流	○	○	○	○	○
T27-I. 我能够与学生建立相互尊重、平等、信任、支持的人际关系	○	○	○	○	○
T27-J. 对于那些对自己的学习表现不够自信的学生，我会给予他们鼓励和信心	○	○	○	○	○
T27-K. 我阻止尖酸刻薄的评论、挖苦、开玩笑和其他有可能让学生感到尴尬的课堂行为	○	○	○	○	○
T27-L. 我向学生强调有规律的学习、持续的努力、合理的自我节奏和时间安排的重要性	○	○	○	○	○

T28. 以下是大学教学中教师指导生生互动的情况。（1. 从不；2. 很少；3. 有时；4. 经常；5. 总是）［矩阵量表题］

	1. 从不	2. 很少	3. 有时	4. 经常	5. 总是
T28-A. 我鼓励学生一起做项目	○	○	○	○	○
T28-B. 我让学生评价彼此的作业	○	○	○	○	○
T28-C. 我让学生在课堂上挑战彼此的想法	○	○	○	○	○
T28-D. 我鼓励我的学生一起准备课程或考试	○	○	○	○	○
T28-E. 我要求学生告诉对方他们的兴趣和背景	○	○	○	○	○
T28-F. 我会将学习成绩不同的学生划分为一组	○	○	○	○	○
T28-G. 我给学生提供一些机会，让他们学习如何采纳他人观点	○	○	○	○	○

续表

	1. 从不	2. 很少	3. 有时	4. 经常	5. 总是
T28-H. 我在我的课程中创建学习社区、学习小组或项目团队	○	○	○	○	○
T28-I. 我要求我的学生与其他背景和观点不同的学生讨论关键概念	○	○	○	○	○
T28-J. 我帮助学生发现获得同学认可的策略，使学生有很强的自信心	○	○	○	○	○
T28-K. 我要求学生倾听并思考同学的观点，即便他们可能并不同意这些观点	○	○	○	○	○

第五部分 教师感受

T29. 在大学教学过程中，什么原因鼓励您与学生进行互动？（请具体说明）［填空题］

T30. 在大学教学过程中，什么原因阻碍您与学生进行互动？（请具体说明）［填空题］

T31. 关于大学教学中的生师互动，您还想说些什么？（如：您如何看待大学教学中生师互动的价值；您与学生进行互动时的感受等）［填空题］

后 记

在我国创建世界一流大学和一流学科之际,面对全球化经济竞争和高等教育内涵式发展的需要,以学生为中心的话题再次引起高等教育研究者和实践者的关注,这是因为人们已经意识到,向学习范式转型是满足我国高等教育内在需求和应对外部压力的最佳选择。近几年,我国陆续出台新政策措施,指引本科教学从"教得好"向"学得好"转变,突出了"学生中心"的教育理念,如:2018年初,教育部发布了我国第一个高等教育教学质量国家标准;2018年6月,"新时代全国高等学校本科教育工作会议"召开;2019年初,中共中央、国务院印发《中国教育现代化2035》,将"更加注重面向人人,更加注重终身学习,更加注重因材施教……"作为推进我国教育现代化的基本理念……

向学习范式转型的目标的确立意味着高等教育相关人员必须遵循共同的信仰,从事符合学习范式的"常规性"研究和实践。而在学习范式的支持者看来,凡是符合学习范式的现象和问题都必定有一个"谜底"。因此,笔者想努力找出这个"谜底",以使学习范式下的各种教育实践变得更加精确和完善。那么该如何实现呢?既然学习范式下大学教学中的生师互动反映了高等教育领域的一种文化、一种氛围、一种态度……那么,笔者应该可以在学习范式下大学教学中的生师互动理论框架中探究大学教学中的生师互动,促使生师互动成为一种自觉规范的理性活动,为进一步揭开学习范式下的各类"谜底"奠定基础。正是出于这个想法,笔者在博士学位论文的基础上完成此书写作。

随着我国高等教育改革的不断深入,笔者认为,自己作为一线教师,更需要对大学教学中的生师互动进行跨学科、多系统、深层次的研究,这样才能更有利于我国高等教育实现向学习范式转型的目标。今后,笔者愿意与同行围绕以下问题做进一步探究。

第一，随着认知神经科学、学习科学、生物行为科学等新兴学科的不断发展，生师互动研究应将探究教育与人类发展、学习与认知神经科学、人际关系与生理神经系统等进行有效结合，进行跨学科、多系统、多层次的研究。

第二，生师互动研究不仅可以通过调查数据进行研究与分析，还可通过录制视频和参与者观察等方法，对生师互动行为进行更加科学的监控、评估和干预，使生师互动的研究结果为教师实现更精确的专业发展、学生获得更有效的参与和学习提供指导和帮助。

第三，今后的生师互动研究可考虑学生或教师的压力反应、神经活动、心率、情绪等生理因素的影响，以便在大学教学中实现更有效的生师互动实践。

第四，目前已有研究多从生师互动对学生学习与发展影响的角度提升高等教育教学质量，而较少从生师互动对教师专业能力发展影响的角度提升高等教育教学质量。实质上，大学教学中的生师互动不仅可以促进学生的学习与发展，而且可以促进教师专业能力的发展，只有当教师与学生在生师互动中共同进步时，高等教育教学质量才更有可能得到明显提高。因此，今后的生师互动研究可更多地聚焦于大学教学中的生师互动如何促进教师的专业能力发展，以及促进大学目标的实现等问题。

第五，虽然科学技术的不断发展为大学教学中的生师互动创造了更多条件和机会，但是，科学技术的进步到底能够为生师互动乃至教学范式的转型提供多大的动力和支持，仍是今后一段时期亟待研究的重要问题。

陈　琳

2021 年 4 月 30 日

于花溪河畔

图书在版编目(CIP)数据

大学教学中的生师互动：基于学习范式的研究/陈琳著． -- 北京：社会科学文献出版社，2022.3（2024.8 重印）
ISBN 978－7－5201－9750－2

Ⅰ.①大… Ⅱ.①陈… Ⅲ.①高等学校－教学研究 Ⅳ.①G642.0

中国版本图书馆 CIP 数据核字（2022）第 022684 号

大学教学中的生师互动
——基于学习范式的研究

著　　者 / 陈　琳

出 版 人 / 冀祥德
组稿编辑 / 曹义恒
责任编辑 / 吕霞云
文稿编辑 / 陈美玲
责任印制 / 王京美

出　　版 / 社会科学文献出版社
　　　　　地址：北京市北三环中路甲29号院华龙大厦　邮编：100029
　　　　　网址：www.ssap.com.cn
发　　行 / 社会科学文献出版社（010）59367028
印　　装 / 唐山玺诚印务有限公司
规　　格 / 开　本：787mm×1092mm　1/16
　　　　　印　张：22.75　字　数：372 千字
版　　次 / 2022 年 3 月第 1 版　2024 年 8 月第 2 次印刷
书　　号 / ISBN 978－7－5201－9750－2
定　　价 / 158.00 元

读者服务电话：4008918866

版权所有 翻印必究